倫理的な戦争

トニー・ブレアの栄光と挫折

細谷雄一

慶應義塾大学出版会

はじめに

はたして、倫理的な戦争などというものがあるのだろうか。あるいは、「善」なる目的を掲げ、戦争によって「正義」を実現することは可能だろうか。

戦争とは、本質的に倫理に背いたものである。それによって多くの一般市民の生命が奪われる。壮絶な殺戮を生んだ南北戦争の最中、ウィリアム・シャーマン将軍は「戦争は地獄である」と語った[1]。戦争によって倫理的な目的を達成しようとすることは、そもそも矛盾しているのではないか[2]。

本書は、戦争の倫理性を哲学的に問うものでもなければ、戦争の倫理性を政策的に擁護することをめざすものでもない。そうではなく、冷戦後の世界において倫理的な動機から、あるいは倫理的な目的を掲げて軍事力行使の必要性を説くことの意味を、国際政治学的な視座から同時代史的に検証することを目的とするものである。そのような新しい潮流をつくる上で中心的な役割を担った政治指導者が、一九九七年から二〇〇七年までの一〇年間の長きにわたってイギリスの首相の座を占めていたトニー・ブレアであった。

戦争によって多くの無実の人々の生命を奪い去ることが倫理的な問題であると同様に、大量虐殺や人権の蹂躙、独裁者による政治的抑圧などを見て見ぬふりをすることもまた、倫理的な問題である。ハーバード大学教授のサマンサ・パワーは、ピューリッツァー賞を受賞したその著書の中で、そのような大量虐殺や人権の蹂躙に対して、いかにして「品性豊かな男性や女性たちが、これまで繰り返し見て見ぬふりをしてきた」かということの歴史を語り、「われわれは皆、ジェノサイドにおいてずっと傍観者であった」と糾弾する[3]。この批判は、とりわけ日本人には重くのしかかる。というのも日本は第二次世界大戦の反省として、戦争を放棄することで平和を希求することにあまりにも多くの情熱を注いできた一方で、ホロコーストという歴史的現実を認識してジェノサイドを防ぐということに必ずしも同様の情熱を注いではこなかったからだ。

一九九〇年代半ば以降、サマンサ・パワーやマイケル・イグナティエフなどの著作が幅広く読まれることで、対外政策における人道的問題や倫理的問題に次第に関心が集まるようになった[4]。また、一九七七年に刊行されたマイケル・ウォルツァーの『正しい戦争と不正な戦争』は冷戦後に版を重ね、戦争における倫理的問題を説く古典的著書として幅広く読まれていった[5]。論調は多岐にわたるとはいえ、戦争における倫理性、道徳性、正当性を検討する学問的営みは、飛躍的な発展を遂げている[6]。それは哲学、宗教学、国際法学、政治学、歴史学など多様な学問体系を包み込む巨大な問題である。本書ではあくまでこれらの問題を、国際政治学的な関心から、またイギリス外交の視座から、同時代史的なアプローチで描くことを試みたい。

冷戦の時代には、アメリカとソ連との核戦争という圧倒的な危機の前に、世界各地の宗教対立や民族紛争、領土問題などの多くが凍結されてきた。冷戦後にそれらが再び重要な国際政治的な問題として表出し、それとともにルワンダやソマリア、スーダンやコンゴなどでの虐殺という冷たい現実を突きつけられた。またバルカン半島では、ユーゴスラビア連邦からの独立問題をめぐって、ボスニア戦争、コソボ戦争などの数々の危機が続いてきた。一九九四年のルワンダの大虐殺では八〇万人が、そして一九九五年のスレブニッツァに象徴されるユーゴスラビア内戦では二五万人がそのような中で虐殺されたという。(7) 一九九〇年代の半ばに一〇〇万人を越える一般市民が虐殺の餌食となったのである。

しかしこれら諸国において内戦や虐殺などによる殺戮が続く惨状を、先進国の政府はこれまで多くの場合において放置してきた。国境を越えたはるか遠い、自らの国益に直結しない問題のために、なぜ自国の兵士の生命を危うくする必要があるのか。なぜそのような問題を解決するために、余裕のない国家予算を削ぐ必要があるのか。人権や人道的な問題を考えることが、どれだけ自国の国益に結びついているのか。自国が平和であれば、それで十分ではないか。

次第に国際社会は、そのように「見て見ぬふりをしてきた」ことこそが人道的な惨劇を招いたと反省し、より積極的な人道的介入の必要を認識するようになった。そして一九九〇年代半ば以降、道徳的また倫理的な動機に基づいて、国際社会がそれらの問題により積極的に取り組むべきだという議論がメディアや政策コミュニティ、あるいは学問の世界でも活発化していく。そしてそのような議論に対して最も敏感に呼応した政権の一つが、一九九七年に誕生したイギリスのブレア労働党政権であった。本書の中で後に詳しく見るように、トニー・ブレア首相は、「善のための力（force for good）」として「国際コミュニティ」が多様な問題に真剣に取り組む必要を説いてきた。またロビン・クック外相は政権成立後直ちに「倫理的対外政策」を提唱し、それまでの状況対応型の、また国益のみに拘泥する視野の狭い政策を修正しようと試みた。それだけではない。後に論じるように、コソボ戦争での経験を一つの契機として、「保護する責任（Responsibility to Protect）」という新しい概念が産み出され、人道的介入についての明確な視座が確立していった。それらの新しい潮流を強く支え促進しようとしたのが、ブレア政権であったのだ。

ブレア首相の新しさは、それらの問題に非軍事的な手段で取り組むのみならず、軍事的手段をも用いてより積極的に介入を行う必要を説いたことであった。たとえばコソボ戦争の際に、アメリカのビル・クリントン大統領が自国兵士の死者が国内政治的な困難をもたらすことを深刻に懸念し、空爆に限定した軍事介入を求めていたのに対して、ブレア首相は地上兵力を投入してより本格的な介入の段階へと進む必要を力説していた。人道的介入の問題については、けっしてブレア首相はアメリカの「プードル犬」ではなかったのである。

また非軍事的手段による国際コミュニティへの取り組みについても、アフリカ貧困支援や政府開発援助、環境問題などの新しいアジェンダを先進国G8サミットなどで繰り返し訴え、その中心的な課題へと昇華させた。しかしそれ以上に顕著なのが、軍事的な圧力を用いて、あるいは軍事力行使も辞さずに、これらの人道的問題に取り組む必要を説いたことである。いわばトニー・ブレアは、倫理的な戦争の主唱者であった。そのブレアの栄光と挫折の歴史を振り返ることが本書の目的の一つである。そのような政策を進めるために、ブレア首相は労働党政権成立後にはまず安全保障戦略を大幅に見直して、実際に遠方へとイギリスの兵力を効率的に派兵できる態勢を整備した。そして同時に、EU（欧州連合）としてより自立的で実効的な安全保障戦略を確立できるよう、イニシアティブを発揮した。そしてブレア首相が向き合うことになった最初の現実の危機が、一九九八年一二月の米英両国軍によるイラク空爆、そしてその四カ月後の一九九九年のコソボ戦争であった。

しかしそのようなブレアの外交理念は、二〇〇三年のイラク戦争を経て大きな挫折を経験する。それはブッシュ政権のアメリカと協力した代償であると同時に、二〇〇一年のジョージ・W・ブッシュ政権成立以前から続くブレアの構想に内在する問題でもあった。それ以上に重要なのが、「人道的介入」に見られるような積極的な介入主義に潜む本質的な問題である。それらを考えることは、今後の世界秩序を考える上でも意味のあることであろう。アメリカの同盟国は、どこまでアメリカの決定に同伴すべきなのか。そのようなアメリカの軍事行動に疑問を抱いたときに、どのような政策をとるべきなのか。あるいは、国際社会はどこまで国家主権を越えて人道的な問題に関与すべきなのか。

すでにブレアが首相を引退してから一定の時間が経過した。そして国際政治の潮流も、アメリカにおけるバラク・オバマ民主党政権の成立によって大きく変化しつつある。また日本においても、平和構築や人道的介入などの問題において、非軍事的および軍事的な関与の拡大が求められている。だからこそ、ブレアが外交を指導したこの一〇年間を振り返って、その意味を再検討することが重要となるであろう。

倫理的な目的を掲げて、非軍事的および軍事的な介入をどのように行っていくべきか。どのような状況下において、軍事的介入が容認されるのか。国家主権の境界線を越えて、人権の問題、道徳の問題、倫理の問題を問うことは可能であろうか。確かに、本書が後に詳しく論じるように、ブレア首相はイラク戦争をめぐって自らの構想と戦略において大きく躓《つまづ》き、自らの政治的名声を損ねることになった。しかしながらブレアが苦悩し、真剣に直視したこれらの難しい問題こそが、二一世紀の国際政治を考える上で中心的な課題となるであろう。本書においてブレア首相の政治指導を概観することにより、そのような問題をより深く考えるための契機となるならば筆者として望外の喜びである。

（1） Cited in Charles Guthrie and Michael Quinlan, *Just War: The Just War Tradition: Ethics in Modern Warfare* (London: Bloomsbury, 2007) p.1.

（2） 戦争と道徳あるいは倫理との関連について、政策的な視座から検討したものとして、Patrick Mileham (ed.), *War and Morality, Whitehall Papers 61* (London: The Royal United Services Institute, 2004) 所収の諸論文を参照。そこでは統一的な結論が導かれているわけではないが、冷戦終焉や九・一一テロによって伝統的な規範に新たな変化が見られるようになったこと、また多様な要素を総合して均衡的に評価をしなければならないことなどが指摘されている。

（3） Samantha Power, *"A Problem From Hell": America and the Age of Genocide*（New York: Harper, 2002）p.xvi.

（4） マイケル・イグナティエフのこれらの問題への考察について、九・一一テロ以後の動きを考慮してまとめたものとして、Michael Ignatieff, *The Lesser Evil: Political Ethics in an Age of Terror*, with a new preface（Princeton: Princeton University Press, 2004）を参照。なおイグナティエフのその他の著作の多くは、邦訳書が刊行されている。またイグナティエフの人道的介入に関する議論を、批判的な視座から丁寧に論じた研究として、遠藤誠治「自由民主主義のアイデンティティと『戦史の誉れ』―マイケル・イグナティエフにおける人権と軍事介入の政治学」『思想』二〇〇九年第四号（二〇二〇号）一〇-二七頁を参照。

（5） Michael Walzer, *Just and Unjust Wars: A Moral Argument with Historical Illustrations*, 4th edition（New York: Basic Books, 2006）. 邦訳は『正しい戦争と不正な戦争』萩原能久監訳（風行社、二〇〇九年）。さらに湾岸戦争やコソボ戦争、イラク戦争などの経緯を踏まえて新たに戦争を論じた、マイケル・ウォルツァー『戦争を論ずる―正戦とモラル・リアリティ』（風行社、二〇〇八年）駒村圭吾・鈴木正彦・松元雅和訳を参照。

（6） 正戦論（Just War Theory）についての、現代的視座に立った思想的再検討については、山内進編『「正しい戦争」という思想』（勁草書房、二〇〇六年）が最も優れた邦語文献である。また、平易な文章で同様の問題を国際政治学的視座から論じたものとして、藤原帰一『「正しい戦争」は本当にあるのか』（ロッキング・オン、二〇〇三年）参照。また「正戦論」を国際政治学的関心から、歴史的に全体像を描いたものとしては、Alex Bellamy, *Just Wars: From Cicero to Iraq*（Cambridge: Polity, 2006）、宗教的および政策的視座の対話として再検討したものとしては、Charles Reed and David Rayall (eds.), *The Price of Peace: Just War in the Twenty-First Century*（Cambridge: Cambridge University Press, 2007）を参照。また、Guthrie and Quinlan, *Just War* は、イギリスの国防参謀長と国防次官という、ミリタリーとシビリアンのトップによる政策的な側面も重視した貴重な共著である。正戦論それ自体が巨大な学問的研究対象であり、膨大な研究蓄積がある。ブレアの対外政策を描く本書においては、あくまでも国際政治学的な視座からの研究を主として参照する。

（7） Bellamy, *Just Wars*, p.199.

目次

序章　新しい世界の新しい戦略

新しい世界の国際政治

　本書は、一九九七年五月に成立したイギリスのトニー・ブレア労働党政権の外交政策と防衛政策を、ブレア首相が辞任する二〇〇七年六月までの一〇年間の期間を扱って検討することを目的としている。またこの一〇年間に、世界政治がどのように動きどのように変容したのかを、イギリスの対外政策を軸として概観することをめざしている。その中でもとりわけ、ブレア政権のイギリスが、対外政策における倫理や道徳あるいは人権といった側面を重要視しながら、その目的を達成するために軍事行動を繰り返しとることになった動機と帰結、そしてその意味を検討したい。

　新しい世紀をまたいだこの一〇年間は、怒濤のような一〇年であった。ユーゴスラビア内戦が一九九五年のデイトン合意によって休戦に至ったその二年後の一九九七年に、ブレア政権は誕生した。その後ブレア政権下のイギリスは、イラク空爆（一九九八年）、コソボ戦争（一九九九年）、シエラレオネ軍事介入（二〇〇〇年）、アフガニスタン戦争（二〇〇一年）、そしてイラク戦争（二〇〇三年）と、休む暇もなく軍事行動を続けていった。まさにそれは、冷戦が終わった後に始まった、「新しい戦争」の時代を象徴していた。[1] これらの戦争において、その舞台の中心で重要な役回りを演じていたのが、イギリスのブレア首相であった。そして一〇年に及ぶブレア政権の折り返し地点ともいえる二〇〇一年一月に外交舞台に登場したのが、アメリカのジョージ・W・ブッシュ政権であった。ブレア首相とブッシュ大統領との緊密な友好関係が、その後のイギリスの対外政策に巨大な影響を及ぼすことになる。

二〇〇一年九月一一日に勃発した同時多発テロに強い衝撃を受けたのは、アメリカ本土が憎悪に溢れる攻撃にさらされたジョージ・W・ブッシュ大統領だけではなかった。アメリカに次いで多くの犠牲者を出したイギリスのブレア首相もまた、その悲劇に限りない怒りを感じた。そのような惨劇が二度と起こってはならない、そしてそのためにイギリスが積極的な行動をとらなければならないと、ブレア首相は強い信念を抱くようになった。ブレア首相のそのような強い信念こそが、イギリスを「対テロ戦争」へと駆り立て、イラク侵略へと邁進する衝動へとつながった。

パワー・利益・倫理

この一〇年間のブレア首相の外交と防衛の努力は、冷戦後の新しい世界秩序を確立させようとする強い信念に基づいていた。それは、世界唯一の「超大国（スーパーパワー）」となったアメリカと、彼自らが「中軸国家（ピヴォタル・パワー）」と位置づけるイギリスを中心として、「国際コミュニティ（international community）」が結束して協調的な世界をつくることを意図していた。それはまた、道徳や倫理といった、国際政治において従来は軽視される傾向の強かった側面に光を当てる新しい対外政策をめざしたものでもあった。[2]

これまで国際政治とは、パワーや国益に基づいて行われると論じられることが多かった。それは、E・

H・カーやハンス・J・モーゲンソー以来続く、国際政治学におけるリアリズムの一つの伝統ともいえるものであった(3)。たとえ国際政治における倫理や道徳について規範的に検討されたとしても、実際の外交においてそれらを実践することは、決して容易なことではない。これまで国際政治学の世界でも、確かに倫理や道徳が規範的に検討される伝統は存在していた(4)。本書ではむしろ、実際の対外政策においてそれらがどのように主唱され、どのように実践され、どのように矛盾していったのかを検証することに主眼を置きたい。

はたしてブレア首相のめざした外交が、どこまで本当に倫理や道徳に基づいていたのか。それは単なるレトリックだったのであろうか。そしてそのような動機に基づいた外交が、現実の世界政治をどこまで変容させたのか。あるいは挫折や失敗にとどまってしまったのか。なぜ倫理や道徳を外交において重視していたブレア首相が、結果として軍事力にあまりにも依存した選択を続けてしまったのか。米英両国による空爆などの軍事攻撃によって多くの犠牲が生まれることは、ブレア首相にとって、倫理や道徳を考慮に入れるならば、どこまで正当化されうるのか。言い換えるならば、倫理的な目的を掲げた戦争を促進しようとしたブレア首相にとって、多大な犠牲を生んだそれらの戦争はどこまで倫理的と言いうるものであったのか。これらの問題を考えることが本書の重要な意図でもある。その上で、一九九八年のイラク空爆、一九九九年のコソボ戦争、二〇〇一年のアフガニスタン戦争、そして二〇〇三年のイラク戦争という、ブレアが戦争指導を行い、イギリス外交に大きな影響を及ぼした四つの戦争を検討することにしたい。

したがって本書では、ブレア政権の防衛と外交を検討することのみならず、それによってブレア首相が確立しようとした世界秩序構想を再検討することを目的とする。と同時に、それを構築するために「善のための力（a force for good）」を用いて「悪（the evil）」を排除しようとした、ブレア首相による倫理的な戦争を検証することも重要な目的とする。外交政策と外交ビジョンを結びつけながら、ブレアの外交戦略を描き、その上で、対外政策を行う上でのパワーと倫理との関係、軍事力行使とその正当性（Justification）および正統性（Legitimacy）の関係の問題も考慮に入れることにしたい。

冷戦後イギリスの新戦略

これらの問題を考えるにあたり、まず次のような疑問が浮かぶであろう。ブレア政権の外交政策や防衛政策を検討することに、はたしてどれほどの意味があるのであろうか。現代の世界においては、アメリカ外交を視野に入れることが何よりも重要であって、イギリスはそこまで重要な役割を担っていないのではないか。

確かに現代の国際政治を考える上で、唯一の超大国となったアメリカが圧倒的な存在感を示していることは疑いがない。だからこそ、アメリカの外交や戦争について語る書物が数多く刊行されているのであろう。だが同時に、以下のような理由からイギリスの対外政策を検討する意義を指摘したいと思う。第一に、ブレア政権は冷戦後の新しい世界秩序を構築するために、新しい戦略の必要性を提唱した。そのような新しい戦略は、冷戦後の新しい世界秩序を考える上で、きわめて示唆するところの大きなものである。一九九六年に刊行された労働党の選挙マニフェストにおいて、労働党は政権奪取後に、「われわれの本質的な安全保障上の利益と防衛上の必要を再検討するために、戦略的な防衛および安全保障の見直しを行う」と宣言している(5)。

労働党は、それまで外交や防衛に弱いと評されてきた。つまり現実主義的な保守党の外交路線に対して、労働党は左派が影響力を強める中で、一九八〇年代にはＮＡＴＯ（北大西洋条約機構）からの離脱や、核兵器の一方的な廃棄を宣言し、非現実的な防衛政策構想を掲げているとして有権者からの信頼を失ってきた。ところがブレア党首のもとで、単に保守党同様の現実主義的な路線に乗じるというのではなく、むしろ防衛政策のラディカルな見直しを行うことで、労働党は冷戦後世界に適合した新しい戦略を生み出そうと努めた。

いうならば労働党は、外交や防衛に強い政党として評価されることを強く求めていたのだ(6)。実際に、一九九八年七月に新しく『戦略防衛見直し（*Strategic Defence Review*）』（ＳＤＲ）を発表し、画期的な防衛戦略の見直しを実現した。そのような新しい戦略こそが、ブレア政権の積極的な対外軍事介入へとつながる基盤となっていた(7)。つまりは、冷戦後の世界に必要な新しい防衛政策を考える上でも、ブレア政権の対外政策を検討する意義は大きなものであろう。これについては、第二章で詳しく検討することになる。

第二に、ブレア政権ではイギリスの国力の限界を前提としながらも、冷戦後の世界でリーダーシップを発揮できると考えていた。一九九七年総選挙での労働党マニフェストでも、「国際コミュニティでのリーダーシップ」を実現することが、宣言されていた(8)。かつてディーン・アチソン元米国務長官は、一九六二年一二月の演説において、「イギリスは帝国を失い、いまだ新しい役割を見いだすにはいたっていない」と、イギリス外交の迷走を揶揄した(9)。ブレア首相は、それから一世代過ぎた一九九〇年代半ばの世界において、帝国を失った後に進むべき道を模索するイギリスに対して、新しい役割を与えようとしていた。ブレア労働党党首はこのアチソンの皮肉に応えるかのように、一九九五年一一月の演説で次のように述べている。「新しい世界における新しいイギリスは、ようやく帝国の影から脱して自由になったのである(10)。」

労働党マニフェストは、次のように語る。「労働党は、伝統的に国際主義の政党であった。イギリスが国外で脆弱であれば、国内で強くなることはできない。保守党政権の年月の悲劇とは、イギリスの持つ資産を浪費し、イギリスの影響力を失ってしまったことである。」このようにして、ブレア党首率いる労働党は、「国際コミュニティ」でのリーダーシップを発揮する決意を示していた。そして実際に、コソボ戦争や、九・一一テロの後の「対テロ戦争」、さらにはアフリカの貧困問題や、気候変動問題への対応をめぐり、積極的な関与と指導的な地位を求めてきた。それがどの程度成功に至ったかの評価は分かれるであろうが、一九九九〇年代半ばから二〇〇〇年代半ばに至るまでの国際情勢の動きを把握する上で、ブレア政権のイギリスが数多くの新しいアジェンダを提起して、国際政治で積極的な役割を担ってきたことは理解できるだろう。

第三に、冷戦後の現代の国際政治において、「道徳的アプローチ」あるいは「倫理的対外政策（ethical foreign policy）」を検討する重要性を指摘したい。ブレア政権は、自らの対外政策を単純に国益追求や自国の防衛のためではなくて、普遍的な価値の実現のために行うことを宣言し、また対外政策が倫理的な側面を有するべきであると繰り返し説いてきた。冷戦終結後の世界では、国際政治における価値観が重要な位置を占めるようになり、また倫理や道徳が多く語られるようになってきた。それは、コソボ戦争の際の「人道的介入（humanitarian intervention）」という概念や、あるいはサミュエル・ハンチントンの説く「文明の衝突（The Clash of Civilizations）」という考え方にも反映されている。宗教や歴史的記憶など特定の価値観に基づいた価値の衝突が生じると同時に、普遍的価値の実現のための外交や軍事力行使や関与がより重要な意味を持つようになっていった。これらの価値観や規範、倫理という要素を考慮しなければ、冷戦後の国際紛争の本質は理解できないであろう。

そして、「善のための力」という言葉を多用して、価値や倫理の重要性を繰り返し説いていたのが、ブレア政権のイギリスであった。そのようなブレア政権の道徳的アプローチへの傾斜を、国際政治学者のティモシー・ダンとニコラス・ウィーラーは、「モラル・ブリタニア（Moral Britannia）」と称している(11)。もちろん、そのような倫理的・道徳的アプローチは、国益を無視して行われているわけではない。むしろ倫理と国益がどのように整合されるかという問題こそが、ブレア政権の対外政策の最も重要な争点でもあった。視野を広げてみると、冷戦後の国際政治を理解する上で、倫理と国益の双方をどのように融合させるべきか、「価値外交」をどのように展開すべきなのか、また普遍的人権のような崇高な理念をどのように実現できるかが問われている。この問題を考える上で、ブレア政権の経験から、われわれは多くの示唆を得ることができるのではないか。そこに現代的な意義を見ることができるだろう。

第四に、欧州統合についてのイギリスの関与という視点がある。それまでイギリスは、「やっかいなパートナー（Awkward Partner）」や「乗り気でないヨーロッパ人（Reluctant Europeans）」と呼ばれてきたように、欧州統合への消極的な姿勢が批判的に検討されてきた。[12] ところがブレア党首率いる労働党は、「イギリスがヨーロッパのリーダーとなる」ことを強く志しており、「ヨーロッパの中のイギリス（Britain in Europe）」の意義を繰り返し語ってきた。[13] そして第三章で詳しく見るように、欧州防衛統合などの領域で、ブレア首相は積極的なイニシアティブを発揮した。これらについて概観することで、一九九〇年代末以降の欧州防衛統合の動き、さらには欧州安全保障体制の再編について、理解を深めることができるだろう。

このように、ブレア政権は新しい戦略を示し、新しいイニシアティブを発揮してきた。そのイニシアティブの成果と限界を検討することが本書の目的でもある。それでは、その限界とは何であろうか。それは、イギリスが、ヨーロッパとアメリカとの「橋渡し」を自認することであった。

アメリカとヨーロッパ

トニー・ブレア労働党党首は、一九九五年一一月三〇日の米『タイム』誌主催のディナーでの演説において、次のように述べている。「アメリカは、ヨーロッパの安全保障にとって死活的に重要であり、これからも常にそうであるだろう。イギリスとアメリカは、危機の際には常に、お互いに手を取り合ってきた。湾岸戦争の際にそうであったように、アメリカが軍事的支援を要請する際にイギリスはいつでも、頼りとなるパートナーであるのだ。イギリスとアメリカとの関係は、常に特別の信頼関係に基づくものである。そしてそれこそが、ヨーロッパとアメリカを結びつけるために、決定的に重要な役割を担っているのである。[14]」

ブレアはこのように親米的な政治姿勢を示しながらも、同時に戦後最も親欧州的な政治指導者としての顔も持っていた。一九九五年四月五日の、英王立国際問題研究所（Royal Institute of International Affairs; RIIA）において ブレア労働党党首は、「ヨーロッパの中のイギリス（Britain in Europe）」というタイトルで演説を始めた。そこでまず最初に、自らの親欧州的な姿勢を明瞭に示している。すなわち、「私の信念は、ヨーロッパにおける孤立主義への漂流を止めねばならず、それを建設的な関与による政策へと転換させねばならないということである。[15]」ブレアにとって、ヨーロッパとの良好な関係は、アメリカとの「特別な関係」同様に、決して欠かすことのできないものであった。そのいずれもが重要であって、相互に補完的な関係にあると考えていたのだ。

イギリスでは、親欧州的な態度は、選挙において致命傷となりかねない。オーストラリア生まれのメディア王ルパート・マードックは、反欧州的な姿勢を一貫して示してきた。イギリス国内で最大の発行部数を誇る『サン』紙はマードックの手中にあり、単一通貨ユーロへの参加に対して、マードックは徹底して反対のキャンペーンを続けてきた。そのような原理主義的とも思える反欧州的（anti-European）、あるいは欧州懐疑的（Eurosceptics）なメディアがイギリスの欧州政策を麻痺させてきていた。[16] ブレア首相はそのようなメディアからの批判にもかかわらず、親欧州的な立場を貫き、イギリスが欧州統合へと深く関与することが自らの国益になると語ってきたのだ。ヨーロッパでリーダーシップを発揮することがイギリスの使命であると、ブレア首相は信じていたからだ。

親欧州的であると同時に親米的であるトニー・ブレアが、新たにイギリスの首相に就いた意味は大きい。ブレア首相は自らの外交理念の実現へ向けて奔走した。すなわち、イギリスがヨーロッパとアメリカの「橋渡し」をして、「国際コミュニティ」でリーダーシップを発揮してその結束を高めようとする努力である。それによって、国際社会における困難な問題を解決できると考えていた。しかし、そのようなブレアの努力は、一定の成果を生み出すと同時に、イラク戦争へと至る過程で大きな挫折を経験するのである。

先行研究の検討

それでは、ブレア政権の外交政策について、これまでどのような先行研究が見られてきたのであろうか。

ブレア政権の対外政策は、きわめて多くの国際政治学者の関心を惹きつけてきた。その結果、多くの優れた研究成果が生み出されている。サッチャー政権を除いて、これほどまで同時代的にその外交が研究されているケースも珍しい。それにはいくつかの理由が考えられる。例えば、ブレア首相個人のリーダーシップ、イギリス政治の「大統領化（Presidentialization）」、「倫理的対外政策」としての新しい外交アプローチ、欧州防衛統合の始動とそこにおける積極的なイニシアティブ、そして九・一一テロからイラク戦争へ至る外交論争といった、政治学的に興味深い多くの問題群をそこに見てとることができる。

ブレア政権の対外政策全般を描いた労作としては、ポール・ウィリアムズの研究がその重要な出発点とも言える。『ニュー・レイバーのイギリス対外政策（*British Foreign Policy Under New Labour, 1997–2005*）』と題する二〇〇五年に刊行されたこの研究書は、政権三期目の最後期の二年間は扱っていないが、ブレア労働党政権の対外政策を安全保障政策から開発政策まで幅広く包括的に検討している。ウィリアムズのこの研究では、ブレア政権の外交の特質として「大西洋主義（Atlanticism）」をやや単純化するかたちで指摘している。

一方、本書ではむしろ「大西洋主義」と「ヨーロッパ主義」の架橋的役割（a bridging role）を担おうと志し挫折したブレア外交の基本的姿勢を描くことに主眼を置く(17)。

ブレア外交の本質を「大西洋主義」と位置づけてしまうと、なぜブレア首相が欧州防衛統合にそこまで積極的に関与したのか、そしてアメリカ政府の批判にもかかわらずそれを断行したのかが理解し難い。本書では、ブレア政権の外交が、欧州統合でのリーダーシップ、欧米間の「橋渡し」、そして「国際コミュニティ」でのリーダーシップという重層的な構造によって、自らの役割を担おうと試みた点に注目したい。大西洋同盟を強化するためには欧州防衛統合が不可欠と考え、大西洋同盟が強化されることで「国際コミュニティ」の結束が強められると考えていたのだ。したがって、一九九八年一二月に英仏首脳会談で欧州防衛統合を進める決意を同意したことは、イギリスの対外政策上の断絶ではなくて、むしろブレア首相からすれば継続を意味するのである。

トニー・ブレア首相についての政治的評伝については、すでに数多くの優れた研究が見られる。本書においてブレア政権の対外政策を検討する上で、これらの評伝的研究が大いに参考となった。最も包括的で最も詳細な信頼のおける評伝としては、アンソニー・セルドンの二冊の研究がある。セルドンは、『ブレア（*Blair*）』およびその続編ともいえる『解放されたブレア（*Blair Unbound*）』という二冊の大部の評伝の中で、ブレア外交についても詳細に検討している[18]。いずれもブレア首相に対しては比較的好意的な評価をしているといえるが、現代イギリスを代表する政治史研究者によってブレアの政治指導が実に冷静に描かれている。

トニー・ブレアの外交的評伝は、ブレア政権の外交を好意的に評価するものと、厳しい評価を行うものに大別できるだろう。とりわけそれが、イラク戦争に関する記述を多く含むものである場合には、その評価の違いは顕著となる。たとえば、ジャーナリストのウィリアム・ショークロスの研究が、英米関係とイラク戦争をめぐるブレア首相の政策を高く評価する一方、政治学者のデヴィッド・コーツとジョエル・クルーガーの研究はそれを批判する姿勢を示している[19]。イラク戦争をめぐっては、イギリスの国論にも労働党内にも巨大な亀裂が存在したのであるから、このように評価に大きな違いが生じるのも止むをえないだろう。その意味でもブレア外交についてはまだ、客観的に学術研究をするには資料的にも限界があり、あるいは時期尚早と言えるのかもしれない。それゆえに本書でのブレア外交の評価も、あくまでも暫定的なものにとどまる。

よりバランスの取れたブレアの外交指導に関する著作としては、ピーター・リデル、ジョン・カンプナー、フィリップ・スティーブンスらの研究がある。[20] 彼らはイギリスを代表する著名なジャーナリストであり、高級紙にコラムなどを定期的に寄せている。彼らは、当事者へのインタビューなどを含めて幅広く豊富な資料を活用しており、学術的にも高く評価しうる著書に仕上がっている。とりわけこの三冊での、九・一一テロからイラク戦争へと至る過程についての記述は高い水準の成果に仕上がっており、幅広く引用されている。本書においても、これらの著書から多くを学んでいる。また邦語文献としては、NHK記者としてロンドンでブレア首相の外交指導を見つめてきた山本浩の『決断の代償―ブレアのイラク戦争』や、イラク戦争へ至る政策過程を複数の政治学者が批判的に描いた梅川正美・阪野智一編『ブレアのイラク戦争』などがある。[21]

また、ロビン・クック元外相、クレア・ショート元国際開発相などのブレア首相に批判的な主要閣僚や、九・一一テロからイラク戦争に至る重要な期間にイギリスの駐米大使を務めていたクリストファー・メイヤー、さらにはブレアの「事実上の副首相」とも呼ばれ、首相官邸で巨大な影響力を行使していたアラステア・キャンベル元首席報道官などが、すでに回顧録や日記を公刊している。[22] これらを資料として用いる場合に、そこに一定の政治的意図や偏向が見られるとすれば慎重に参照せねばならない。だが、当時彼らがどのようにブレアの政治指導を見ていたかを理解するためには、有益な一次資料である。本書においてもこれらの回顧録や日記を用いて、ブレア政権の中枢にいる当事者たちがどのようにブレア外交を観察してきたのかを参照することにしたい。

ブレア政権の対外政策に見られる倫理的・道徳的側面に注目し、国際政治学的な関心から論じる水準の高い論文集の代表的なものとして、リチャード・リトルとマーク・ウィッカム゠ジョーンズ編『ニュー・レイバーの対外政策（*New Labour's Foreign Policy: A New Moral Crusade?*）』がある。(23) この共同研究の関心は、まさにその副題が示すとおり、ブレア外交が「新しい道徳的十字軍か？」否か、という点に集約される。どのようにブレア政権が外交における倫理的・道徳的側面を重視しているのか、またそこにどのような矛盾があるのかを国際政治学的に検討している。また同様に、ティモシー・ダンとニコラス・ウィーラーという二人の優れた国際政治学者は、早い段階からブレア外交の倫理的側面に注目していた。(24) とりわけこれらの研究の多くは、コソボ危機における人道的介入で、ブレア首相が積極的な役割を担ったことに大きな影響を受けて、倫理的・道徳的な対外政策についての検討を深めているといえる。

人道性・倫理性・軍事力

オクスフォード大学で国際政治学を講じていたアダム・ロバーツ教授は、一九九三年に「人道的な戦争（humanitarian war）」と題する重要な論文を発表した。(25) これは、人道的な目的のために軍事力を行使するという、その論理的な矛盾を指摘したものであった。プリンストン大学の政治学者ゲイリー・バスが論じるように、確かに一九世紀ヨーロッパの国際関係において、人道的および倫理的な理由から大国が軍事介入を行うということはしばしば見られた。(26) とはいえ「CNN効果」による国際世論の喚起や、冷戦終結によるソ連という脅威の消滅によって、国際社会は一九九〇年代には、人道的な問題に対してより大きな関心を持つようになっていった。(27) そのような状況を、コフィ・アナン国連事務総長は、「発展しつつある国際的規範」としてその報告書にまとめている。(28)

ボスニア戦争、コソボ戦争、アフガニスタン戦争、イラク戦争と、これらの戦争を貫く一つの重要な特質として、人道的目的のための軍事力行使という言説が繰り返し語られたことが挙げられる。確かにアフガニスタン戦争のように、同時多発テロを受けてさらなるテロ攻撃を予防するために行う自衛的な性質を持った軍事力行使も見られるが、それでも従来のような国益や勢力均衡の論理から行う戦争とは明らかに性質の異なるものであった。その重要な転機となったのが、一九九四年のルワンダ内戦における人道的危機であった。そこでは、八〇万人に及ぶツチ族の死者が積み重ねられたと報じられている。一九九九年に刊行されたNGOのヒューマン・ライツ・ウォッチの報告書によれば、「アメリカ人はお金を節約することに関心があり、ベルギー人は面目を保つことに関心があり、フランス人はその友人であるジェノサイドを行っている政府を助けることに関心があった」のである。[29]

ルワンダでの凄惨な虐殺を止めることに失敗した国際社会は、続いてコソボにおいて人道的介入の是非をめぐり国連安保理での亀裂を見た。これらの困難や混乱を経験した国際社会は、その一つの帰結として「保護する責任」という新しい概念を産み出すに至った。そしてその中心的な役割を担った一人が、イギリス政府のクック外相であった。[30] この概念は、カナダ政府によって設置された「介入と国家主権に関する国際委員会（ICISS）」が発表した報告書『保護する責任（*Responsibility to Protect*）』に基づくものであり、後には二〇〇五年九月の国連首脳会合成果文書において認められ、国際社会の総意とみなされるようになる。[31] このような新しい概念の発展と表裏一体の関係にあったのが、一九九〇年代以来進められてきた人道的目的のための軍事介入であった。そもそも上記報告書の「まえがき」においても、「この報告書は、いわゆる『人道的介入の権利』について論じられたものである」と書き始められている。すなわち、「他国において国家が強制的行動とりわけ軍事的行動を行う場合」の問題である。

ブレア政権は、このような新しい動きを促進する上で、中心的な役割を担ってきた。すでに触れたように、一九九九年三月にはじまったコソボの人道的危機をめぐる軍事力行使の際にも、消極的なアメリカ政府を説いて人道的目的のための地上兵力投入の必要を強く主張したのが、ブレア首相であった。

このような動きは明らかに、国家主権と不干渉原則を中核的な原理としてきた戦後国際秩序における伝統的な規範を大きく塗り替えようとするものであった。そもそも国連憲章においても、自衛的措置や国連安保理決議に基づく行動以外に、軍事力行使を想定してこなかった。冷戦後の人権や人道上の要請をめぐる新しい状況が、新しいかたちの軍事力行使を求めるようになってきたのである。このようにして、ブレア首相はその一〇年間の外交の中で、人道的および倫理的な動機に基づいた軍事介入を続けてきたのである。

「倫理的な戦争」

そのようなブレア政権における対外行動を、ここでは「倫理的な戦争」として論じることにしたい。もちろん、軍事介入は常に純粋な人道性や倫理性に基づいて行われるわけではない。むしろブレア首相は、後に詳しく見ていくように、軍事行動を選択する重要な要素として、道徳的な必要性と国益上の必要性が両立することを繰り返し指摘している。つまり利益と価値が両立するという論理に基づいて、イギリス政府は対外軍事介入を決断してきたのである。(32)

つまりは一九九七年の「倫理的対外政策」と一九九九年の「国際コミュニティのドクトリン」を結びつけた延長線上に、倫理的な動機に基づいた軍事介入としてのブレアの倫理的な戦争が導かれることになる。それは、アダム・ロバーツが論じた「人道的な戦争」という概念よりも広いものである。後に詳しく論じるように、サダム・フセインやスロボダン・ミロシェビッチのような独裁者を、自国民を苦境に追いやり虐殺も辞さないような「悪」と位置づけるブレア首相にとって、それらの独裁者を軍事介入という強制力によって権力の座から退かせることもまた、倫理的であったからだ。それはロバーツが丁寧に論じたような、国際法を基礎とした新しい規範としての人道的介入の議論からは、かなり飛躍する論理であった。

それでは、はたして倫理的な戦争などそもそも可能なのであろうか。戦争による人道的惨劇を想起するならば、そもそも倫理的な戦争とは語義矛盾ではないであろうか。たとえ、国連憲章、世界人権宣言、国際人権規約などの基本的人権の規範を遵守することを目的とし、人道支援などの人道的目的から行われる軍事介入が可能であったとしても、国際政治の世界において特定の価値観に基づいて「倫理」を掲げて戦争を行うことは、危険ではあるまいか。そのような問題を残したのが、ブレア政権の一〇年間であった。ブレア首相は確かに、ミロシェビッチやフセインといった「悪」を打倒するために、「善のための力」として倫理的な戦争を戦ったと見ているのだろう。しかしながらそのようなブレア首相の主張、あるいはイギリス政府の主張を、より広い視座から検証し、その光と影を総合的に論じることが必要であろう。

ブレア首相が論じるように、ジェノサイドを止めるために、あるいは残虐な政治的抑圧を阻止するために、道徳や倫理を動機とした軍事介入を行うことが必要な場合もあるだろう。しかしそれを実行する場合には、ブレア首相が実践した軌跡に示されるよりも、はるかに厳格な基準を通すことが不可欠なのだ。ブレア政権は、価値観の共有に基づいて冷戦後の新しい世界秩序を構築しようと試み、人道性や倫理性を強調した新しい論理を国際政治の世界にもたらそうとした一方で、幾多の戦争による混乱と被害を残すことになった。

ブレア外交の栄光と挫折

ブレア外交の一〇年は、栄光と、挫折と、その教訓に溢れている。ブレア政権の外交成果を称揚するのみでも、特定の政治的文脈でブレア政権の外交を痛烈に罵倒するのみでも、学問的には冷静な態度とは言いにくい。ブレア外交の栄光と挫折を総合的に認識しながら、同時にそこから次の時代に得られる教訓を得ること、そして長い歴史の中にブレア外交の成果を位置づけることが必要となろう。「一〇年間」という長い期間は、単に一つの事件や戦争で片づけられるものではない。また、ブレア政権が関与した軍事介入を、すべて単一的な視座から描くことは望ましいものではあるまい。それぞれの時代背景に基づいた国際関係という文脈の中に、イギリス外交を位置づけなければならない。

本書においてはブレア外交の一〇年を倫理的な戦争の時代と総括し、その成功と挫折の両側面を描くことにしたい。しかし本書で行う試みは、あくまでも萌芽的なものである。いずれより多くの回顧録が刊行され、また次第に政府未公開文書が公開されるようになることで、問題の本質をより正確に把握できるであろう。とはいえ未公開資料が公開される「三〇年後」にすべてが明らかになるわけではないし、大量の情報が溢れる現代において何もわからないわけでもない。とりわけ本書では、政府関係者の記した回顧録や日記、さらには議会議事録、議会委員会報告書、外務省および国防省の報告書や白書、首相や外相などの演説原稿などを一次資料として活用している。それによって、どのような論理に基づきイギリス政府が戦略を立案し、軍事力行使の決定を行ったのか、ある程度理解することも可能であろう。

今後、この重要な「一〇年間」についてのより本格的な研究が蓄積されるであろうことを願いながら、一九九七年五月にブレア率いる労働党が総選挙で圧倒的勝利を収める時代へと戻ることで、本書の記述を始めたい。

（1）このような「新しい戦争（New Wars）」という概念については、イギリスの政治学者メアリー・カルドーの著書、『新戦争論―グローバル時代の組織的暴力』（岩波書店、二〇〇三年）を参照。なお二〇〇七年にはその後の動きを追った新しい第二版が刊行されている。Mary Kaldor, *New & Old Wars: Organized Violence in a Global Era* (Stanford: Stanford University Press, 2007).

（2）国際政治学の世界では確かにそれまでも、倫理や道徳をめぐる問題は大きな焦点の一つとして扱われてきており、優れた多くの研究が産み出されてきた。また一九八〇年代以降には新たにコンストラクティビズムというかたちで、規範や文化などの重要性を強調するアプローチが大きな勢いを得ている。ニコラス・ウィーラーは、パワーや利益などを強調する論者を「マテリアリスト」と位置づけ、また規範を重視する論者を「コンストラクティヴィスト」と位置づけている。Nicholas J. Wheeler, "The Humanitarian Responsibilities of Sovereignty: Explaining the Development of a New Norm of Military Intervention for Humanitarian Purposes in International Society", in Jennifer M. Welsh (ed.), *Humanitarian Intervention and International Relations* (Oxford: Oxford University Press, 2004) pp.29-32を参照。他方で、現実の対外政策が、このような倫理や道徳を明示的なかたちで実践する目的で行われることは、それほど多くはない。それゆえに、ブレア政権の「倫理的対外政策」は多くの国際政治学者の関心を惹きつけてきた。例えば、Michael W. Doyle, "Ethics and foreign policy: a speculative essay", in Richard Little and Mark Wickham-Jones (eds.), *New Labour's Foreign Policy: A New Moral Crusade?* (Manchester: Manchester University Press, 2000) や Chris Brown, "Ethics, interests and foreign policy", in Karen E. Smith and Margot Light (eds.), *Ethics and Foreign Policy* (Cambridge: Cambridge University Press, 2001) などを参照。ちなみに、Gary J. Bass, *Freedom's Battle: the Origins of Humanitarian Intervention* (New York: Alfred A. Knopf, 2008) では、一九世紀以来の倫理的・道徳的な外交の系譜を見事にたどっている。確かにそのような対外政策が、イギリスやフランス、アメリカにおいて一定の系譜となっているという指摘は重要なものであり、ブレア政権の「倫理的対外政策」もその上に位置づける必要があろう。

（3）それらの系譜を追った優れた概観として、マイケル・J・スミス『現実主義の国際政治思想―M・ウェーバーからH・キッシンジャーまで』押村高ほか訳（垣内出版、一九九七年）、Jonathan Haslam, *No Virtue like Necessity: Realist Thought in International Relations since*

Machiavelli (New Haven: Yale University Press, 2002) などを参照。

(4) たとえば、Terry Nardin and David R. Mapel (eds.), *Traditions of International Ethics* (Cambridge: Cambridge University Press, 1992) は、そのような試みとしては代表的な貢献である。

(5) Labour Party, *New Labour Because Britain Deserves Better*, Labour Party, 1996.

(6) John Rentoul, *Tony Blair: Prime Minister* (London: Little, Brown, 2001) p.422.

(7) Ministry of Defence, *The Strategic Defence Review*, Cm 3999 (London: The Stationery Office, 1998). 以下、SDRと略する。

(8) *New Labour Because Britain Deserves Better.*

(9) 橋口豊「苦悩するイギリス外交　1957~79年」佐々木雄太・木畑洋一編『イギリス外交史』(有斐閣、二〇〇五年) 一八四頁。

(10) Tony Blair, *New Britain: My Vision of a Young Country* (London: Fourth Estate, 1996) p.268.

(11) Nicholas J. Wheeler and Tim Dunne, *Moral Britannia? Evaluating the Ethical Dimension in Labour's Foreign Policy* (London: The Foreign Policy Centre, 2004) および、Dunne and Wheeler, "Blair's Britain: a force for good in the world?" in Karen E. Smith and Margot Light (eds.), *Ethics and Foreign Policy* (Cambridge: Cambridge University Press, 2001) pp.167-184 を参照。

(12) 細谷雄一「イギリスとEU—独仏枢軸との関係を軸に」田中俊郎・庄司克宏編『EU統合の軌跡とベクトル』(慶應義塾大学出版会、二〇〇七年) 二七一-二頁。より詳しくは、細谷雄一編『イギリスとヨーロッパ—孤立と統合の二百年』(勁草書房、二〇〇九年) を参照されたい。

(13) *New Labour Because Britain Deserves Better*; Tony Blair, "Britain in Europe", in his *New Britain*, pp.280-9; 細谷雄一「イギリスのEU政策と市民—首相・政党・世論」田中俊郎・庄司克宏編『EUと市民』(慶應義塾大学出版会、二〇〇五年) 二一四-五頁を参照。

(14) Blair, *New Britain*, pp.266-7.

(15) Ibid., p.280.

(16) 細谷「イギリスのEU政策と市民」二〇九頁。

(17) Paul D. Williams, *British Foreign Policy Under New Labour, 1997-2005* (London: Palgrave, 2005) pp.29-30.

(18) Anthony Seldon, *Blair* (London: Free Press, 2004); Anthony Seldon, *Blair Unbound* (London: Simon & Schuster, 2007). このセルドンの評伝以外では、Rentoul, *Tony Blair*; Andrew Rawnsley, *Servants of the People: The Inside Story of New Labour* (London: Penguin, 2001) の二

冊が、ブレア個人やニュー・レイバーについて詳細に描かれた広く読まれる著書であるが、これらは基本的に政権一期目の記述にとどまっている。それ以後の、イラク戦争などを含めた改訂版が刊行されれば、さらに貴重な研究となるであろう。

(19) William Shawcross, *Allies: The U.S., Britain, Europe, and the War in Iraq* (New York: Public Affairs, 2004); David Coates and Joel Krieger, *Blair's War* (Cambridge: Polity, 2004).

(20) Peter Riddell, *Hug Them Close: Blair, Clinton, Bush and the 'Special Relationship'* (London: Politico's, 2003); John Kampfner, *Blair's Wars* (London: Free Press, 2003); Philip Stephens, *Tony Blair: The Making of a World Leader* (London: Viking, 2004).

(21) 山本浩『決断の代償—ブレアのイラク戦争』(講談社、二〇〇四年)、梅川正美・阪野智一編『ブレアのイラク戦争—イギリスの世界戦略』(朝日新聞社、二〇〇四年)。

(22) Robin Cook, *The Point of Departure* (London: Simon & Schuster, 2003); Clair Short, *An Honourable Deception? New Labour, Iraq and the Misuse of Power* (London: Free Press, 2005); Christopher Meyer, *DC Confidential: the Controversial Memoirs of Britain's Ambassador to the U.S. at the Time of the 9/11 and the Run-up to the Iraq War* (London: Phoenix, 2006); Alastair Campbell, *The Blair Years: The Alastair Campbell Diaries* (New York: Alfred A. Knopf, 2007).

(23) Richard Little and Mark Wickham-Jones (eds.), *New Labour's foreign policy: A new moral crusade?* (Manchester: Manchester University Press, 2000).

(24) Nicholas J. Wheeler and Tim Dunne, "Good international citizenship: a Third Way for British foreign policy", *International Affairs*, vol.74, no.4, pp.847-70; Tim Dunne and Nicholas J. Wheeler, "Blair's Britain: a force for good in the world?" in Karen E. Smith and Margot Light (eds.), *Ethics and Foreign Policy* (Cambridge: Cambridge University Press, 2001) および、Nicholas J. Wheeler and Tim Dunne, *Moral Britannia? Evaluating the Ethical Dimension in Labour's Foreign Policy* (London: The Foreign Policy Centre, 2004).

(25) Adam Roberts, "Humanitarian War: Military Intervention and Human Rights", *International Affairs*, vol.69, no.3, 1993. ちなみにロバーツは後に、この複雑な問題を体系的な著書としてまとめている。Adam Roberts, *Humanitarian Action in War: Aid, Protection and Impartiality in a Policy Vacuum*, Adelphi Papers 305 (Oxford: IISS/Oxford University Press, 1996).

(26) Bass, *Freedom's Battle*, p.5. また君塚直隆「自由主義外交の黄金期―パーマストン外交と奴隷貿易」田所昌幸編『ロイヤル・ネイヴィーとパクス・ブリタニカ』(有斐閣、二〇〇六年)も参照。

(27) アダム・ロバーツは、一九九〇年代の人道的介入の活動の活発化を指摘すると同時に、一九九〇年代半ばにはいくつかの挫折や介入の失敗から議論が下火になっていったと論じている。Roberts, *Humanitarian Action in War*, p.7.

(28) Kofi Annan, *The Question of Intervention: Statements by the Secretary-General* (New York: United Nations Department of Public Information, 1999) p.44, cited in Wheeler, "The Humanitarian Responsibilities of Sovereignty", p.29.

(29) Cited in David Fisher, "Humanitarian Intervention", in Charles Reeds and David Ryall (eds.), *The Price of Peace: Just War in the Twenty-First Century* (Cambridge: Cambridge University Press, 2007) p.101.

(30) Wheeler, "Humanitarian Responsibilities of Sovereignty", p.46.

(31) International Commission on Intervention and State Sovereignty, *The Responsibility to Protect: Report of the International Commission on Intervention and State Sovereignty* (Ottawa: International Development and Research Centre, 2001); David Fisher, "Humanitarian Intervention", in Reed and Ryall (eds.), *The Price of Peace*, pp.108–9. 軍事介入と「保護する責任」との関連性については、Alex J. Bellamy, "The Responsibility to Protect and the Problem of Military Intervention", *International Affairs*, vol.84, no.4, pp.615–639 を参照。またこの報告書の成立経緯およびその内容の紹介については、例えば、川西昌大「『保護する責任』とは何か」『レファレンス』平成一九年三月号(二〇〇六年)を参照。

(32) この「倫理」と「価値」の両立という視点からブレア政権の対外政策を論じた優れた論文として、Chris Brown, "Ethics, interests and foreign policy", in Smith and Light (eds.), *Ethics and Foreign Policy*, pp. 15–32 を参照。

第一部　戦略の革新へ

第一章　ブレア労働党政権の外交理念

一　新しい政治指導者の誕生

ブレア政権の成立

一九九七年五月一日のイギリス総選挙は、歴史的な結果を示すことになった。それまで一八年の長きにわたって野党の地位に甘んじ、党としての存亡まで論じられてきた労働党が、歴史的な地滑り的勝利を収めたのである。若く情熱的な、そしてカリスマ的な指導者であるトニー・ブレアの首相就任を、多くのイギリス国民は心から歓迎し、新しい政治の始まりに熱狂した。このときブレアは、まだ四三歳であった。それは、一八一二年にリバプール卿が四二歳で首相になって以来の、最年少の首相の誕生であった。

ブレアが首相官邸にはいると、テーブルの上にはその前任者である保守党のジョン・メジャーが残した書き置きが、祝福のシャンパンとともにおいてあった。そこには、「これは偉大な仕事です。どうぞ、それを楽しんでください」と書き添えられてあった(1)。

一九九八年の党大会の演説でブレア首相は、官邸で行う仕事について次のように述べている。「もしもあなたが首相になったならば、彼らはまず核弾頭を発射する方法について教えてから、あなたのパスポートを取り上げて、さらに残りの時間すべてを、世界を旅するために取り上げるであろう。(2)」強大な権力と圧倒的な責任を背負って、ブレアは首相の地位に就いた。

政治家トニー・ブレアの誕生

ブレア政権の対外政策を考える場合に、首相であるトニー・ブレア個人を語らずしてその本質を理解することは困難であろう。ブレアは、「大統領的首相（Presidential Prime Minister）」とも称され、とりわけ対外政策の領域で圧倒的な影響力を行使してきた。(3)また権力が過度に首相官邸に集中することについて、さまざまな角度から検討されてきた。それでは、トニー・ブレアとはいったい、いかなる政治家なのであろうか。簡単に彼の来歴を辿りたい。(4)

アンソニー・チャールズ・リントン・ブレア、すなわちトニー・ブレアは、一九五三年五月六日に、スコットランドのエディンバラで生まれた。彼の父親のレオ・ブレアは、法律学の大学講師をしており、その後オーストラリアのアデレードで家族とともに生活を送ることになる。そもそもレオ・ブレアは、ミュージック・ホールの俳優を父に持つ貧しい家に生まれ、その後スコットランドで養父の家に育てられた。高等教育を受けることなく、レオはイギリス共産党の機関紙で働き、共産党からの議会選挙への出馬も考えていた。しかし第二次世界大戦勃発後にグラスゴーの国家保険省で勤務を始めると、次第に共産党から保守党へと忠誠の対象を変えていった。レオはその後、夜間にエディンバラ大学で法律学を修め、学究的な職業を志すようになり、オーストラリアのアデレード大学で法律学を教えるに至った。それと同時に、トニー・ブレアもオーストラリアに移り住むようになった。

トニーが五歳になる頃には家族そろってイングランドに戻ってきて、父レオは法律家として活躍することになる。この頃には裕福となっていた中流階級のブレアの家庭は、保守党支持層であり、また実際に父のレオは息子のトニー・ブレアが将来保守党の政治家になることを願っていた。マーガレット・サッチャー同様に、レオ・ブレアも貧しい家庭の出身で、自らの努力のみに頼って立身出世を成し遂げた人物であった。それゆえに熱烈な保守党支持者である父レオは、後にはサッチャー首相の忠実な崇拝者となったのである(5)。

イングランド北部のダーラムで幼少時代を過ごしたトニー・ブレアは、その後スコットランドの名門パブリック・スクールであるフェッツ・コレッジに入学した。一九六〇年代の社会変動の時代に、伝統を重んじる窮屈な私立学校で学ぶ若きブレアは、少なからぬ違和感を覚えた。彼はそこではあたたかい思い出をあまり残すこともなかった(6)。ちなみにフェッツの英語教師でブレアの寮監であったエリック・アンダーソンは、少年時代のブレアについて、彼がかつて出会った中では「最も挑戦的な少年」であったと回顧している(7)。すでにフェッツ時代からブレアは同級生の間ではカリスマ的な存在となり、男子生徒からも女子生徒からも好かれるような一目置かれる存在となっていた(8)。ちなみにアンダーソンは後に有名なパブリック・スクールであるイートン・コレッジに移り、将来の保守党党首となる少年時代のデイヴィッド・キャメロンを教えている(9)。

一九七二年一〇月初頭に、ブレアはオクスフォード大学のセント・ジョンズ・コレッジに入学した。彼はそこで法律を学び、標準的な成績で卒業をすることになる。ブレアはこの頃には、必ずしも政治に深い関心を示すことはなかった。オクスフォード大学時代のブレアは、「アグリー・ルーマーズ」という名のロック・バンドでの活動により広く知られている。彼にとってのヒーローは、ミック・ジャガーであった。そこでのブレアは、つねに当然のごとくリーダーとして振る舞う傾向が見られたという[10]。

ブレアがオクスフォードを卒業する直前の一九七五年、母ヘーゼル・ブレアが死去した。まだ五二歳であった。一九六四年にブレアの父親は深刻な心臓発作で倒れたために政治家になる道をあきらめ、今度は母親が人生の幕を閉じることになった。少年時代のブレアは、あたたかい家族に降りかかる突然の不幸に心を痛めたことであろう。ブレアの実弟であるウィリアム・ブレアは、父親の病気以上に、この母親の死去がブレアの人生にとって決定的な影響を及ぼしたことを回想している[11]。

オクスフォード大学時代のブレアにとって重要な一つの転機は、キリスト教への覚醒である。セント・ジョンズ・コレッジの教会において、ブレアはその牧師、アデレード出身のピーター・トムソンから大きな影響を受けた。ブレアの伝記を著したフィリップスによると、ブレアはオクスフォード時代にキリスト教への深い信仰に目覚めたという[12]。また、ブレアの評伝作家アンソニー・セルドンによれば、トムソンはブレアにとって、学生時代に出会った最も重要な人物であった[13]。トムソンと出会って、コレッジのホールで朝食をしばしばともにすることで、ブレアは彼から精神的に多大な影響を受けることになった。キリスト教への深い信仰心、強い信念に基づいて行動すること、さらには広く世界に目を向けることなど、多くを学ぶことになった。首相就任後、ブレアは強い信仰心に基づいて自らの政治を動かすことになるが、早くも学生時代にそこにつながる萌芽が見られる。ブレアの倫理的・道徳的な政治姿勢の骨格をそこに見いだすことができるだろう。

大学卒業後弁護士となったブレアは、シェリー・ブースと出会う[14]。ＬＳＥ（ロンドン・スクール・オブ・エコノミクス）を卒業した、強い政治的関心を持つこの女性との出会いによって、ブレアは労働党との関係を結ぶようになった。シェリーは、父親の影響を受けて一六歳で労働党に入党した、活動的な労働党員であった。一九七七年にイタリアでの休暇中に二人は婚約し、その三年後の一九八〇年にオクスフォード大学のセント・ジョンズ・コレッジのチャペルで結婚式を挙げた。シェリーからの影響もあって、この頃にはすでにブレアもまた労働党の党員となっていた[15]。総選挙での落選を経験した後、一九八二年にブレアはビーコンズフィールドの補欠選挙で見事に労働党議員として下院に議席を確保することになった。シェリーよりも法律家としての能力で劣り、労働党員としての情熱においても冷めていたブレアは、しかし政治家の道を歩み始めてからたぐいまれなその政治的才能を開花させていく。

労働党党首から首相官邸へ

一九八三年の総選挙では、ブレアはセッジフィールドの選挙区から労働党の候補として出馬し、無事議席を確保することができた。その二四年後の二〇〇七年六月に、首相の座を退くと同時に議員を辞職するまで、ブレアはこの選挙区の議席を守り続けた。この一九八三年の総選挙は、左派に傾いた労働党が大敗すると同時に、マーガレット・サッチャーの与党保守党が勝利した選挙でもあった。このとき、保守党支持者の父レオ・ブレアは、サッチャーの熱心な支持者となっていた。そしてトニー・ブレア自らは、左派色の強く労働組合の意向に染まる労働党のマニフェストに疑問を感じていた[16]。後にブレアは、「私は、なぜ人々が労働党に投票しないのか、父親から多くを学んでいた」と語っている[16]。保守党支持者のブレアの父ならずとも、多くのイギリス国民にとって労働党は政権を託すだけの信頼を得た政党ではなかった。労働党は一九九七年に至るまで、長い野党時代を過ごさなければならなかった。

同時期に労働党議員となった若き政治家に、スコットランド出身のゴードン・ブラウンがいた。ブレアの後継として、二〇〇七年六月に首相となる人物である。ブレアは、生まれはスコットランドであるが、イングランド中流階級の家庭出身で、父親が保守党員であった。それに対して、ブラウンの場合はスコットランドの長老派牧師で労働党員の家族に生まれた生粋のスコットランド人であった。二歳年上の学究肌のブラウンと出会い、ブレアとブラウンの二人は労働党の改革派の若手議員として、左派色の強い労働党を選挙に勝てる政党とすべく一九八〇年代に積極的な活動を続けることになった。新たに労働党党首となった、党内右派出身のニール・キノックの下で、二人は手を取り合って権力の階段をともに昇っていった。

一九九二年の総選挙で労働党が四度連続で敗北すると、改革派のニール・キノックが党首の座から退くことになった。ところがその後任となったジョン・スミスは、その二年後の一九九四年五月一二日朝に、心臓発作のために五四歳という若さで急死する(17)。こうして労働党は、新しい党首が必要となった。この新しい党首は、次の総選挙で勝利を収めることが至上命題であった。さもなければ、労働党は結党から一〇〇年を経ずして、存亡の危機に立たされるであろう。党首選にすぐさま立候補の意思を表明したのは、まだ一〇年ほどの議員経験しかない若きブレアであった。ブレアの盟友で、より党首にふさわしい力量を持つとみなされてきたブラウンは、このブレアの立候補に多少の驚きを示した。二人はロンドンのグラニタという名のレストランで秘密裡に話し合い、ブレアが最初に党首となりいずれそれをブラウンに禅譲するとの密約が交わされたと伝えられている(18)。ブレアは、自らが政権を獲得した際にはブラウンに経済政策の運営を一任し、自らは外交や教育などを中心に政策運営することを誓った。結局ブラウンは、この話し合いの後に党首選に立候補をしないことを決め、ブレアに党首の座を譲ることにした。ブレアは、左派系の二人の党首候補であったジョン・プレスコットとマーガレット・ベケットを退けて、見事に労働党党首の座を射止めたのである。

この年の秋に新党首となったブレアが自らの目標に掲げたのが、「ニュー・デモクラッツ」としてアメリカ大統領選挙で見事な勝利を収めた若きビル・クリントンであった。このクリントン大統領の戦略こそが、ブレアが手本とすべきモデルであった[19]。一九九三年一月、早速ブレア党首はゴードン・ブラウンとともに、ワシントンを訪問した。大統領就任直前のクリントンに会うためである。このとき、政務担当でワシントンのイギリス大使館に勤務していた外交官ジョナサン・パウエルが、ブレアに民主党の選挙キャンペーンについてブリーフィングを行った。このジョナサン・パウエルの才能に、ブレアは感銘を受ける。ちなみに、彼は、マーガレット・サッチャー首相の外交顧問として長年仕えたチャールズ・パウエルの一五歳年少の弟であった。そしてこのパウエルを通じて、ブレアはアメリカの政権とのパイプを得ることになった[20]。

ブレアよりも三歳年少のパウエルは、オクスフォード大学ユニヴァーシティ・コレッジで歴史学を学んだ後に、ペンシルヴァニア大学大学院で修士号を取得している。その後、ワシントンのイギリス大使館の一等書記官となりブレア労働党党首と出会うことになった。アメリカに豊富な人脈を持ち、在米経験も豊かなパウエルは、アメリカ人に強い親近感を感じるようになっていた[21]。このジョナサン・パウエルこそが、一九九五年一月以降にブレア労働党党首のスタッフとなり、一九九七年五月以降は首相首席補佐官としてブレア首相の外交を首相官邸で支えることになる人物であった。イラク戦争に至る過程で、ブレア首相は自らの外交政策を決定する上でパウエルの助言に多大な影響を受けることになる。

またこの頃にブレアは、ニール・キノックの友人で、大衆紙『デイリー・メイル』紙の記者で編集者であったアラステア・キャンベルと出会うことになる。ブレアはキャンベルと親しくなり、新しい労働党の党首として報道機関との接し方を学ぶことになる。キャンベルはブレア党首の広報担当の補佐官となり、助言者となる。このキャンベルも、ジョナサン・パウエルと同様に、ブレア政権の首相官邸をメディア対策の面から支える、中心人物となる。

これらの有力なアドバイザーを得て、ブレア労働党党首は一九九七年の総選挙に臨むことになった。一九九七年五月二日、イギリス総選挙で圧倒的な勝利を収めたこの若き労働党党首は、二〇世紀で最年少の首相に就任した。そしてこの後の一〇年間、ブレア首相のリーダーシップによって、イギリス外交が積極的に展開されるようになるのであった。

二　ロビン・クック外相と「倫理的対外政策」

ロビン・クックの外相就任

一九九七年五月のブレア労働党政権において外相のポストに就任したのは、ロビン・クックであった。ロビン・クックは、ブレアやブラウンよりも少しばかり年長であるが、二人とは異なり党内左派出身であった。アメリカ外交に対してしばしば批判的な姿勢を見せると同時に、親欧州的な性格の強いクックは、その外交構想において二人とは少なからぬ違いを見せていた。そのことが、二〇〇一年の第二次政権において外相から下院院内総務へと格下げされて、二〇〇三年三月のイラク戦争開戦の際には下院院内総務の閣僚ポストを辞任することになる一つの原因でもあった。

ロバート・フィンレイソン・クックはスコットランド出身で、エディンバラ大学を卒業した労働党下院議員であった。クックは学生時代の頃から労働党員として活発な政治的活動を行っていた。一九七四年に下院議員に当選したクックは、その後「影の内閣」の閣僚ポストに就いて、外交問題や欧州問題に詳しい労働党の重鎮となっていく。とりわけ、かつてナイ・ベヴァンやマイケル・フットのような党内左派の巨人が編集長を務めた党内左派の機関紙ともいえる『トリビューン』紙を活動の舞台として、「トリビューン・グループ」の一翼を担うようになった(22)。その後は、労働党党首のニール・キノック、そしてジョン・スミスの選挙対策チームに入り、労働党の改革派（モダナイザー）となっていった。[23] そこでクックは、ブレアやブラウンに近づいていった。

党改革を本格化させた一九九四年から総選挙で勝利を収める一九九七年までの三年間は、トニー・ブレア、ジョン・プレスコット、ゴードン・ブラウン、ロビン・クックの四人が「四巨頭」と呼ばれて、「影の内閣」で毎週顔を合わせて総選挙の準備を進めていた。ロビン・クックは、「影の外相」として外交政策を立案する立場にあった。一九九七年五月に労働党が総選挙で勝利すると、クックは外相のポストを確保し、自らの信念と労働党のマニフェストに基づいた新しい政策を公表することになった。ブレア労働党政権においてロビン・クックは、ジョン・プレスコット、ゴードン・ブラウン、ジャック・ストローとともに、新たな「四巨頭」の一角を占めることになる。[24] ブレア内閣の政策決定においては、この四人が中枢に位置していたのである。

クックの「倫理的対外政策」演説

一九九七年五月一二日、総選挙当日からわずか一〇日ほどが過ぎたこの日に、ロビン・クック外相は外務省内の壮麗なロカルノ・ルームにおいて、政府の新しい外交方針を明らかにすることになった。[25] これは、ブレア労働党政権の新しい対外政策を包括的に語る最初の機会となった。「イギリスの対外政策」と題するこの演説の中で、クック外相は次のように「外務省ミッション・ステートメント」を語りかけた。

「安全保障、繁栄、そして生活の質の向上は、すべて明確なるわれわれの国益である。イギリスは同時に、われわれの価値を実現し、われわれのアイデンティティを確信することにも、国益を有している。これこそが、世界平和を維持して世界中に民主主義を広げるためのイギリスの貢献に対して他国の敬意を得ることが、われわれの対外政策の第四の目標である理由なのである。」

このようにして、クック外相はイギリスの国益として「われわれの価値を実現し、われわれのアイデンティティを確信すること」を含めている。それでは、イギリスにとってどのような価値が重要なのであろうか。クック外相は、外交において「倫理的な側面」を持つことが重要であるとして、次のように述べた。

「労働党政権は、外交実務のために海外に出る際に、パスポートを見せて出国審査を受けたとたんに政治的な価値を置き去りにするようなことを受け容れることはできない。われわれの対外政策は、倫理的な側面を持たなければならないし、われわれが主張しているような民主的な権利を他の人々が要望することを支援しなければならないのだ。労働党政権は、人権を対外政策の中心に位置づけて、海外での人権の促進に関するわれわれの取り組みの年次報告書を、毎年刊行することになるであろう。……私のこの演説は、対外政策における倫理的な意義を提供し、国益が狭義のレアルポリティークのみによって規定されるべきではないことを認識するものであるのだ(26)。」

それまでのイギリスの対外政策は確かに、「レアルポリティークのみによって規定される」ということが少なくなかった(27)。もちろんクック外相も、対外政策の目的として国益を実現することを最重視している。問題は、それが狭義な意味での利益に限定されることなく、価値の側面、倫理の側面を包摂することを意識しているかどうかである。それゆえに、クック外相が提唱するこのような新しい対外政策のアプローチは、「倫理的対外政策（ethical foreign policy）」と呼ばれるようになる(28)。

クック外相は、それまでの保守党政権の「レアルポリティーク」としての現実主義的な対外政策と、「ニュー・レイバー」のコスモポリタン的なリベラル国際主義的（liberal internationalist）な対外政策を、対置しようとしていた[29]。とりわけクック外相は対外政策を推し進める上で、人権上の考慮を重視する必要を強く認識していた。それはクックがかつて、「トリビューン・グループ」の一員として労働党内左派の理念を受け継いでいたことからも理解できるだろう。それは、よりプラグマティックな思考を示すブレア首相や、クックの後任の外相のジャック・ストローなど、党内右派の指導者たちとの大きな違いであった。そのような違いが、イラク戦争時のブレアとの認識の亀裂にも結びつくことになる。

このようなクック外相の試みは、翌日のメディアで少なからず注目された。例えば『オブザーバー』紙は「クックの倫理という爆弾」と評し、さらに『ガーディアン』紙はこのような試みは「前例がない」と論じた。『フィナンシャル・タイムズ』紙では、「最も驚くべき革新」であると論評している[30]。

それではなぜイギリスは、「前例がない」このような「最も驚くべき革新」を外交において進めようとしているのか。クック外相は、五月一二日の演説の中で新しい対外政策を進めていく理由を、次のように論じている。すなわち、「イギリスはもう一度、世界における善のための力になる（a force for good in the world）必要があるのだ[31]。このように、外交において「善のための力」という概念が導入されることは、それまでのイギリス外交では必ずしも一般的ではなかった。「力（force）」の要素と、「善（good）」という道徳的要素の結合こそが、ブレア政権の外交理念の中核に位置づけられるようになる。「世界における善のための力」という理念は、後に第二章で詳しく見るが、一九九八年に交渉されることになる、画期的な新しい安全保障戦略である『戦略防衛見直し』においても示されている[32]。

このような、「善のための力」という外交理念は、一九九九年四月のブレア首相の有名なシカゴ演説の中で、その頂点に達した。それでは次に、このブレア演説を見ることにしたい。

三　「ブレア・ドクトリン」――「国際コミュニティ」のドクトリン

ブレア政権の外交理念

そもそも、ニュー・レイバーが外交において人権や倫理を重視していることは、一九九七年の選挙マニフェストにも記されていた。そこでは、「われわれは、人権の擁護と促進を、対外政策の中核に位置づけるであろう」と記されている(33)。それでは、労働党はどのような国際秩序を構想していたのであろうか。どのような外交理念を掲げていたのであろうか。そしてどのようにして、実際に、「善のための力」となることができると考えていたのであろうか。

ブレア政権の外交政策を考える上での重要な理念として、以下の三つを指摘できるであろう。第一は、国際社会あるいは欧州統合においてイギリスがリーダーシップを発揮すべきだ、という考え方である。イギリスは、他国の後ろに隠れて、それら諸国に追従するような国家ではない。国際社会の新しい課題に対して、指導的な立場に立って、自ら能動的に影響力を行使すべきなのだ。第二には、「第三の道（the Third Way）」という考え方がある。いうまでもなくこれは、国内の社会経済システムについての新しい理念である。しかし他方で、ブレア首相はこの考え方を外交にも応用しようとした。国益に基づき武力を行使する現実主義でもなく、力の行使を否定する空疎な理想主義でもない、倫理や道徳を実現するための、「善のための力」となるような力の行使が必要であることを、ブレアは訴えようとしていた。そのことは、一九九九年三月に始まる、コソボでの虐殺や人権蹂躙を止めさせるためのNATO軍による「人道的介入」を擁護する、ブレア首相の外交姿勢にも示されていた。そして、第三には、これらを包括する理念として提唱された「国際コミュニティ」のドクトリンである。この外交理念は本書の中でも繰り返し登場することになる、ブレア外交を理解する上での重要な概念となる。

それでは、これら三つのそれぞれ連関する外交理念が、どのように唱えられ、ブレア政権においてどのように位置づけられてきたのかを、概観することにしたい。

国際主義とリーダーシップ

ブレア政権において重要な外交理念として、まず「リーダーシップ」という考え方を指摘できるだろう。すなわちそれは、「国際コミュニティ」におけるリーダーシップであると同時に、欧州統合における「リーダーシップ」でもある。イギリスはもはや、かつてのような世界帝国ではない。またアメリカのような超大国でもない。しかしながら、イギリスの役割が国際社会において存在しないわけではない。「善のための力」としてイギリスは、国際社会で自らの影響力を行使するべきなのだ。

そのような外交理念は、一九九五年七月五日のフェビアン協会でのブレアの演説にも表れている。一九四五年七月の総選挙の勝利、そしてアトリー労働党政権成立から五〇周年を記念した演説で、自らのめざすべき政治理念として六つの目標を掲げた。その中の一つとして、「世界におけるイギリスの地位を、孤立した状態としてではなく、諸国間のコミュニティの中のリーダーとして位置づける」必要を語った(34)。このように、国際社会におけるリーダーとなることこそが、ブレアの外交目標であった。

それでは、イギリスはどのようにして国際社会でリーダーシップを発揮できるのであろうか。ブレアによれば、「力強くあるためには、われわれは他国とのパートナーシップを構築しなければならない。」つまり内向きな孤立主義に陥ったり、単独行動主義に甘んじたりするのではなくて、国際協調を何よりも自らの外交目標として掲げているのである。それでは、イギリスにとって主要なパートナーをどこに求めればよいのか。ブレアは次のように語る。「イギリスにとっての主要な二つのパートナーシップは、EUと大西洋関係である。われわれは自らの影響力を最大化し、それにより世界に広がる自らの利益を促進し擁護するためにも、そのようなパートナーシップを用いる必要があるのだ。というのもわれわれはそれを単独で行うことはできないからだ。実効的に行動するためには、われわれはこれらのパートナーシップの中に十分に加わっていなければならない。」(35)

このようにして、ブレアはイギリスが世界においてリーダーシップを発揮する上で、EUとアメリカと、そのいずれともパートナーシップを強化する必要を説いている。これこそが、ブレアが繰り返し主張する「イギリスがヨーロッパの中にいる愛国的な理由（the patriotic case for Britain in Europe）」である。保守党右派が、欧州統合への批判を強めて、ナショナリズムに訴えてより孤立的な政策を求める傾向があるのに対して、労働党のブレアは反欧州的なメディアからの批判を恐れることなく、イギリスが欧州統合へ確固たる決意で加わる必要を説いていた。(36)さらにブレアは、イギリスは「ヨーロッパとアメリカとを結びつける上で、決定的に重要な役割を担わなければならない」と主張する。(37)

このような立場は、一九九七年総選挙のマニフェストにおいてさらに前進している。すなわち、「イギリスはヨーロッパでなければならない。それは、周辺においてではなくて、中心としてである。協力し、関与し、指導するのである。」(38)さらには、「国際コミュニティにおけるリーダーシップ」と題する項目として、国連安保理常任理事国として、さらにはコモンウェルスのつながりを利用して、イギリスが国際社会で指導的立場に立つ必要を訴えている。ブレア首相は、それまでの内向きで孤立主義的な傾向が見られた労働党のイメージと決別しようとしていた。そして「ニュー・レイバー」が、保守党以上に国際主義的で、指導的な外交理念を掲げることを示して、外交においても労働党への国民の信頼を獲得しようと努めていたのだ。

「第三の道」の外交理念

ブレア労働党政権の外交を理解する上でのもう一つの重要な理念とは、「第三の道」という考え方である。「第三の道」という政治理念は、一九九八年九月二一日に刊行された、トニー・ブレア首相の名の下に発行したフェビアン協会のパンフレットに由来する概念である。[39] それは基本的には、国内の経済社会システムに関する中道左派の政治理念であり、必ずしも外交を語ることを主眼としたものではなかった。グローバル化の進む社会の中で共産主義とも新自由主義とも異なる、新しい社会民主主義の理念を提唱するものであった。その理論的支柱であるアンソニー・ギデンズＬＳＥ教授自ら、一九九八年二月に『第三の道』と題する著書を刊行し、この政治理念について理論的に語っていた。[40] この著書はイギリス国内外で大きな論争を呼び、また多様な批判を集めてきたが、それについての反論をギデンズ自身は、自らの著書の中で展開している。[41]

ブレア首相は、この「第三の道」の理念を国際政治にも応用しようと試みた。一九九九年一月の南アフリカのケープタウンでの演説で、ブレア首相は「第三の道」が国内政治ばかりでなく、国際政治にも応用されるべきだと論じた。「第三の道は、ただ単に、われわれの国内での問題にとどまらないのだ。今日における政治的な議論は、国際的なイデオロギー論争のみではなく、その国が世界をどのように眺めているかによっても形成されるからである。[42]」このように、ただ単に国益のために軍事力を行使するような現実主義でも、現状を変革することができない無力な理想主義でもない、「第三の道」が対外政策においても必要であることを訴えたのだ。そしてそのような理念が最も端的に表れたのが、次に見ることになる一九九九年のブレア首相のシカゴ演説であった。

「国際コミュニティ」における人道的介入

ブレア政権の対外政策を理解する上での最も重要な概念の一つが、「国際コミュニティ」という考え方である。すでに触れたように、一九九七年総選挙の労働党マニフェストでも、「国際コミュニティにおけるリーダーシップ」という概念が用いられており、それ以前からブレアは自らの演説の中でこの概念を用いていた。それでは、「国際コミュニティ」とは何であろうか。

ブレアは、国際政治を必ずしも、むき出しの力が衝突し合う無秩序状態だとは考えてはいなかった。むしろブレアは、国際政治学者のヘドリー・ブルが『国際社会論―アナーキカル・ソサイエティ』で論じているのと同様に、国家間の関係では一定の規範や利益を共有しており、それらの共有される規範や利益を擁護することが必要となる、という理性的で楽観的な認識を持っていた(43)。それでは、国際社会で確立しつつある規範とは何であろうか。それは例えば、人権や貧困問題の克服などが考えられる。人権の擁護あるいは人道的考慮を重視するという姿勢は、すでに触れた一九九七年五月のクック外相の「倫理的対外政策」においても見られるものである。実際にブレア政権では、人権状況についての年次報告を毎年刊行し、さらに国際開発省を新たに創設しＯＤＡ（対外開発援助）を大幅に増額させることになった。また貧困問題を解決するためにも、アフリカを重視した政策を展開していった。さらにブレア首相の場合は、イギリスが「国際コミュニティ」のリーダーとして、それらの価値や利益を擁護するために、やむを得ぬときには軍事力を行使する必要があることを訴えている。

この外交理念が最も明瞭に示されたものとして、一九九九年四月二二日のブレアのシカゴ演説を指摘することができる。この演説は、「国際コミュニティのドクトリン」、すなわち「ブレア・ドクトリン」を明瞭に示すものとして、広く知られている。コソボ戦争を擁護する文脈での演説の位置づけや、イギリスの防衛戦略を考える上での位置づけについては後に詳しく検討することになるが、ここではその演説の経緯と背景を簡単に見ることにしたい。

この「国際コミュニティのドクトリン」演説の草稿上の起源は、ジャーナリストのジョン・カンプナーによれば、ブレア首相の首席補佐官であったジョナサン・パウエルと、世界的に高名な国際政治学者であるローレンス・フリードマン・ロンドン大学キングス・コレッジ教授との会話にあるという[44]。この二人は、パウエルが外務官僚として外務省の政策立案に関わっていた頃からの旧知の仲であった。一九九九年春、コソボ戦争勃発によって首相官邸は多忙な中にあった。それゆえに、アメリカ国内で軍事介入の必要性を訴えるためにも、パウエルはフリードマンに首相のシカゴでの演説の草稿を依頼した。ちなみにフリードマン教授自ら、この演説の第一稿を記したことを認めているが、他方で後にそれに加筆修正がなされ、それがブレア首相自らの言葉となったと指摘している[45]。

フリードマンの用意した論理は、冷戦後の世界では国家主権が一定程度留保されることが必要となり、人道的な目的で軍事力行使を行い、介入をすることが不可欠となってきているというものであった。それは一九九〇年代半ば以降、「人道的介入」の問題として、政策実務家や政治学者、国際法学者などを中心に、大きな議論の的となった[46]。人道的な目的のために、はたしてそのような軍事力行使が認められるのであろうか。このような問題関心こそが、コソボ危機をめぐる軍事介入に直面した際に、ブレア首相やフリードマン教授が念頭に置いていたものであった。この点については、後に詳しく検討することにしたい。

この頃には、すでに序章でも触れたようにコフィ・アナン国連事務総長のイニシアティブの下で、カナダ外相のロイド・アックスウォージーによって「介入と国家主権に関する国際委員会（ICISS）」が設立されている。この委員会では、一定程度国家主権を制限して、国際社会が人道的理由から介入をする必要が検討されていた。[47] ICISSの諮問委員会（the Advisory Committee）にロビン・クック外相も加わっているのは興味深い。ICISSは最終的に二〇〇一年に、「保護する責任」と題する報告書をまとめ、国際社会に大きな影響を与える。[48] そこでは、国家が一義的に国民の生命や安全を保護する義務があるが、国家にその能力がないとみなした場合は、国際社会が代わってその国民を保護する責任を負うという論理であった。

このように、ブレア首相がシカゴでの演説を行う背景として、国際社会が人道的危機にどのように対応すべきかについて活発な議論が行われていたことが指摘できる。ブレア首相率いるイギリスの労働党政権は、そのような人道的介入の最も積極的な主唱者であった。そしてブレア首相の論理を背後で支えていたのが、ローレンス・フリードマン教授であり、ブレア首相の外交担当特別顧問であった外務官僚のロバート・クーパーであった。[49] 二人とも、強い介入主義的な思想を持ち、イギリスが積極的に世界に関与を広げることを求めていた。

一九九九年四月、ブレア首相はコソボ戦争が勃発した直後の段階に飛行機でアメリカへ向かっていた。ワシントンで開催予定のNATO創設五〇周年記念式典に出席するためであった。ブレアは飛行機の中で演説の草稿を眺めながら、自ら万年筆を握って自らの言葉へと字句を修正していた。そのときに、「国際コミュニティのドクトリン」という、その内容にふさわしい言葉を思いついたのである。[50] 四月二二日にシカゴの経済クラブでの演説において、この重要な概念を人々に語りかけることになった。その詳しい内容については、後に見ることにしよう。

「倫理的対外政策」の光と影

一九九九年五月三日、ブレア首相はアルバニアのコソボ難民キャンプを訪問して、テントの中で難民となった人々と対話を行った。そしてテントから出てきて人々に囲まれたブレア首相は、次のように説いた。「これはNATOのための闘いでもなければ、領土を求めるための闘いでもない。これは、人道性をめぐる闘いなのだ。それは正しい目的なのである。」[51] この短い言葉に、ブレア首相の考える外交理念、戦争目的が明瞭に示されているといえる。そしてコソボ危機に際しての人道的介入こそが、ブレア外交にとって最良の瞬間でもあった。

それでは、クック外相が語った「倫理的対外政策」、そしてブレア首相が訴えた「国際コミュニティのドクトリン」は、これまでどのように評価されてきたのだろうか。実際にはどの程度成功を収めたのであろうか。あるいは挫折に終わったのであろうか。これらのブレア政権における外交理念は、二〇〇一年の九・一一テロの後のイギリスの進むべき道を大きく規定する結果となる。

ブレア首相にとって、コソボ危機の際と同様に、アフガニスタンやイラクでの暴政や人権蹂躙を放置すべきだとは考えられなかった。国際コミュニティが結束して、これらの諸国の国内問題に対処し、必要であれば軍事介入も行うべきだと考えていた。その上でアメリカとEUとが手を取り合って、国際協調体制を維持して問題を解決することが重要であり、ブレア首相自らが、その二つのパワーを結びつける上でのリーダーシップを発揮できると考えていたのである。

しかし実際には、ブレア政権における「倫理的対外政策」や「国際コミュニティのドクトリン」は多くの矛盾と限界を経験することになる。ヘンリー・キッシンジャーは、そのようなブレア政権の外交を見て、利他的な理由からの介入は、「無責任となる」と予期していた。[52]

それではブレア政権の外交について、具体的にどのような問題があったのであろうか。ブレア外交に対する批判として、第一に官邸主導の政策過程により、小さなサークルの内側で重要な決定がなされてきたという指摘がある。ケンブリッジ大学のクリストファー・ヒル教授は、少数のアドバイザーからあまりにも多大な影響を受けた結果、ブレア首相の外交が外務省の意向を十分に汲まず、伝統的なイギリスのプラグマティックな外交を損なったと論じる。[53] その少数のアドバイザーとは、首相官邸のジョナサン・パウエル首席補佐官であり、デイヴィッド・マニング外交担当補佐官であり、外務省のロバート・クーパーであり、ロンドン大学のローレンス・フリードマン教授であった。彼らはみな、アメリカの強大な力を信頼し、英米関係を中心として人道的な目的で軍事介入を行うことに積極的であった。他方で、あまりに親欧州的で反米的な傾向さえ見せるロビン・クック外相の存在は、ブレア首相にとって次第に障害と感じられるようになっていった。これは、二〇〇一年の第二次ブレア政権時にクックが外相から外される大きな理由となった。[54] このように少数の補佐官やアドバイザーにあまりにも依存しすぎることが、ブレア首相の外交の視野を狭めていったのだ。

第二に、自らがヨーロッパのリーダーであると自負するあまり、EU諸国と十分な政策調整をせずに、独善的な外交姿勢がしばしば見られた。ヒルによれば、危機の際にブレア首相はあまりにもアメリカとの協議に重点を置きすぎた結果、十分にEU諸国と政策の調整をすることがなかったと指摘する。自らがEUにおいてリーダーであるという自覚こそが、そのような調整の必要性への認識を減じさせてしまい、その結果アメリカとEUとの亀裂を増大させたのだ。つまりは、多国間主義という言葉を繰り返し用いながらも、反対にEUの中では単独行動主義的に目的を達成しようと焦っていたのである。[55] ここに、「国際コミュニティのドクトリン」の大きな問題と限界が見られたといえる。

第三に、「倫理的対外政策」が十分に倫理的ではない、偽善的だ、という批判が見られる。そもそもブレア政権が論じるように、それ以前の政権は本当に「非倫理的（unethical）」であったのだろうか。サッチャー政権の外相を務めたキャリントン卿は、「それ以前のすべての外交が非倫理的であった」と仮定することは「ばかげている」という。[56] 政権による強弱はありながらも、イギリス外交においては伝統的に、倫理的な考慮というものがなされてきたといえるはずだ。またより本質的な問題として、複数の倫理が衝突した際に、政治がそれらを調整することも必要であろう。[57] ブレア首相が論じるほど、倫理とは一元的ではない。例えば人道的介入によって、一定の数の人々の生命を守ることができるかもしれないが、その介入による軍事攻撃の「付随的損害」によって少なからぬ死者が生じるかもしれない。

他方で、そのような「倫理的対外政策」がイギリスの国益を常に支えるとは限らない。[58] より具体的に述べるならば、人道的に懸念が見られる諸国に、自国の兵器を売却するかどうか、対外政策における「倫理的側面」と国益の考慮が正面から衝突する。軍需産業は、そのような際により多くの兵器を売ることを自国の利益と考える。倫理的考慮からあえてそれを控えることは、それが自国の産業政策上不利益となる以上、国民から支持されるのだろうか。

一九九九年八月にインドネシア軍が、占領下の東ティモールで現地の人々に対して弾圧を行った際に、イギリスがインドネシアへの武器売却を凍結するかどうかが、イギリス議会内で大きな議論となった。クック外相は、「東ティモールの人々へ向けて使用されるおそれのある」武器の売却を許可しない方針を明らかにした。[59] そして、「EUの武器禁輸の方針を支持し、武器輸出を凍結する国家の決定を行う」と述べた。とはいえ弾圧の際にすでにイギリス製の武器が使用されていた可能性が高い。弾圧が深刻となる前の一九九七年八月に、クック外相はインドネシアを訪問し、スハルト大統領と握手をして武器売却の契約を結んでいた。このことが一九九八年五月の議会の外交問題委員会で問題となり、政府の「倫理的対外政策」の偽善性が指摘されていたのであった(60)。他方でイギリス国内では、自国の産業と雇用を犠牲にして、はるか彼方の人々の人権を考慮する必要性について、疑問が唱えられていた。

このようにして、ブレア政権は新しい外交理念を提唱しながらも、他方で現実の国益の考慮やプラグマティズムの伝統から、その外交理念とは異なる政策決定を示すことも少なくなかった。とはいえ、これほどまでに明瞭なる外交理念を掲げ、パブリック・ディプロマシーを重視して世論に訴える政権も珍しい。逆にそのことが、イラク戦争へ向かう中での情報操作疑惑とも結びついていくのである。それでは、このような外交理念を掲げたブレア政権のイギリスが、実際にどのような外交政策および防衛政策を展開したのかを、詳しく見ていくことにしたい。

(1) Cherie Blair, *Speaking for Myself: My Life from Liverpool to Downing Street* (London: Little, Brown, 2008) p.183; John Rentoul, *Tony Blair: Prime Minister* (London: Time Warner, 2001) p.324.
(2) Ibid.
(3) ブレア政権における首相の「大統領化(presidentialisation)」については、Michael Foley, *The British Presidency: Tony Blair and the Politics of Public Leadership* (Manchester: Manchester University Press, 2000); 阪野智一「ブレアは大統領型首相か」梅川正美・阪野智一・力久昌幸編『現代イギリス政治』(成文堂、二〇〇六年)などを参照。また従来の見解を批判的に再検討した最新の研究として高安健将『首相の権力―日英比較からみる政権党とのダイナミズム』(創文社、二〇〇九年)を参照。
(4) ここでは、以下に示すようなこれまでに刊行されたトニー・ブレアの主要な評伝を参照して、彼の生い立ちを記したい。なお、公式評伝はまだ刊行されておらず、これらはそれぞれの著者の立場が強く反映されている。

最も詳細な評伝としては、John Rentoul, *Tony Blair Prime Minister*（London: Time Warner, 2001）があるが、これは政権一期目まで触れるにとどまっている。二〇〇一年一月のジョージ・W・ブッシュ政権の成立や、九・一一テロ、さらにはイラク戦争への対応については描かれていないという限界がある。ブレアの外交を中心とした評伝として、Philip Stephens, *Tony Blair: The Making of a World Leader*（London: Viking, 2004）があり、これはイラク戦争までふれており、ブレア外交に対する評価は高い。Mick Temple, *Blair*（London: Haus Publishing, 2006）は、政権二期目終了までふれている、短く読みやすい評伝であるが、ブレア首相の業績には手厳しい。他方で、Anthony Seldon, *Blair*（London: Free Press, 2004）は著名な現代史家による高い水準の評伝であり、独特な構成の叙述を行っている。ブレア政権の評価にはより好意的である。

（5）父レオ・ブレアの簡単な経歴については、Rentoul, *Tony Blair*, pp.3–8; Seldon, *Blair*, pp.17–22.

（6）Stephens, *Tony Blair*, p.5.

（7）Temple, *Blair*, p.16; Seldon, *Blair*, p.13.

（8）Seldon, *Blair*, p.12.

（9）エリック・アンダーソンについての簡単な紹介は、Seldon, *Blair*, pp.232-5 を参照。

（10）Stephens, *Tony Blair*, p.10.

（11）Ibid., pp.13-4.

（12）Ibid., pp.15-6.

（13）Sledon, *Blair*, p.39. ピーター・トムソンについては、Seldon, *Blair*, pp.39-45 を参照。

（14）Blair, *Speaking for Myself*, pp.45-6.

（15）Ibid., pp.82-4; Temple, *Blair*, pp.25-7.

（16）Stephens, *Tony Blair*, p.39.

（17）Ibid., p.58.

（18）Ibid., p.60.

（19）Ibid., p.67.

（20）Ibid., p.68.

（21）ジョナサン・パウエルの簡単な略歴およびブレアとの関係については、Seldon, *Blair*, pp.335–346 を参照。

（22）John Ramsden, "Cook, Robert Finlayson（'Robin'）," in John Ramsden（ed.）, *The Oxford Companion to Twentieth-Century British Politics*（Oxford: Oxford University Press, 2002）p.165.

（23）Rentoul, *Tony Blair*, p.186.

（24）Ibid., p.326.

（25）Ibid., pp.420-1; Nicholas J. Wheeler and Tim Dunne, *Moral Britannia? Evaluating the Ethical Dimension in Labour's Foreign Policy*（London: The Foreign Policy Centre,

2004）pp.5–6.

（26） Speech by Robin Cook, “British Foreign Policy”, FCO, 12 May, 1997; Paul D. Williams, *British Foreign Policy Under New Labour, 1997–2005*（Basingstoke: Palgrave, 2005）pp.17–8.

（27） 他方で、イギリス外交が長い間、国益と道徳性の二つの要素のバランスを維持してきたと論じることもできるだろう。このような視点については、細谷雄一「歴史としてのイギリス外交」佐々木雄太・木畑洋一編『イギリス外交史』（有斐閣、二〇〇五年）九–一一頁参照。

（28） Mark Wickham-Jones, “Labour's trajectory in foreign affairs: the moral crusade of a pivotal power?”, in Richard Little and Mark Wickham-Jones（eds.）, *New Labour's Foreign Policy: A New Moral Crusade?*（Manchester: Manchester University Press, 2000）p.4.

（29） Williams, *British Foreign Policy Under New Labour*, p.18.

（30） Wickham-Jones, “Labour's trajectory in foreign affairs”, pp.4–5.

（31） Cook, “British Foreign Policy”, 12 May 1997.

（32） Ministry of Defence, *The Strategic Defence Review*, Cm 3999（London: The Stationery Office, 1998）.

（33） Labour Party, *New Labour Because Britain Deserves Better*, Labour Party, 1996; Rentoul, *Tony Blair*, p.420.

（34） Tony Blair, “The Radical Coalition”, speech at a Fabian Society commemoration of the fiftieth anniversary of the 1945 general election, 5 July 1995, in his *New Britain: My Vision of a Young Country*（London: Fourth Estate, 1996）p.18.

（35） Tony Blair, “New Nation-State”, speech at the *Time* magazine ‘Distinguished Speakers’ Dinner, London, 30 November 1995, in his *New Britain*, p.263.

（36） 当時のイギリス国内メディアの反欧州的な傾向およびブレアの親欧州的な傾向については、細谷雄一「イギリスのＥＵ政策と市民―首相・政党・世論」田中俊郎・庄司克宏編『ＥＵと市民』（慶應義塾大学出版会、二〇〇五年）を参照。

（37） Blair, “New Nation-State”, p.267.

（38） Labour Party, *New Labour Because Britain Deserves Better*, Labour Party, 1996.

（39） Tony Blair, *The Third Way: New Politics for the New Century*（London: Fabian Society, 1998）. その背景は、Rentoul, *Tony Blair*, pp.431–446を参照。

（40） Anthony Giddens, *The Third Way: the Renewal of Social Democracy*（Cambridge: Polity, 1998）; 邦訳は、『第三の道―効率と公正の新たな同盟』佐和隆光訳（日本経済

新聞社、一九九九年)。

(41) Anthony Giddens, *The Third Way and its Critics* (Cambridge: Polity, 2000); 邦訳は、『第三の道とその批判』今枝法之・干川剛史訳(晃洋書房、二〇〇三年)。

(42) Speech by Tony Blair, "Facing the modern challenge: the Third Way in Britain and South Africa", Cape Town, South Africa, 8 January 1999; cited in Wickham-Jones, "Labour's trajectory in foreign affairs", p.15.

(43) Tim Dunne and Nicholas J. Wheeler, "The Blair doctrine: advancing the Third Way in the World", in Little and Wickham-Jones (eds.), *New Labour's Foreign Policy*, p.61. ブルの国際社会論については、ヘドリー・ブル『国際社会論―アナーキカル・ソサイエティ』臼杵英一訳(岩波書店、二〇〇〇年)がある。またこのような「英国学派(the English School)」の国際政治論については、マーティン・ワイト『国際理論―三つの伝統』佐藤誠・安藤次男・滝澤邦彦・大中真・佐藤千鶴子訳(日本経済評論社、二〇〇七年)で詳細に論じられている。

(44) John Kampfner, *Blair's Wars* (London: Free Press, 2003) pp.50-1.

(45) Lawrence Freedman, "Defence", in Anthony Seldon, *Blair's Britain 1997-2007* (Cambridge: Cambridge University Press, 2007) p.15.

(46) 国際政治学の分野で「人道的介入(humanitarian intervention)」という概念が広く使用されるようになるのは、Adam Roberts, *Humanitarian Action in War, Adelphi Paper 305* (Oxford: Oxford University Press, 1996) がこの契機となっている。それは「英国学派」の国際社会論が、規範の問題に長い間光をあててきたことと無関係ではあるまい。ロバーツは、オクスフォード大学でヘドリー・ブルの後任として長らく国際政治学を教えており、「英国学派」の中心的な理論家でもある。また、人道的介入に関する国際政治学的関心に力点を置いた主要な文献として、Jennifer M. Welsh (ed.), *Humanitarian Intervention and International Relations* (Oxford: Oxford University Press, 2004); J.L.Holzgrefe and Robert O. Keohane (eds.), *Humanitarian Intervention: Ethical, Legal, and Political Dimensions* (Cambridge: Cambridge University Press, 2003); Nicholas J. Wheeler, *Saving Strangers: Humanitarian Intervention in International Society* (Oxford: Oxford University Press, 2000); 最上敏樹『人道的介入―正義の武力行使はあるか』(岩波新書、二〇〇一年)、日本国際連合学会編『人道的介入と国連』(国連研究第八号、国際書院、二〇〇一年)を参照。いずれも、コソボ戦争の後に議論が活性化されたのを受けた研究である。

(47) Kampfner, *Blair's Wars*, p.51; Ramesh Thakur, *The*

United Nations, Peace and Security (Cambridge: Cambridge University Press, 2006) pp.246–250. なおこの著者のラメシュ・タクール自身、この委員会の委員を務めていた。それ以外にも、ギャレス・エヴァンス豪外相や、著名な政治思想家のマイケル・イグナティエフも委員であった。

(48) International Commission on Intervention and State Sovereignty, *Responsibility to Protect: Report of the International Commission on Intervention and State Sovereignty* (Ottawa: International Development Research Centre for ICISS, 2001); Thakur, *The United Nations, Peace and Security*, p.73.

(49) Kampfner, *Blair's Wars*, p.50; Peter Riddell, *Hug Them Close: Blair, Clinton, Bush and the 'Special Relationship'* (London: Politico's, 2003) p.104. ロバート・クーパーの国際秩序観や外交理念については、Robert Cooper, *The Breaking of Nations: Order and Chaos in the Twentieth-First Century* (London: Atlantic Books, 2003) で体系的に描かれている。クーパーは、現在の世界で最も影響力のある外交官の一人とみなされている。

(50) Kampfner, *Blair's Wars*, p.52.

(51) Ibid., p.54.

(52) Ibid., p.53.

(53) Christopher Hill, "Putting the world to the rights: Tony Blair's foreign policy mission", in Anthony Seldon and Dennis Kavanagh (eds.), *The Blair Effect 2001–5* (Cambridge: Cambridge University Press, 2005) p.385.

(54) Ibid., p.388.

(55) Ibid., pp.395–6.

(56) *The Guardian*, 24 April, 2000, cited in Wheeler and Dunne, *Moral Britannia*?, pp.9–10.

(57) Wheeler and Dunne, *Moral Britannia?*, p.11.

(58) Chris Brown, "Ethics, interests and foreign policy", in Karen E. Smith and Margot Light (eds.), *Ethics and Foreign Policy* (Cambridge: Cambridge University Press, 2001) pp.17–19.

(59) Wheeler and Dunne, *Moral Britannia?*, p.18; Tim Dunne and Nicholas J. Wheeler, "Blair's Britain: a force for good in the world?", in Smith and Light (eds.), *Ethics and Foreign Policy*, pp.174–6..

(60) Rentoul, *Tony Blair*, pp.420–2.

第二章　新しい安全保障戦略――冷戦後の防衛政策とＳＤＲ

一　冷戦後世界における防衛政策の転換

ラディカルな「哲学の変容」

一九九七年五月のイギリス総選挙において圧倒的な勝利を手にした労働党は、選挙公約に示したとおり、冷戦後世界におけるイギリス防衛政策の根本的な見直しを行うことになった。それはイギリスの防衛政策としては、第二次世界大戦後の最も大きな政策転換の一つであり、冷戦後の長期的指針を示すものであった(1)。それでは、この防衛政策見直しの過程は、どのようにして進められたのだろうか。

政治家、官僚、学者、ＮＧＯ関係者などを招いた一年以上にわたる検討の後、国防省は一九九八年七月に『戦略防衛見直し』すなわちＳＤＲとして、包括的な報告書を公表した(2)。「二〇一五年」に至るまでのイギリス防衛政策の長期的方針を示すこの報告書に基づき、イギリス政府はその後、コソボ戦争や欧州防衛統合において新しい理念や政策を提示することになった。いわば、ブレア政権の対外政策の骨格を形作るものとして、このSDRは重要な意味を持っていたのである。それがなければ、遠方展開能力をもとにはるか遠い土地へとイギリス軍を派兵したり、RMA（軍事における革命）が進行する米軍との相互運用性をもとに共同軍事作戦をとることは困難であったであろう。ブレア首相の倫理的使命感のみで、新しい戦争を開始できるわけではない。それを行うための軍事的裏づけが不可欠なのだ。ブレア首相に、このような柔軟で遠方展開能力のある軍事能力に焦点を当てるように助言をしたのが、サー・チャールズ・ガスリー国防参謀長であった。ガスリーは後にコソボ戦争やアフガニスタン戦争においてブレア首相と深い信頼関係を築き、軍事戦略の中心的な助言者となった(3)。SDRとブレアの戦争指導は、緊密に結びついていた。

このようなブレア政権における防衛政策の変化は、「哲学の変容」とでも呼べる、大胆な思考の転換でもあった。ロンドン大学キングス・コレッジのフィリップ・セイビン教授は、「SDRの最もラディカルな側面は、国防省における軍事態勢や作戦に対する実践的な影響ではなくて、その根底にある哲学の変容だ」と的確に評している(4)。それは、国防大臣としてこのSDRの作成を指揮したジョージ・ロバートソンの次の言葉にも示されている。すなわち、「この見直しは、冷戦期の対立が、不確実性と不安定性の複合的な混合によって代替されつつある世界を反映して、ラディカルなものとなっている(5)。」まさに、後の「対テロ戦争」の時代を予期するかのような表現である。

また、SDR作成にも関与した空軍大将で、イギリスを代表する防衛専門家のティモシー・ガーデンによれば、この報告書は、「軍事能力が、安全保障における数多くの側面の中の単なる一側面に過ぎず、他のすべての側面が存在することを指摘している」という(6)。新しい時代において、それに適合する新しい防衛能力を備えなければ、外交目的を効果的に達成することはできないのだ。そのような動機こそが、SDR作成の重要な基礎となっていた。十分な軍事能力をイギリスが保有することは当然ながら重要であるが、同時に戦略思考や安全保障認識の変化もまた不可欠なのだ[7]。

安全保障研究の領域において、冷戦後に安全保障概念が拡大し、あるいはより複雑になったことを指摘されることが多く、それは国際政治学における数多くの研究の中で示されている[8]。つまり、ブレア政権の防衛政策の変化を理解するためには、安全保障研究や戦略研究における新しい動向を理解することも重要となろう。従来のような核兵器に大きく依存する抑止戦略をラディカルに修正し、冷戦後の複合的かつ不明確な新しい脅威に対応するためにも、重層的な防衛任務を柔軟に考慮する必要があるのだ。そのことは、九・一一テロ以降の新しい「対テロ戦争」における軍事的要請において、明瞭に示されることになる。

二　ブレア労働党政権とSDR

ラディカルな「二重の変容」

それではブレア労働党政権において、どのような意味で防衛政策が従来と異なっているのであろうか。ブレア政権の防衛政策の変容は、二つの意味でそれまでとは大きく異なるものであった。すなわちそれは一九八〇年代の野党時代の労働党の防衛構想とは一線を画するものであると同時に、またサッチャーおよびメジャー保守党政権のそれとも異なるものである。その意味で、それは二重の変容といえる。

一九八〇年代初頭の労働党は、党内左派の党勢掌握によって、単独行動主義的な防衛政策構想を提示していた。それは、核兵器の一方的放棄と、NATO（北大西洋条約機構）基地の廃棄を提唱するものであった。一九七九年のソ連軍のアフガニスタン侵攻以来、米ソ軍事対立が高まる中で、労働党の掲げる防衛政策構想は国民の支持を得られないばかりか、党内でも大きな疑問が投げかけられるようになった。また相互依存の進む新しい国際環境では、より国際主義的な防衛政策が必要となっていた。労働党は、防衛政策をめぐる大胆な政策転換が求められていたのである。(9)

同時に労働党は、すでに触れたように冷戦後の新しい安全保障環境に適合するために、従来のイギリスの防衛政策をラディカルに転換する必要を感じていた。冷戦期においてイギリス政府は長い間、財政的制約によって植民地からの撤退と国防費の削減を不可避的に強いられてきた。そして冷戦後には、共産主義勢力というそれまでの敵対勢力の消失により、国防費の削減を加速していた。それまでの防衛見直しは、したがって、建設的かつ積極的な見地からの考慮というよりも、財政的理由からやむを得ずに防衛予算を縮小し、防衛任務を縮小してきたといえる。(10)言い換えれば、「われわれが自らの安全保障をどのように構築するかという点で、ほとんど対外政策上の選択肢はなかった」のである。(11)そのような中で、ブレアが党首となった労働党は、冷戦後の世界にふさわしい、新しい防衛政策の長期的方針を打ち出すことを求めたのである。このようなラディカルな「二重の変容」の成果こそが、SDRであった。

ラディカルなレビュー

それでは、SDRにおいて、どのような意味でイギリスの防衛政策が「ラディカル」に変わったといえるのであろうか。イギリス防衛政策の専門家、ウェールズ大学教授コリン・マッキネスは、SDRにおけるその新しさを、「防衛外交」という理念と、欧州政策の変容という二つの要素に求めている。(12)またマッキネスは、「詳細で包括的な公式の見直しという点」でも、このSDRが「ラディカル」であると論じている。(13)

確かにSDRでは、従来の狭義の防衛見直しとは異なり、非常に広範にわたる問題が検討されており、それは冷戦後の中・長期的な防衛態勢を考慮する上での重要な指針となっている。マッキネスの場合は、

SDRの新しさという側面を強調しているが、それはマッキネスが、冷戦後の安全保障環境が変容していたことを強調していたことからも理解できる。[14] そのような新しい安全保障環境へのラディカルな対応が、SDRなのである。

それではなぜ、ブレア労働党政権は防衛政策の革新を求めるのであろうか。第一には、ブレア政権が冷戦後の世界においてリーダーシップを求めていることが指摘できる。[15] ロバートソン国防相によれば、「われわれの軍事力に変化が求められるのは、われわれの国際的な関与の増大によるものである」という。[16] というのも、「イギリス人は、本来的に、国際主義的な国民である。われわれは自らの権利を擁護すると同時に、世界における責任を果たすべきであると信じている。われわれは人道的な惨状や、抑制のきかない独裁者の侵略を、怠惰に見過ごすことを望んでいないのである。」このように、ブレア政権においては、単独行動主義的な一九八〇年代の野党労働党とも、アメリカとの関係を過度に強調したサッチャー時代の保守党とも異なり、国際主義的な性質を強調する防衛政策を提唱していたのである。そして、それまで防衛政策に弱いとされてきた労働党のイメージを覆して、防衛政策や外交政策の領域でもニュー・レイバーが大きく変容しつつあることを、国民に印象づけようと試みたのである。

さらにロバートソン国防相は、コフィ・アナン国連事務総長の次の言葉を、自らの言葉のように好んで繰り返し引用している。すなわち、「外交によってなし得ることは数多くあるが、しかしながら、もちろんではあるが、強い意志と軍事力を背後に持つ外交であればより多くのことをなすことができるであろう。[17]」ロバートソンは、防衛政策を純粋に軍事的な観点から論じるのではなくて、外交手段と有機的に結びつけることで、より実効的な安全保障を確保することをめざしていたのだ。

RMAと防衛力整備

このように、ロバートソン国防相を筆頭にして、ブレア労働党政権は、国際主義的で、かつ介入主義的な防衛政策を念頭においてきた。それは、欧州大陸からみた周縁部である中東やバルカン半島のような不安定な地域において、イギリスがその安定化のために積極的な役割を果たす意志があることを意味する。冷戦が終結したことで、イギリスは危機に対し受動的に対処するにとどまることも可能であろう。もはや直接的に、イギリス本土が軍事攻撃される可能性はきわめて低いのだ。

しかしブレア政権ではむしろ遠方の内戦や人道危機に積極的に関与することで、安全保障上の脅威を未然に防止することができると考えていた。それこそがブレア政権が考える安全保障観であり、そのような認識が遠方展開能力を主眼とする安全保障戦略の中核となっている。そして、「もしわれわれがこれらの地域において、国際的な責任を果たそうとするならば、われわれはそれを実行するためのパワーを持つことが必要となる。」[18]その「パワー」を持つために防衛力を「近代化」することが、SDRの第一の目的なのである。

この防衛力の近代化については、アメリカにおいてはとりわけRMAとして、軍事技術革新の問題として扱われることが多い。一九九〇年代に軍事技術的側面において大きな前進を見せたアメリカ政府は、欧州諸国との間に大きな「能力格差(capability gap)」をつくることになった。[19]他方でイギリス政府の場合は、冷戦後の新しい安全保障環境への対応を、むしろ政策的および戦略的側面を強調して検討する傾向が強かった。言うまでもなく英米両国政府ともに、軍事技術の革新と政策の転換という二つの側面が相互補完的な意味合いを持つことを十分に認識している。したがって、イギリス政府が冷戦後の戦略環境に適合するよう防衛政策の変革を進めるときには、当然ながらイギリス軍において新世代の軍事技術が不可欠となってくる。この二つの側面を組み合わせることで、新しい脅威に対して、より実効的に対応できるようになるのだ。

SDRの防衛任務

このSDRのめざすべき指針は、ロバートソン国防相による序文において簡潔に示されている。ロバートソンは次のように論じる。「二一世紀の課題に対応するために、われわれの軍を近代化しつくりかえていくことによって、このレビューはわれわれの軍の長期計画に必要な基礎を提供することになるだろう。」[20]

SDRが明確に示しているように、冷戦終結によって必ずしも軍事力が不必要となったわけではない。SDRの第一章では、次のように指摘されている。「われわれが現在直面している戦略環境は、これまでの五〇年間のそれとは大きく異なっている。われわれが直面する危機と課題は、単純に冷戦時のそれからワルシャワ条約機構による脅威を除去したものとはいえない。それは、より良くなった状況であると同時に、より悪化した状況である。」[21]

冷戦終結によって安易な楽観論に陥ることを警告し、新しいアプローチで安全保障問題を考慮する必要を提唱しているのであり、またそのために新しい防衛力が必要だと指摘しているのである。なによりもイギリスの防衛力が、そのような新しい脅威や課題に対応する重要性を指摘している。というのも、ブレア政権が繰り返し論じこのレビューでも指摘しているように、イギリスは「国際主義的」な国家であり、孤立主義に陥ることはできないからであり、またイギリスは国際社会でリーダーシップを発揮することが必要だからだ。だからこそ、国際社会に向けてイギリスは新しい防衛戦略のアプローチを提示しなければならない。

そのためにイギリスが重視するアプローチとは、「統合的」なアプローチである。[22] それは通常論じられる「統合運用性」というような、陸海空三軍の運用を統合するという次元にとどまらない。つまり、「このためには統合的な対外政策のアプローチが必要であり、われわれが持つ外交的、開発政策的、そして軍事的な手段すべてを用いて、自らの利益を追求することができるのだ。」[23] この「統合的な対外政策（an integrated external policy)」こそが、ブレア政権の防衛政策、そして対外政策全般を特徴づける新しい試みといえるだろう。

冷戦後の新しい脅威に対して、軍事力を行使するだけでは問題解決にならず、また単なる外交交渉を続けるだけでも問題解決にはならないという認識がそこでは見られる。イギリスの持つ外交政策、開発政策、防衛政策を総合的に活用してはじめて、困難な課題に対応できるのである。そのことを端的に示すように、「防衛とは、対外政策および安全保障政策の目的のために存在する」と記されている。[24]このようなイギリスの「対外政策主導（foreign policy driven）アプローチ」は、軍事技術革新をなによりも重視する「技術主導（technology driven）アプローチ」をとるアメリカの軍事政策と、大きな差異が見られる。それは、英米間の戦略文化の違いを克明に反映するものであった。

またSDRに見られる特徴として、ヨーロッパ重視の防衛姿勢がある。かつてサッチャー保守党政権では、一九八六年のウェストランド事件に見られるように、防衛政策を対米重視とするか対欧州重視とするかで、政権内で大きな見解の対立が見られた。それが重要な契機となって、保守党内では「ブルージュ・グループ」の欧州懐疑派（Eurosceptics）と、党内左派の親欧州派（Pro-Europeans）との間の亀裂が深刻化し、結果として親欧州派のマイケル・ヘゼルタインが国防相の職を辞することになった。[25]そしてそれ以後は、イギリスの防衛政策はあくまでも対米関係重視を基調とし、マーストリヒト条約にみられるEU（欧州連合）としての共通防衛政策には否定的な姿勢を示してきた。

ところがSDRではむしろ、欧州重視の防衛政策の姿勢を明瞭に示している。SDRでは、次のように描かれている。「われわれはヨーロッパの主要な国家であり、EUの主要な加盟国である」ことからも、「われわれの安全保障は、ヨーロッパのパートナーとその同盟国のそれと不可分である。[26]」明らかに、それまでの保守党政権のEUへの敵対的な安全保障政策とは一線を画する姿勢が見られる。そのことが、後の「ブレア・イニシアティブ」としての欧州防衛統合へのリーダーシップへとつながっていく。

これまでしばしば、イギリスの対外政策における「リーダーシップ」という言葉を用いてきたが、それはあくまでもイギリス単独で目的を実現するという意味ではない。きわめて強い国際主義的なアプローチから、多国間協力を強化する上でのイギリスのリーダーシップを語っているのである。国際社会で積極的な役割を担うべきだという考えにおいて、アメリカのネオコンと呼ばれる政策集団と見解を共有しているが、他方で国際主義や多国間主義という文脈においては、大きく異なる戦略文化を育てているといえるだろう。

さらにSDRでは、「新しい脅威」に対しても十分な注意を払っている。それまでの主要な戦争は、国家間の対立から生じたものであるが、しかしながら「対照的に今後二〇年間は、国際的な安定への脅威がそれ以外の要因によって生じる可能性が高いのだ。それは、民族的および宗教的紛争であり、人口的および環境的な圧力であり、希少資源をめぐる競争であり、麻薬であり、またテロリズムや犯罪であるのだ。」これらの脅威に対応するためには、冷戦時代の領域防衛を中軸とした軍事態勢のみでは不十分である。それゆえに、これらの新しい脅威に対応するためには、新しい軍事態勢が必要となるであろう。それを実現することも、SDRの重要な目的とされている。九・一一テロの三年前からすでに、イギリスでは「新しい脅威」への対応という領域が、安全保障戦略で大きな地位を占めるようになっていたことは注目されてよい。

それではイギリス政府は、実際にどのようにして新しい脅威に対処しようと試みてきたのであろうか。とりわけ、政策的および戦略的な側面で、どのような思考を展開してきたのか。この問題を、「防衛外交」と称する新しい防衛任務を軸に検討することにしたい。

三　「防衛外交」任務の導入――外交と軍事の総合

「危機へと向かっていく」防衛

ブレア労働党政権は、冷戦後の新しい脅威に対応するためには、それまでのように自国の領域を防衛するだけでは不十分と考えていた。むしろ、危機が生じた遠方の地域へと積極的に関与することで、自国の安全を確保することができるのだ。それは、「安全保障のグローバル化」を視野に入れたものであった。

ブレア首相は何よりも、中東やバルカン半島のようなヨーロッパ大陸の周縁部における平和と安定が、ヨーロッパの安全保障にとっての鍵になると考えている。冷戦期にはあくまで、「鉄のカーテン」の西側における安全保障を確保することが前提とされていた。つまりは自国および同盟国の領域防衛こそが、安全保障政策のかなりの部分を占めていた。ところが現在の戦略環境では、自国や同盟国が大規模な敵対勢力により侵略される可能性は小さくなった。その代わりに、遠隔地でのテロリストの訓練や人道的危機が、自国あるいはヨーロッパ大陸を長期的には危機に陥れることになるだろう。それらを放置することはできない。「危機がこちらに来るのを待つのではなく、こちらから危機へと向かっていく」必要があるのだ[27]。――そのような認識が、ブレア政権のSDRには見られた。

したがって防衛能力を柔軟に活用し、政治外交的な活動による安定の確保、および遠方展開能力を持つ機動的な軍事能力を備えることが、冷戦後世界におけるイギリスにとっては何よりも重要な意味を持つ。前者は、SDRにおいて「防衛外交」任務として新しく導入され、後者は「統合緊急対応部隊（Joint Rapid Reaction Forces; JRRF）」の設置により端的に示されている。後者は主に、国連やNATO、あるいはWEU（西欧同盟）やEUによる危機管理活動や国際平和維持活動への投入を念頭に置いている。

この「防衛外交」と「危機管理」という二つの側面こそが、SDRにおいて見ることができる、冷戦後の脅威に対応するための重要な新しい側面であるといえるだろう。「防衛外交」は、国外の紛争や危機が、深刻な水準へとエスカレートすることを予防的に阻止することに主眼をおいている。そのためには、不安定な地域において早期の段階で政治外交的な関与を深めることが重要となる。他方で、危機が発生したときにそれが大規模な紛争とならないように、柔軟に対応するための危機管理能力が不可欠となる。そのためには紛争の初期の段階で緊急展開部隊を派兵し、紛争解決や平和維持のために努力することが重要となる。「防衛外交」は紛争勃発前にそれを起こさぬ環境を整備することに主眼を置き、「危機管理」は勃発後に早期にそれを解決することが目的とされる。まず「防衛外交」から見ていこう。

「防衛外交」とは、イギリス国防省が想定していた従来の七つの「中核的防衛任務」に新しく加えられた防衛任務である。これが加わったことで現在では八つの「中核的防衛任務」が重層的に配置されている(28)。SDRの第三章、「防衛任務と活動」の中では、「新しい任務」として最初にこの「防衛外交」が指摘されている。ブレア労働党政権が新しい防衛理念として、この「防衛外交」に大きな比重を置いていることが理解できるであろう。SDRによれば、「とりわけヨーロッパにおける安全保障構築、信頼維持、紛争予防がわれわれの安全保障に重要であることを反映して、防衛外交は独自の防衛任務となった」のである(29)。イギリスの防衛政策を考えるときに、その軍事力の大きさのみをもって評価することは妥当ではない。むしろ対外政策と一体になって、軍備管理政策や防衛交流なども含めた幅広い防衛任務を総合してとらえることで、はじめてイギリスの防衛政策の行動目標と活動範囲を理解できるのである。

「防衛外交」とは何か

「防衛外交」とは、一体いかなる概念であろうか。ＳＤＲによる定義に基づけば、「新しい任務とは、第一に軍備管理、不拡散、そして関連する安全保障醸成措置、第二に東欧でのアウトリーチ・プログラム、そして第三には海外諸国に対する幅広い軍事支援と訓練が含まれる。[30]」第一の「軍備管理および不拡散、信頼醸成に関する任務」はＭＴ（Military Task）16であり、第二の「アウトリーチ・プログラム」はＭＴ17、「その他の防衛外交活動」はＭＴ18に位置づけられる。[31]

これらの活動は、それ以前において全くなされていなかったわけではない。「防衛外交」任務の導入による新しさとは、むしろ、「正式な防衛外交という任務を創設することにより、これらの活動が中核的な防衛任務となること」であり、また、「より大きな優先順位が与えられ、政府のより大きな目的と適切に関連づけられること」である。[32] ＳＤＲの中ではこの「防衛外交」の定義は、必ずしも明瞭になされているとはいえない。同時に政府により公表された『ＳＤＲ補助論集』（*Strategic Defence Review: Supporting Essays*）の中では、「防衛外交」は独自の章が与えられ、より詳細に検討されている。そこでは、「防衛外交」とは「敵意を消失させ、信頼を構築および維持させ、そして民主的で責任ある軍事力が発展するのを支援するために、国防省によって行われる多様な活動に軍を提供し、それによって紛争予防と解決のために顕著な貢献をなすこと」と定義されている。[33] もう少し具体的に述べるならば、軍縮および軍備管理合意の査察検証作業や、軍人や国防関係者の相互訪問や会談、軍事教育訓練プログラムの実施などである。[34] 旧共産圏諸国や発展途上国で、政軍関係が健全なかたちで発展し、シビリアン・コントロールが機能するように支援する活動が、この「防衛外交」の中心的なものであった。

「防衛外交」任務の第二の活動分野として、「アウトリーチ・プログラム」が指摘されている。これは端的に言えば、ロシアおよび中・東欧そして可能であれば旧ソ連地域をも含めて、軍事交流や対話などを通じて安定的なヨーロッパ安全保障秩序を形成することを意図している。「防衛外交」とはすなわち、冷戦後のヨーロッパにおける安定を、政治外交的な手段を用いて補強することを重要な目的としている。「もはやロシアに、敵という役割をやめさせるための、政治的に適切な努力[35]」を進めて、協調的な国際秩序を形成することを政治目的としている。「戦闘能力を磨く」ことは重要ではあるが、冷戦期とは異なり、それだけでは中・東欧における平和と安定を必ずしも確保できるわけではない。イギリスは伝統的に、軍事力と外交という二つの活動を、二者択一的には考えず、むしろこの二つを相互補完的に考えてきたといえる。

イギリスは、NATOによる領域防衛能力が維持されることを最重要視しながらも、他方ではNATO諸国の中で最も活発に、ロシアおよび中・東欧諸国との政治外交的関係構築に努めてきた。冷戦時代にヘンリー・キッシンジャーが正しく指摘したように、「軍事力と外交は、別個の領域にあるのではない[36]。」あるいは、ロバートソン国防相の言葉を用いれば、「新しい戦略環境の下では、これまで伝統的に外交官の役割とみなされてきた領域と、軍人の役割とみなされてきた領域との境界線が、徐々に不明瞭になってきて、相互に連関するようになってきたのである[37]。」このような軍事と外交の境界線の溶解こそが、冷戦後の安全保障環境の重要な新しい要素だと言える。

そのような新しい動きに注目して、アンドリュー・コッテイとアンソニー・フォースターは、「防衛外交」の新しい可能性と意義について詳細に検討している。そこでコッテイとフォースターは、「防衛外交」を「対外政策や安全保障政策の手段としての、平時における軍や関連するインフラストラクチャーの協力的な活用」と定義している[38]。またその具体的な任務として、「かつての敵や潜在的な敵との間の、紛争の可能性を除去するための戦略的関与」、「民主的な政軍関係の促進」、そして「他国における平和維持能力の発展の支援」という三つを指摘している。[39] 実際にイギリスの国防省が重点を置いて活動してきたのも、まさにこれらの領域だといえるだろう。コソボ戦争やアフガニスタン戦争の後に、イギリスが平和構築で主導的な役割を担ったことは、これらのイギリスの防衛戦略の変容と深く連動していたのである。

イギリス政府が、コソボ紛争への軍事介入に見るように、人道目的などでの武力行使に積極的である一方で、その背後で「防衛外交」に見るような外交手段による紛争防止努力に大きな予算と人員を割いていることを軽視するべきではない。そのことが、中・東欧地域や旧ソ連地域で、安定化向上のために重要な地ならしをしている事実を、認識すべきであろう。しかし、二〇〇一年一月にアメリカでブッシュ政権が成立すると、次第にブレア政権の防衛政策も対米関係に従属していく。それまで重視されてきた安全保障戦略における外交的側面が欠落していくのである。それは、新たに導入された「防衛外交」の衰退をも意味していた。

四 「危機管理」任務のための防衛力整備

統合性の必要

SDRにおいて、「防衛外交」として、政治外交的な手段による平和と安定に向けての努力が語られる一方で、ブレア労働党政権が実際の紛争に対応可能なように防衛力の近代化を進めていることも指摘しなければならない。

SDRで結論的に述べられるには、「最終的にはしたがって軍事力は、戦闘が可能となり、現代的な通常兵力による戦争において、勝利を収めなければならないのだ。[40]」というのも、「軍事力を近代化する上でのわれわれの第一の優先順位は、今日の戦略環境において効率性を最大化することである。」イギリス政府は、冷戦後の戦略環境の変化を冷静に分析し、それに適応可能な軍事力への転換を求めると同時に、より長期的な視野で、変化しつつある世界での必要な軍事力を検討している。それでは、「今日の戦略環境」においては、いかなる軍事能力が必要となるのであろうか。そして、どのような防衛態勢が求められるのであろうか。

SDRではこの問いに対して、次のような答えが用意されている。「作戦はもはや、地上、海上、あるいは空中によって特徴づけられることはないであろう。その代わりに、一元的な戦場が現出し、陸軍、海軍、空軍は、さらなる軍事能力の変化が必要となるような、新しい世代のインテリジェンス、監視、情報および伝達のシステムにより指揮され、標的を与えられ、そして補完されるであろう。[41]」そしてその「成功は、政治目的を達成するための、現在以上に迅速かつ精確な軍事行動によるであろう。」これらの「防衛力近代化(modernising defence)」を実現させるために、新しい軍事能力の発展を進めつつある。

ここで重要となるのは、「統合(joint)」された、「緊急(rapid)」に「対応(reaction)」が可能な軍事能力である。それは、共産主義勢力と対峙し、「鉄のカーテン」を境界として強大な核兵器および地上兵力による抑止態勢を必要とした、冷戦期の防衛態勢とは大きく異なる。湾岸戦争やボスニア戦争、あるいはコソボ危機の際に必要となったのは、迅速な遠方展開を可能とするような緊急展開部隊である。[42]「軍構造における最も重要な発展は、迅速に利用可能な軍事力を三軍から結集させるための、統合緊急対応部隊の共有である。[43]」このような軍事能力の発展を背景に、イギリス政府は積極的な平和維持活動や危機管理活動を可能とするのであった。『SDR補助論集』によれば、統合緊急対応部隊を二〇〇一年までに設置することが目標であるとした。[44] そこでイギリス政府は、容易に遠方へと、機動的な軍事力を投入し展開することが可能となるのである。それは、アフガニスタン戦争やイラク戦争への派兵への重要な伏線となる。

介入主義と国際主義

このような軍事能力の「近代化」は、ブレア労働党政権の国際安全保障における「介入主義的」な側面を端的に示している。確かに、イギリスは「世界の警察官」になるつもりはないと論じている[45]。しかしながら、「国際コミュニティ」における「主導的な構成員」として、イギリスは紛争予防や危機管理において可能な限り最大限の努力を行う姿勢をとり、そのための軍事能力を整備しつつあるといってよい。

というのも、イギリス政府が最も懸念しているのは紛争がエスカレートすることであり、それにより膨大な財政的負担や人的犠牲が伴うことである。未然にそれを防ぐために財政支出を行うことは、結果としてはるかに「安価」であろう。このような発想から、イギリス政府は「防衛外交」としての紛争予防および信頼・安全保障醸成活動、そして「統合緊急対応部隊」創設によって、危機管理任務や平和維持活動に尽力するとしたのである。

同時に、ブレア労働党政権の防衛政策を考える上で無視してはならないのは、それが国際主義的な性質を強く持つということである。すなわちそれは、イギリス政府が多様な国際組織を通じて、多国間協力の枠組みの中で主導的な地位につこうとすることを意味する。というのも、イギリス一国での軍事行動には当然ながら財政的および軍事的な限界があるからであり、多国間協力の枠組みの下での行動の方がはるかに効率的だからである。

SDRに示されるブレア政権の防衛政策は、明確に、単独行動主義的な姿勢を拒否している。そのことは、例えば一九九八年一二月のサンマロ英仏首脳会議以降の、イギリス政府によるヨーロッパ独自の防衛能力の発展へのイニシアティブにも現れている。いわゆる、「ブレア・イニシアティブ」である。あるいは、一九九九年四月のNATOワシントン首脳会談における、「防衛能力イニシアティブ（Defence Capabilities Initiative; DCI)」としてのNATO同盟諸国の防衛力近代化への合意は、イギリス政府の強い要望がその背後に存在していたことが十分に推測できる。

すでに見てきたように、ブレア政権における国際主義的なアプローチは、保守党政権下でしばしば見られた単独主義的なアプローチとの差異化を図ろうとしたものであった。確かに、イギリスは第二次大戦後一貫して国際主義的な防衛政策を求める傾向があったともいえよう。それは国力を相対的に衰退させる中で、一国でなしうる軍事行動の限界を知った必然的な帰結でもあった。しかしながら、ブレア政権においては従来にも増して、国際組織におけるイギリスの役割と地位を強く意識し、多国間協力としての枠組みを求める傾向が顕著である。それは、二〇〇一年二月に発表された、『多国間防衛協力（*Multinational Defence Co-operation*）』と題する国防省政策文書において端的に示されている[46]。

このような国際主義的な傾向は、一九八〇年代のイギリス労働党の単独主義的な政策構想から完全なる脱皮をしたことを意味する。そのように考えるならば、二〇〇三年のイラク戦争開戦をめぐって、イギリス政府が広範な国際的協力枠組みを確保できなかったことは、皮肉な結果といわざるをえない。それは必ずしも、ブレア政権がめざしていたことでも、意図した結果でもなかった。本来SDRや『多国間防衛協力』のような政策文書で意図していた防衛政策とは、大きく異なる姿を見せることになる。本来予期した方向と大きく異なる方向へと漂流していくことこそが、ブレア政権の対外政策に見られる一つのパラドクスでもあった。

SDRをめぐる政策論争

冷戦後の世界におけるイギリスの防衛政策の方向性に関して、下院議会では活発な議論が続けられた。またSDRに示される防衛政策の長期的方針に関しては、野党保守党から数多くの批判が上がった。それは、ブレア政権の「国際主義」と「介入主義」に対する批判であった。

その中でも最も本質的な批判は、イギリス軍の「オーバーコミットメント」への批判である。明らかにイギリス軍は、「人員不足（undermanned）」でありかつ「予算不足（underfunded）」である。それにもかかわらず労働党政権はSDRにおいて、イギリスが国際的な平和と安定のために更なるコミットメントをするべきだと論じている。はたしてこれはイギリスの利益にとって、本当に死活的に重要な防衛活動なのであろうか。ブレア労働党政権が防衛費の増加を求めているのは、妥当なことなのであろうか。イギリス軍は、どこまで介入すればよいのであろうか(47)。

この点についてロバートソン国防相は、次のように回答した。「もちろん、一国として大きな軍事能力を必要としないような、われわれの役割と責任に関して狭い視野を選択することも可能である。」しかしながら、「それは現実に考えられる選択肢であっても、政府がイギリスに採用することを推奨するような選択肢ではない(48)。」ロバートソンのそのような反論にもかかわらず、ブレア政権の「正義」の旗を掲げたオーバーコミットメントへの批判は繰り返し指摘されている。アフガニスタンへの軍事介入開始後の英『エコノミスト』誌は、ブレア首相が「世界の総理大臣」になろうとしていることについて、厳しく批判している(49)。このような、ブレア政権の過剰な海外関与に対する批判は、九・一一テロからイラク戦争へ至る過程で、さらに加速していく。

イギリスと西ヨーロッパの平和と安定のレベルは、冷戦終焉により飛躍的に高まった。それゆえ、イギリス本土の平和と安定に直接関係ない地域での紛争や人権侵害を、見過ごして放置するという政策も、実質的には選択可能である。財政的理由および内政的理由から、あえてそのような対外関与を国民が拒否することもあり得るだろう。しかしながら、ブレア労働党政権は、グローバル化の時代における相互依存を主張し、

「国際コミュニティ」のリーダーとしての、自らの義務と責任を果たす必要を強く国民に説いている。それは冷戦後の国際秩序を、自らの理念に基づいて構築しようと試みる、ブレア政権の姿勢でもあるといえる。というのも、ブレア首相やロバートソン国防相はしばしば、第二次世界大戦後の国際秩序構築に多大な貢献を為したアトリー労働党政権と自らの役割を重ね合わせているのである(50)。

国際秩序を構築する上で、その中核的な位置に立ち重要な役割を果たすことを、ブレア労働党政権は何よりも重視していた。それゆえに、ブレア政権のイギリスでは防衛費を増大させて、対外的な関与を拡大してきた。それを支える論理が、SDRには明瞭に示されている。イラク戦争へとつながる軍事関与拡大の道は、疑いなくSDRに重要な契機を見ることができる。そのことをどのように評価すべきかは、難しい問題であるが、ブレア首相が一貫した論理で、世界でのイギリスの役割を認識してきたことが理解できるだろう。

(1) 戦後イギリスの一連の防衛政策見直し(defence reviews)については、Lawrence Freedman, *The Politics of British Defence, 1979–98* Part III (Basingstoke: Macmillan, 1999); Andrew Dorman, "Crises and Reviews in British Defence Policy", in Stuart Croft, Andrew Dorman, Wyn Rees and Matthew Uttley, *Britain and Defence 1945–2000* (London: Longman, 2001) などを参照。また冷戦後のイギリス防衛政策の変容については、Andrew Dorman, "British Defence Policy in the Post-Cold War Era: History Comes Full Circle?" in Andrew Dorman, Mike Smith and Matthew Uttley (eds.), *The Changing Face of Military Power: Joint Warfare in an Expeditionary Era* (Basingstoke: Palgrave, 2002) pp.177–200 が最も簡潔かつ優れた概観である。

（2） Ministry of Defence, *The Strategic Defence Review*, Cm 3999 (London: The Stationery Office, 1998). 以下、SDRと略する。

（3） John Kampfner, *Blair's Wars* (London: Free Press, 2003) pp.22-23.

（4） Memorandum by Philip Sabine, in House of Commons, Defence Committee, *Eighth Report, Session 1997-98: The Strategic Defence Review, volume I: Report and Proceedings of the Committee* (London: The Stationery Office, 1998) p.529.

（5） Introduction by George Robertson, in SDR, p.1. ロバートソンが一九九九年一〇月にNATO事務総長に就任した後には、後任のイギリスの国防相はジェフリー・フーンとなった。

（6） House of Commons, Defence Committee, *Eighth Report, SDR*, vol.I, p.xxxiv.

（7） ロンドン大学キングス・コレッジ教授のローレンス・フリードマンはRMAにおける軍事的変革の重要性を指摘しながらも、むしろそこでの「政治的側面」の変化を強調する。Lawrence Freedman, *Revolution in Strategic Affairs*, Adelphi Paper 318 (Oxford: Oxford University Press/IISS, 1998) を参照。イギリスの防衛専門家は、アメリカ国内の専門家と比べると、戦略における政治的考慮の重要性を重視する傾向がある。

（8） 過去二〇年間の、安全保障研究におけるそのような認識の変化については、Steve Smith, "The Increasing Insecurity of Security Studies: Conceptualizing Security in the Last Twenty Years", in Stuart Croft and Terry Terriff (eds.), *Critical Reflections on Security and Change* (London: Cass, 2000) pp.72-101が簡潔かつバランスのとれたものである。安全保障の変容を強調した研究としては、Barry Buzan, *People, States and Fear: An Agenda for International Security Studies in the Post-Cold War Era*, 2nd edition (Hemel Hampstead: Harvester Wheatsheaf, 1991); Barry Buzan, Ole Waeber and Jaap de Wilde, *Security: A New Framework for Analysis* (Boulder: Lynne Rienner, 1998); Terry Terriff, Stuart Croft, Lucy James, Patrick M. Morgan, *Security Studies Today* (Cambridge: Polity, 1999) などを参照。他方で、コリン・グレイのように、安全保障における「変化」よりも「継続性」を強調して、旧来的な戦略研究の必要を説く研究者もいる。Colin S. Gray, *Explorations in Strategy* (London: Praeger, 1996); Colin S. Gray, *Modern Strategy* (Oxford: Oxford University Press, 1999) を参照。

（9） この労働党の政策転換については、力久昌幸「イギリス労働党の核兵器政策——一方的核軍縮運動の盛衰

（一）・（二）」『法学論叢』第一三一巻・第六号、第一三三巻・第四号（一九九二・三年）および、Darren Lilleker, "Labour's defence policy: from unilateralism to strategic review", in Richard Little and Mark Wickham-Jones (eds.), *New Labour's Foreign Policy: a New Moral Crusade?*（Manchester: Manchester University Press, 2000）pp.218–225を参照。

（10） 戦後イギリス政府における防衛見直しの展開については、Defence Committee, *Eighth Report: SDR, vol.I*, pp. xii-xviii; Freedman, *The Politics of British Defence 1979–98*, Part IIIを参照。また、戦後イギリス防衛政策一般に関しては、Ritchie Ovendale, *British Defence Policy since 1945*（Manchester: Manchester University Press, 1994）; Michael Dockrill, *British Defence since 1945*（Oxford: Blackwell, 1988）; John Baylis, *British Defence Policy: Striking the Right Balance*（London: Macmillan, 1989）が代表的であるが、これらはイラク戦争を含めたブレア政権の防衛政策までは扱っていない。

（11） Ministry of Defence, *The Strategic Defence Review: Supporting Essays*（London: The Stationery Office, 1998）2-1.

（12） Memorandum by Colin McInnes, in House of Commons, Defence Committee, *Eighth Report, Session 1997–98: The Strategic Defence Review; volume III: Minutes of Evidence and Memorandum*（London: The Stationery Office, 1998）p.535; Colin McInnes, "Labour's Defence Review", *International Affairs*, vol.74, no.1（1998）p.836.

（13） Ibid., p.844.

（14） Colin McInnes, "Alternative Defence", in McInnes（ed.）, *Security and Strategy in the New Europe*（London: Routledge, 1992）pp.126–141.

（15） Charles Grant, *Can Britain Lead in Europe?*（London: Center for European Reform, 1998）を参照。ブレア政権の対外政策ブレーンとして知られるグラントは、イギリスがヨーロッパにおいてリーダーシップを発揮する必要を説いているが、対外政策一般でブレア首相はリーダーシップを求めるようになったと言ってよいだろう。

（16） Introduction by Robertson to SDR, p.4.

（17） Ibid. フリードマンも、このようなロバートソンの「防衛に積極的（pro-defence）」な姿勢に注目している。Freedman, *The Politics of British Defence*, p.97.

（18） Introduction by Robertson to SDR, p 1.

（19） アメリカにおける、「軍事技術革命」に関しては、例えばPeter L. Hays, Brenda J. Vallance, Alan R. Van Tassel（eds.）, *American Defence Policy*, 7th edition（Baltimore: The Johns Hopkins University Press, 1997）chapter

19の簡潔な説明を参照。また、米欧間のＲＭＡをめぐる技術格差については、一九九九年四月のワシントンＮＡＴＯ首脳会議以降重要な外交課題となった。この問題については、Elinor Sloan, "DCI: Responding to the US-led Revolution in Military Affairs", *NATO Review*, vol.48, no.1, pp.4-7; Robert Grant, "The RMA –Europe can keep in step", *Occasional Papers* no.15（Paris: Institute for Security Studies, Western European Union, 2000）; David Yost, "The NATO Capability Gap and the European Union", *Survival*, vol.42, no.4（2000）を参照。

（20）George Robertson, Introduction to SDR, p.1.

（21）SDR, p.5.

（22）冷戦後の安全保障政策における「統合性（jointery）」の重要性については多くの研究において検討されているが、たとえばイギリスの安全保障政策を基礎に検討したものとしては、Mike Smith and Matthew Uttley, "Military Power in a Multipolar World", in Dorman and Smith (eds.), *The Changing Face of Military Power*, pp.1–14を参照。

（23）SDR, p.5.

（24）SDR, p.6.

（25）Croft et al., *Britain and Defence*, pp.122–3; Freedman, *The Politics of British Defence*.

（26）SDR, p.7.

（27）SDR, p.2.

（28）この八つの「中核的防衛任務」とは、脅威のレベルの低い順に、平時の安全保障（Peacetime Security）、海外領土の安全保障（Security of the Overseas Territories）、防衛外交、幅広いイギリスの利益の擁護（Support to Wider British Interests）、平和支援および人道的任務（Peace Support and Humanitarian Operation）、ＮＡＴＯ域外での地域的紛争（Regional Conflict outside the NATO area）、ＮＡＴＯ域内での地域的紛争（Regional Conflict inside the NATO area）、ＮＡＴＯへの戦略的攻撃（Strategic Attack on NATO）である。

（29）SDR, p.13.

（30）SDR, p.15.

（31）前述の「八つの中核的防衛任務」において、それぞれが細かいＭＴ（Mission Task）に分かれており、全部で二八のＭＴが規定されている。

（32）SDR, p.14.

（33）SDR: Supporting Essays, 4-1.

（34）Ministry of Defence, *White Paper 1999*（London: The Stationery Office, 2000）chapter 6 "Building a Safer World".

（35）Lawrence Martin and John Garnett, *British Foreign*

Policy: Challenges and Choices for 21st Century (London: Pinter/RIIA, 1997) pp.103–4.

(36) Henry A. Kissinger, "Force and Diplomacy in the Nuclear Age", *Foreign Affairs*, vol.34, no.3 (1956) p.352.

(37) Speech by George Robertson, 3 March 1998.

(38) Andrew Cottey and Anthony Forster, *Reshaping Defence Diplomacy: New Roles for Military Cooperation and Assistance*, Adelphi Paper 265 (Oxford: Oxford University Press/IISS, 2004) pp.5–6.

(39) Ibid., p.13.

(40) SDR, p.53.

(41) SDR, p.55.

(42) このような、安全保障環境の変化により、必要な防衛能力が変容しつつある点については、例えば、Mike Smith and Matthew Uttley, "Military Power in a Multipolar World", in Dorman and Smith (eds.), *The Changing Face of Military Power*, pp.1–14で簡潔に整理・検討されている。

(43) Supporting Essays, 6–5.

(44) Supporting Essays, 8–5.

(45) SDR, p.7.

(46) Ministry of Defence, *Multinational Defence Cooperation: Policy Paper no 2* (London: The Stationery Office, 2001).

(47) House of Commons, *Parliamentary Debates: Hansard, 6th series, volume 321, 1998–99* (London: The Stationery Office, 1999) colls.413–4.

(48) SDR, p.16.

(49) *The Economist*, October 6–12, 2001, p.56.

(50) 例えば、speech by George Robertson, "The NATO Alliance and Military Capabilities for European Security," Royal United Services Institute, 10 March 1999.

第三章　欧州防衛統合へのリーダーシップ

一　欧州政策の革新へ——一九九七年

リーダーシップの模索

一九八〇年代から九〇年代に至るイギリス政治において、欧州統合をめぐる諸問題は政党政治上の最大の争点となっていた(1)。サッチャー政権とメジャー政権は、この問題をめぐって保守党内の亀裂を深刻化させ、党の一体性を崩壊させた。また野党労働党も一九八〇年代に、反欧州的な党の方針に反旗を翻した党内右派の一部が離党をして、新たに社会民主党を結党した。そのような状況において、一九九七年に成立したブレア労働党政権は、それまでイギリス政治を亀裂させ混乱させてきた欧州統合政策をめぐって、新しいイニシアティブを発揮した(2)。それは、党内を結束させて、親欧州的な立場を明確にすることであった。

一九九八年一一月のオーストリアのペルチャッハ欧州理事会で示された、ヨーロッパ独自の防衛能力を求めるイギリス政府のイニシアティブは、同年一二月のサンマロ英仏首脳会議、一九九九年六月のケルン欧州理事会、そして続くヘルシンキ欧州理事会において着実な成果をあげた。この欧州防衛統合をめぐるブレア首相のリーダーシップは、「ブレア・イニシアティブ」とも呼ばれる。[3] 一九九八年末のサンマロ以降の欧州安全保障の変容過程は、ブレア労働党政権によるイニシアティブを抜きにしては考えられない。

二〇〇〇年一一月二三日の英下院討議で、ロビン・クック外相は次のように述べている。「イギリスはヨーロッパの一部である。われわれがそこで指導的な一員となることは、イギリスの利益なのである。[4]」また、一九九九年一〇月まで国防相を務めたジョージ・ロバートソンは、ヨーロッパにおける関与とリーダーシップについて、より明確な立場を示している。すなわち、「ヨーロッパはカレー（フランスの大西洋岸地方都市——引用者註）から始まるのではない。われわれは物理的に、政治的に、そして一人一人が皆、ヨーロッパに立っているのである。後ろであら探しをするのでなく、前に立って牽引していくことが、イギリスのやり方である。[5]」それでは、実際にブレア労働党政権となって、どの程度、そしてどのような意味で、欧州政策が変容したのであろうか。

三つの転換

一九九七年五月のブレア労働党政権成立を契機として、イギリスの欧州政策が大きく方向転換したといわれる。とりわけ、一九九八年一二月のサンマロ英仏合意に見られるように、欧州防衛統合をめぐりイギリスは画期的なイニシアティブを発揮した。この「方向転換」を理解するために、次の三つの点に留意する必要がある。第一には、労働党の対外政策方針の変化であり、第二には保守党から労働党への政権交代であり、第三には政党政治と官僚組織との認識の違いである。

第一の点についていえば、現在の労働党の対外政策は、一九八〇年代前半の野党時代の挫折の上に位置づけられたものであることを理解しなければなるまい。すでに第二章で見てきたように、一九八〇年から一九八三年まで労働党左派が党勢を掌握し、防衛政策においては米軍基地の閉鎖と一方的軍縮および核兵器の放棄、欧州政策においてはEC（欧州共同体）からの脱退という、それまでの国際主義的な政策を否定するような政策構想を掲げた(6)。それは非現実的な政策と批判され、これにより国民の信頼を失いそれが一因となって一九八〇年代の労働党は低迷を続けた。

一九九二年のジョン・スミスの労働党党首就任以降、労働党は現実路線へと復帰し、次第に国民の信頼を回復するに至った。一九九四年のトニー・ブレアの党首就任は、現在の労働党政権の政策に連なる新しい方向への転換を明瞭に印すことになるのであった(7)。すなわち、ブレア労働党政権における政策転換とは、イギリスに伝統的なプラグマティックで国際主義的な対外政策への「回帰」としての側面と、冷戦後の安全保障環境への対応という「変革」としての側面の、二つの側面を同時に持つものであることに留意せねばならない。

第二に、保守党から労働党への政権交代が、大きな意味を持つことになった。従来保守党は、「親欧州的な政党」と自らを位置づけてきた。EEC（欧州経済共同体）第一次加盟申請を行ったのも、あるいは加盟を実現させたのも、保守党政権下においてであった。しかしながら一九八〇年代のサッチャー政権時代に、保守党内では「ブルージュ・グループ」と呼ばれる党内右派の欧州懐疑派グループが党内で勢力を強めていく。そして、ウェストランド事件や、その後のヘゼルタイン国防相の辞任やジェフリー・ハウ外相の辞任などにより、次第にヨーロッパへの敵対的な外交姿勢が顕著となってきた(8)。

「ブルージュ・グループ」としての保守党内欧州懐疑派グループの主張がそのままイギリスの意向とみなされるようになり、保守党内左派の親欧州的グループや、ブレア率いる労働党の声は外には伝わりにくかった。一九八〇年代半ばから一九九七年に至るイギリスの欧州統合への批判的な姿勢は、あくまでもサッチャー首相に代表される保守党内反欧州グループのイニシアティブによるものであったのだ。したがって、政権交代によりイギリス政府のヨーロッパ政策が大きく変化することは、充分に予想できたことであった。すなわち、保守党から労働党への政権交代は、過度に欧州懐疑的な路線から、より穏健な協調路線への「回帰」という側面を持っている。

第三に、保守党政権下においても外務省や国防省の中では、より建設的な欧州関与を求める動きも見られていた。例えば、英国防省は一九八五年の防衛白書において、NATOの枠内で欧州諸国間の協力を強め、「ヨーロッパの柱を強化する」必要を説いていた。(9) これは一九九八年の「ブレア・イニシアティブ」へとつながる重要な思考である。WEU（西欧同盟）によってヨーロッパ独自の防衛能力を発展させる可能性を一九九一年一〇月にイタリアとともに宣言したのもイギリス政府であった。(10) また、イギリス政府が英仏核協力を発展させることにより、ヨーロッパ独自の核能力を形成しようとしたのも同様の試みであった。(11)

保守党政権下で、保守党内が反欧州派と親欧州派で分裂し停滞していたときにも、外務省や国防省は可能な範囲内でより建設的な欧州政策の可能性を検討していたのである。(12) ブレア政権成立による政策転換の背景に、このような基盤が存在したこともまた、理解せねばならない。NATOの枠組みを重視した上で、政府間主義的な欧州防衛協力を発展させるという思考は、ブレア政権で突然生じた発想ではなくて、一九八〇年代半ば以降イギリス政府の中に一貫して流れていた底流なのである。(13) 英仏両国の防衛政策について詳しいジョリオン・ハワースは、欧州安全保障のイニシアティブに情熱的であるのが常にフランスである一方、すべての重要な具体的合意文書や提案を生みだしてきたのは、パラドキシカルではあるがイギリスであったと、興味深い指摘を行っている。(14) イギリスの欧州安全保障への関与は、このようなアンビバレントな姿勢が続いていたのであった。

ブレアとロバートソン

一九九七年五月に労働党政権が成立する際に、トニー・ブレアとジョージ・ロバートソンという親欧州的な傾向を持つ二人の政治家が首相と国防相の地位を占めた意味は大きい。労働党内には、党内左派を中心に、依然として欧州懐疑派の議員も存在していた。それゆえ、ブレア首相が党内宥和の論理で親欧州的な政策をあえてとらずに、より消極的な立場に徹することも考えられることであった。しかしブレア首相は、次々と大胆なイニシアティブを示していく。ブレアおよびロバートソンの二人の慎重な政策運営が、「ブレア・イニシアティブ」としてのイギリス政府の画期的なリーダーシップへと帰結したと言えるであろう。

トニー・ブレアは、一九九六年に刊行された『ニュー・ブリテン（*New Britain*）』と題する著書の中で、「私の信念は、ヨーロッパにおける孤立主義への漂流を止めねばならず、それが建設的な関与による政策へと転換されねばならないということである」と、述べている(15)。学生時代の一九七六年夏に三カ月ほどパリのバーでアルバイトをした経験を持つトニー・ブレアはフランス語に堪能であり、一九七〇年代前半のエドワード・ヒース首相と同様あるいはそれ以上に、戦後の首相の中で最も親欧州的であるということができるであろう。それを意識してブレアはたびたび、自らの国政での最初の投票では、イギリスがEECにとどまることに賛成票を投じたことに言及している。自らの一貫した親欧州的な立場を明らかにしようと演出しているのだ(16)。

一九八三年に初当選して下院議員となった際に、ブレアは当時党内で大きな勢力を持っていた左派の欧州懐疑派の議員とは自ら一線を画していた。そして、よりプラグマティックに欧州統合に関与する必要を感じていた。それは防衛政策においても同様である。首相となったブレアは、EUが国際社会でより積極的な役割を担うことを、一貫して支持してきた。ブレアは、サッチャーとは異なり、イデオロギー的にEUを嫌悪することもなければ、英米関係を排他的に強調することもなかった。ブレアは次のように述べる。「私の仕事は、イギリスとヨーロッパとの絶えることのない関係を構築し、またヨーロッパでのイギリスの指導的な立場を確立することである。」[17]ジャーナリストのフィリップ・スティーブンスは、このようなブレアを、「信念を持った、しかしながら感傷的ではない、ヨーロッパ人」と評した。[18]

一九九七年の総選挙のマニフェストにおいて、労働党は親欧州的な立場を明らかにした。そこでは、次のように論じている。すなわち「イギリスは、ヨーロッパでなければならない。それは、周辺においてではなく、中心としてである。協力し、関与し、指導するのである。」[19]それは、欧州懐疑派が主流となり、それを党の政策綱領で明確に示していた保守党との大きな違いであった。そして総選挙で圧倒的な勝利を手にしたブレアの労働党は、過半数を一七〇も超える議席を手に入れることで、党内左派の欧州懐疑派議員の抵抗をあまり過剰に意識する必要がなくなった。それは、わずかな議席差により、党内の強硬な欧州懐疑派議員の意向を過剰に配慮し、消極的な欧州政策をとらざるを得なかったメジャー保守党政権時との決定的に大きな違いであった。ブレアの労働党政権は、親欧州的な政策を選択する上で、議会内で例外的に有利な状況にあったのである。

NATOの枠組みを維持し強化する必要を指摘しながら、他方でヨーロッパの自立を強化するアプローチは、疑いなくロバートソン国防相が好むものであった。そのようなロバートソンの現実的な欧州政策は、SDRにおける親欧州的な姿勢、欧州重視の路線に、端的に反映されている。ブレア政権は、一九九八年七月にSDRを公表することで、長期的な防衛戦略の指針を固定化することが可能となり、その路線の上に立ってEUにおけるイギリスのリーダーシップを発揮しようと試みたのである。それが、後に詳しく見るような、一九九八年七月から一二月に至るまでのブレア首相の欧州防衛統合をめぐるリーダーシップであった。

また一九九九年一〇月にロバートソンがNATOの事務総長に就任した後に、ロバートソンはそのようなアプローチをNATOの中から実践することを試みた。それは、NATOの枠内で、ヨーロッパの同盟国がより自立的な欧州防衛統合を進める上で重要な貢献をなしたのである。つまりはロバートソンにとって、NATOを冷戦後の世界に適合させるためには、EU諸国間の防衛統合が不可欠であって、EUが防衛能力を向上させることが何よりも重要であったのだ。そこでロバートソンNATO事務総長が期待したのが、イギリスのリーダーシップである。

次に、このような背景の中で、実際に一九九八年以降ブレア労働党政権がどのようにして、その安全保障政策と欧州政策を展開していったのかを論じることにしたい。

二　ブレア・イニシアティブと欧州防衛統合

欧州防衛統合への道

イギリス政府は、SDRを公表した一九九八年七月頃から次第に、EUレベルでの安全保障政策の発展を志向するようになる。

オクスフォード大学のアン・デイトンによれば、ブレア首相はすでに一九九八年三月頃から、英仏協調に基づいた欧州防衛統合を進めるべきだと主張してきたという[20]。他方で政治学者のリチャード・ウィットマンは、一九九八年五月に書かれた、イギリス外務省のロバート・クーパーの機密メモランダムをもって、欧州防衛統合をめぐる新しいイニシアティブの起源とみなしている[21]。これら一連の動きが、欧州防衛統合をめぐる「ブレア・イニシアティブ」と述べることができる。

また同じ時期に、ブレア政権に大きな影響力を持つといわれるシンクタンク、欧州改革センター（Centre for European Reform; CER）のチャールズ・グラント所長が自らの著書の中で、イギリスが欧州防衛の領域でリーダーシップを発揮する必要性を説いていた[22]。ロバートソン国防相は、後の演説の中で、「チャールズ・グラントの論文が、イギリスのアプローチが変化したことを最初に世界に示した」と論じ、「CERはこれまで欧州防衛をめぐる議論への重要な貢献をなしてきた」と賞賛した[23]。このようにして一九九八年五月から九月に至る時期に、イギリス政府内では防衛統合をヨーロッパで進めるための重要な準備作業が進められていた。

ブレア首相が欧州防衛に関するイニシアティブを発揮しようとしていた時期は、EUにおける重要な画期とも重なっていた。マーストリヒト条約において、一九九六年に共通外交・安全保障政策（CFSP）を見直すことが条文に示されていたのである[24]。一九九六年から九七年の政府間会議（IGC）における議論の中で、一九九二年に宣言されたWEUにおける「ペーターースベルク任務」（救難、平和維持、危機管理、平和創造など）をEUの内部に吸収することが検討されていた[25]。一九九七年六月のアムステルダム欧州理事会では、新たに誕生したイギリス労働党政権のブレア首相を迎えて、これらの共通外交政策についての合意に到達することができた[26]。CFSP上級代表ポストの創設や、「建設的棄権」条項の挿入など、アムステルダム条約としていくつかの重要な前進が見られるようになった。

ところが、このような機構的な発展が進展しつつある一方で、バルカン半島のユーゴスラビアで勃発した内戦でEUがほとんど実効的な役割を担うことができなかったことに、大きな失望が生まれていた[27]。ヨーロッパは安全を自らの手で確保する必要があり、また自らの運命を自ら決する必要がある。アムステルダム条約としてCFSPの強化が検討されながらも、NATOやWEUなどとの機構間関係があまりにも複雑化していた。EUとしていかなる役割が可能であるのか、あまりにも不明瞭であったのだ。[28] このアムステルダム条約の発効を前に、国際社会でEUとして将来どのような安全保障上の役割を担うべきか、新たな議論が必要とされていた。それが、ブレア首相が欧州防衛統合で新しいイニシアティブを発揮する背景となっていた。

ブレア・イニシアティブ

ブレア首相が強く求めていたのは、NATO内のヨーロッパの同盟諸国が、防衛能力を強化することであった。それは、ユーゴスラビア戦争の和平のプロセスでの深刻な無力感に端を発していた。彼はEUが国際社会でより積極的な役割を担い、そのためにも軍事力を十分に備える必要を感じていたのである。イギリスはEUの中心的な加盟国として、リーダーシップを発揮することが必要であるとブレア首相は考えていた。[29] そして、あくまでもNATOを強化して、米欧間での防衛能力格差を埋めるためにも、EUの防衛統合を前進させる必要を認識していたのである。[30]

必ずしもイギリスは、通常指摘されるように、単純にこれを機に「大西洋主義（Atlanticism）」から「ヨーロッパ主義（Europeanism）」へと移行したわけではない。[31] むしろブレア政権においても、国家主権を重視して政府間主義的な統合を優先していた点で、それ以前の政権と大きな違いはない。そのことはまた、ブレア政権においても単一通貨ユーロにイギリスが参加できなかったことにも示されている。重要なのは、それまでの単独行動主義的なアプローチから、国際主義的なアプローチへの移行であろう。[32] すなわち、一九八〇年代以降イギリスは、外務省や国防省が国連やNATOを通じた防衛政策の重要性を強く認識する一方で、サッチャー政権やメジャー政権において保守党の政治指導者はそのような枠組みにこだわらないかたちでの軍事力行使に傾斜していた。そのような保守党の防衛政策を批判して、ブレア労働党政権では「国際主義」を看板に掲げたのである。それが、欧州防衛統合の可能性をもたらしたのである。その政策転換は、従来の路線からの根本的な転換とはいえないが、画期的な前進であることは疑いがない(33)。

一九九八年一〇月にオーストリアのペルチャッハで開かれたEUの非公式首脳会議で、ブレア首相が欧州防衛統合への重要なイニシアティブを示した。この首脳会議の後の記者会見で、ブレア首相は、「ヨーロッパがより強固な対外政策と安全保障上の役割を担う上で」、「強い意志が示された」と語った(34)。この時期には、コソボ問題をめぐる外交交渉が行き詰まり、軍事的手段をも辞さない強制措置へと進むよう議論が行われていた。その際に、EUが十分な防衛能力を保持しないことは大きな足かせとなる。自国から遠く離れた地域への軍事介入に消極的であったこの時期のクリントン政権のアメリカに依存せずとも、EUが独自の防衛能力で問題を解決することを、ブレア首相は強く求めていたのである。十分な軍事的圧力がなければ、外交交渉は実効的に進展しないということをブレアは深く実感した(35)。そこには、すでに論じたように、外務省のロバート・クーパーやシンクタンクCERのチャールズ・グラントの助言が重要な位置を占めていた。

このようなブレア首相の意向は、翌月の一一月三日と四日にウィーンで開催された、EUの非公式国防相会議において大きな前進を見せた。これはEUとしてはじめての非公式国防相会議であり、EUが防衛政策の領域で統合を進めるための重要な契機となる。また一二月一日に、ロバートソン国防相はWEUでの演説の中で、「もしヨーロッパが、世界でより大きな声を持つとすれば、ヨーロッパの軍事能力がこの地位を支えなければならない」と論じていた(36)。このように、EUが防衛能力を備えた上で国際的プレゼンスを確保する必要があるというロバートソンの論理は、彼のSDRでの立場や、後のNATO事務総長として欧州諸国の防衛能力向上をめざす立場においても貫かれている。SDRにおいてロバートソンは、もしも「われわれが国際的な責任を果たすべきであるのならば、われわれは行動するためのパワーを持つ必要がある」と論じている。[37]「行動するためのパワーを持つ必要」は、イギリス一国としてのみならず、EUにおいても同様に指摘されるべきことであった。それこそが、欧州防衛統合の動機であったのだ。

サンマロ英仏首脳会議

一九九八年にイギリス政府が進めた欧州防衛統合イニシアティブは、一二月四日のサンマロで行われた英仏首脳会談の共同宣言に結実した。水面下で、他のEU加盟諸国との調整を済ませたこのブレア首相のイニシアティブは、イギリスとフランスというEUにおける二つの軍事大国による合意として、世界に示されることになった。それまでヨーロッパ独自の防衛能力の発展を、大西洋同盟を損なうものとして厳しく批判していたサッチャーやメジャーの保守党政権とは異なり、ブレア首相はむしろ自らのイニシアティブで、重要な新しい一歩を踏み出したのだ。

この共同宣言では、「EUは国際的な舞台でその役割を十分に果たせる地位にある必要がある」と書かれている。そして、「この目的に照らし、EUは自主的な行動能力をもたねばならない。これは、信頼の置ける軍事力、その行使を決定する手段、そのような決定をする準備によって支えられているべきで、それにより国際的な危機に対応するのである。[38]」いわば、EUがNATOと対立する組織とならないことをフランス政府が保証すると同時に、フランスやヨーロッパがより重要な役割を防衛領域で担っていくことをイギリスが保証したのである。[39]

一九九八年一二月一一日と一二日にウィーンで開かれた欧州理事会では、議長国声明として「英仏間の宣言を歓迎する」と表明し、今後はEUとしてこの問題に取り組んでいく姿勢を明らかにした[40]。そしてその翌年の三月二三日に、フランスの国民議会で流暢なフランス語を使って演説を行ったブレアは、次のように語った。「ヨーロッパにおいて強大であること。アメリカとの関係の中で強大であること。それがわれわれの目標である[41]。」ブレア・イニシアティブにはじまった欧州防衛統合の動きは、次第にEU全体を包み込んで発展していく。

イギリス政府は、アメリカ政府に対してこの宣言のおおよその概要を事前に伝えていた。そしてアメリカ政府高官もおおよそそれを了承していたようである。しかしフランス政府の強い要望を受けて、「自主的な行動能力（the capacity for autonomous action）」という言葉が共同宣言の文章に含まれていたことを知ると、アメリカ政府は次第にそれに対する懸念を示すようになる。それが、安全保障の領域におけるアメリカのリーダーシップへの挑戦であるかのように受けとめたのだ。少なくとも、事前にイギリス政府がアメリカ政府に伝えた内容と比べて、実際の共同宣言の文章はEUの「自立性」を追求するという文脈において、はるかに「フランス的」な色彩が強かったのだ。国家安全保障担当大統領補佐官のサンディ・バーガーや国務次官のストローブ・タルボットは、それに対して「とても困惑した」と伝えている[42]。イギリス国防省の事務次官であるサー・ケヴィン・テヴィットは直ちにワシントンへと飛び、イギリスが「ド＝ゴール主義」の路線に乗じることはないこと、そして依然としてNATOの重要性を深く認識していることをペンタゴンに保証した[43]。より自立的な行動を求めるフランス、それを懸念するアメリカ、そしてその橋渡しを模索するイギリスという構図は、その後しばらく続いていく。

三　コソボ戦争と欧州防衛統合の進展

コソボ戦争と「欧州防衛能力」

コソボ危機をめぐって一九九九年三月二四日に始まったＮＡＴＯ軍によるユーゴスラビア空爆は、欧州安全保障体制全体に対しても大きな衝撃を与えることになった[44]。これまで国際政治学的、あるいは国際法的な観点からＮＡＴＯの空爆をめぐる多様な議論がなされてきた[45]。コソボ戦争をめぐる国際政治の動きについては後に第四章で詳しく触れることになるが、ここではイギリス政府がはたしてどのような姿勢でこの問題に取り組んでいたのか、そして空爆後にイギリス政府はどのようにこの問題を総括したのかを、欧州防衛統合との関連の中で検討したい[46]。

そこで以下、二つの点に光を当てることにする。第一は、コソボ危機が欧州安全保障体制にどのような衝撃を与えたのかを、イギリス政府の視点から論じることである。これは、「欧州防衛能力（European Defence Capabilities）」の問題として、同年四月にユーゴ空爆中に開催されたワシントンＮＡＴＯ首脳会議での合意文書につながることになる。その意味でも、コソボ危機は「冷戦後の欧州安全保障にとっての決定的な転換点であった」と言えるだろう[47]。第二には、ブレア政権で指摘されている、対外政策で「倫理」や「道徳」の問題を重視する姿勢が、このコソボ危機で具体的にどのように実践されたのかを検討し、欧州安全保障の一つの方向性について考察することにしたい。

フィリップ・ガンメットは、ブレア政権の防衛政策を論じる論文の中で、「歴代の労働党政権は、野党時代とは異なり、いつも防衛問題を得意としてきた」と皮肉を込めて論じている[48]。すなわち、野党時代に非現実的で信頼を損なう議論が党内で見られたとしても、いったん政権与党になると、労働党は防衛問題をうまく乗り切り、バランスのとれた政策を示してきたのだ。戦後労働党諸政権は、危機が生じると迅速に国内世論を結束させ、適切な対応を示してきた。それは、戦後初期アトリー政権期における冷戦戦略、ベルリン封鎖への対応、NATO設立、朝鮮戦争などにおいて示され、またブレア政権期におけるコソボ危機においても同様であった。

ブレア政権はコソボ危機において、アメリカ政府と同様あるいはそれ以上に、軍事的手段を辞さずに強硬にユーゴスラビア政府を説得する必要を論じてきた。当初ブレア政権は、ユーゴスラビアのミロシェビッチ大統領に対して、外交交渉を用いた妥協の可能性を模索していた。ところが、一九九九年二月から三月にかけて、クック英外相とユベール・ヴェドリーヌ仏外相が共同主催したランブイエ交渉も不調に終わると、それ以降イギリス政府はNATOによる武力行使を辞さぬ強硬な態度を示すようになる。

防衛能力格差の懸念

アメリカの最新軍事技術を反映した精密誘導ミサイルを駆使した空爆が開始されると、欧州諸国は軍事的領域における自らのアメリカに対する従属的な地位を再認識せざるを得なくなる[49]。それまで、「欧州安全保障・防衛アイデンティティ（ESDI）」として、ヨーロッパが独自の防衛能力を発展させる必要を感じてきた欧州諸国にとって、それは単に「アイデンティティ」の問題にとどまらず、「能力」の問題として考えざるを得なくなった。それが後に、「防衛能力イニシアティブ（DCI）」における「欧州防衛能力」としての、アメリカとの防衛能力格差解消の問題として指摘されるようになる[50]。一九九九年三月一〇日の時点で、ロバートソン国防相は次のように語っていた。「われわれの最終的な目的は、したがって、欧州安全保障・防衛アイデンティティというようなものではなくて、より野心的なもの、すなわち欧州防衛能力である[51]。」

また、ブレア首相も同様に、力強く「能力」の問題を論じていた。すなわち、「欧州防衛とは、新しい組織創設を意味するのではない。それは、新しい能力を意味し、それは軍事と外交の双方においてである。」[52]

コソボ危機を経て、欧州安全保障において「リーダーシップ」を発揮すべきと構想していたイギリス政府にとって、このヨーロッパ独自の防衛能力の欠如という認識はとりわけ大きな課題として検討された。イギリス国防省は、コソボ危機におけるイギリスやNATOとしての対応を省察し、二〇〇〇年七月に『コソボ―危機からの教訓（*Kosovo: Lessons from the Crisis*）』という報告書を公表した[53]。序文の中で、ロバートソンに代わり新たに国防相となったジェフリー・フーンは、軍事作戦において「われわれは成功裡に終わった」ことを強調している。他方で、イギリスが戦争において「学んだ教訓の詳細を描き、将来にそれが活かせるようにする」必要も指摘している[54]。

その教訓とは、第一には欧州諸国における独自の危機管理能力の欠如である。上記報告書によると、「コソボ紛争は、しかしながら、このような大規模な軍事作戦において迅速かつ実効的に軍事能力を提供できるアメリカの能力に、ヨーロッパの同盟諸国が依存していることを再確認することになった[55]。」イギリス国防省が指摘するには、「ヨーロッパは将来において、より効果的に行動できるようになる必要がある」とはいえ、「ヨーロッパがすべてにおいて単独に行動すべきとも、行動できるとも、必ずしも宣言してはいない。」必要なのは、場合によってはヨーロッパが単独で行動可能なような政策決定能力を向上させることであり、また米欧間での技術格差を縮小することである。そのような技術格差は、全天候型精密誘導ミサイルや、戦略空輸や、情報収集能力や、空中給油能力などにおいて顕著である。少なくとも、「ヨーロッパの玄関で起こったコソボ危機は、能力向上の必要に脚光を当てたのである[56]。」同時に、この報告書によれば、SDRで示された、あるべきイギリスの防衛政策の方向性が、おおよそにおいて妥当なものであったことが指摘されている。[57]

「コソボ危機の教訓」

コソボ危機の教訓を総括するならば、一つにはアメリカとヨーロッパとの防衛能力格差の存在、そしてNATO同盟諸国間における相互運用性（interoperability）の向上の必要が挙げられる。

イギリスのフーン国防相が後に指摘するように、「ヨーロッパとアメリカの軍事能力の、明瞭に開きつつある不均衡が、欧州防衛に関する新しいイニシアティブを開始した第一の理由である。[58]」他方で、共和党がアメリカ議会で多数派となった帰結として、海外の紛争に介入することを嫌う傾向が議会内で強まり、このことはイギリス政府内でのひとつの懸念材料となった。同時に、ボスニア戦争およびコソボ戦争での米欧間の戦略の不和が明瞭となり、このこともまた欧州諸国政府での将来に対する不安となった。[59]

これらの要因が重なり、欧州諸国、とりわけイギリス政府では、米欧間に存在する能力格差（capabilities gap）についての真剣な検討が行われた。[60]この場合の能力とは、「決定するための能力であり、行動するための能力（capability to decide, and capability to act）」である。[61]この能力格差の問題の重要性を強く認識したイギリス政府は、一九九九年四月のワシントンNATO首脳会議において、「防衛能力イニシアティブ」という新しい概念を提示するのに貢献した。

それではなぜ、ブレア政権はコソボ危機において主体的かつ積極的な危機管理活動を担う必要を感じていたのであろうか。それは、ブレア労働党政権が「倫理的対外政策」を政策理念として掲げていた以上、コソボ危機における人権問題を看過することができなかったからである。ロビン・クックは外相就任後間もなく、自らの意図が「イギリスを再び、世界における善のための力（a force for good）とすること」であると述べた。[62] また、SDRの中でもロバートソン国防相は、「われわれは主導的な立場に立つことを望み、またわれわれは善のための力となることを望んでいる」と論じている。[63]

この倫理的対外政策という思考は、ブレア首相によってさらに強調されるようになる。その帰結として、コソボ危機でのユーゴ空爆の最中の一九九九年四月に、ブレア首相はシカゴで「国際コミュニティのドクトリン」と題する演説を行った。[64] ブレアによれば、「国際コミュニティに参加する以上、そこには権利と同様に義務が生じている」のであり、人権侵害や安全保障の不安定化の中で、イギリスにはそれを改善するための「義務」があるのだという。したがって、コソボにおいてセルビア人による人権侵害の可能性がある以上、イギリスはそれを無視することはできない。

イギリスは確かに「超大国ではないが、中軸国家（pivotal power）であって、それは同盟関係と国際政治の要として、現在の世界や将来の世界を形作ることになる」のだ。[65] このような文脈の中で、ブレアはコソボ危機への対応を考慮していた。[66] したがってコソボ戦争は、「領土的野心ではなく、価値を基礎とした、正しい戦争である」のだ。[67] 他方で、このような理念を抱えながらも、自らの理念を実現させるための「能力」の欠如を実感せざるを得ないのがコソボ危機の教訓であった。

このようにして、コソボ危機への対処においてイギリス政府は、欧州諸国の危機管理能力の欠如を深く実感したのである。前年秋以降示してきた、ヨーロッパ独自の防衛能力発展を求める「ブレア・イニシアティブ」は、コソボ紛争を経験してさらに具体的かつ緊急の問題として考慮されるようになった。

ワシントンNATO首脳会議

一九九九年四月二四日に予定通り開催されたワシントンNATO設立五〇周年記念首脳会議において、新しい戦略概念が発表された[68]。それはコソボ危機をめぐる空爆という異常な事態のなかでの記念式典となった。そもそも、これはチェコ、ハンガリー、ポーランドという中欧の新規加盟三カ国をNATO首脳会議に招き、さらに「平和のためのパートナーシップ」の強化を演出するという華やかな記念式典となるはずであった。ところが新規加盟国のハンガリーの国境線を越えたすぐ近隣で展開されている戦争によって、それらとは異なる側面に焦点が当てられた。すなわち、ESDI強化への合意の中での、「防衛能力イニシアティブ」概念の提示である[69]。

コソボ危機を経験して明らかになったことは、それを支えるための十分な防衛能力がなければ、EUは実効的な対外政策を持ちえないということであった。とりわけ「危機管理」のための防衛能力こそが、緊急の課題としてEUには求められていた。ヨーロッパ独自の防衛能力を高める上での軍事能力における欠陥部分を補い、具体的な目標を掲げて能力向上をめざす[70]。NATOレベルでの合意として、EUの防衛能力向上を重要な課題として設定したことは、それ以前とは異なる新しい動きであった。これまでの「アイデンティティ」としての問題が、NATO内でもこれを機に「能力」の問題として語られるようになる。ブレア首相やロバートソン国防相は、将来の欧州防衛問題が「アイデンティティ」や「組織」を軸に論じられるのではなくて、「能力」を中心に論じられるべきだと主張してきた。このイギリス政府の主張が、ワシントンNATO首脳会議の合意事項に含まれることになったといえる。

それでは、この「防衛能力イニシアティブ」とはいかなる概念であろうか。このDCIとは、大西洋同盟全体として新しい戦略環境にふさわしい防衛能力を発展させることを目的としている[71]。すなわち、同盟国間の相互運用性を高め、米欧間の技術格差を縮小することが重要となる。その目的のために、ヨーロッパの防衛能力向上が不可欠であると位置づけられている。ロバートソンの言葉を用いるならば、「防衛能力イニシアティブとは、すべての同盟国が相互運用性を維持するのみならず、新しい安全保障の脅威に対応するための自らの能力を改善し向上させることもまた目的としている。[72]」

このロバートソンの意図が、イギリス政府内におけるSDRによる防衛見直し作業に対応していることは、十分推測できるであろう。新しい戦略環境において、欧州諸国の国内における防衛体制の整備と近代化がヨーロッパ独自の防衛能力向上に寄与し、それがNATOにおける「ヨーロッパの柱」の強化として、同盟の強化につながるという構造である。

イギリス国内においては、すでに検討したように、SDRとして冷戦後の新しい戦略環境に必要な防衛態勢の再編を進めてきた。今度は、これをヨーロッパ全体としてのレベルで行う必要がある。それは、イギリス政府がSDRで指摘しているように、「いくつもの多国間機構を通じて共に作業を進める」ことが重要だからだ。[73]ロバートソンは、次のように言う。「われわれの目的は、とても単純である。われわれは、対外政策上の目的を達成するために、欧州連合の能力を強化することを求めているのである。欧州連合に、その大きさ、経験、そして経済的な強さに見合った国際的な地位を与えるのである。[74]」ロバートソンが、いかに熱心に欧州防衛能力の向上を求めていたかが理解できるであろう。このロバートソンの欧州防衛能力向上へのイニシアティブは必然的に、同年一〇月にロバートソンがNATO事務総長に就任してからのNATOとしての重要な戦略目標となるのであった。

イギリス政府にとっては、NATOにおけるDCIとEUにおける防衛能力向上はともに、大西洋同盟としての安全保障を強化するための相互に連関した努力であった。[75]しばしば、「大西洋主義者（Atlanticist）」と「ヨーロッパ主義者（Europeanist）」と、イギリスの対外政策を二者択一式に位置づける傾向が見られるが、イギリス政府にとってはこの二つは一体となっていた。すなわち、「DCIとEUのヘッドライン・ゴールは、相互的に強化されねばならない」のである。[76] NATOレベルでのDCIにより、ロバートソンはまず、米欧間で「防衛能力格差」が存在することを重大視し、それゆえNATOとしての防衛能力強化のためには欧州独自の防衛能力が必要となるのであった。

NATOで、米欧間の「防衛能力格差」が指摘され、DCIとしてのヨーロッパにおける防衛能力向上、および米欧間の相互運用性向上が求められる背景には、アメリカにおける「軍事における革命」（RMA）の存在があった。アメリカはRMAにより空爆能力、輸送能力、情報収集能力などで、軍事態勢の革命的な変容を遂げつつあった。[77] 他方でヨーロッパでは、米軍と比較した場合に巨大な「能力格差」が存在し、その「格差」がとりわけコソボ紛争により、欧州諸国政府にあまりにも明白となったのである。[78] 同盟を維持し、役割分担を進めるためにも、このRMAに対してヨーロッパの側での何らかの防衛能力向上が求められるのである。それが、一九九九年四月ワシントンNATO首脳会議でDCIが提唱される、一つの背景であった。

以上に論じた欧州諸国における問題意識は、一九九九年におけるケルンとヘルシンキの二つのEU首脳会議により具体化され、発展する。それは、「欧州安全保障・防衛政策（European Security and Defence Policy; ESDP）」として、EUレベルでの政策協調へと結実する。ヘルシンキ欧州理事会で、「ヘルシンキ・ヘッドライン・ゴール（The Helsinki Headline-Goal; HHG）」へと帰結するこの動きを、イギリスを軸に論じることにしよう。

四　「アイデンティティ」から「防衛能力」へ

ケルンからヘルシンキへ

一九九八年末に、サンマロ英仏首脳会議で提示された欧州防衛イニシアティブは、その後一九九九年春のコソボ危機を経由して、同年六月のケルン欧州理事会での重要な議題となった。それまで、各国政府やNATOの枠内で議論されてきたESDIの概念は、初めて本格的にEUという枠組みの中で、実質的な内実を伴う「能力」および「政策」の問題として論じられるようになった。

その中でもとりわけ重要となったのが、設立五〇周年の条約期限に達したWEUを今後どのように位置づけるかという問題であり、具体的にはWEUをEUに統合するべきか否かという問題であった。WEUとは、一九四八年に調印されたブリュッセル条約をもとに一九五四年に改組された安全保障機構であった。冷戦時代においては、軍事的に圧倒的な存在であるNATOを前にして、西欧諸国のみの防衛協力としてのWEUにできることは限られていた。しかし一九八四年以降、次第にWEUは西欧諸国間で安全保障問題を協議する政治機構として発展を遂げてきた。マーストリヒト条約でも、このWEUに一定の役割を担わせることを想定していた。

これまで、「能力と期待との間のギャップ（the capabilities-expectations gap）」に埋もれていたEUのCFSPは、「欧州防衛イニシアティブ」と「WEUとの統合」により、飛躍的に重要な任務を与えられる可能性が出てきた(79)。欧州防衛イニシアティブとして独自の防衛能力の発展をめざすようになり、またWEUがその防衛機構として発展を下支えしていくことが想定されていた。

イギリス政府は、その必要性を強く認識していた。一九九九年五月一三日、英外交担当国務相のジョイス・キンは、オランダで「アムステルダムの後―次に何が必要か?」と題する演説を行い、欧州防衛において今後必要となる作業を三点論じた[80]。第一には、EUにおいて迅速かつ実効的な政策決定を可能とする能力である。第二には、EUとNATOとの間の実効的な連携である。そして第三にはヨーロッパがペータースベルク任務を可能とする実効的な独自の軍事能力の保持である。この三つの点について、イギリス政府はケルン欧州理事会で具体的な合意をめざすことになる。

一九九九年六月三日と四日に開催されたケルン欧州理事会では、議長国声明として「安全保障・防衛に関する共通の欧州政策強化をめぐる議長国報告書」を発表した[81]。その中で、すでにこれまで論じてきた軍事能力の問題が指摘されている。すなわち、問題の焦点は、EUが軍事能力を含む必要な能力、およびペータースベルク任務の枠内での危機管理の場合に、効率的に政策決定できる構造を設定することである[82]。加盟諸国に必要な軍事能力とは、具体的には、「展開能力、維持能力、相互運用能力、柔軟性、機動力」である。これらの軍事能力は、EU諸国の中ではとりわけイギリスにおいて優れており、またSDRの中で重視されている要素であった。冷戦後の欧州安全保障において、ヨーロッパ独自の防衛能力を発展させる上で、イギリスは重要なリーダーシップを発揮していたのである。

ケルン欧州理事会は、半年前のサンマロ英仏首脳会議での共同宣言をEUレベルで受け入れた重要な転機となり、これによりEUは独自の軍事能力を発展させる明瞭な道を開いた。それまでの「アイデンティティ」が今後、具体的な「能力」と「政策」の問題となる。ケルンで掲げた目標は、一九九九年一二月にヘルシンキで予定されている欧州理事会に至るまでの半年の間に、具体化され数値目標を伴うかたちで欧州諸国間での合意を見る。

最初のイニシアティブは、イギリスとイタリアとの協力から生まれてきた。一九九九年七月一九日と二〇日、両国間で首脳会談が開かれ、そこで「欧州防衛能力イニシアティブに関する英伊共同声明」を発表した[83]。後のルクセンブルクWEU閣僚理事会とヘルシンキ欧州理事会において、この英伊共同声明が基礎となって、欧州防衛能力強化をめぐる合意がなされた。それは二段階に分けられる。第一段階として、「平和維持を含む危機管理を引き受けるべき、強化された軍事能力の全ヨーロッパ的目標」の設定であり、第二段階として、「このヨーロッパ・レベルでの目標を実現するための国家レベルでの能力の涵養」である。英伊両国はこの提案を他の欧州諸国に提示して、ヘルシンキ欧州理事会での合意をめざすこととした。

クック外相と欧州防衛統合

イギリス国内においても、新たなイニシアティブが見られるようになっていた。ヘルシンキにおける合意をめざしてEU加盟諸国間での調整が続けられる中、イギリス国内ではブレア首相やクック外相が、「ヨーロッパの中のイギリス・キャンペーン（The Britain in Europe Campaign）」を進めて、国内世論にイギリスが深く欧州統合に関与する必要を説いていた。一〇月一四日、ブレアはロンドンで「ヨーロッパの中のイギリス（Britain in Europe）の擁護論」と題する演説を行った[84]。そこでブレアは、自らが「親欧州的」であるのは、「親イギリス（pro-Britain）」であるからだという。すなわち「ヨーロッパの一部であることは、イギリスにとっての国益である。」イギリスの国益を追求すれば、必然的に親欧州的な政策へ帰結するという論理である。これは、ブレア政権においてヨーロッパにおけるリーダーシップを求める場合の一貫した根拠となっている。さらに一一月二三日、クック外相はその演説の中で、イギリスが「より大きな政治的な発言力」を持つ必要性を指摘している[85]。クックによれば、「われわれの政治力は、ヨーロッパにおける主導的な役割を担うことにより、大幅に強化されている」という。

またクック外相は、イギリスが欧州統合に深く関与することが、そのまま英米関係の強化につながると指摘している。クック外相は、レイ・セイツ元駐英米大使の次の言葉を引用している。「もしイギリスの声がパリやボンで影響力がないのならば、それはワシントンでも影響力を持たないであろう。」ヘルシンキ欧州理事会での、欧州防衛能力の発展に関する飛躍的な前進を遂げる前に、ブレア首相やクック外相は足下を固めようとする。これは、一九五四年八月三〇日に、欧州防衛共同体（ＥＤＣ）条約の批准に関して、フランス国民議会がそれを拒否したことを念頭に置いてのことかも知れない。各国国内世論がその必要性を理解しなければ、画期的な欧州政治統合のプロジェクトも、暗礁に乗り上げるであろう。そのような慎重な舵取りを進める中、一九九九年一一月二五日にはヘルシンキ欧州理事会を前にして英仏首脳会談が開かれ、英仏間の最終的な調整が進められた(86)。

ロビン・クック外相は、ヘルシンキに発つ直前の一九九九年一二月一日に、イギリス下院で演説を行った(87)。それは、ヘルシンキ欧州理事会で欧州防衛統合に関して合意すべき事項について、イギリス議会に説明するためのものであった。クック外相は、防衛問題に関して合意すべき三つの重要な事項について触れた。第一はＮＡＴＯ／ＥＵの東方拡大問題であり、第二は新しい条約（ニース条約）についてであり、第三は欧州安全保障イニシアティブについてである。それまで一般的に、新しい防衛統合に関するイニシアティブは「欧州防衛イニシアティブ」と呼ばれていた。しかしクックはここで、より広い概念としての「欧州安全保障イニシアティブ（European Security Initiative）」という言葉を選んでいる。この三点目の「欧州安全保障イニシアティブ」について、ここでもう少し検討したい。

欧州安全保障イニシアティブ

クック外相は、この「欧州安全保障イニシアティブ」について、「これはイギリスのイニシアティブである」と述べている。「これは、最初に首相によりペルチャッハで提案されたものであり、続いてサンマロの英仏首脳会議で裏づけられた。」クックは、これによってヨーロッパでのイギリスの新しい負担が加わるわけではないという。「これは、イギリスがヨーロッパのアジェンダを設定した好例である。」それではなぜ、イギリスはこの防衛イニシアティブを進めてきたのであろうか。「イギリスは、それが正しいことであるから、このイニシアティブを進めてきたのである。」(88) このようにブレア政権では、ブレア首相やクック外相の言葉の中では、「正しいことである」という表現がしばしば使われる。自らの対外政策の正当性を、倫理や価値に基づいて論じる姿勢が見て取れる。

他方で、このイニシアティブを進めるためには、三つの課題が考えられる。第一には、EUにおいて一体性が強化され、より迅速な危機管理能力が発展する必要がある。第二には、EUとNATOとの間の連携を強める必要がある。第三には、各国ともにそれを実現させるために防衛能力を発展させねばならない。「イギリスはすでに、戦略防衛見直しを通じて、危機において迅速で、柔軟で、機動力ある軍事力へと再編してきた。しかしコソボは、ヨーロッパ全体として、機動性のない常駐軍から実効的な軍事力を展開させる上での現実的な問題を露呈した。」それゆえ、一年以上は駐留可能で、六〇日以内で展開可能な軍事力を創設することが必要になる。このクック外相の欧州防衛統合に関する提案は、実際にヘルシンキ欧州理事会において、それに近いかたちで合意される結果となった。

一九九九年一二月一〇日から一一日まで、以上のような経緯を経て、ヘルシンキ欧州理事会が開催された。そこでの重要な合意事項として、二〇〇三年までに、六〇日以内に、一年間は維持可能な五万人から六万人の兵力をペータースベルク任務のために展開できるようにするという目標を掲げた(89)。これはヘルシンキの「ヘッドライン・ゴール」と呼ばれ、ローテーションを考慮するとその三倍の兵力である約一八万人規模のヨーロッパ独自の兵力が必要となることを意味する。「このプロセスは、不必要な組織の重複を避けることになり、また欧州軍の創設を含意することはない」と断定している。上記内容の記された詳細な付属文書は、はじめてEUがヨーロッパ独自の防衛能力発展に関して、具体的な内容を記して目標を設定したものである(90)。

一九九八年秋の「ブレア・イニシアティブ」以来模索を続けてきた「欧州防衛イニシアティブ」は、ここで一つの暫定的結論にたどりついたと言えるであろう。そして、イギリス政府が自負しているように、この一年間の発展はまさに、イギリスのイニシアティブによるものであったといえるであろう。

欧州防衛統合とアメリカ

それまで「ESDI」として、NATOの枠内で論じられてきたヨーロッパ独自の防衛能力の問題が、「ブレア・イニシアティブ」を端緒にして、ケルン欧州理事会、そしてヘルシンキ欧州理事会での合意により、EU独自の危機管理能力の発展へと帰結した。

アメリカ政府は、この欧州防衛統合が大西洋同盟の絆を損ない、結果としてアメリカのリーダーシップを傷つけることを懸念した。それゆえに、オルブライト米国務長官は、サンマロ英仏会談の直後の一九九八年一二月七日に、『フィナンシャル・タイムズ』紙に寄せたコラムの中で、「3つのD」という言葉を用いてそのような動きに警鐘を鳴らした。すなわち、防衛リソースの「重複（duplication）」、米欧の「離間（decoupling）」、EUに加盟していないNATO欧州加盟国への「差別（discrimination）」に対する警告である(91)。他方で、防衛分担の問題として、欧州諸国がより多くの財政面および装備面での負担を負い、よりバランスのとれた米欧同盟が形成されることは、アメリカにとって必ずしも不都合ではない。欧州安全保障に詳しいスタンレー・スローンは、このようなアメリカ政府のアンビバレントな態度を、「結構だが……（Yes, but...）」アプローチと巧みに表現している[92]。はたして、EUが独自の防衛能力を発展させることは、NATOの将来にとって、米欧間の絆を弱めることになるのであろうか。それにより、アメリカの孤立主義的傾向が強まり、欧州安全保障への関与をゆるめることになるのではないか。

NATO事務総長ロバートソンはそのような疑念を払拭しようとして、欧州防衛統合が大西洋同盟を強化することになると主張した。ロバートソンは、欧州防衛能力の強化により、「より均衡のとれた同盟」が実現するという。また、「ESDIは、『より小さなアメリカ（less US）』を意味するのではなく、『より大きなヨーロッパ（more Europe）』を意味し、より強大なNATO」を意味するという。そして、オルブライト国務長官の「3つのD」を否定して、同盟を強化するための「3つのI」を掲げている。すなわち、「欧州防衛能力の向上（improvement）であり、すべての同盟諸国の包括性（inclusiveness）と透明性であり、そして共通の価値観に基づいた大西洋安全保障の不可分性（indivisibility）である」という[93]。

これは、すでに見てきたように、ヨーロッパ独自の防衛能力を向上させることにより、大西洋同盟の相互運用性と全体としての危機管理能力を向上させ、それがそのまま大西洋同盟の強化と欧州安全保障の確立を意味すると論じるロバートソンの一貫した考えを示している。イギリス政府もロバートソン事務総長の言葉と同様に、ヨーロッパ独自の防衛能力向上と大西洋同盟の強化を二者択一的なものとは考えておらず、むしろ相互補完的なものと考えていた。であるからこそ、イギリス政府の提唱する欧州防衛イニシアティブは、フランス政府にとってもアメリカ政府にとっても、どちらにとっても受け入れることが可能な提案であったのだ。

このように、ブレア首相やロバートソン元国防相の考えでは、EU諸国との協力と、英米同盟を軸としたNATOの枠組みは、必ずしも矛盾するものではなかった。むしろ両者が有機的に結合して、より実効的な安全保障が確保できると考えていた。そしてその橋渡しをするのが、ほかでもない、イギリスであったのだ。しかしながら、後の章で見るように、そのような欧米間の「橋渡し」の役割を自らが担うという想定は、イラク戦争をめぐる米欧対立の深刻化に伴って、行き詰まりを迎える。

ブレア・イニシアティブの意義

これまで、「欧州防衛イニシアティブ」におけるイギリスのリーダーシップを通じて、冷戦後欧州安全保障が変容する過程を見てきた。その中で、NATOによる集団防衛と集団安全保障を最優先させながら、政府間協力によって欧州防衛能力を向上させるという、イギリス政府が望むかたちで欧州防衛統合が進められたことが理解できるであろう。また、イギリス政府は冷戦後の欧州安全保障において、NATO／EUの東方拡大における政治外交的活動の重点化や、紛争予防活動や危機管理活動、および平和維持活動などの重点化によって、防衛任務が領域防衛に加えて重層化し、多様化していることを認識していた。したがって、NATOによる領域防衛に加えて、EU／WEUによるヨーロッパ独自の防衛協力による危機管理活動を行う必要を感じていたのであった。

冷戦後の多様かつ複雑な安全保障上の脅威に対応するためには、決して一元的な防衛態勢では十分とはいえない。多様な防衛任務に応じて、多様な多国間枠組みを用いることが必要となったのである。そのためには、ヨーロッパ独自の防衛能力を発展させ、ヨーロッパが積極的に独自のイニシアティブで危機管理活動や平和維持活動を可能とすることが求められる。それが、一九九八年の「ブレア・イニシアティブ」につながる大きな動機である。

一九九八年秋の「ブレア・イニシアティブ」から、一九九九年一二月のヘルシンキ欧州理事会における「ヘルシンキ・ヘッドライン・ゴール」の設定に至るまで、イギリスは欧州防衛統合において重要なイニシアティブを発揮した。それは、選挙公約であった防衛見直しの帰結であるSDRが一九九八年七月に公表されたことを背景とする。自国における軍事的裏づけを確立してから、欧州安全保障でのイニシアティブを発揮したのである。イギリスは冷戦後に変容する欧州安全保障環境において、新しい脅威に対応するために防衛能力を十分に発展させる必要を強く認識していた。それは、一九九九年のコソボ危機により再確認され、一九九九年四月のワシントンNATO首脳会議でDCIの問題として指摘され、同年六月のケルン欧州理事会でEUレベルでの独自の防衛能力の発展として合意されたのである。

イギリスがこの間、欧州防衛統合におけるリーダーシップを発揮したのは、何よりもそれがイギリスの国益であると考えたからである。一九八〇年代から一九九〇年代半ばに至るまでの、保守党および労働党内での欧州統合をめぐる分裂は、「神学的で哲学的」な性質を帯びたものであった。それがイギリスの国益にとってプラスであるかマイナスであるかを正確に議論せずに、抽象的で原則的な視点で議論が進められていた。ブレア労働党政権は、何よりもそれがイギリスにとっての国益であると認識するがゆえに、欧州統合におけるリーダーシップを求めたのである。そしてブレア労働党政権にとっては、イギリスの国益とヨーロッパ全体の利益は決して矛盾するものではなく、とりわけ安全保障の側面においてそれは一体のものとして考えられていたのである。そのような予定調和的で楽観的な防衛政策が、この時期には構想されていたのだ。

一九九九年三月、ジョージ・ロバートソンは、ロンドンでの欧州防衛能力に関する演説の中で、五一年前の一月に英下院で行われたアーネスト・ベヴィン外相の演説について触れた(94)。そのベヴィン外相の演説は、

「ヨーロッパの自由諸国が結集するべきであること」について指摘する、歴史的な重要性を持つものであった。それが契機となり、一九四八年三月にはイギリスのイニシアティブの下で、英仏両国が中心となり独自の防衛能力を持つべきとするブリュッセル条約が調印された。ロバートソンが、このベヴィンに自らの存在を重ね合わせていたことは、その他の演説でも彼が好んでベヴィンについて触れていることからも伺える。ベヴィンは、欧州諸国の結集を訴えると同時に、大西洋同盟形成の重要なイニシアティブを握ることになった。衰退しつつあるイギリスが、外交を用いて栄光の中にあった瞬間である(95)。

第二次世界大戦を終えた後の労働党政権は、戦後秩序形成のために重要な役割を果たし、その功績は歴史的評価を確立していると言ってよい。冷戦を終えた後のブレア労働党政権も、歴史的回顧から自らの使命を、冷戦後安全保障秩序形成へ向けてのリーダーシップにあると考えていたのであった。

(1)　政党政治的な視点から、労働党および保守党内の欧州政策をめぐる亀裂を検討した研究として、力久昌幸『イギリスの選択—欧州統合と政党政治』(木鐸社、一九九六年)および同『ユーロとイギリス—欧州通貨統合をめぐる二大政党の政治制度戦略』(木鐸社、二〇〇三年)が優れている。通史的なイギリスと欧州統合の概観については、細谷雄一編『イギリスとヨーロッパ—孤立と統合の二百年』(勁草書房、二〇〇九年)、John W. Young, *Britain and European Unity, 1945-1999*, 2nd edition (Basingstoke: Macmillan, 2000)、体系的なイギリスとEUとの連関については、Andrew Geddes, *The European Union and British Politics* (Basingstoke: Palgrave, 2004) を参照。

(2)　ブレア政権における欧州政策を世論との関連から論じた研究として、細谷雄一「イギリスのEU政策と市民

―首相・政党・世論」田中俊郎・庄司克宏編『EUと市民』（慶應義塾大学出版会、二〇〇五年）第八章を参照。また戦後半世紀のイギリスの欧州政策を概観したものとして、同「イギリスとEU―独仏枢軸との関係を軸に」田中俊郎・庄司克宏編『EU統合の軌跡とベクトル―トランスナショナルな政治社会秩序形成の模索』（慶應義塾大学出版会、二〇〇六年）第一一章を参照。また独自の分析視角からブレア政権のヨーロッパ政策を検討したものとして、鈴木一人「ブレアとヨーロッパ　一九九七―二〇〇七年―「お節介なネオコン性」」細谷編『イギリスとヨーロッパ』第一〇章を参照。

（3）　このイギリス対外政策における「リーダーシップ」については、シンクタンク、欧州改革センター（CER）のチャールズ・グラントの進言が大きな影響を与えたと言われている。ジョージ・ロバートソン元国防相は、「チャールズ・グラントの論文が、イギリスのアプローチが変化したことを最初に世界に示した」と論じて、またグラントが欧州防衛の議論における「触媒（catalyst）」であったと指摘する。Speech by George Robertson at the Centre for European Reform, n.d.; and speech by Robertson, 24 May 2000. ロバートソンが、労働党系シンクタンクのCERのグラントの影響を強く受けていることが理解できる。グラントの考えについては、Charles Grant, *Can Britain Lead in Europe?*（London: Centre for European Reform, 1998）を参照。また、CERのブレア政権への影響力については、Richard G. Whitman, *Amsterdam's unfinished business? The Blair Government's initiative and the future of the Western European Union, Occasional Papers 7,*（Paris: Institute for Security Studies, Western European Union, January 1999）および、宮本光雄「ブレア政府と欧州安全保障・防衛体系の将来」『成蹊法学』第四九号（一九九九年）でも指摘されている。

（4）　Speech by Robin Cook at a Debate, the House of Commons, 23 November 2000.

（5）　Speech by Lord Robertson, "Europe: The Way Forward", 8 September 1999.

（6）　この点については、力久『イギリスの選択州統合と政党政治』第六章を参照。

（7）　Darren Lilleker, "Labour's defence policy: from unilateralism to strategic review", in Richard Little and Mark Wickham-Jones (eds.), *New Labour's Foreign Policy: A New Moral Crusade?*（Manchester: Manchester University Press, 2000）, pp.218-225.

（8）　ウェストランド事件における、「欧州派」と「反欧州派」との対立については、Lawrence Freedman, *The Politics of British Defence 1979-98*（Basingstoke: Macmillan,

1999) chapter 12 を参照。

(9) *Statement on the Defence Estimates 1985–1*, Cmnd 9430-1 (London: The Stationery Office, 1985); Ritchie Ovendale, *British defence policy since 1945* (Manchester: Manchester University Press, 1994) pp.177–9.

(10) イギリス政府が、早い段階から欧州独自の防衛能力発展の必要性を求めていたことは、例えば、Alyson J. K. Bailes, "Western European Union and Contemporary European Security: a British Perspective", Anne Deighton (ed.), *Western European Union 1954–1997* (Oxford: European Interdependence Research Unit, 1997) chapter 3でも指摘されている。他方で当時ＷＥＵ事務局長の地位にあった、ファン・エーケレンは、この英伊共同提案が、「この領域を仏独に完全に任せるのを好まなかったことにより」なされたという印象を記している。ファン・エーケレンはやや、イギリスの態度に否定的な評価を示している。

(11) この英仏核協力に注目して、英仏を軸とした欧州防衛統合の可能性を検討したものとしては、Stuart Croft, "European integration, nuclear deterrence and Franco-British nuclear cooperation", *International Affairs*, vol.72, no.4 (1996)、および、Stuart Croft, "Nuclear Issues", in Jolyon Howorth and Anard Menon (ed.), *The European Union and National Defence Policy* (London: Routledge, 1997) chapter 8が重要である。

(12) この点に注目する優れた研究としては、Jolyon Howorth, "Britain, NATO and CESDP: Fixed Strategy, Changing Tactics", *European Foreign Affairs Review*, vol.5 (2000) pp.380-1を参照。

(13) ブレア政権における欧州独自の防衛能力発展に関しての政策について、前政権からのある程度の「政策転換」を指摘する論文と、「連続性」を強調する論文に分けることができる。前者は、例えば、Whitman, *Amsterdam's unfinished business?*; Sven Biscop, "The UK's Change of Course: a New Chance for the ESDI", *European Foreign Affairs Review*, vol.4 (1999)、他方で後者はBailes, "Western European Union and Contemporary European Security"や、Howorth, "Britain, NATO and CESDP"; Jolyon Howorth, "Britain, France and the European Defence Initiative", *Survival*, vol.42, no.2 (2000) などがある。上記論文で、ウィットマンやビスコップは、イギリスの政策を、「心の変化」や「イギリスの位置の反転」と指摘しているが、それは「ブレア・イニシアティブ」があくまでも、「ＮＡＴＯ優先」で「政府間協調」としての側面を持っている実状を軽視しているように思える。すなわち、マーストリヒト条約で共通外交・安全保障政策(ＣＦＳＰ)

が政府間協調の枠組みで成立し、アムステルダム条約で「建設的棄権」としての柔軟な解釈が生まれたがゆえに、イギリス政府はWEUとEUの融合の可能性を検討し始めたのである。そう考えるとむしろ、ハワースやベイルズが上記論文で指摘するように、一九八〇年代からイギリス政府は一貫して「欧州の柱」を強化することに対してむしろ積極的であったことが理解できるであろう。

(14) Howorth, "Britain, NATO and CESDP", pp.387-8.

(15) Tony Blair, *New Britain: My Vision of a Young Country* (London: Fourth Estate, 1996) p.280.

(16) Anthony Seldon, *Blair* (London: Simon & Schuster, 2004) p.315.

(17) Ibid., p.320.

(18) Philip Stephens, "The Blair Government and Europe", *Political Quarterly*, vol.72, no.1 (2001) p.68.

(19) Andrew Chadwick and Richard Heffernan (eds.), *The New Labour Reader* (Cambridge: Polity, 2003) p.223.

(20) Anne Deighton, "European Union Policy", in Anthony Seldon (ed.), *The Blair Effect: the Blair Government 1997–2001* (London: Little, Brown, 2001) p.320.

(21) Whitman, *Amsterdam's Unfinished Business?* p.6; Paul D. Williams, *British Foreign Policy Under New Labour, 1997–2005* (Basingstoke: Palgrave, 2005) p.59.

(22) Grant, *Can Britain Lead in Europe?*

(23) Speech by George Robertson, Centre for European Reform, 24 May 2000.

(24) Treaty on European Union, Title V, Article, N; Salmon and Shepherd, *Toward a European Army*, p.55.

(25) 植田隆子「拡大EUと欧州安全保障防衛政策(ESDP)」森井裕一編『国際関係の中の拡大EU』(信山社、二〇〇五年)一一九頁参照。

(26) Trevor C. Salmon and Alistair J. K. Shepherd, *Toward a European Army: A Military Power in the Making* (London: Lynne Rienner, 2003), pp.55–65.

(27) Geoffrey Edwards, "The Potential and Limits of the CFSP: The Yugoslav Example", in Elfriede Regelsberger et al. (eds.), *Foreign Policy of the European Union: From EPC to CFSP and Beyond* (London: Lynne Rienner, 1997) pp.173–196.

(28) 確かに、一九九六年のNATOベルリン北大西洋理事会において、共同統合任務部隊(CJTF)を創設することで、NATOとWEUとEUとの間での組織的な調整と、ヨーロッパのNATOからの「切り離し(decoupling)」の回避が図られ、NATO内での「欧州安全保障防衛アイデンティティ(ESDI)」の発展が企図された。そのことで、ポール・コーニッシュは「一九九六年」

を「建設の終わり」と位置づける。Paul Cornish, "European Security: the end of architecture and the new NATO", *International Affairs*, vol.72, no.4, 1996, pp.751-769. しかし後述のように、サンマロ以降に再びEUとNATOの「切り離し」の懸念が生じ、安全保障をめぐる米欧対立が浮上する。CJTFについては、Terry Terriff, "The CJTF Concept and the Limits of European Autonomy", in Jolyon Howorth and John T. S. Keeler（eds.）, *Defending Europe: The EU, NATO and the Quest for European Autonomy*（Basingstoke: Palgrave, 2003）, pp.25-38.

（29） Anne Deighton, "The European Security and Defence Policy" in J.H.H. Weiler, Ian Begg and John Peterson（eds.）, *Integration in an Expanding European Union: Reassessing the Fundamentals*（Oxford: Blackwell, 2003）p.281.

（30） Salmon and Shepherd, *Toward a European Army*, p.65; Andrew Dorman, "British Defence Policy in the Post-Cold War Era: History Comes Full Circle?", in Andrew Dorman, Mike Smith and Mattew Uttley（eds.）, *The Changing Face of Military Power: Joint Warfare in an Expeditionary Era*（Basingstoke: Palgrave, 2002）, p.190; Jolyon Howorth and John T.S. Keeler, "The EU, NATO and the Quest for European Autonomy", in Howorth and Keeler（eds.）, *Defending Europe*, p.4; Howorth, "Britain, NATO and CESDP", p.384.

（31） ブレア政権の対外政策における「大西洋主義」を強調するポール・ウィリアムズは、このブレア・イニシアティブを、「イギリスの伝統的な大西洋戦略を放棄したというよりも、むしろ戦術の変化を示している」と説明する。Williams, *British Foreign Policy Under New Labour, 1997-2005*, p.56. 本章ではむしろ、ウィリアムズの説明とは異なり、ブレア政権における「ヨーロッパ主義的」な側面を強調して論じることになる。

（32） マーク・ウィッカム＝ジョーンズも、「単独行動主義的な過去との決別」がブレア首相の登場により見られるようになった、と指摘する。Mark Wickham-Jones, "Labour's trajectory in foreign affairs: the moral crusade of a pivotal power?", in Little and Wickham-Jones（eds.）, *New Labour's Foreign Policy*, p.7. 他方で、ケンブリッジ大学のクリストファー・ヒルは、イラク戦争に至る背景として、ブレア政権の欧州政策では単独行動主義的で横柄な政策姿勢が顕著であったと批判的に指摘する。Christopher Hill, "Putting the world to rights: Tony Blair's foreign policy mission", in Anthony Seldon and Dennis Kavanagh（eds.）, *The Blair Effect 2001-5*（Cambridge: Cambridge

University Press, 2005) pp.394-6.

(33) このサンマロ合意が、イギリスの防衛政策にとっての「転換点」であったのか、論者により見解が分かれる。例えば、Whitman, *Amsterdam's Unfinished Business* や、Biscop, "The UK's Change of Course", は「転換」を強調する傾向が見られ、Howorth, "Britain, NATO and CESDP", idem, "Britain, France and the European Defence Initiative", *Survival*, vol.42, no.2 (2000) はむしろ従来からの継続性を重視する。

(34) Tony Blair's press conference at Portschach, October 25, 1998, in Maartje Rutten (ed.), *From St-Malo to Nice: European Defence Core Documents, Chaillot Paper 47* (Paris: Institute for Security Studies, Western European Union, May 2001) pp.1-3. See Salmon and Shepherd, *Toward a European Army*, p.65; also in Whitman, *Amsterdam's Unfinished Business*, p.27; Biscop, "The UK's Change of Course", pp.253-268; Howorth, "Britain, NATO and CESDP", pp.382-3.

(35) Willem van Eekelen, *From Words to Deeds: The Continuing Debate on European Security* (Brussels: Centre for European Policy Studies, 2006) p.28.

(36) Salmon and Shepherd, *Toward a European Army*, p.66.

(37) George Robertson, Introduction to Ministry of Defence, *The Strategic Defence Review*, Cm 3999 (London: The Stationary Office, July 1998), p.1.

(38) "Franco-British Declaration on European Defence (The St. Malo Declaration), St Malo, 4 December 1998", in Rutten (ed.) *From St-Malo to Nice*, p.89; also in Christopher Hill and Karen Smith (eds.), *European Foreign Policy: Documents* (London: Routledge, 2000) p.243; Peter Riddell, "Europe", in Seldon and Kavanagh (eds.), *The Blair Effect 2001-5*, pp.363-4; Jolyon Howorth, *Security and Defence Policy in the European Union* (Basingstoke: Palgrave, 2007) pp.33-37. 遠藤乾「冷戦後のヨーロッパ統合 1992-98年」遠藤乾編『ヨーロッパ統合史』(名古屋大学出版会、二〇〇八年) 二七二頁。訳文は、「英仏サンマロ宣言」遠藤乾編『原典ヨーロッパ統合史』(名古屋大学出版会、二〇〇八年) 六〇四頁。

(39) Peter Riddell, *Hug Them Close: Blair, Clinton, Bush and the* 'Special Relationship' (London: Politico's 2003), p.42.

(40) European Council Presidency Conclusion, Vienna, 11-12 December 1998, in Rutten (ed.), *From St-Malo to Nice*, p.13; Salmon and Shepherd, *Toward a European Army*, p.67; van Eekelen, *From Words to Deeds*, p.29.

（41） Riddell, *Hug Them Close*, p.99.

（42） Ibid., p.100.

（43） Ibid.

（44） NATOのユーゴ空爆が与えた国際秩序へのインプリケーションに関しては、平成一一年度外務省委託研究報告書『コソヴォ危機が国際秩序再編に与えるインプリケーション』（日本国際問題研究所、二〇〇〇年三月）所収諸論文、とりわけ、植田隆子「コソヴォ危機と欧州の安全保障組織」が詳しい。

（45） その中でも代表的なものとして、Adam Roberts, "NATO's 'Humanitarian War' over Kosovo", *Survival*, vol.41, no.3（1999）pp.102–23; Catherine Guicherd, "International Law and the War in Kosovo", *Survival*, vol.41, no.2（1999）pp.19–34; Ivo Daalder and Michael E.O'Hanlon, "Unlearning the Lessons of Kosovo", *Foreign Policy*, Fall 1999; Michael Mandelbaum, "A Perfect Failure: NATO's War Against Yugoslavia", *Foreign Affairs*, September/October 1999; Javier Solana, "NATO's Success in Kosovo", *Foreign Affairs*, November/December 1999を参照。また現時点でも最も詳細な、コソボ紛争の過程に関する国際政治学的な検証は、Ivo H. Daalder and Michael E. O'Hanlon, *Winning Ugly: NATO's War to Save Kosovo*（Washington, D.C.: Brookings, 2000）である。

（46） コソボ紛争への、イギリス政府の関与については、Dan Keohane, "The Debate on British Policy in the Kosovo Conflict: An Assessment", *Contemporary Security Policy*, vol.21, no.3が詳細かつ信頼の置けるものである。またコソボ危機の欧州安全保障への影響については、Paul Latawski and Martin A. Smith, *The Kosovo Crisis and the Evolution of Post-Cold War European Security*（Manchester: Manchester University Press, 2003）を参照。

（47） Williams, *British Foreign Policy Under New Labour*, p.69.

（48） Philip Gummett, "New Labour and defence", p.268.

（49） ジョセフ・ナイも、「コソボの出来事が、欧州独自の軍事能力の発展の必要を裏づけた」と的確に論じている。Joseph S. Nye, Jr., "The US and Europe: continental drift?", *International Affairs*, vol.76, no.1（2000）p.51.

（50） この点を強調した論文として、Kori Schake, Amaya Bloch-Laine and Charles Grant, "Building European Defence Capability", *Survival*, vol.41, no.1（1999）pp.20–40; Jolyon Howorth, "Britain, France and the European Defence Initiative", *Survival*, vol.42, no.2（2000）pp.33–55; 植田隆子「欧州連合の防衛能力―共通外交安全保障政策の強化問題」村田良平編『EU―二一世紀の政治課題』（勁草書房、一九九九年）、および戸蒔仁司「欧州連合へ

の防衛能力導入と欧州安全保障防衛アイデンティティ」『法学政治学論究』第四五号（二〇〇〇年）などの論文を参照。

(51) Speech by George Robertson, 10 March 1999, at Royal United Services Institute, London.

(52) Speech by Tony Blair, 8 March 1999, at Royal United Services Institute, London.

(53) Ministry of Defence, *Kosovo: Lessons from the Crisis* (London: The Stationery Office, 1999).

(54) Introduction by Geoffrey Hoon, *Kosovo: Lessons from the Crisis*.

(55) Ibid., chapter 5.

(56) Speech by Geoffrey Hoon, 13 February 2001, "European Defence—the Facts and the Myths".

(57) *Kosovo: Lessons from the Crisis*, chapter 4.

(58) Speech by Hoon, 13 February 2001, "European Defence".

(59) この点については、Jolyon Howarth, *European Integration and Defence: the ultimate challenge?*, *Chaillot Paper No.43* (Paris: Institute for Strategic Studies, Western European Union, November 2000) pp.23-4で強調されている。

(60) *Kosovo: Lessons from the Crisis*, chapter 5; speech by Hoon, 13 February 2001, "European Defence".

(61) Speech by Lord Robertson, "Europe: The Way Forward", 8 September 1999.

(62) Speech by Robin Cook, "British foreign policy", 12 May 1997, cited in Wickham-Jones, "Labour's trajectory in foreign affairs", p.9.

(63) Introduction by Robertson, *SDR*, p.4.

(64) Speech by Tony Blair, "The doctrine of the international community", Economic Club of Chicago, 22 April 1999.

(65) Wickham-Jones, "Labour's trajectory in foreign affairs", pp.13-19.

(66) この側面を強調した論文としては、Will Bartlett, "'Simply the right thing to do': Labour goes to war", in Little and Wickham-Jones (eds.), *New Labour's Foreign Policy*, pp.131-146.

(67) Wickham-Jones,"Labour's trajectory in foreign Affairs", p.16.

(68) NAC-S (99) 65, "The Alliance's Strategic Concept", 24 April 1999; and also, NAC-S (99) 63, "The Washington Declaration", 23 April 1999; NAC-S (99) 64, "Washington Summit Communique", 24 April 1999.

(69) "The European Security and Defence Identity—

(ESDI)", NATO: Fact Sheets, <http://www.nato.int/docu/facts/2000/esdi.htm>.

(70) "NATO's Defence Capabilities Initiative", NATO: Fact Sheets, <http://www.nato.int/docu/facts/2000/nato-dci.htm>.

(71) "Strengthening European Security and Defence Capabilities", NATO: Fact Sheets, December 2000.

(72) "NATO's Defence Capabilities Initiatives", NATO: Fact Sheets, August 2000.

(73) *SDR*, p.7.

(74) Speech by George Robertson, "The NATO Alliance and Military Capabilities for European Security", 10 March 1999.

(75) Ministry of Defence, *Defence Policy 2001, 2000*, "The Future Strategic Context", <http://www.mod.go.uk>.

(76) Ibid.

(77) アメリカにおけるＲＭＡに、欧州が対応するという文脈で、欧州防衛イニシアティブを論じた研究としては、Elinor Sloan, "DCI: Responding to the US-led Revolution to Military Affairs", *NATO Review*, vol.48, no.1, pp.4-7; Robert P. Grant, *The RMA–Europe can keep in step, Occasional Papers 15* (Paris: The Institute for Strategic Studies, Western European Union, June 2000). 国際政治的な観点から、ＲＭＡを検討したものとして、Lawrence Freedman, The *Revolution in Strategic Affairs, Adelphi Papers 318* (Oxford: IISS/Oxford University Press, 1998) が大変参考になる。

(78) この「防衛能力ギャップ」に関する詳細な検討と、それと欧州防衛能力イニシアティブとの関係を論じたものとして、David Yost, "The NATO Capabilities Gap and the European Union", *Survival*, vol.42, no.4 (2000) pp.97–128; Schake, Bloch-Laine and Grant, "Building a European Defence Capability", pp.20–40.

(79) Christopher Hill, "The Capability-Expectations Gap, or Conceptualising Europe's International Role", *Journal of Common Market Studies*, vol.31, no.3 (1993); Christopher Hill, "Closing the capabilities-expectations gap?" in John Peterson and Helene Sjursen (eds.), *A Common Foreign Policy for Europe? competing visions of the CFSP* (London: Routledge, 1998).

(80) Speech by Minister of State Joyce Quinn, "After Amsterdam: What Next?", 13 May 1999.

(81) "Presidency Report on Strengthening of the common European policy on security and defence", Annex IV to Cologne European Council: Presidency Conclusions, 3 and 4 June 1999.

（82）Ibid. この説明に関しては、植田前掲論文「欧州連合の防衛能力」を参照。

（83）Anglo-Italian Declaration on the European Defence Capabilities Initiative, at British-Italian Summit, 19–20 July 1999.

（84）Speech by Tony Blair, "The Case for Britain in Europe", at the Launch of the Britain in Europe Campaign, 14 October 1999.

（85）Speech by Robin Cook, "Britain's Future in Europe", Britain in Europe Campaign Event, London, 23 November 1999.

（86）ヘルシンキ欧州理事会に至る事情に関しては、植田隆子「欧州連合の軍事化と米欧関係」『日本ＥＵ学会年報』第二〇号（二〇〇〇年）一八六－一九一頁が詳しい。

（87）Speech by Robin Cook, "Pre-Helsinki Council Debate", House of Commons, London, 1 December 1999.

（88）Ibid.

（89）Presidency Progress Report to the Helsinki European Council on "Strengthening the Common European Policy on Security and Defence", Annex IV to Presidential Conclusions: Helsinki European Council, 10 and 11 December 1999; Rutten（ed.）, ***From St-Malo to Nice***, pp.82–91.

（90）Rapport de la Présidence sur la Politique Européenne de Sécurité et de Défense, presented by French Government to the Nice European Council, 10–11 December 2000.

（91）Madeleine K. Albright, "The Right Balance Will Secure NATO's Future", *Financial Times*, December 7, 1998; Rutten（ed.）, ***From St-Malo to Nice***, pp.10–11; Howorth, ***Security and Defence Policy in the European Union***, p.46. 植田前掲「欧州連合の軍事化と米欧関係」一九八－二〇三頁でも「米国の対応」が詳細に検討されている。

（92）Stanley R. Sloan, ***The United States and European Defence, Chaillot Paper 39***,（Paris: Institute for Strategic Studies, Western European Union, April 2000）.

（93）Lord Robertson, "NATO in the new millennium", *NATO Review*, vol.47, no.4, Winter 1999.

（94）Speech by George Robertson, "The NATO Alliance and Military Capabilities for European Security", Royal United Services Institute, 10 March 1999.

（95）戦後ヨーロッパの秩序形成において、イギリス外交が果たした役割については、細谷雄一『戦後国際秩序とイギリス外交―戦後ヨーロッパの形成、一九四五～一九五一年』（創文社、二〇〇一年）を参照。

第二部　ブレアの戦争

第四章　倫理的な戦争——イラク空爆とコソボ戦争

一　イラク空爆と英米関係

英米における新しい潮流

一九九七年、イギリスとアメリカでそれぞれ、その後の一〇年間を規定するような重要な新しい外交理念が浮上してきた。第一は、イギリスにおけるそれであり、すでに第一章で見てきたように、「倫理的対外政策」という新しい理念の浮上であった。一九九七年五月のブレア政権の成立とともに、従来の保守党政権との違いをアピールするためにも、労働党は対外政策における道徳的・倫理的な側面を強調することになった(1)。そのような新しい外交理念は、一九九九年三月にはコソボ危機における「人道的介入」を推し進める役割を果たした。

イギリスにおいてこのような新しい介入主義の理念をブレア首相に注入した中心人物の一人が、外務省のロバート・クーパーであった(2)。独自の深い学識を有する学者外交官クーパーは、現状維持を主眼に置いた冷戦後の外交政策が「新世界秩序」を構築することができなかったと総括していた。[3] より積極的で介入主義的な政策によって、リベラルな国際秩序を樹立することをめざしていたのである。そのような新しい世界秩序においては、人権や民主主義というような価値が重要な位置を占めることになる。クーパーは次のように述べている。「それゆえ今求められているのは新しい種類の帝国主義であり、それは人権や普遍的な価値が世界中で受け入れられるようになるものでなければならない。われわれはすでに、それがどのようなものか輪郭を把握することができる。あらゆる種類のこれまでの帝国主義と同様に、その帝国主義は秩序や組織化をもたらすことをめざす一方で、今日においては自発的な原則に基づいて行われるべきものである。[4]」

第二に、一九九〇年代のアメリカにおいて、ネオ・コンサーヴァティブ、すなわちネオコンとして広く知られるようになる新しい外交理念が、幅広い勢力となって浮上するに至った。一九九七年、「新しいアメリカの世紀プロジェクト（A Project for the New American Century; PNAC）」と称する保守系政治組織が成立した。[5] 保守派のコラムニストのウィリアム・クリストルが議長となるこの政治集団には、共和党のドナルド・ラムズフェルド、ディック・チェイニー、ポール・ウォルフォウィッツ、リチャード・パールなど、後のジョージ・W・ブッシュ政権を支え、イラク戦争への舵取りを行う中心人物が名を連ねていた。これらの人物は、クリントン政権の対外政策を批判して、アメリカの理念を世界に広げるためにも、より積極的な軍事力行使を主唱していた。それは、かつてジョージ・H・W・ブッシュ政権を支えたジェームズ・ベーカー、ブレント・スコウクロフト、コリン・パウエルといった、中道的な対外政策を求める共和党穏健派のグループとは明らかに異なる理念を掲げていた。

アメリカ外交におけるもう一つの重要な変化として、マデレーン・オルブライト国連大使が一九九七年に国務長官に就任したことが挙げられる。オルブライトは、一九三七年にプラハのユダヤ人の家庭に生まれ、ホロコーストの危機を前に家族とともにイギリスに移住した(6)。ナチスのホロコーストによって親戚の多くが殺されたオルブライトにとって、外交において人権を擁護することは、決して無視することのできない重要な使命でもあった。第二次世界大戦後には一家でプラハに戻るが、今度は祖国がソ連共産主義の影響力下に収まることになり、アメリカに政治難民として移住することになった。一九九五年のボスニアのスレブニッツァにおける虐殺は、オルブライトの眼には西側諸国にとっての恥ずべき政策の失敗に映った。そのようなボスニア紛争での反省の上に、オルブライト国務長官の下、アメリカ外交はより積極的な姿勢を示すようになっていく。

このような外交世界での新しい潮流は、より積極的な介入政策を後押しすると同時に、民主主義や自由、人権といった理念の擁護に至り、英米両国において対外政策における価値の要素の重視へとつながっていく。それ以前の、自らの国益に重要な関連性を持たない地域への消極的な介入政策を塗り替えて、新しい積極的な介入主義的な政策へと向かっていった。介入主義的な、ネオ・リベラル帝国主義の時代の到来である。ジョン・レントゥールは、このような変化には世代的な要素も影響していると見ている(7)。イギリスにおいても、若い世代の労働党議員の多くはこのようなより積極的で介入主義的な政策を求めていたのである。このような新しい動きが、後のブレア政権下の積極的な介入主義的な政策の背景にあったのだ。

とはいえ英米におけるこの二つの流れの間には、少なからぬ違いが見られた。イギリスの「倫理的対外政策」においては、ブレア首相の「国際コミュニティ」の演説に示される通り、国際協調と国際的正統性の担保が重要な位置を占めていた。それは、外交における多国間主義を重視するような、リベラル国際主義の流れを受け継ぐものでもあった。他方でアメリカのPNACにおいては、後に単独行動主義（unilateralism）と広く呼ばれるようになるとおり、アメリカの圧倒的な軍事力に依拠した軍事力行使を主眼に置いていた。いわゆる、ネオコンの外交理念への帰結である。この二つの流れの近接性と相違性こそが、後に詳しく見るように、イラク戦争を支える英米関係における協調と摩擦の両側面をもたらす背景となるのであった(8)。

「砂漠の嵐」から「砂漠の狐」へ

一九九八年一二月の米英両国軍によるイラク空爆から二〇〇三年三月にはじまるイラク戦争に至るまでの五年間、ブレア首相は止まることなく軍事力行使の決断を行った。それはコソボ戦争であり、シエラレオネへの軍事介入であり、アフガニスタン戦争であった。後にイラク戦争開戦をめぐりイギリス国内外で厳しい批判にさらされることになるが、それ以前の四つの軍事力行使においては概して国際的賞賛に浴する幸運となった。

これまですでに、それらの軍事力行使を支える論理を、「倫理的対外政策」や「国際コミュニティ」のドクトリンといった対外理念の論理によって検証してきた。それらの論理を実践する最初の機会を提供したのが、一九九八年一〇月から一一月にかけての大量破壊兵器開発をめぐるイラク危機であり、その後一二月一六日に始まった英米両国によるイラクへの空爆であった。そして、イラクの独裁者サダム・フセインの脅威をめぐる議論の重要な起点が、一九九一年一月に始まる湾岸戦争であった。イラク戦争につながるサダム・フセインの大量破壊兵器開発をめぐる危機は、深い根を持っていたのだ。

一九九一年二月二七日に、ジョージ・H・W・ブッシュ大統領が「砂漠の嵐作戦（Operation Desert Storm）」の終結を宣言したときと、クリントン大統領とブレア首相の決断に従い一九九八年一二月一六日に米英両国空軍によって「砂漠の狐作戦（Operation Desert Fox）」を開始したときでは、イラクをめぐる状況が大きく異なっていた。一九九一年に湾岸戦争が終結したときには、国際社会はそれによってイラクの問題が解決でき、イラクの脅威を封じ込めることが可能だと考えていた。

ところが一九九八年までにイラクは大量破壊兵器を開発する能力を育んでおり、査察の受け入れを妨害し拒否することで周辺国に深刻な脅威を与えていた。二〇〇三年三月に始まるイラク戦争は、この一九九八年のイラクの大量破壊兵器開発をめぐる危機を重要な一つの起源としていた。一九九八年の時点でフセイン大統領は挑発的に国際社会を愚弄していた。そして一九九八年と二〇〇三年と二度にわたる危機のいずれにおいても、その中心にいたのが、ブレア首相とフセイン大統領であったのだ。ブレア首相は、そのようなフセイン大統領の挑発の繰り返しに激しい怒りと敵意を抱くようになった。この二人の対決の構図こそが、イラク戦争が勃発する重要な遠因となっていたのである(9)。

フセインと大量破壊兵器

時代は一九九一年の湾岸戦争にまでさかのぼる。湾岸戦争終結間近の一九九一年四月三日に採択された国連安保理決議六八七では、イラクが化学兵器、生物兵器、射程一五〇キロ以上の弾頭ミサイルといった大量破壊兵器の廃棄を国際的監視の下で無条件に受け入れることを義務づけていた。またそのための実地査察に合意することが定められていた(10)。この安保理決議に対して、イラク政府は四月六日の安保理議長宛の書簡によって、この条件を受け入れる意向を伝え、それにより湾岸戦争の停戦が実現した(11)。湾岸戦争の終結は、あくまでもイラク政府による大量破壊兵器廃棄と国際的監視の受け入れを条件にして、実現したものであった。したがって国際社会は、引き続きイラクのサダム・フセイン大統領の動向に目を光らせることになる。

もう一つの重要な決議が、その二日後に合意されていた。四月五日の国連安保理決議六八八である(12)。この決議では、イラク国内のクルド人に対するフセイン政権の抑圧的政策が「この地域の国際的な平和と安定の脅威」であるとして、その懸念を指摘し、人道的問題が国連安保理によって協議されるべき安全保障問題として取り上げられることになった。ニコラス・ウィーラーは、この決議によってイラク国内の人道的問題が「国際的な平和と安定の脅威」になると認定し、後の人道的介入の議論の端緒となる論理を提供した、とその重要性を指摘している。[13] 冷戦の終結と湾岸戦争の経験が契機となって、冷戦後の世界に人道的介入という政策領域を定着させることになったのである。

確かにロシアや中国の反対によって、この安保理決議六八八に強制力を伴う裏づけを与えることはできなかった。しかしブッシュ大統領がイラク北部に「飛行禁止区域」を設置することを宣言したように、明らかに従来とは異なる新しい動きが国際社会に生まれるようになった。このようにイラクの大量破壊兵器の開発、そしてイラク政府のクルド民族に対する非人道的な政策が「国際的な平和と安定の脅威」になることを認定し、湾岸戦争後においても引き続き国際社会がイラクを監視する必要性を示すことになった。そして後にイギリス政府はコソボ戦争やイラク戦争の際に、この安保理決議六八七と六八八を参照して、軍事行動を行う際の重要な国際法上の正当性の基礎として言及するようになる。その意味で、一九九一年の湾岸戦争と二〇〇三年のイラク戦争では、イギリス政府の論理としてこの二つの安保理決議を通じてつながっていた。

湾岸戦争の休戦後、サダム・フセイン大統領は国際社会からの繰り返しの非難と警告にもかかわらず、真摯な姿勢で査察を受け入れることをしなかった。その結果として、一九九八年にイラクの大量破壊兵器査察をめぐる危機が生じたのだ。ハンス・ブリクス国際原子力機関（ＩＡＥＡ）事務局長の言葉を使えば、この時期には国連特別査察委員会（United Nations Special Commission; UNSCOM）にとっては「苦闘の連続」であり、特に生物兵器開発計画では、「秘匿し、引き延ばしを図るイラク側の試みに直面し、全貌把握はいっそう困難を極めた。」[14] 一九九七年六月頃から、ＵＮＳＣＯＭによる査察がイラク政府によって繰り返し妨害され、イラクの査察拒否を非難する安保理決議が採択されるようになった。ブリクスによれば、「初期によく見られたやり方は、不完全または虚偽の情報を提供することだった。」[15]一九九七年一一月一二日の国連安保理決議一一三七では、イラク政府による査察の妨害が続くこのような状況が、国際的な平和および安定に対する脅威を構成していると認定した。[16]

一九九八年二月二三日、コフィ・アナン事務総長は、イラクのタリク・アジーズ副首相との間で、UN-SCOMの即時、無条件、無制限のアクセスを認めさせる了解覚書を結んだ。それを受けて三月二日には、日英両国政府の共同提案による安保理決議一一五四によって、イラクによるこの了解覚書のいかなる違反も深刻な結果をもたらすと規定した。[17]このようなかたちで、日本政府もイラクの大量破壊兵器開発問題をめぐっては無関係ではなかったのである。イギリスではブレア労働党政権が発足して一〇カ月ほどが過ぎた頃であり、日本では橋本龍太郎政権下で小渕恵三外相が積極的な外交を展開していた。イラク問題をめぐっては、イギリスのブレア首相が主導して問題の解決に取り組んでおり、日本政府もまたそのようなイギリス政府の努力を側面から支えていた。しかし結局フセイン大統領は、このような国際的合意に従順に従うことはなかった。いたちごっこがはじまったのである。

一九九八年一〇月三一日、イラク革命指導評議会は突如、UNSCOMへの協力を全面的に停止することを決定した。[18]フセイン大統領は強硬姿勢をとる道を選び、国際社会との共同歩調をとることを拒絶したのである。ブレア首相はこのとき、何らかのかたちでの軍事的圧力が不可避になりつつあると感じるようになっていた。[19]またアメリカ国内では、イラクが継続的に国際法に違反し国連の査察を妨害し大量破壊兵器を開発しようとすることを根拠に、議会で「イラク解放法」が上下両院の圧倒的多数により採択されており、「イラクにおける民主主義への移行」を支持する声が大きくなっていた。[20]ブレア首相とクリントン大統領は、このイラクの大量破壊兵器開発をめぐる危機に対処するため、巡航ミサイルによる限定的な空爆を検討する。米英両国政府は、一一月一五日には攻撃を開始できる準備を進めることになった。

一一月一一日、危機が高まる中、ブレア首相の下院執務室でクック外相、ロバートソン国防相、ジョナサン・パウエル首相補佐官、ジョン・ホームズ外交担当私設秘書官、そしてチャールズ・ガスリー英軍国防参謀長が集まって、イラクへの軍事攻撃開始をめぐる会合を開いた。ブレア首相は、「われわれは日曜日（軍事攻撃開始予定の一一月一五日—引用者註）へ向けて準備を進めており、それに対する完全な支持を示さなければならない」と述べた[21]。この間に、エジプトやシリアを含めたアラブの八カ国が、「イラクは国連安保理決議に従わねばならず、軍事的対決を回避する努力をしなければならない」と共同の声明を発していた[22]。フセイン政権が国際社会と摩擦を増していく状況は、周辺のアラブ諸国にとっても深刻な懸念の材料となっていたのである。国際社会はイラク危機をめぐって、一定の協調姿勢を明確に示していた。

このような国際的圧力、そして米英軍による軍事力行使の威嚇を前に、フセイン大統領は柔軟な姿勢へと転じていく。イラク政府は、米英軍によるイラク空爆開始直前の一一月一四日に、コフィ・アナン国連事務総長へ向けて、ＵＮＳＣＯＭへの協力再開の意向を伝える。戦争の危機は直前で回避された。米英両国の軍事的圧力が、フセイン大統領を査察への譲歩へと導いたのである。しかしその後も引き続き、フセイン大統領の非協力的な態度と査察の妨害が伝えられた。フセイン大統領は、そもそも真剣に査察を受け入れる用意などなかったのだ。

一二月一五日にはバトラーＵＮＳＣＯＭ委員長によって、イラク側からは完全な協力が得られなかったと報告された[23]。クリントン大統領の回顧録によれば、「国連の兵器査察団団長リチャード・バトラーはコフィ・アナン事務総長に、イラクが査察に協力するとの約束を守らないばかりか、査察団の調査に新たな制限を加えていると報告した。[24]」フセイン大統領の非協力的な姿勢によって、イラクの大量破壊兵器開発問題をめぐり国際社会は緊張を高めていった。

ブレア首相とフセイン大統領

一九九八年三月二日の安保理決議一一五四からフセイン大統領が査察への協力拒否の意向を表明する一〇月三一日までの期間、ブレア首相はフセイン大統領の戦術に翻弄され不満を鬱屈させていた。この時期までに、イラクをめぐる国際社会の施策は完全な手詰まりとなっていた。一九九一年の湾岸戦争停戦以後、国連安保理決議に基づいて国際社会はイラクへの経済制裁を続けていた。他方でイラク政府は、大量破壊兵器をめぐる国連の査察を繰り返し妨害してきた。サダム・フセイン大統領の下でイラクが大量破壊兵器を備蓄することが国際社会にとっての深刻な脅威となる一方で、経済制裁の帰結としてイラク国内では食料や医療の不足により一般市民が命を失う苦境に陥っていた。[25]このままそのような状態を放置することは、人道的にも望ましいことではなかった。

それではこの危機にイギリス政府はどのように対応したのであろうか。一一月一六日、ブレア首相はこの危機に対する自らの政治姿勢を、次のようにイギリス下院議会で明らかにした。[26]まずブレアは、一九九一年の国連安保理決議六八七を起点とするイラク問題の経緯を語った。そして、一〇月三一日のイラク政府による査察拒否に至るまでの七年間の、フセイン大統領の非協力的な姿勢の歴史を丁寧に説明した。すでに一一月一二日午後には、軍事攻撃を始めるための最終的な決断を行ったと告げた。いよいよ、首相としてのはじめての戦争の開始を決断し、それを下院に報告したのである。

ブレア首相によれば、「私はその決断を後悔とともに、そして深い責任の意識とともに行った。私には他の信頼すべき選択肢が見つからなかったからだ。」そして下院での演説の最後の方で、ブレア首相は次のように述べた。「われわれはイラク国民と対立しているのではない。その反対であり、われわれは圧倒的多数のイラク国民がサダム・フセインからの自由を求めているということを支援している。彼らは自らが悲惨な状況にあることを知っている。エリートや権力の地位にある者たちをもちろん除いた多くの人々が、深刻な苦渋の中にあることについて、私は疑問を持たない。」ブレア首相からすれば、国民を苦しめて止まないフセイン政権下のイラクの状況を放置することは、道徳的に受け入れられなかったのだ。

ブレア首相の強い倫理的意識に率いられてイギリス政府がより強制的な手段を模索する一方で、フランス政府やロシア政府は経済制裁の緩和あるいはその解除を求めていた。確かに、対外政策における倫理的な領域を重視するブレア首相にとって、経済制裁によってイラクの罪のない一般市民が窮地に陥ったまま放置されることは望ましいことではなかった。しかしながら、ブレア首相が「悪」とみなしていたサダム・フセインを宥和して、彼に大量破壊兵器を開発する能力を与えてしまうことは、到底認められないことであった。ブレア首相は、フセインが自国民に対して化学兵器を使用した過去の現実に、心を痛めていた。イラク危機をどのように解決するべきか。それは実に難しい問題であった。

ブレア首相は一貫して、このような状況が続く原因が、もっぱら残虐な独裁者サダム・フセインにあると考えていた。そして、自らが首相に就任して以降、サダム・フセインが国際社会にとっての深刻な脅威であるとみなすようになり、それに対する懸念を募らせていた(27)。イラク問題をめぐって、ブレア首相は決してアメリカの大統領の言いなりになる「プードル犬」ではなかった。ピーター・リデルが適切に論じているように、むしろ反対に、モニカ・ルウィンスキーとの性的関係の問題をめぐる議会での弾劾票決の行方に頭を悩ませ、軍事力行使の決断に躊躇するクリントン大統領を説得して、イラク問題の解決の必要を繰り返し訴えていたのはむしろブレア首相であった。ブレアは自らが首相に就任した直後から、イラクのフセイン大統領が国際社会にとっての深刻な脅威であると考え続けてきたのである。[28]

当時のイギリス自由民主党党首であったパディ・アッシュダウンは、ブレア首相の発言を自らの日記に次のように記録している。「クリントンは軍事行動を避けようと試みたが、どのようにすればよいかわからなかった。」そしてブレアは次のように述べたという。サダムは「恐るべき大量破壊兵器を手にしようとしている。私は、フランス人たちそしてその他の諸国の人々が、なぜそれがわからないのか理解できない。われわれは、それを放置するわけにはいかない。世界はそれを単なる駆け引きだと思っている。だがそれは本当に深刻な事態なのだ。[29]」

フセイン政権のイラクに対して、軍事力行使も辞さないというイギリスのこのような強硬な姿勢は、一九九八年一二月から二〇〇三年三月のイラク戦争の勃発に至るまで大きな変更はなかった。それはアメリカ政府においても同様であった。クリントン政権の国務長官であったマデレーン・オルブライトは、次のように指摘している。「クリントン大統領が去ってブッシュ大統領が大統領府を引き継いだときに、新政権の何人かはラディカルな変化を推し進めることを求めていたが、アメリカの政策の基本的な要素は九月一一日まで変わることはなかった。」つまり、「クリントン大統領が一九九八年に述べたように、イラクの指導者は『世界の安全』にとっての脅威であって、『この脅威に終止符を打つ最良の方法とは、新しいイラク政府の樹立である』のだ。[30]」いわば、レジーム・チェンジである。

イラク空爆のはじまり

結局サダム・フセイン大統領は、軍事的威嚇という圧力なしに、自発的に大量破壊兵器についての査察に従うことはなかった。一九九八年一二月一六日、ロンドン時間の午後八時に、最初のパトリオット型巡航ミサイルがイラク国内の軍事的標的へ向けて発射された。これはブレアにとって、最初の戦争指導であった[31]。外交交渉のみで問題を解決することに限界があるということ、そしてときには軍事力行使という強制力を用いねばならないということを、ブレア首相はフセイン大統領との交渉の中から学んだのであろう。ブレア首相はイギリス下院議会で、軍事力の威嚇によってのみ、サダム・フセインを説得することができると語っていた[32]。またクリントン大統領の国家安全保障問題担当補佐官のサンディ・バーガーが語るように、「クリントン政権は、サダムのような人物に対して、封じ込めは長期的には機能しないと理解していた[33]。」明らかにこれを重要な転機として、英米両国政府ともに以前よりも積極的な軍事政策へと踏み出していった。

他方でこのとき、イラクに対する軍事作戦に参加したヨーロッパの国は、イギリス一国であった。これは米英による軍事攻撃であって、湾岸戦争の際のような多国籍軍でも、コソボ戦争の際のようなＮＡＴＯ軍による軍事攻撃でもなかった。ドイツは米英の軍事攻撃に消極的な支持を与えるのみであり、ジャック・シラク大統領のフランスは明らかにこの攻撃には反対の姿勢であった。ブレア首相は、他のヨーロッパ諸国から孤立してさえも、アメリカとともに軍事行動へ進むことを求めていたのだ。ちょうどこのとき、一二月四日のサンマロ英仏共同宣言を契機として、ＥＵは防衛統合へ向けて動き始めていた。ブレアはＥＵとしての軍事統合を進める決断と、ＥＵの中で防衛政策をめぐり孤立する決断を、同時に行っていた。それは後のイラク戦争における米欧対立を暗示するかのような状況であった。

このときクリントン大統領は、モニカ・ルウィンスキーとの性的スキャンダルでメディアや議会を賑わせていた。それとの時期が重なったことからも、この軍事攻撃はスキャンダルから目をそらすための「モニカの戦争」とさえ呼ばれるようになった[34]。しかしそれは実際には、ブレア首相、クック外相、そしてアメリカのオルブライト国務長官の強い政治的意志に基づいた、倫理的な動機による戦争であった。

オルブライト国務長官が記しているように、イラクへの軍事攻撃はあくまでも、その四日後に始まるイスラム教のラマダンを避けて行われたものであった[35]。攻撃開始の日程は、クリントン大統領の中東訪問とラマダン開始とに挟まった時期に組まれることになった。一二月一一日、クリントンは大統領専用機エア・フォース・ワン機上から、ブレア首相に電話をかけた。ブレア首相はオーストリアでのEU首脳会議に参加中で、ウィーンのプラザ・ホテルにて電話を受け取り、クリントン大統領とイラクへの軍事攻撃開始の時期について協議した[36]。次第に、軍事作戦をめぐる英米首脳間の緊密な関係が築かれていく。

最終的にクリントン大統領が軍事攻撃を開始する意志を固めると、ブレア首相は直ちにそれを強く支持し、アメリカとともに行動を始めることを決断した[37]。一九九八年一二月一六日の攻撃開始後の七〇時間の間に、六五〇発ものミサイルが発射されて、イラク国内の軍事攻撃目標に壊滅的な打撃を与えた[38]。ブレア首相によれば、軍事攻撃の目的は明らかであった。それは、イラクの「大量破壊兵器を開発し使用する能力を低下させること」であり、また「サダムの隣国への軍事的脅威を減少させること」であった[39]。この論理は二〇〇三年のイラク戦争勃発まで変わることはなかった。同時にこの軍事攻撃が英米両国のみで行われたことで、その他の諸国との亀裂が明瞭となっていた。イギリスの駐米大使であったクリストファー・メイヤーが論じるように、「二〇〇三年のイラク戦争時の巨大な亀裂の輪郭すべてが、すでに一九九八年の時点で存在していたのである[40]。」というのも、フランス政府とロシア政府は、明らかにこの軍事攻撃に反対であったからであり、そのような反対にもかかわらず英米両国政府が軍事攻撃に突入したからである。

このとき米英両国政府が依拠した国連安保理決議は、一九九〇年の安保理決議六七八であった。八年前の決議に基づいて、イラクがこの地域の平和と安定にとっての脅威である限り「すべての必要な手段」が可能であると、米英両国政府はやや強引な解釈をしていた。他方で国連事務総長のコフィ・アナンやフランス政府、そしてロシア政府、中国政府は、ともに査察により多くの時間をかけるべきだと考えていた[41]。ロビン・クック外相も、明示的な国連安保理決議による承認を経ずして軍事力行使へ進む違法性を懸念し、それをブレア首相に伝えた[42]。国連安保理の直接的で明示的な了解を経ないで米英両国が単独でイラクへ軍事攻撃をする構図は、二〇〇三年のイラク戦争の開始の場合と同様であった。

戦争の正当化

それでは、ブレア首相はイラク空爆への自らの決断を、国内でどのように正当化しようとしたのであろうか。一二月一七日、ブレア首相は下院での討論の中で長い時間をかけて、イラクでの軍事攻撃開始の正当性について、次のように述べた。

「昨日私は、イラクにおける軍事目標に対する米英軍による本格的な軍事攻撃へのイギリス軍の参加を承認した。」そして、一カ月前の一一月一六日の自らの議会演説に触れて、自らの信条を次のように吐露した。「私が望むには、現在の情勢を再び適切なコンテクストに位置づけることによって、議会が私を許容してくれるものと思う。というのもサダムによる脅威は仮定に基づいたものではなく、現実のものだと、人々が理解することが死活的に重要だからだ[43]。」後の二〇〇三年に再びイラク戦争の開始をめぐって、同様の弁明が聞かれることになる。一九九八年一二月のイラクへの軍事攻撃を伝えるこの演説は、強い倫理的な色調が見られるものの、後のイラク戦争に比べてより慎重な言葉を選んでいる。そして演説の最後の方では、次のように語っている。

「昨晩述べたように、われわれはイラクの人々と戦っているわけではない。われわれはイラクの領土的保全を脅かすことを望んではいない。われわれは心から、イラクがその人民に値する政府を持ち、再び偉大なる国家になることを願っている。われわれは、わが国における、そしてその地域におけるイスラムの感受性に、深い敬意を持っている。われわれは行動した。というのも、入手したいかなる兵器を利用することにも決して躊躇しないような暴君による、現存する明確な危険性に対抗するため、行動しなければならないからだ。」

歴史家アンソニー・セルドンが正しく指摘しているように、「砂漠の狐作戦」のブレア首相に対する影響は甚大であった(44)。まずブレア首相は、それまでのイギリス外交の経験において一般的であったような、閣議による公式の決定ではなく、あくまでも首相官邸内の少数のアドバイザーたちとの非公式の協議によって、戦争に至る重要な決定をするようになった。フォークランド戦争時のサッチャー政権下の戦争指導と比べても、その政策決定における閉鎖性と非公式性は際だっていた(45)。またそれ以上に重要なことは、ブレア首相が自らの決断に過大ともいえるような自信を確立したことであり、それが道徳的に正しいことであると確信したことである(46)。そのような信念が、その後のコソボやアフガニスタン、さらにはイラクにおける戦争へとつながっていくのである。

二　コソボ戦争への道

危機の勃発

一九九八年一二月のイラク空爆がその後のブレア首相の戦争指導の基礎をつくったとすれば、コソボにおける人道的危機に端を発するコソボ戦争は、その後のブレア首相の戦争の論理の骨格をつくったといえる。

つまり、人道的な理由、倫理的な動機から戦争を行う必要性を、国民に問いかけるという論理である。それはどういうことであろうか。そしてコソボ戦争はどのように始まったのであろうか。まずはコソボ危機とその後のコソボ戦争の展開について、見ていくことにしよう。(47)

コソボ危機の重要な起源として、一九八九年三月にユーゴスラビアのミロシェビッチ大統領がコソボからの自治権を奪ったことが挙げられる。(48)その翌年にセルビア政府は、コソボ議会を廃止して中央政府の統制を強めていき、それに対するアルバニア系住民の不満が強まっていった。これによって、それまで一定の調和を保っていたセルビア人とアルバニア系住民と間の共存関係が崩れていく。

ブレアは一九九五年のボスニアでの人道的危機の際に、当時のジョン・メジャー保守党政権が何ら実効的な対応ができずにそれを看過してきたことを道徳的に厳しく非難していた。(49)ブレアは次のように語る。その結果、「二〇万人を越える人々が生命を失い、二〇〇万人を越える人々が自らの家を失った。(50)」ブレアにとって、ユーゴスラビアのミロシェビッチ大統領はイラクのフセイン大統領と同様に、その国民を苦しめ地域一帯を戦争の危機に陥らせ、自国民の虐殺さえ辞さない無慈悲な許し難い暴政者であった。そのような暴政は、軍事的圧力によってのみ抑止可能とブレアは考えていた。(51)彼らの誠実さに依存して問題を解決することは困難なのだ。首相となったブレアは一九九五年七月のスレブニッツァでの虐殺についての国連の報告書に目を通し、そのあまりに悲惨な現実を知って怒りを募らせていた。(52)惨状を知りながら行動をせずに座視することは、ブレアにとっては非道徳的なことであった。

コソボをめぐる危機は、一九九八年二月に深刻な段階へと至った。二月二八日、コソボ解放軍（ＫＬＡ）に対して、セルビア治安警察が大規模な掃討作戦を開始したのだ。これに伴い一六人のアルバニア系住民が殺害され、翌週には無抵抗な女性や子供も含めてその死者数は六〇名を上回った。アメリカのオルブライト国務長官によれば、この殺戮は「この地域において、第二次世界大戦以降最悪の暴力であった。」[53]

セルビア政府によるアルバニア系住民への非人道的な政策は、国際世論からの非難を集めることになった。EU諸国外相は「増大する懸念」を表明し、双方の側に慎重な行動を求めた。ロビン・クック外相は下院議会の討論の中で、「コソボで行われているような行動をベオグラードがやめるよう、われわれは断固たる姿勢をとる」と、その強い意志を表明した。[54] しかしながらミロシェビッチ大統領は、コソボのアルバニア系住民に対して非人道的な政策を緩めることはなかった。ミロシェビッチは、コソボのセルビア人の安全を守るためにも、KLAの勢力拡大を阻止したかったのである。ミロシェビッチ大統領はKLAに対し掃討作戦を続け、その結果国外へと避難するアルバニア系住民の難民の数は六月までに五万人を越えた。この危機は、地域一帯の平和と安定にとって深刻な脅威となっていた。

コソボ危機をめぐり、国際社会は迅速な対応を示すようになる。危機の勃発直後からイギリスのクック外相が主導的な役割を果たし、アメリカ、ロシア、ドイツ、フランス、イタリアそしてイギリスからなる「コンタクト・グループ」を組織した。あくまでも平和的な手段でコソボ問題を解決する道を模索していたのだ。[55] クック外相は、バルカン半島でジェノサイドという悲劇が繰り返されることのないよう、固く決意していた。[56] 一九九五年のボスニア紛争の際のメジャー政権のケースと比べると、イギリス政府はバルカン半島の危機の解決へ向けて、より積極的な姿勢を示していた。アメリカのある国務省高官は、イギリスの政策に関して「完全に異なった態度を目にした」と述べている。アメリカとイギリスにおいて、オルブライト国務長官とクック外相という、人権問題や人道的危機に非常に強い態度を示す人物が外交を指導していたことも一助となり、米英両国の主導によって迅速に危機の収束へむけた行動をとったのだ。イギリス政府としても、ブレア首相とクック外相という人道的問題へ強い関心を示す外交指導者によって、かつてない積極的な関与を模索した。[57]

他方で、コンタクト・グループを組織して平和的解決を模索したクック外相から見れば、ミロシェビッチ大統領が政治的な解決を当初から望んでいないことは明瞭であった[58]。外交交渉の継続という名目の下で、引き続きセルビア政府によるアルバニア系住民の「民族浄化」、そしてそれによる周辺国への難民の流出が続いた。二度目のコンタクト・グループ会合を経て、オルブライト国務長官もまたこの枠組みによってミロシェビッチ大統領のコソボでの政策を変更させることは不可能だと悟った[59]。クック外相が軍事力行使に進む際には国連安保理決議が不可欠だと認識していたのに対して、オルブライト国務長官はソ連や中国による拒否権発動を念頭に、安保理決議なしでも軍事力行使を決断する必要性を示唆していた[60]。イギリスとアメリカとで、軍事力行使を政治的に決断する際の条件が異なっていたのである。

同じスラブ系民族としてセルビア政府と歴史的に緊密な関係を持つロシア政府は、国際社会がセルビア政府に軍事攻撃を行うことに強く反対であり、軍事力行使を容認する安保理決議採択に抵抗していた。ロシアのイーゴリ・イワノフ外相は、ロシアが同じスラブ人に対する軍事力行使を容認することなど論外であると、オルブライト国務長官に伝えていた[61]。さらにロシア政府も中国政府もそれぞれ国内での少数民族弾圧について国際的非難を集めていたために、国際社会が一国内の問題に関して主権を越えて干渉する前例をつくることを警戒していた。不干渉原則の論理を重要視するロシア政府や中国政府と、人道的介入の論理を重要視するイギリス政府やアメリカ政府との間で、原則的な亀裂が深まっていった。

だが、オルブライト国務長官は、固い意志に基づいてこの問題に対処する必要を認識していた。彼女は一九九八年三月、次のように述べた。「一九九一年には、国際コミュニティは他人のふりをして民族浄化を傍観していたのだ。私たちは、今回はそのようなことが繰り返し起こらないことを求める[62]。」

安保理決議とその後

ロシアや中国の協力を得ることが容易でないことが明瞭でありながらも、米英両国政府は国連安保理を通じてコソボ問題を解決する道を模索した。一九九八年三月三一日、米英両国が共同提案国となった国連安保理決議一一六〇では、コソボにおけるセルビア政府の非人道的な政策を非難して、ユーゴスラビアに武器禁輸を科すことを決定した(63)。この制裁は、ユーゴスラビア政府、セルビア政府、そしてＫＬＡのすべてに適用されることになった。この時点で国連安保理は、ユーゴスラビア政府とＫＬＡのいずれからも中立的な立場から、紛争のエスカレーションを防止しようと努力していた。それはまた、同じスラブ系民族として、セルビア政府と緊密な関係を持つロシア政府に配慮したものでもあった。またロシア同様に中国政府はこの決議に棄権して、主権国家内の問題に国際社会が介入することを強く敬遠した。ロシア政府や中国政府が受け入れ可能なぎりぎりのところで、決議案が創案されたのであった。

一九九八年八月二三日から九月五日にかけて、ユーゴスラビアの治安警察は大規模な掃討作戦を展開した(64)。これによりコソボのアルバニア系住民の多くが殺害され、また難民として自らの家を離れることを強いられた。一九九八年九月半ばまでに二五万人のコソボのアルバニア系住民が難民となり、この地域全体にとっての深刻な人道的懸念となった(65)。このような状態を放置するわけにはいかない。これに対して国際社会は、より実効的な何らかの対応をせねばならなかった。

国連安保理は動いた。九月二三日、国連安保理はユーゴスラビア政府へのより厳しい対応を示す安保理決議一一九九を採択した(66)。これは、後に触れる国連安保理決議一二〇三とあわせて、コソボ危機全体を通じて最も重要な決議となる。一一九九決議では、三月の安保理決議一一六〇と九月四日のアナン事務総長による報告書を土台として、「コソボにおける人道的状況の急速な悪化に深刻な懸念」を示し、「事務総長の報告書に描かれるような切迫した人道的惨状に警鐘を鳴らし」た。さらに、「ユーゴスラビア連邦のコソボにおける状況の悪化が、この地域の平和と安全に対する脅威を構成することを確認」し、「国連憲章第七章の下に行動する」ことを合意している。

かつて一九九一年に安保理は、六八八号決議によって湾岸戦争後のイラク国内のクルド人への迫害を平和に対する脅威と認定していた。そしてこのコソボ危機をめぐって安保理は、一一九九号決議により、その危機を第七章に基づく「平和に対する脅威」と明確に示すこととなった。国連創設当初に想定していたような主権国家による他国への侵略ではなく、主権国家内の少数民族に対する迫害が「平和に対する脅威」として、国連安保理の制裁や強制行動の対象となりうるのである。ただしこのときは、ロシア政府と中国政府の強い反対で、軍事力行使を前提としないかたちでの安保理決議となるような文面となっていた(67)。中国政府はこの決議自体に棄権をしていた。一〇月七日にロシア政府は、「国連安保理の適切な制裁措置に基づかずに主権国家に武力を行使することは、国連憲章への明白な違反であり、既存の国際関係のシステムを損ねることになるであろう」という声明を発表していた(68)。

この安保理決議一一九九以後、コソボの問題をめぐっていくつかの新しい動きが見られるようになった。それは軍事と外交の双方においてである。まず前者に関して、NATOはこの一一九九号決議がミロシェビッチ大統領によって履行されない場合に、ユーゴスラビアへの空爆を行う準備を進めた。安保理決議一一九九が採択されたと同時に、NATO国防相会議では、必要な場合にNATO軍が軍事行動を起こす可能性を合意していた。ただし軍事行動を起こすことそれ自体が目的ではない。NATO欧州連合軍最高司令官（SACEUR）のウェズレー・クラークは、「NATOによる努力の全体としての目的は、外交を強化することであった」と述べている(69)。また、ソラナ事務総長は、NATOがこの地域において信頼を回復するための強い決意を示していた[70]。

また外交の領域については、一〇月八日のロンドンで開催されたコンタクト・グループ会合において、一九九五年にボスニア戦争を終結させるためのデイトン停戦合意をもたらしたリチャード・ホルブルックを、特使としてベオグラードに派遣することを合意した。またかつてホルブルックとともにボスニア戦争停戦に尽力したアルバニア大使のクリストファー・ヒルは、米政府特使としてワシントンとベオグラードの間を頻繁に往復するようになっていた。水面下での外交が活発化していった。

これらの動きに見られるように、米英両国政府は最初から軍事力行使を前提としていたわけではなかった。あくまでも、コソボでの人道的惨状に終止符を打つべく、またセルビア治安警察とKLAとの間の武力衝突を停戦に導くよう、軍事力と外交の双方を用いて最善の施策を模索していたのであった。NATO軍のクラーク最高司令官自らも、このような外交を「威嚇に支えられた外交」と称している[71]。しかしながらそのような努力にもかかわらず、一九九八年の春から秋にかけてコソボ自治州内での暴力と紛争は拡大していき、アルバニア系住民の難民の数が膨れあがっていった。

一〇月一三日のホルブルック特使とミロシェビッチ大統領の合意に基づいて停戦合意を監視するためにOSCE(欧州安全保障協力機構)からの検証団(KVM)が派遣されることが合意された[72]。これは国連安保理決議一一九九の履行を監視するためのものであった。また同時にNATOの偵察機による空中からの査察ミッションも導入されることになった。あくまでも地上での査察ミッションが、NATOではなくOSCEによって実施されることになったのは、ロシアに対する譲歩からであった。そしてこのいずれの査察ミッションにおいても中心的な役割を担ったのが、イギリスであった[73]。それはブレア首相とクック外相の、コソボ危機の解決をめぐる熱意を考慮すればむしろ自然な帰結といえる。このようなかたちでコソボをめぐる危機は一九九八年の秋から年末にかけて、一時的に収束へと向かうように見えた。

しかしながら同時にNATOは一〇月一二日には、もしもこの停戦合意と査察ミッション受け入れがユーゴスラビア政府の妨害によって履行されないような場合には、九六時間以内にユーゴスラビアに対する空爆を開始する意向を固めていた(74)。こうしてNATOの空爆という軍事力による威嚇を背景に、ミロシェビッチ大統領がOSCE査察ミッションの受け入れを譲歩したのである(75)。軍事的圧力こそが、外交交渉を成功させる鍵であるとブレアは考えていた。しかしそのような合意は、必ずしもミロシェビッチ大統領によって誠実に守られることはなかった。そのような一時的な妥協は、年が明けると脆くも崩れ始めていく。

ラチャク村の虐殺

危機は一九九九年一月に再燃した。一月一五日、セルビア治安警察とKLAとの間で激しい戦闘が起こり、一六日にはコソボ自治州南部のラチャク村で多数のアルバニア系住民の遺体が見つかった(76)。現場を訪れたOSCE停戦合意検証団長のウィリアム・ウォーカーは、「被害者は虐殺されたように見える」と、ユーゴスラビア政府を強く非難した(77)。その後、ウォーカー団長は、コソボ自治州の州都プリシュティナで記者会見を行い、「非人道的な犯罪であり、停戦などを定めた国連安保理決議に違反する」と、強い口調で語った。またラチャク村を実際に訪れたウォーカー団長は、女性や子供を含む四五人が殺されており、大半が至近距離から撃たれ、一人の男性は首を切り落とされていたと報告した(78)。

この事件を受けて、ブレア首相は大きな衝撃を受けた。とはいえ直ちに軍事的措置をとることには、関係閣僚たちからも慎重な意見が出ていた。例えばロバートソン国防大臣は、イギリス軍の海外派兵についてすでに「過剰介入の問題が見られ、アメリカが一一％であるのに対して、イギリスで地上兵力の二七％もが、いずれかの紛争に現在関与している」と指摘した(79)。さらにロバートソンは、「アメリカは地上兵力派兵にいかなる状況でも反対であろう」と述べた。深刻な人道的危機がコソボで生じている一方で、どのようなかたちでこれに対応するかは難しい問題であった。

このラチャク村事件を受けて、クリントン大統領をはじめとする欧米各国首脳は、ユーゴスラビアに対する非難声明を相次いで発表した。また、NATOによるユーゴスラビア空爆への準備が進められるようになり、コソボ紛争をめぐる緊張が高まっていった。イギリスの左派系『ガーディアン』紙の一月二一日付社説も、「コソボの人々を守り、ヨーロッパに文明的な秩序をもたらすためにも」派兵を考慮するべきだと主張した(80)。他方でユーゴスラビア政府は、強い調子で自らに対する非難を続けるOSCE停戦合意検証団のウォーカー団長を鬱陶しく感じ、「ペルソナ・ノングラータ（好ましくない人物）」と認定して国外強制退去を求めたと報じられた(81)。さらにOSCE当局者によると、検証団要因が複数銃撃され負傷するといった事件も起こっており、このままコソボ自治州で査察検証活動を続けることの困難が伝えられていた。国際社会は、ユーゴスラビア政府によるこのような対応を放置するわけにはいかなかった。

ユーゴスラビア政府とOSCEやNATOとの間の対立は、徐々に深刻化していく。ウォーカー団長の国外退去命令に対して、OSCE議長国のノルウェーのクヌート・ボッレベック外相はウィーンで会見し、ウォーカー団長にそのままユーゴスラビア国内にとどまるよう指示を与えた。アメリカのルービン報道官は、「武力行使の決断が下されればすぐに動けるよう、NATOが準備態勢をとりつつある」と語り、米空母エンタープライズを地中海のコソボ近辺まで派遣させた。またコーエン国防長官も、「NATOには空爆の威嚇だけでなく、実行する能力もある。空爆態勢をとった昨年一〇月の作戦発動指令は、いまも生きている」と警告した(82)。

そのような軍事的圧力を前に、ユーゴスラビア政府は停戦検証団の国外退去命令の凍結を発表した[83]。またもや軍事的圧力を前に、譲歩が引き出されたのだ。ミロシェビッチ大統領は、NATOが空爆の準備を進めることでいったんは柔軟な姿勢を示したものの、本質的にNATOとの協議に応じる様子はなかった。これらの経緯を考慮して、オルブライト国務長官は、「武力こそが、ミロシェビッチ・ユーゴスラビア大統領が理解する唯一の言葉だ」と述べた[84]。

とはいえこの段階ですぐに武力行使へと動くことはなかった。一九九九年一月二六日にアメリカのオルブライト国務長官とロシアのイワノフ外相が、コソボ問題の解決をめぐって会談を行った。オルブライト国務長官の回顧録によれば、イワノフ外相は「ロシアは決してセルビア人に対する空爆に同意することはない」と語った。「それは完全に、受けいれられないことだ。NATOは、主権国家を攻撃する権利を持っていない[85]。」それと同時に、イワノフ外相は次のようにも述べていた。「われわれは、しかしながら、政治的解決を求めるあなた方の希望、そしてそれに到達するためには武力による威嚇がおそらくは必要であるという考えを共有している。」結局、米ロ両国外相は、セルビア共和国政府が「一〇月の政治的解決」を履行するよう、要請することに合意した[86]。

一月二九日にはコンタクト・グループ会合を開催し、二月六日にフランスのランブイエで和平交渉を開始することを合意した。ユーゴスラビア連邦政府、セルビア共和国政府、そしてコソボ自治州代表をフランスのランブイエに招くことが決まった。まずは、英仏両国政府の主導により、和平交渉によってコソボ危機の解決へと向かったのである。あくまでもコソボの人道的問題を解決することが優先され、軍事力行使はそのための最後の手段であった。

ランブイエ交渉の決裂

一九九八年一〇月に、コソボ危機をめぐり真剣な外交交渉が進められていたのと同じ時期に、イギリスとフランスを中心にヨーロッパ安全保障をめぐり新しいイニシアティブが示されていた。その帰結が、一九九八年一二月四日のサンマロ英仏共同宣言であり、欧州共同防衛をめぐるイニシアティブであった(87)。その背後に見られた意図として、ヨーロッパの問題をヨーロッパ諸国のイニシアティブで解決するという強い決意があった。すなわち、一九九五年のボスニア戦争でのスレブニッツァ虐殺の後に、英仏などのヨーロッパ諸国は実効的な対応ができず、結局はアメリカの圧倒的な空軍力と、デイトン米空軍基地でのアメリカが主導する停戦合意に依存せざるを得なかったことへの、深刻な反省が見られたのである。

それらの反省からも、一九九九年二月にコソボ紛争の解決をめぐる外交交渉がスタートするときに、それはイギリスとフランスの積極的なイニシアティブで進められ、フランスの古いシャトーがあるランブイエで開催されることになった(88)。ヨーロッパは自らの裏庭での虐殺を止めさせるために、強い意志を示したのである。二月六日に、イギリスのクック外相とフランスのユベール・ヴェドリーヌ外相が共同議長となってランブイエで和平交渉を開催することが決まった背景には、そのようなヨーロッパの積極的な動きが見られたのである。

ランブイエ交渉では、コンタクト・グループ参加六カ国の外相に加え、OSCE、欧州理事会議長国、欧州委員会などの代表も集まり、コソボ危機を平和的に解決する道を模索した。その中でもとりわけクリストファー・ヒル米政府代表、ウォルフガンク・ペトリッチュEU代表、ボリル・マヨルスキー・ロシア政府代表の三者が、この会合の中心的な交渉者となった(89)。

その交渉の結果、二月二三日には、コソボ自治州に広範な自治を与え、ユーゴスラビアとセルビアの治安警察がコソボから撤退するという合意に到達した。この合意に基づいて、三月一五日にはランブイエ交渉参加諸国による正式な調印がなされ、三年の効力を有することが決められた。当事者であるコソボ自治州アルバニア系住民代表が三月一八日に最終的に合意に調印した一方で、セルビア共和国大統領のミラン・ミルティノビッチ大統領は調印を拒否した。(90) ここで深刻な限界に直面する。外交は失敗に終わったのだ。

翌一九日、共同議長のクック外相とヴェドリーヌ外相は、ベオグラードからの同意が得られなかったことで、ランブイエ交渉を休会とすると発表した。もはやこれ以上、ユーゴスラビアのミロシェビッチ大統領、そしてセルビアのミルティノビッチ大統領の誠意を期待することはできない。強制的な手段を用いて、コソボでの人権侵害を止めねばならないのだ。三月二〇日にはOSCE停戦合意検証団がユーゴスラビアからの退去を始め、いよいよ戦争の到来が確実となった。セルビア軍は、もしもNATOの空爆が始まったならば、コソボのアルバニア系住民への処罰をさらに厳しくすると宣言した。

その後ホルブルック特使が再度ベオグラードに赴き、ミロシェビッチ大統領と土壇場での交渉妥結をめざすことになった。(91) 最後の最後まで、外交的解決にこだわったのである。しかしミロシェビッチ大統領が交渉に応じる様子が全くないことが報じられ、いよいよ外交的解決の限界が明らかとなる。三月二二日に北大西洋理事会はソラナ事務総長に対して、空爆開始の時期を決定する権限を与え、翌二三日にはソラナ事務総長はNATO欧州連合軍司令官ウェズレー・クラークに、空爆の開始の指示を与えることになった。NATOは二二日夜にミロシェビッチ大統領に対して、ランブイエ合意に調印し、コソボでのアルバニア系住民への攻撃を止めなければ、「数時間内に攻撃を始める」との最後通牒を与えた。(92) この二二日の北大西洋理事会でミロシェビッチ大統領との交渉を終えたホルブルック特使が報告を行い、ミロシェビッチとの交渉が進展する見込みがないと伝えた。(93) ミロシェビッチ大統領は、最後の訴えにも応えることはなかったのだ。いよいよ外交が戦争へと、その姿をかえることになる。

三 「正しい戦争」という理念

ブレアの「人道的な戦争」

一九九九年三月二三日の午後三時半、ブレア首相は下院議会でコソボ危機をめぐって軍事力行使が不可避となったことを説明した。まずブレア首相は、ホルブルック特使のミロシェビッチ大統領との交渉の行き詰まりを受けて、もはや外交による解決が不可能となったことを伝えた。すなわち、「それらがミロシェビッチ大統領の姿勢を変えることがなく、またセルビア軍による継続的なコソボでの抑圧を変えることがないとの想定から、イギリスはNATOの同盟諸国とともに軍事的行動をとる準備を進めた。われわれがそうしたのは、とても明確な理由に基づいている。そのようにしなければ起こるであろうコソボでの人道的被害を回避することを主たる理由として、そのような行動をとったのである。」(94)

さらに次のようにも述べる。「今われわれが背中を向けて逃げてしまうならば、それは単にNATOの信頼性を崩壊させるだけではなく、より重要なことに、われわれの言葉を信じて、平和の中で生きていきたいと望んでいた罪のない何千もの人々の信頼を裏切ることになる。」ブレア首相は、あくまでもこの戦争がコソボの罪のない人々の生命を救うという倫理性・道徳性に基づいていることを強調した。つまり、「われわれは罪のない何千もの男性、女性、そして子供たちを、残忍な独裁者による死や野蛮主義や民族浄化という人道的な悲劇から救うために、そしてそこでの無秩序が欧州連合全体を危機に陥らせるかもしれないバルカン地域に安定をもたらすためにも、行動しなければならないのだ。」『ガーディアン』紙では、ブレア首相の演説の中に戦争を宣言することへの躊躇が見られたと指摘されている[95]。労働党の内部は戦争への賛成派と反戦派で亀裂しており、また地上兵力を投入しない空爆のみでミロシェビッチ大統領が降伏するかどうかはわからなかった。これはブレア首相にとって、退路を断った危険な賭けでもあった。

一九九九年三月二四日午後七時過ぎに、NATOのユーゴスラビアに対する攻撃が始まった[96]。そしてブレア首相は前日に続き下院議場に赴き、戦争の開始を告げることになった。ブレアは次のように述べた。「いかなる政治指導者にとっても、軍事的行動に移る前には長く厳しい思考が必要であろう。もしもそれがなすべき正しいことでないと考えたならば、そのようにはしなかったであろう。」ブレア首相は、「なすべき正しいこと（right thing to do）」という言葉を用いた。この言葉をブレア首相は後にも用いるようになり、それによって自らの決断の倫理的な正当性を訴えることになる。それはブレア首相のみではなかった。NATOのソラナ事務総長も同様である。ソラナ事務総長は攻撃開始を伝える声明の中で、「われわれにはそのようにする道徳的な責任がある」と述べている[97]。

明らかにコソボ戦争はそれまでの多くの戦争とは異なり、戦争開始時から倫理的・道徳的な論理を前面に押し出しながら行われた戦争であった。他方でコソボのアルバニア系住民の生命を守るために、空爆をすることが最も適切な手段なのかという疑問、そして地上兵力を派兵してアルバニア系住民を守り平和を維持する手段をとらないことへの疑問がしばしば見られた[98]。コソボ戦争に対する反対論の多くは、人道的介入それ自体に対する批判ではなく、その手段に対する疑問や批判であった。メアリー・カルドーLSE教授もまた、戦争勃発直後に『ガーディアン』紙に投稿し、地上兵力を派兵して市民の生命を守ることを最重要視するべきだと論じている[99]。それらは、戦争への批判ではない。むしろアルバニア系住民を守るべきだという、人道的観点からのより強い主張であった。

コソボ戦争の開始をめぐって多様な議論が展開される中、ブレア首相は三月二六日の演説の中で、戦争の正当性について次のように力を込めて論じた。「『コソボについて、行動するのではなく、政治的解決をめざすべきだ』と言う人々がいる。信じていただきたい。われわれ以上に、それに懸命な努力をした者はない。われわれは六カ月もの長い間、ミロシェビッチに対して自らが同意した合意に従うよう求めてきたのだ。」[100] その後、コソボにおける人道的被害がいかに大きいか、そしてコソボからの難民の規模がいかに大きく膨んでいるかを説明した。そして次のように述べた。「われわれは、自らの目的を実現するために完全な決意をもって行動しなければならない。すなわち、人道のためであり、われわれの地域や世界の将来の安全のためである。」そして演説の最後を、次のように結んだ。「われわれは、イギリスにとって、ヨーロッパにとって、そして世界にとって正しいことを行っている。そして世界は、野蛮さが正義を打倒してはならないということを、理解しなければならないのだ。」

さらにブレア首相は、イギリスで最も多くの部数を持つ大衆紙『サン』に、自らの戦争の倫理的正しさを次のような言葉で述べていた。「これは善の悪に対する戦いである。それは文明と野蛮との間の、そして民主主義の専制に対する戦いである。」[101] これほどまで明瞭に、イギリスの首相が戦争の論理を善悪二元論的に説明することは珍しい。またこれほどまで戦争の構図を単純化するということもまた、歴史上それほど多くは見られなかった。というのも明らかにブレアは、戦争を「善」と「悪」との間の戦いとして位置づけていたからであり、だからこそ多くの国民に対してその正当性を訴えることができたのだ。そしてミロシェビッチ大統領によるアルバニア系住民に対する「民族浄化」や「虐殺」は、国際世論の多くにとっても「悪」とみなすに十分と思えたのであろう。

サッチャー首相が戦争指導をした一九八二年のフォークランド戦争はアルゼンチン沖のイギリス領土を守

るためであり、メジャー首相が戦争指導をした一九九一年の湾岸戦争はイラクによるクウェート侵略を止めさせるためであった。そのような、ある主権国家が他の主権国家を侵略することに対抗するという伝統とは大きく異なる、新しい伝統が生まれつつあった。つまりは、ある主権国家内部の人道的被害を抑え、それらの市民の生命を守るために、他の主権国家が軍事介入を行うということである。そしてそのような新しい倫理的、道徳的な根拠に基づいた戦争の主唱者として、クック外相やオルブライト国務長官とともに、ブレア首相がその中心に位置していたのである。それゆえに、アメリカの『ニューヨーク・タイムズ』紙に掲載されたある記事は、この戦争を「ブレアの戦争（Blair War）」と称していた[102]。ブレア首相にとって、自らがリーダーシップを発揮したこの戦争の中で、そのような新しい論理を世界に向けてより体系的に説明する必要があった。それが「ブレア・ドクトリン」の誕生の背景であった。

フリードマン教授の介入論

一九九九年三月二三日の攻撃開始後、必ずしもコソボ危機をめぐる「同盟の力作戦（Operation Allied Force）」が順調に推移したわけではなかった。誤爆が重なり、地上兵力を投入しないことへの疑問が繰り返し提起される中で、はたしてミロシェビッチ大統領がＮＡＴＯの空爆の前に要求を受け入れるかどうかは未知数であった。首相官邸の報道官のキャンベルも、三月二九日の日記の中で「難民の状況はますます悪化しており、軍事的作戦が良好に推移する兆候はあまり見られない」と記していた[103]。

四月二日から六日までのイースター・ホリデイの時期に、ブレア首相が抱く不安は最も大きく膨らんでいた。このときブレアは側近の一人に「これで私も終わりになるかもしれない」と、弱音を吐いていた[104]。空爆によって多くの一般市民の犠牲者も出るかもしれない。それはブレアにとって「悪夢であり、生命を救うというよりも、人間的な悲劇や死を産み出す」かもしれないからだ[105]。比較的規模の小さかった一九九八年一二月のイラク空爆に比較して、このコソボ戦争ははるかに大きな規模の爆撃であり、より大きな人的犠牲を伴うことが予想された。このような不安からも、ブレア首相は地上兵力を実際にコソボに送り、アルバニア系住民の生命と安全を保護するために駐留させることが必要だと考えていた。

またブレアは、このような戦争を戦う上でのメディアの重要性を深く理解していた。後にブレア首相は、「現代のメディアの世界の中で、このような戦争行動をとる際には、テレビの中でも戦わなければならない」と述べていた。メディア、とりわけテレビを通じて世論の理解を得る重要性を、ブレアは徹底的に理解していた。四月二〇日にNATO本部でクリントン大統領と会談した際に、次のようにメディアの重要性に触れていた。「われわれはこれに勝利することができるだろう。ただし、あなたと私がともに選挙キャンペーンで行うような方法で、それを進めなければならない[106]。」

その後ブレア首相は、ワシントンでのNATO設立五〇周年を記念するサミットに参加するために、大西洋を越えてアメリカに向かうことになっていた。その途上、シカゴ経済クラブで演説を行う予定であった。すでに何度か触れている、「ブレア・ドクトリン」としての「国際コミュニティのドクトリン」の発表である。メディアや世論の重要性を痛感するブレア首相にとって、これを機会に国際世論に対してコソボ戦争の正当性を訴えることは重要なことであった。それと同時にこの演説は、ブレア首相がはじめて体系的に自らの外交哲学を明らかにする機会となった。

イースター・ホリデイ以来、ブレア首相は自らの外交哲学を体系的にまとめる時間的余裕を持たなかった。それゆえにブレアの首席補佐官のジョナサン・パウエルは、旧知のローレンス・フリードマン教授に近づき、ブレアの対外政策の理念を体系的にまとめるよう依頼した。それにより、前年一二月のイラク空爆、さらには三月に始まったコソボ戦争のような主権国家に対する軍事攻撃の正当性を、より確かな専門的な裏づけをもって訴えることができると考えたのである。ロンドン大学キングス・コレッジの高名な防衛政策専門家であるフリードマン教授はこれを引き受けて、軍事介入を決定する場合に必要な要件を、「良識（common sense）」と専門的な論理を総合することで体系的にまとめることになった。[107]

このときフリードマン教授は、キューバ危機やベトナム戦争をめぐるジョン・F・ケネディ政権の軍事政策についての歴史書を執筆していた。[108]そのような考慮を前提に、フリードマンは軍事介入の際に考慮すべき要件を列挙している。フリードマン教授は四月一六日金曜日の午後にウィンブルドンの自宅近くの公園を歩きながら、どのように軍事介入の要件を構成すべきかを思索していた。その要件をうまく頭の中で整理できるようになると、フリードマンはすぐに自宅に戻りコンピューターの前に座って文章にまとめ、ジョナサン・パウエルにそれを送った。[109]パウエルはそれをうまく演説の草稿に組み替えて、ブレア首相に手渡すことになった。

それでは、フリードマン教授を通じて、ブレア首相の演説の中では軍事介入の必要な要件がどのように語られているのか。第一は、それが本当に必要な軍事介入と確信しているか否かということである。第二は、外交手段による解決の努力が最後までなされたか否かである。第三は、軍事的評価で到達可能な目標であるか否かである。第四は、長期的な関与となることへの準備をしており、国家再建にも深く関与する用意があるか否かである。第五は、国益がその関与によって裏づけられるか否かである。これらの五つの要件を満たしたときに、軍事介入を決断すべきとフリードマンは考えていた。カンプナーによれば、フリードマンはブレア首相の実際の演説の原稿を手にしたときに、あまりに自らが提言した内容と類似していたことに驚いたという。そして後にブレア首相は、フリードマン教授に対して手書きの手紙を送り謝意を伝えている。[110]

このようにして、コソボ戦争の際のブレア首相による軍事介入の決定は、十分な熟慮に基づいて慎重な決定としてなされていたことがわかる。他方でこのようなブレア首相の熟慮は、ジョナサン・パウエルを中心とする首相官邸の狭いサークルの中で醸成されたものであった。またそれは、緻密な国際法的な論拠に基づいた議論ではなかった。外務省の中では、外務事務次官のサー・ジョン・カーをはじめとする高官は、これらの「新しいドクトリン」成立の経緯について何も知らされていなかった[111]。またこれらが、国際法的な合法性を担保したものではないことに、外務省内では懸念が抱かれるようになっていた。「レアルポリティーク」としての現実主義で知られるヘンリー・キッシンジャーは後にこのようなブレア首相の軍事介入ドクトリンについて、利他的な目的での軍事介入は「無責任である」と述べたという[112]。

「ブレア・ドクトリン」の誕生

一九九九年四月二一日に、ブレア首相は側近のキャンベルらとともに大西洋を越えて飛行機でワシントンに向かっていた。ブレアはキャンベルに向かって、「もしもわれわれがこれに勝利できなければ、それはわれわれの最期であるだけでなく、政権にとっても最期となるだろう」と述べていた[113]。

アメリカ到着後、ブレア首相はシカゴでの演説の前日の二〇日の晩を、ワシントンのホワイトハウスで過ごした。この英米首脳会談には、イギリスの側からはブレア首相以外にアラステア・キャンベル報道官、ジョン・ソアーズ外交担当補佐官、そしてクリストファー・メイヤー駐米大使が加わっていた。またアメリカの側からは、クリントン大統領、オルブライト国務長官、国家安全保障担当の大統領補佐官サンディ・バーガー、そして副補佐官のジム・スタインバーグが加わっていた[114]。ブレア首相とクリントン大統領が椅子に腰掛け、オルブライト、ソアーズ、メイヤーがソファーに座る中で、最初にNATO首脳会談、そして続いてコソボ情勢について意見交換をした。ここでの最大の争点は、コソボ戦争の遂行、とりわけ地上兵力の派兵の可否についてであった。それは英米関係の最も緊張する瞬間であった。

ブレア首相は、次のように述べた。「われわれは敗北することが許されないという想定から、話を始めたい。それゆえにわれわれは、勝利をするためにいかなることでもしなければならないのだ。[115]」ブレア首相が、空爆のみでの作戦遂行の限界と地上兵力派兵の準備の必要性を説く一方で、クリントン大統領はあまり多くを語らず、バーガー補佐官は地上兵力派兵に対する否定的な態度を示していた。クリントンは話を聞きながら、シガーをかみ、ダイエット・コークを飲んでいた。クリントンは地上兵力派兵の困難を語り、共和党はおそらく地上兵力派兵について彼を支持するだろう、というのも「それが私を破滅させるかもしれないからだ」と弱音を語った。もしも地上兵力の駐留が長引けば、多くの米兵犠牲者を生むことになり、それは国内政治的に受け入れがたいことだとクリントン大統領は考えていた。[116] ブレア首相は、とても憂鬱な気持ちで車に乗り込み、ホワイトハウスを離れた。車の中でブレアは、キャンベルとパウエルに向かって次のように述べた。「これでわれわれは終わりかもしれない。もしもわれわれが敗退すれば、それは大変な混乱に帰結し、われわれは困難に突き当たるだろう。[117]」

その翌日、ブレア首相はメイヤー駐米大使らとともにシカゴに向かった。これは、イギリス首相によるはじめてのシカゴ訪問となった。会場を埋め尽くした聴衆を前に、ブレアは福音主義的なトーンの演説を、低い声で語り始めた。まずコソボについて、ブレア首相は次のように述べた。「これは、領土的な野心ではなく価値観に基づいた正しい戦争である。われわれは、悪が民族浄化を続けることを放置するわけにはいかない。それが止むまでわれわれはとどまっているべきではない。われわれは今世紀に二度も、宥和政策が機能しないということを学んでいる。もしも邪悪な暴君が挑戦を受けずに放置されるならば、それを阻止するために後にはより多くの血と富を注がなければならなくなるだろう[118]。」

ここでブレアは、「正しい戦争（a just war）」という言葉を使っている。ブレア首相にとって、それが倫理的・道徳的な動機に基づくとすれば、それは「正しい戦争」になるのであろう。その後、「国際安全保障」についてのテーマで話し続けるブレアは、自らの感情を次のように吐露した。「多くの問題が、二人の危険で冷酷な人物によって引き起こされてきた。それは、サダム・フセインとスロボダン・ミロシェビッチである。」この二人の暴君が、罪のない自国民を抑圧し虐殺したことが、ブレアには許せなかった。そして続けてブレアは、フリードマン教授の示唆によって演説に加えた、軍事介入のための「五つの要件」について触れることになった。

ブレアは演説の最後で、アメリカ国民に対して次のように語りかけた。「あなた方は世界で最も強大な国家であり、最も豊かな国家である。あなた方は、世界に対して与えるべきこと、教えるべきことが多くある。」そして次のように続けた。「私はあなた方に次のように言いたい。決して孤立主義のドクトリンに戻ってはいけない。世界がそれを許さないのだ。」世界がそれを許さないということは、後の九・一一テロが雄弁に物語っている。また「孤立主義のドクトリンに戻ってはいけない」という警告も、次のブッシュ政権の誕生を考えるととても皮肉に感じられる。

ブレア首相の情熱的な演説は、シカゴ市民にあたたかく受け入れられた。同行したメイヤー大使によれば、会場は熱気とともに人々で溢れ、スタンディング・オベーションによる拍手が止まなかったという。またその会場の付近では、「ブレアを大統領に」という熱狂的な叫びも聞こえたという[119]。明らかにブレアの雄弁な、そしてメイヤー大使の言葉を借りれば「福音主義的」な演説は、アメリカ国民の心をつかんで、世界に向けて何かをしなければならないことを想起させたのである。

「トニー・グラッドストン」

一九九九年五月三日、ブレア首相は自らの目でコソボからの難民の実態を確かめるためにも、マケドニアに向かうことになった。もちろんのこと、テレビのカメラマンを同行させて、難民キャンプを訪れるブレア夫妻の映像を、世界に向けて発信することは欠かさなかった[120]。それ自体が国際世論に多大な影響を与えるであろうからであった。ブレアは妻のシェリーとともに、マケドニア最大の難民キャンプであるスタンコビッチを訪問した。そこでは「トニー！　トニー！」という歓声があがり、自らが難民たちにあたたかく迎えられていることを知った[121]。まさにブレアは、英雄であった。そこでブレアは、次のように語った。「これはNATOのための戦いではない。またこれは領土のための戦いでもない。これは人道のための戦いであり、それは正しい目的であり、正義に満ちた目的なのだ[122]。」

この難民キャンプ訪問による現実の直視は、ブレア首相にとても大きな衝撃を与えた。そしてブレアが人道的な軍事介入の必要性を改めて痛感するようになる大きな転機となった[123]。さらにブレアはその後アルバニアのエルバサンにおいて、二度目となる難民キャンプ訪問を行った。到着すると「NATO！　NATO！」という歓声があがり、人々はNATOによる軍事介入を歓迎しているかのようであった。そこで数々の悲惨な話を難民から聞いてから、ブレアはコソボ難民をホロコーストでトラックや貨車に乗せられたユダヤ人と重ね合わせた。そして次のように述べた。「これはもはや軍事紛争ではない。それは、善と悪との間の戦い、文明と野蛮との間の戦いだ[124]。」

マケドニアの難民キャンプを訪れた四日後に、ブレア首相はブルガリアのソフィア大学を訪れて、演説を行った。そこでブレアはブルガリア人を前に、次のように述べた。ウィリアム・グラッドストンは「私にとっての政治的な英雄の一人だ[125]」。グラッドストン首相は、きわめて強い道徳的動機に基づいて、一八七〇年代にオスマン帝国内のブルガリア人虐殺に強く抗議したイギリスの指導者であった。そのような道徳性の強い首相に、自らを重ね合わせたのである。そしてブレア首相は、次のように演説した。

「今日、われわれが直面している問題は、一二〇年前にグラッドストンが直面したものと同様である。一国あるいは一つの国民が自らの意志を他国に押しつける権利はあるのだろうか。一つのエスニック・グループの優越性を前提とした政策が、正当化されることはあるのだろうか。その外部の世界は、ならず者国家の支配者たちがその基本的な権利を残虐に悪用するときに、単純にそれを傍観することができるのだろうか。一八七六年のグラッドストンの回答は明らかであった。同様に現在における私の回答も明白である。」

さらに次のように続く。「NATOのコソボでの成功は、世界中の暴君への最大の抑止力となるであろう。そして民主主義を勇気づける最大の声になるであろう。それゆえにこそ、われわれは成功しなければならないのだ。そして、民族浄化という残虐な蛮行は挫かれ、そのように認知されなければならないのだ。」[126]

ブレアもグラッドストンも、双方とも強い宗教的、キリスト教的な使命感を持っていた。また双方とも、善悪二元論的に世界を眺め、自らの行いを「善」に基づくものと確信していた。それゆえにブレア首相はしばしば、グラッドストン以来最も道徳的色彩の強い政治指導者と位置づけられる。ティモシー・ガートン・アッシュはそのコラムの中で、ブレアには、外交において道徳を強調して「欧州協調（Concert of Europe）」を擁護する「グラッドストン」としての顔と、英米関係を重視して軍事力の効用を確信する「チャーチル」としての顔の二つがあると、適切に述べている。[127]そのような「トニー・グラッドストン」としての性質が最も色濃く表れたのが、このコソボ戦争の際の数々の演説であった。オクスフォード大学政治学教授のヴァーノン・ボグダノーも、「一八七〇年代にグラッドストンはブルガリア人の恐怖とトルコによる虐殺について語った。ある価値を擁護するために介入するということは、リベラル左派のイギリスにおける伝統でもある」

と語っている[128]。

他方でこれ以後ブレアは次第に、アメリカとの協力に基づいた軍事攻撃の必要性を、よりいっそう重視するようになっていく。自らの倫理的な政治的使命を実現する上で、それが不可欠と考えたからだ。あるブレアの側近は次のように語る。「トニーには、逆説的な問題があった。軍事力の行使は彼にとって重要であった。アメリカが単独行動主義的に行動したり、ヨーロッパから離れてしまうことを防いだりするためには、彼が責任を持ってともに戦い協力することができると示すことが必要だと、彼は確信していたのだ。」カンプナーが述べるように、イギリスがアメリカを「正しい方向」へと導くために、自らが特別な使命を持っているとブレアは考えていたのである[129]。ブレア首相は、アメリカの大統領であるクリントンに対して従来のような盲目的な尊敬の念を失いつつあり、むしろ自らがリーダーシップを発揮して、アメリカを正しい方向へと導く必要を強く感じるようになる[130]。アメリカ単独での軍事力行使を防ぐために、イギリスが強固な英米関係を基礎に倫理的・道徳的なリーダーシップを発揮しなければならない。そのような認識が、イラク戦争開戦に至るまで、ブレア首相の念頭に置かれるようになるのだ。

戦争は倫理的だったのか

「同盟の力作戦」におけるNATO軍による空爆は、必ずしもすぐさまミロシェビッチ大統領の降伏には直結しなかった。セルビア人は多くの兵器を隠していたこともあり、空爆によって当初の期待通りの成功を収めることは困難であった。それゆえに次第にNATO軍は成果を求めるためにも、橋桁や燃料基地、政治的建築物、放送局などの民間施設にまで攻撃対象を広げていった[131]。それによって、多くのセルビア人の一般市民が死傷した。同時に五月七日にはベオグラードの中国大使館が誤爆されて、外交的な悲劇に帰結する。

そもそも地上兵力を投入せずに、空爆のみで「倫理的な戦争」を戦うことに限界があったのである。

NATO軍の欧州連合軍最高司令官であったウェズレー・クラークは、作戦の第一の目標は「同盟の側の死者を避けること」であると語っていた。[132] NATO軍の犠牲者数を最小限にするために、セルビア人の一般市民の死傷者数が増えていくことについて、人道的な観点から多くの懐疑的な声があがるのは当然であった。

またセルビア人治安警察によってどの程度のコソボのアルバニア系住民が殺害されたのか、正確な計算は難しい。人権NGOのヒューマン・ライツ・ウォッチは三、四五三人と見積もり、旧ユーゴスラビア国際刑事裁判所ではその数を約四、三〇〇人と見積もっている。[133] 他方でNATO軍の攻撃に伴う民間人の死傷者は、五〇〇人ほどと見られている。そのような数字は、ブレア首相の説く倫理的・道徳的な見地からの「正しい戦争」という主張を、傷つけることになる。

さらに難しい問題があった。NATO空爆開始以後に、セルビア人によるアルバニア系住民に対する迫害が強まったという見解である。被害を受けたアルバニア系住民が伝えるように、「セルビア人はNATO軍と戦うことはできないから、われわれを追いかけてくるのだ。[134]」つまりNATOの空爆の直接的な帰結として、大量のアルバニア系住民が虐待され、自宅を離れて難民となっていったのである。この問題について、オクスフォード大学の国際政治学者アダム・ロバーツ教授は次のように語っている。「二一世紀のすべての主要な大量虐殺や民族浄化は、大きな戦争の最中あるいはその直後に行われている。混乱や戦争によって産み出される憎悪、戦時中の秘密性という状況が、そのような大衆の残忍さを提供する必然的な条件となるのだ。[135]」このような状況は、ブレア首相の説く「正しい戦争」の道徳的な基盤を揺るがすことになるであろう。

他方で、この戦争に終止符を打つための活発な外交が水面下で行われていた。NATO軍の地上兵力投入が真剣に議論される中で、ミロシェビッチ大統領は自国領土が外国の軍隊に占領されることを嫌い、和平の道を模索した。最終的に、フィンランド大統領のマルティ・アハティサーリとロシア特使のヴィクトル・チェルノムイルジンが和平案を提示して、六月三日にミロシェビッチ大統領がそれを受け入れた[136]。これにより、すべてのユーゴスラビア連邦およびセルビア共和国の軍隊や治安警察がコソボ自治州から撤退することになる。その後はNATO軍を中心としたコソボ平和維持軍（KFOR）が、コソボの治安を維持するために駐留することになった。皮肉にもこの和平合意案は、二月のランブイエ合意と同様のものであった。ミロシェビッチ大統領は、コソボ戦争という対価を支払って和平合意案を受け入れたのだ。

そして最終的に、一九九九年六月一〇日に、NATO軍はユーゴスラビア連邦共和国への空爆を停止することになり、七八日間の軍事作戦が終わることになった。同日、国連安保理決議一二四四が合意され、棄権をした中国を除いた一四カ国代表が、戦後のコソボの平和と安定を規定する決議に同意することになった。軍事作戦としては、「同盟の力作戦」は軍事目標であるコソボの平和の回復と、アルバニア系住民の生命の保護を実現するという意味において、大きな成功に帰結した。しかしその後もコソボでは民族間の対立が見られ、反対にセルビア人住民がコソボで迫害され難民として域外に流出する運命となった。当時アムネスティ・インターナショナルや国連高等難民弁務官事務所でコソボの問題を担当していたコナー・フォーリーによれば、KLAは次第にセルビア人、さらにはロマを対象に殺害を含めた迫害を与えるようになっていった[137]。ブレア首相のコソボ戦争をめぐる政策に批判的なフォーリーによれば、コソボ戦争とは本質的にコソボの主権や領土をめぐる対立であったのにもかかわらず、それを国際社会は人権をめぐる対立と受け止めていた[138]。ブレア首相が唱えるほど、現実の世界は善悪の戦いと言い切れるような単純な構図ではなかった。

「正しい戦争」の論理

ブレア首相が主導したコソボ戦争は、一般に「違法だが正統（illegal but legitimate）」な戦争と位置づけられてきたが、どのような意味で「違法」であり、どのような意味で「正統性がある」のだろうか[139]。これらをめぐって、多様な議論がこれまで見られてきた。

イギリス外務省は、ユーゴスラビアへの軍事攻撃を始める半年ほど前の一九九八年一〇月に、NATO加盟各国政府に報告書を配布して、この問題をめぐるイギリス政府の見解を伝えている[140]。その報告書では、コソボ危機をめぐる軍事力行使の国際法上の合法性について、国連安保理での明示的な承認がなくとも可能であると論じられている。ただしその上で、三つの要件が指摘されている。第一には、大規模な人道的被害が生じていることについての確信できる根拠があり、それが国際コミュニティ全般に受け入れられており、緊急の支援が必要であること。第二には、軍事力を行使すること以外には、人命を救うために実行可能な他の明確な選択肢が存在しないこと。第三には、軍事力の行使がその目的との均衡性を保っており、その期間が目的に応じて厳しく制限されていること。イギリス政府によれば、圧倒的な急迫する人道的な必要性が生じた場合に、これらの要件がそろったときには軍事力行使が可能となると見ている。

コソボでの軍事攻撃が始まった直後、ロシアのセルゲイ・ラブロフ国連大使が国連安保理における議論の中で、NATOが国連憲章に違反していることを激しく批判した。NATO軍によるユーゴスラビア空爆を停止することを求めるロシアの主張には、ベラルーシ、ナミビア、中国、インドが賛成の意向を示した。それに対してNATO加盟国政府は、国連安保理一一九九、および一二〇三を根拠に、その国際法上の正当性を訴えることになった[141]。最も強い立場をとったのが、ドイツ政府代表とスロベニア政府代表であった。「すべての常任理事国が、国連憲章に定めるように国際的な平和と安定のために特別な責任をもって協調行動をとる意志を持っていたわけではなかった」と、スロベニア政府は明らかにロシアと中国を想定した批判を展開した[142]。ロシアや中国が、自らの国内事情を優先し、アルバニア系住民の生命の保護に対して真剣に取り組もうとしないことに、不満を募らせたのである。このような場合に、国連安保理での合意を優先し、人道的惨状を放置することは望ましいことであろうか。このような困難な問題に、NATO諸国は直面したのである。

二日後の三月二六日には、ロシアを中心に起草されたNATOの国連憲章違反を提起する安保理決議案が、否決された。結局ロシア、中国、ナミビアの三国がNATO軍の介入に対し反対にまわったのだ[143]。しかし国際社会の大勢は、NATO軍の行動に正当性を与えていた。その直後にイギリス政府は、安保理決議一一九九と一二〇三の裏づけによって、コソボでの「圧倒的な人道的危機を防ぐための例外的措置として正当化される軍事的介入」が擁護できると論じた。コソボ危機をめぐるNATO軍による人道的介入は、国際法上の合法性と、人道的な観点からの正当性をめぐり、きわめて困難な問題を示したのである。

イギリス国内でも、コソボ戦争の合法性をめぐり、国際法学者の間で意見が分かれていた。イギリス下院外交委員会における報告書の中でも、コソボ戦争が国際法上違法であると解釈するオクスフォード大学教授のイアン・ブラウンリーと、それとは反対に前述の安保理決議を前提に合法と主張するクリストファー・グリーンウッドLSE教授とで、議論の組み立て方に大きな違いが見られた[144]。グリーンウッドはイギリス政府顧問の国際法学者であり政府の解釈にも大きな影響を与えていることからも、彼の合法性を担保する国際法解釈には懐疑的な声もある。一九九九年にブラウンリーの後継としてオクスフォード大学で国際法を講じるヴォーン・ロウは、「NATOによる合法性の正当化それ自体が、機微なものの一つだ」という。ロウは、現在の国際法で人道的介入を明示する法的根拠は十分ではないという[145]。かといってもロウの場合は必ずしも明確にそれが違法であると断定しているわけではない。

国際政治学者のアダム・ロバーツは、「要約すれば、NATOにより行われたコソボでの行動は、国際法上の根拠があった」と結論づけている。[146] ロバーツは、一九四八年のジェノサイド条約、一九四九年のジュネーブ条約追加議定書によっても、その合法性は担保されうるという。他方で繰り返し指摘されてきたように疑問が生じるのは、NATOの人道的介入がもっぱら空爆に依存していたという事実である。つまりは、「開戦法規（*jus ad bellum*）」以上に「交戦法規（*jus in bello*）」上の疑問が指摘されているのである。自国の兵隊の生命を脅かさないよう、比較的危険の少ない空爆に依存する作戦は、人道上の見地からも疑問が生じうる。多様な側面を考慮すれば、コソボ戦争の「合法性」については明確な判断が難しい、新しい事態と言うべきなのかもしれない。

とはいえ、すでにNATOが軍事攻撃を開始する前からセルビア政府はアルバニア系住民への迫害を加速し始めており、軍事攻撃がなかったとしてもそれを停止した可能性は考えがたい。また、イギリス国防省によればイギリス政府は国際開発省と提携し、イギリス軍兵士によって二、六六〇のテント、一二万九、〇〇〇食分の食事、一二万の簡易ベッドを提供し、七、〇〇〇人への医療処置を行った。[147] さらには八一万人もの難民や、五〇万人もの域内で迫害された人々が、NATOの軍事攻撃終結後に自らの家に戻ることができた。[148] これらもまた、NATOによる軍事介入がなければ実施は困難であった。たとえ「合法性」の点で疑問が浮上していたとしても、ブレア首相が「人道的介入」を主張し「正しい戦争」と説く上での一定の根拠は確かに見られたのである。

「正戦論」という観点においては、空爆に依存する作戦への疑問が指摘されながらも、コソボ戦争それ自体についてはこれまで幅広くその正当性と正統性が支持されてきた。高名な政治哲学者のマイケル・ウォルツァーはその著書の中で、「コソヴォの一部の地域では民族浄化という残酷な現実がすでに目に見えるものとなっていた」と論じ、「ボスニアにおけるセルビア人の来歴、コソヴォ境界線への兵士の配置、すでに移動を始めている難民のことを鑑みれば、軍事介入はまったく正当化されるし、義務であるとさえ、私には思われる」と述べている[149]。

「正戦論」についての体系的な著書を記した国際政治学者のアレックス・ベラミーもまた、緻密にコソボ戦争をめぐる正統性の問題を検証した上で、ロバーツ同様に正統性があったと結論づけている。ベラミーの場合はそれにとどまることなく、空爆に偏重した軍事作戦についてもその妥当性を擁護している。というのも、もしも地上兵力を派兵する作戦を実行していたら、NATO加盟国のフランスやイタリア、ギリシャがそれに対して拒否権を行使した可能性があり、軍事作戦そのものを展開することが困難であったからだ[150]。あらゆる軍事力行使には、つねに一般市民の犠牲者が生まれることであろう。それゆえに、あらゆる軍事力行使、あるいは戦争に反対する論者がつねに存在する。だが、ウォルツァーが「正戦論の勝利」と語っているように、「場合によっては戦争が必要なときがある」という認識がこのコソボ戦争を経由して広く浸透していった[151]。それは新しい変化であった[152]。

このようにしてコソボ戦争は、RMA（軍事における革命）に基づいた、全天候型の精密誘導ミサイルなどのハイテク兵器を駆使した軍事作戦上の成功を照らし出すと同時に、その手段についての合法性と妥当性をめぐって、いくつかの疑問が提示された。そしてコソボ戦争は何よりも、「人道的介入」としてのはじめての本格的なテストケースとなった。イギリスの元国防事務次官のデイヴィッド・フィッシャーは、「これまでのところ、最も成功した人道的介入は、コソボでのアルバニア人の民族浄化を阻止した一九九九年のNATOの作戦であった」と述べている[153]。そしてこの「最も成功した人道的介入」を指導した中心人物が、トニー・ブレア首相であった。このようにコソボ戦争を成功に導いたブレア首相は、自らの確信と決断により大きな自信を膨らませることになる。これらはいずれも、後のアフガニスタン戦争やイラク戦争の際にも繰り返し浮上する問題となるのであった。

（1）そのような観点からブレア政権の対外政策を論じた代表的な先駆的研究として、以下の文献を参照。Tim Dunne and Nicholas J. Wheeler, "The Blair Doctrine: Advancing the Third Way in the World", in Richard Little and Mark Wickham-Jones (eds.), *New Labour's Foreign Policy: A New Moral Crusade?*（Manchester: Manchester University Press, 2000）pp.61–76; Tim Dunne and Nicholas J. Wheeler, "Blair's Britain: a force for good in the world?", in Karen E. Smith and Margot Light（eds.）, *Ethics and Foreign Policy*（Cambridge: Cambridge University Press, 2001）pp.167–184.

（2）Kampfner, *Blair's Wars*（London: Free Press, 2003）, p.22; Peter Riddell, *Hug Them Close: Blair, Clinton, Bush and the 'Special Relationship'*（London: Politico's, 2003）pp.187–8.

（3）Robert Cooper, "The Post-Modern State", in Mark Leonard（ed.）, *Re-ordering the World: The Long-term Implications of 11 September*（London: The Foreign Policy Centre, 2002）pp.11–20; Robert Cooper, *The Breaking of Nations: Order and Chaos in the Twenty-First Century*（London: Atlantic Books, 2003）. 邦訳は、『国家の崩壊——新リベラル帝国主義と世界秩序』（日本経済新聞社、二〇〇八年）。

（4）Cooper, "The Post-Modern State", pp.17–18.

（5）Project for the New American Century, "Statement of Principles", June 3, 1997, <http://www.newamericancentury.org/statementofprinciples.htm>. アメリカ外交におけるいわゆる「ネオコン」が浮上するその経緯と背景については、Stefan Halper and Jonathan Clarke, *America Alone: The Neo-Conservatives and the Global Order*（Cambridge: Cambridge University Press, 2004)、高畑昭男「新保守主義の思想と外交」久保文明編『アメリカ外交の諸潮流―リベラルから保守まで』（日本国際問題研究所、二〇〇七年）、ジェームズ・マン『ウルカヌスの群像』渡邊昭夫監訳（共同通信社、二〇〇四年）などを参照。高畑が述べるように、PNAC設立は、それ以前からの発展の歴史の中で、ネオコンの「再結集の基盤を与えた」と位置づけるべきであろう。

（6）オルブライト国務長官の来歴については、Madeleine Albright, *Madam Secretary: A Memoir* (New York: Miramax Books, 2003) Part I, pp.3–123を参照。

（7）John Rentoul, *Tony Blair: Prime Minister* (London: Little, Brown, 2001) p.509.

（8）この時期の英米関係の協調と摩擦の両側面を描いた研究として、例えば、細谷雄一「パートナーとしてのアメリカ―イギリス外交の中で」押村高編『帝国アメリカのイメージ―国際社会との広がるギャップ』（早稲田大学出版部、二〇〇四年）八四–八六頁を参照。また英米における対外政策の近接性と相違性の両側面を描いた優れた論文として、Alex Danchev, "'I'm with You': Tony Blair and the Obligations of Alliance: Anglo-American Relations in Historical Perspective", in Lloyd C. Gardner and Marilyn B. Young (eds.), *Iraq and the Lessons of Vietnam, Or, How Not to Learn from the Past* (New York: The New Press, 2007) pp.45–58を参照。

（9）一九九八年のイラクの大量破壊兵器査察問題に対するブレア首相の対応については、山本浩『決断の代償―ブレアのイラク戦争』（講談社、二〇〇四年）四三–五四頁に詳細に描かれている。

（10）United Nations Security Council, Resolution 687 (1991), 3 April 1991 <http://www.un.org/Docs/scres/1991/scres 91.htm>. この査察体制の成立の過程については、当時、国際原子力機関（IAEA）事務局長を務め、二〇〇〇年からは国連監視査察委員会（UNMOVIC）委員長に就きイラクの大量破壊兵器開発問題と深く関わってきたハンス・ブリクスの『イラク大量破壊兵器査察の真実』伊藤真訳、納家政嗣監修（DHC、二〇〇四年）四三–五三頁を参照。

（11）これらの経緯については、外務省「イラクを巡る情勢の経緯（二〇〇三年五月一日まで）」平成一五年一〇月、<http://www.mofa.go.jp/area/iraq/8/kei.html>を参照。

（12）United Nations Security Council, Resolution 688 (1991), 5 April, 1991 <http://daccessdds.un.org/doc/RESOLUTION/GEN/NR 0/596/24/IMG/NR 059624.pdf?OpenElement>.

（13）Nicholas J. Wheeler, "The Humanitarian Responsibilities of Sovereignty: Explaining the Development of a New Norm of Military Intervention for Humanitarian Purposes in International Society", in Jennifer M. Welsh (ed.), *Humanitarian Intervention and International Relations* (Oxford: Oxford University Press, 2004) pp.32-34. アダム・ロバーツは早い段階から、人道的介入を考慮する際の国連安保理決議六八八の重要性を指摘していた。Adam Roberts, *Humanitarian Action in War: Aid, Protection and Impartiality in a Policy Vacuum*, Adelphi Papers 305 (Oxford: IISS/Oxford University Press, 1996) pp.21-24を参照。

（14）ブリクス『イラク大量破壊兵器査察の真実』五五–五七頁。

（15）同右、五七頁。

（16）United Nations Security Council, Resolution 1137, S/RES/1137 (1997), 12 November 1997 <http://www.un.org/Docs/scres/1997/scres 97.htm>.

（17）United Nations Security Council, Resolution 1154, S/RES/1154 (1998), 2 March 1998 <http://www.un.org/Docs/scres/1998/scres 98.htm>. ブリクス『イラク大量破壊兵器査察の真実』六三頁参照。

（18）Albright, *Madam Secretary*, p.284.

（19）Kampfner, *Blair's Wars*, p.29.

（20）Richard B. Myers with Malcolm McConnell, *Eyes on the Horizon: Serving on the Front Lines of National Security* (New York: Threshold Editions, 2009) p.215.

（21）Alastair Campbell's Diary, November 11, 1998, in Alastair Campbell, *The Blair Years: the Alastair Campbell Diaries* (New York: Alfred A. Knopf, 2007) p.351.

（22）Albright, *Madam Secretary*, p.285.

（23）ブリクス『イラク大量破壊兵器査察の真実』六四頁。

（24）ビル・クリントン『マイライフ―クリントンの回想・下巻』楡井浩一訳（朝日新聞社、二〇〇四年）五六七頁。

（25）Kampfner, *Blair's Wars*, p.21.

（26）House of Commons, Hansard Debates, 16 November 1998: Columns 607-610.

（27）Riddell, *Hug Them Close*, p.89.

（28）Ibid., pp.89-90.

（29）Ibid., p.92; Kampfner, *Blair's Wars*, p.22.

（30）Albright, *Madam Secretary*, p.287.

（31）Kampfner, *Blair's Wars*, p.32.

（32）Anthony Seldon, *Blair* (London: Free Press, 2004) p.388.

（33）Ibid., p.389.

（34）Ibid., p.390.

（35） Albright, *Madam Secretary*, p.286. ジョン・カンプナーは、この軍事攻撃がクリントン大統領の主導で行われたように記述し、軍事攻撃とルウィンスキー事件との関連性を推測している。Kampfner, *Blair's Wars*, pp.33-35. 他方でピーター・リデルはブレアの主導性を主張している。Riddell, *Hug Them Close*, p.90. 本書では、リデルが主張するように、あくまでもブレア首相こそが一九九八年から九九年にかけてイラクやコソボでの軍事攻撃に積極的であった点を指摘する。アメリカ国内で軍事攻撃に積極的であったのは、クリントン大統領というよりもむしろ、共和党のポール・ウォルフォウィッツを中心とするグループであり、彼らはクリントン大統領がサダム・フセイン政権の「レジーム・チェンジ」に消極的であることを批判していた。一一月一五日の軍事攻撃予定を前日一四日に中止したのも、クリントン大統領がそのような意向を示したからである。Alastair Campbell's Diary, November 14, 1998, in Campbell, *The Blair Years*, pp.332-333. アラステア・キャンベルの日記によれば、「クリントンが二四時間の延期を求めている」一方で、「TB（トニー・ブレア—引用者註）は武力行使を承認した」のである。キャンベルの日記では、アメリカ政府内では、他の多くが軍事攻撃を支持していたのに対し、クリントン大統領のみがそれに躊躇した様子が克明に描かれている。

（36） Seldon, *Blair*, pp.389-340.

（37） Alastair Campbell's Diary, December 14, 1998, in Campbell, *The Blair Years*, p.340.

（38） Albright, *Madam Secretary*, p.286.

（39） Kampfner, *Blair's Wars*, p.33.

（40） Seldon, *Blair*, p.387.

（41） Ibid., p.390.

（42） Kampfner, *Blair's Wars*, p.30.

（43） House of Commons, Hansard Debates, 17 December 1998: Column 1097.

（44） Seldon, *Blair*, p.392.

（45） Rentoul, *Tony Blair*, p.512.

（46） Seldon, *Blair*, p.392.

（47） コソボ戦争に至る経緯を国際政治学的な関心から丁寧に論じたものとして、Ivo H. Daalder and Michael E. O'Hanlon, *Winning Ugly: NATO's War to Save Kosovo*（Washington, D.C.: Brookings Institution Press, 2000）; Andrew Dorman, "Kosovo", in Andrew Dorman and Greg Kennedy（eds.）, *War & Diplomacy: from World War I to the War on Terrorism*（Washington, D.C.: Potomac, 2008）pp.148-167; Nicholas J. Wheeler, *Saving Strangers: Humanitarian Intervention in International Society*（Oxford: Oxford University Press, 2000）chapter 8, pp.242-284; Albrecht Schnabel and Ramesh Thakur（eds.）, *Kosovo and the Challenge of Humanitarian Intervention: Selective Indignation, Collective Action, and International Citizenship*（Tokyo: United Nations University Press, 2000）などを参照。

（48） Ministry of Defence, *Kosovo: Lessons from the Crisis*（London: The Stationery Office, 2000）Chapter 2: Background to the Conflictを参照。以下、コソボ戦争に至る時系列的な経緯については、国防省によるこの概要を参照した。

（49） Dan Keohane, "The Debate on British Policy in the Kosovo Conflict: An Assessment", *Contemporary Security Policy*, Vol.21, No.3（2000）p.79.

（50） Interview by Tony Blair, "A New Generation Draws the Line", *Newsweek*, Vol.144, No.16, 19 April 1999, p.41, cited in Keohane, "The Debate on British Policy in the Kosovo Conflict", p.79.

（51） Rentoul, *Tony Blair*, p.510.

（52） Kampfner, *Blair's Wars*, p.37.

（53） Albright, *Madam Secretary*, p.378.

（54） Rentoul, *Tony Blair*, p.513.

（55） Seldon, *Blair*, p.393; Albright, *Madam Secretary*, p.381.

（56） Wesley K. Clark, *Waging Modern War: Bosnia, Kosovo and the Future of Combat*（New York: PublicAffairs, 2001）p.112.

（57） Wheeler, *Saving Strangers*, p.259.

（58） Albright, *Madam Secretary*, p.381.

（59） Ibid., p.383.

（60） Ibid., p.384.

（61） Ibid., p.396.

（62） Wheeler, *Saving Strangers*, p.258.

（63） United Nations Security Council, Resolution 1160（1998）, S/RES/1160（1998）, 31 March 1998, <http://www.un.org/Docs/scres/1998/scres 98.htm>; Wheeler, *Saving Strangers*, p.259.

（64） Ministry of Defence, *Kosovo: Lessons from the Crisis*, 2.11.

（65） Ibid., 2.12.

（66） United Nations Security Council, Resolution 1199（1998）, S/RES/1199（1998）, 23 September 1998, <http://www.un.org/Docs/scres/1998/scres 98.htm>; Wheeler, *Saving Strangers*, p.260.

（67） Wheeler, *Saving Strangers*, pp.260–1.

（68） Ibid., p.261.

（69） Clark, *Waging Modern Wars*, p.121.

（70） Ibid., p.134.
（71） Ibid., p.153.
（72） Ministry of Defence, *Kosovo: Lessons from the Crisis*, 2.15; Adam Roberts, "NATO's 'Humanitarian War' over Kosovo", *Survival*, Vol.41, No.3, Autumn 1999, p.113; Wheeler, *Saving Strangers*, p.262.
（73） Ministry of Defence, *Kosovo: Lessons from the Crisis*, 2.15; Wheeler, *Saving Strangers*, pp.260–1.
（74） Nicholas Morris, "Humanitarian Intervention in the Balkans", in Welsh（ed.）, *Humanitarian Intervention in International Relations*, p.113. なおニコラス・モリスはこのとき、国連難民高等弁務官事務所の事務官を務めていた。
（75） Albright, *Madam Secretary*, p.390.
（76） Ministry of Defence, *Kosovo: Lessons from the Crisis*, 2.17; Kampfner, *Blair's Wars*, p.42; Albright, *Madame Secretary*, p.393.
（77） 『朝日新聞』一九九九年一月一七日朝刊。
（78） 『朝日新聞』一九九九年一月一八日朝刊。
（79） Alastair Campbell's Diary, January 16, 1999, in Campbell, *The Blair Years*, p.362.
（80） *The Guardian*, "Kosovo in Crisis: Troops Can Not Be ruled Out", 21 January 1999.
（81） 『朝日新聞』一九九九年一月一九日夕刊。
（82） 『朝日新聞』一九九九年一月二三日朝刊。
（83） 『朝日新聞』一九九九年一月二三日夕刊。
（84） 『朝日新聞』一九九九年一月二三日夕刊。
（85） Albright, *Madame Secretary*, p.397.
（86） Marc Weller, "The Rambouillet conference on Kosovo", *International Affairs*, vol.75, no.2（1999）, p.222. マーク・ウェラーは、ランブイエ交渉でコソボ自治州代表の顧問を担当した。
（87） その本文については、遠藤乾編『原典ヨーロッパ統合史』（名古屋大学出版会、二〇〇八年）資料八−一七を参照。
（88） Weller, "The Rambouillet conference on Kosovo", p.212.
（89） Ibid., p.227; Albright, *Madame Secretary*, p.397; Ministry of Defence, *Kosovo: Lessons from the Crisis*, 2.20.
（90） Dorman, "Kosovo", p.156.
（91） Albright, *Madame Secretary*, p.407.
（92） Martin Walker, "Defiant Milosevic snubs ultimatum", *The Guardian*, 22 March 1999; Ministry of Defence, *Kosovo: Lessons from the Crisis*, 2.26.
（93） Alex Bellamy, *Just Wars: From Cicero to Iraq*（Cambridge: Polity, 2006）p.216.

(94) Speech by Tony Blair, in House of Commons, Hansard Debates, 23 March 1999: Columns 161–164, and also at *The Guardian*, 23 March 1999, “Blair: ‘We must act—to save thousands of innocent men, women and children”.

(95) Simon Hoggard, “Yes, it’s very difficult. Blair half-heartedly declares war again”, 24 *The Guardian*, March, 1999.

(96) Ministry of Defence, *Kosovo: Lessons from the Crisis*, Annex A: Chronology. なお、『ガーディアン』紙では「七時半」となっている。おそらく七時ちょうどに軍への攻撃の指示を出し、実際の攻撃の結果が見られるようになるのが七時半であろう。*The Guardian*, 24 March 1999.

(97) *The Guardian*, 24 March 1999.

(98) Richard Norton Taylor, “Nato Strategy”, *The Guardian*, 24 March 1999; Derek Brown, “Folly in the air”, *The Guardian*, 26 March 1999.

(99) Mary Kaldor, “Bombs away! But to save civilians we must get in some soldiers too”, *The Guardian*, 25 March 1999.

(100) Speech by Tony Blair, in *The Guardian*, 27 March 1999.

(101) Cited in Rentoul, Tony Blair, pp.520–1.

(102) Warren Hoge, “Kosovo Isn’t Just an Air War; It’s a Blair War”, *The New York Times*, May 23, 1999.

(103) Alastair Campbell’s Diary, March 29, 1999, in Campbell, *The Blair Years*, p.372.

(104) Seldon, *Blair*, p.395.

(105) Ibid.

(106) Ibid., p.397.

(107) Ibid., p.398; Kampfner, *Blair’s Wars*, pp.50–1.

(108) 五〇〇頁を越えるこの大著は、二〇〇〇年一〇月に刊行された。Lawrence Freedman, *Kennedy’s Wars: Berlin, Cuba, Laos and Vietnam*（Oxford: Oxford University Press, 2000）.

(109) Kampfner, *Blair’s Wars*, p.51. ちなみにローレンス・フリードマン教授は、後の論文の中でこれらの経緯に触れながら、「これはそれにもかかわらずブレアの演説である」と結論づけている。というのも、自らの演説草稿と演説の最終稿が異なるということのみならず、演説のなかであくまでもブレア首相自らの言葉として、彼のアイディアが語られていたからである。他方でフリードマンは、カンプナーが著書の中で述べるように、自らがこの演説草案の過程に深く関わっていたことは否定していない。Lawrence Freedman, “Defence”, Anthony Seldon（ed.）, *Blair’s Britain 1997–2007*（Cambridge: Cambridge University Press, 2007）p.64, note 13.

(110) Kampfner, *Blair's Wars*, pp.52–3.

(111) Ibid; Christopher Meyer, *DC Confidential: the Controversial Memoirs of Britain's Ambassador to the U.S. at the Time of 9/11 and the Run-up to the Iraq War* (London: Weidenfeld and Nicolson, 2005) pp.103–4.

(112) Kampfner, *Blair's Wars*, p.53.

(113) Alastair Campbell's Diary, April 21, 1999, pp.380–1.

(114) Ibid; Seldon, *Blair*, p.399; Meyer, *DC Confidential*, p.102.

(115) Alastair Campbell's Diary, April 21, 1999, in Campbell, The Blair Years, pp.381–2.

(116) Ibid.

(117) Ibid.

(118) Speech by Tony Blair, 24 April 1999, "Doctrine of the International Community".

(119) Meyer, *DC Confidential*, p.104.

(120) Kampfner, *Blair's Wars*, p.54.

(121) Cherie Blair, *Speaking for Myself: My Life from Liverpool to Downing Street* (London: Little, Brown, 2008) pp.227–9.

(122) Kampfner, *Blair's Wars*, p.54; Rentoul, *Tony Blair*, p.528.

(123) Kampfner, *Blair's Wars*, p.55.

(124) Ibid., p.56.

(125) Riddell, *Hug Them Close*, p.113; Rentoul, *Tony Blair*, pp.528–9.

(126) Ibid.

(127) Timothy Garton Ash, "Gambling on America", *The Guardian*, October 3, 2002.

(128) Warren Hoge, "Kosovo Isn't Just an Air War; It's a Blair War", *The New York Times*, May 23, 1999.

(129) Kampfner, *Blair's Wars*, pp.59–60.

(130) Riddell, *Hug Them Close*, p.119.

(131) Wheeler, *Saving Strangers*, pp.271–2.

(132) Cited in Conor Foley, *The Thin Blue Line: How Humanitarianism Went to War* (London: Verso, 2008) p.78.

(133) Ibid., pp.81–2.

(134) Cited in Roberts, "NATO's 'Humanitarian War' over Kosovo", p.113.

(135) Ibid., p.114.

(136) Dorman, "Kosovo", p.162.

(137) Foley, *The Thin Blue Line*, p.82.

(138) Ibid., p.90.

(139) Independent International Commission on Kosovo, *Kosovo Report: International Response, Lessons Learned* (Oxford: Oxford University Press, 2000) p.4; Bellamy,

Just Wars, p.215.

(140) Roberts, "NATO's 'Humanitarian War' over Kosovo", p.106; Wheeler, *Saving Strangers*, p.27.

(141) Wheeler, *Saving Strangers*, pp.275–6.

(142) Ibid., p.278.

(143) Ibid., p.279.

(144) Alan Boyle, "Kosovo: House of Commons Foreign Affairs Committee 4th Report, June 2000", *International and Comparative Law Quarterly*, Vol. 49, 2000, pp.876–7; Ian Brownlie and C. J. Apperley, "Kosovo Crisis Inquiry: Memorandum on the International Law Aspects", ibid., pp.878–905; Christopher Greenwood, "International Law and the NATO Intervention in Kosovo", ibid., pp.926–934.

(145) Vaughan Lowe, "International Legal Issues Arising in the Kosovo Crisis", *International and Comparative Law Quarterly*, Vol.49, 2000, p.936.

(146) Roberts, "NATO's 'Humanitarian War' over Kosovo", pp.106–7.

(147) Ministry of Defence, *Kosovo: Lessons from the Crisis*, 3.17.

(148) Ibid., 10.6.

(149) マイケル・ウォルツァー『戦争を論ずる―正戦のモラル・リアリティ』駒村圭吾・鈴木正彦・松元雅和訳（風行社、二〇〇八年）一四二頁。

(150) Bellamy, *Just Wars*, pp.216–9.

(151) ウォルツァー『戦争を論ずる』二七頁。

(152) 他方でそのような変化への懐疑的な見解も見られる。たとえばケンブリッジ大学教授の国際政治学者ジェームズ・メヨールは、その著書の中で、「たしかに人道的な考慮は冷戦期より政治的に重要になってきたが、もし、より具体的な戦略的・経済的な動機がなければ、国際社会を行動させるには不十分なのである」と的確に情勢を分析している。ジェームズ・メヨール『世界政治―進歩と限界』田所昌幸訳（勁草書房、二〇〇九年）一八五頁。

(153) David Fisher, "Humanitarian Intervention", in Charles Reed and David Ryall (eds.), *The Price of Peace: Just War in the Twenty-First Cencury* (Cambridge: Cambridge University Press, 2007), p.105.

第五章　九・一一テロからアフガニスタン戦争へ

一　ブッシュ新政権と英米関係

クリントン大統領の忠告

二〇〇〇年一二月一一日、クリントン大統領は大統領夫人のヒラリー、そして長女チェルシーとともにアイルランドへ向かった。大統領として八年の任期の終わりを間近に控える中で、それはクリントン大統領にとって遠い父祖の地への旅となった(1)。

ちょうどその直前には、歴史的な接戦となったアメリカ大統領選挙のフロリダ州での集計作業をめぐり、アル・ゴア民主党陣営とジョージ・W・ブッシュ共和党陣営が対立を深めており、アメリカ国民を混乱させていた。クリントン一家は一二月一三日にはブレア首相一家の招きで、バッキンガムシャー州のチェッカーズ首相別邸に泊まることになっていた。このときクリントンは、最も親しい外国の指導者ともいえるイギリスのブレア首相と長年の友情を振り返ることとなった。そして午後一〇時のニュースを通じて、二人はアル・ゴアの敗北宣言の演説を聴くことになった。連邦最高裁判所は、七対二でフロリダ州の再集計は憲法違反であるとの判決を下したのである。これによって、クリントン大統領の後継者が誰になるかが確実となった。

はたしてブレア首相は、新たに誕生するジョージ・W・ブッシュ大統領と、いかなる関係を築き上げるべきなのだろうか。それまで「ニュー・デモクラッツ」のビル・クリントンを政治指導者の理想像として追いかけてきた「ニュー・レイバー」のブレアは、はたしてネオコンのイデオロギーに囲まれて外交理念における隔たりもあるこの共和党の新しい大統領と、友好的な信頼関係をつくることが可能だろうか。一二月一三日の夜遅くまでチェッカーズで会話を続けるクリントンは、ブレアに次のような三つの忠告を与えた。第一は、「アル（・ゴア）のように、総選挙でねじれた結果をもたらしてはならない」ということである。第二は、「私に対してと同様に、ジョージ・ブッシュに対しても可能な限り親密な関係をつくれ」ということであった。そして第三は、「ジョージ・Wを過小評価してはならない」ということだった。というのも、「彼は抜け目なく、タフな政治家で、全く情け容赦がない」のだ。(2)

この言葉はブレア首相の心に強く響いたのだろう。ブレアはこの信頼すべきクリントン大統領の言葉を、忠実に実践するようになる。二〇〇一年六月のイギリス総選挙では、アル・ゴアのような接戦での屈辱的な敗北を経験することはなく、圧倒的な差で政権の維持に成功した。さらに重要なことに、ブレア首相はブッシュ新大統領と緊密な関係を構築するよう努力した。クリントン大統領からの最後の忠告の通り、「抜け目なく、タフな政治家で、全く情け容赦のない」という「ジョージ・Wを過小評価」するようなことはなく、「可能な限り親密な関係」をつくることに力を注いだのであった。コソボ戦争を経て、倫理的・道徳的な目的のための軍事力行使の意義を実感し、アメリカの圧倒的な軍事力への依存を深めつつあるブレアは、引き続き英米関係を強化する方向へと動いていった。これは、ブレアに近い補佐官の言葉を用いれば、イギリスがアメリカを間違った方向へと行かせないための、「堅く抱擁する（Hug Them Close）」アプローチであった。[3] あるときブレア首相は、ピーター・マンデルソンに向かって次のように述べた。「われわれは、これらの人々を国際主義者へと変えていかなければならないのだ。[4]」

ブレアとブッシュ

チェッカーズに宿泊した翌朝、ブレア首相およびシェリー夫人の案内によって、クリントン大統領はヒラリー夫人やチェルシーとともにウォーリック大学に向かうことになっていた。チェッカーズからヘリコプターに乗り込み、一同はウォーリック大学に到着した。クリントン大統領はそこで講演をすることになっていたのである。[5] ブレア首相は、このウォーリック大学から電話をして、ジョージ・ブッシュ次期大統領に大統領選挙勝利を祝福する言葉を伝えた。このとき、電話を受けたブッシュの最初の言葉は、次のようなものであった。「私の友人のビル・ガンメルのことを、あなたは知っていると思うのだが。」

ビル・ガンメルは、スコットランドのフェッツ高校でのブレアのハウスメートであり、また高校で同じチームでバスケットボールをしていた仲であった。このガンメルのことを、一〇代の頃からブッシュは知っていた。というのもブッシュとガンメルの二人の父親はともに、石油ビジネスを通じてお互いに知り合っていたからである。ジョージ・W・ブッシュはこのガンメルと一三歳の時に初めて会い、後には彼のスコットランドでの結婚式にも出席していたのだ。ブッシュはガンメルがブレアの友人であることを調べて、ブレア首相との友好関係をつくるための最初の言葉として、彼の名前を伝えたのである。このビル・ガンメルの共通の友人という事実を通じて、二人の首脳の間の関係が和らいだものになっていった。[6]

ブレア首相は、連邦最高裁の判決によってブッシュ知事の勝利が判明した直後に、次のようなメッセージをブッシュに送った。「おめでとうございます。私たちがともに、特別の関係を強化していくであろうと確信しています。あなたとともに仕事ができますことを楽しみにしています。」(7)それまでの三年半の政権運営を通じて、ブレア首相は対米関係の重要性を痛感していた。ロビン・クックが回顧するには、「トニーは、パワー・ポリティクスの問題として、新しいアメリカの政権に近づいていったのである。」(8)

他方でこの時期に首相官邸周辺では、イデオロギー的な理由からも、「ニュー・レイバー」とアメリカ共和党がともに仕事をすることが困難であろうとの予想が多く見られていた。首相の側近をはじめ、多くのイギリス人が、民主党のアル・ゴア大統領の誕生を心から望んでいたのである。(9)それも無理はない。気候変動に関する京都議定書からはじまり、国際刑事裁判所、地雷廃止や生物兵器禁止条約などについて、ブッシュ候補の外交構想はあまりにもブレア政権のそれから隔たっていたからだ。(10)

だがしばしば指摘されるとおり、鮮やかな道徳的レトリックを多用するブレア首相は、実際の政策を立案する上ではあまりイデオロギーに左右されることはなかった。(11)それは労働党の他の多くの閣僚とは異なる政治的態度であった。ブレアにとっては実際の結果が重要なのであって、ブッシュ大統領が誕生するという事実が重要なのだ。さらに早い時期からクリストファー・メイヤー駐米大使もまた、ジョージ・W・ブッシュを過小評価してはいけないと、ワシントンから首相官邸へ向けて注意を喚起していたのだ。(12)

さらに深刻な問題として、新政権が英米関係を軽視する可能性がこの頃には憂慮されていた。冷戦後のアメリカにとって、イギリスの戦略的価値は確実に低下していた。むしろアジア太平洋や中東、ロシア、中国こそが当時のワシントンの外交サークルの主要な関心事であった。あるイギリス外交官は、次のように告げられていた。「冷戦終結後、ヨーロッパはわれわれにとって戦略的な重要性が低くなっているということを、あなた方は理解しなければならない。(13)」

同時に、一九九八年一二月のサンマロ英仏共同宣言以降、イギリスがフランスとともに欧州防衛統合を進めていることは、アメリカ政府関係者の多くを不快にさせていた。ブレア首相の周辺にブッシュ候補への嫌悪感が強いことと、ブッシュ候補の外交方針が「国際コミュニティ」ではなく「国益」に基づいているということ、アメリカにとってヨーロッパの重要性が低下していることを総合すれば、ブッシュ大統領が誕生することで英米間の「特別な関係」がその意味を失うことは、十分に想像できることであった。それはブレア首相にとっては望ましいことではなかった。

とはいえ、労働党左派の政治家や左派系メディアの側からは、むしろそのようなブッシュ政権からイギリスが距離を置くことを望む声が聞こえていた。『ガーディアン』紙は二〇〇一年一月四日付社説において、従来の政策を見直す必要を次のように述べていた。「イギリスのアメリカとの関係は、これまで同様にはいかないであろう。イギリスがヨーロッパとアメリカとの『橋渡し』の役割を果たすことができるという心地よい幻想は、もはや現実的ではないのだ。」[14] まるで二年後の米欧対立を見越したような言葉であった。その上でこの社説ではイギリスが、アメリカではなくヨーロッパとの関係を何よりも優先すべきと説いている。

その背景には、ブレア首相自らが進めてきたサンマロ合意以降の欧州防衛統合の発展という現実があった。EUの防衛能力は、一九九〇年代のバルカン半島での危機への対応の際に見られたように、依然として発展途上の未成熟な状態であった。とはいえそれ以前とは明らかに異なり、EUの存在感が強まっていたのだ。そのことは、二〇〇〇年一二月のニース欧州理事会において、明瞭に示されたことでもあった。

イギリスがアメリカに近づきすぎる危険について、その根拠として『ガーディアン』紙社説は次のように述べている。「ビル・クリントンの八年間は、いくつかの場合には保守主義者に支配される議会に強要されて、そして多くの場合には彼らとの合意に基づいて、いかにホワイトハウスが単独行動主義に向かって動いてきたかを示してきた。アメリカは繰り返し国連を無視し、またそれに反対してきた。またスーダンやアフガニスタンへのミサイル攻撃が示すように、最も親密な同盟国と相談することさえなく、軍事的介入を行ってきたのだ。[15]」このようなアメリカ政府への懸念は、ブッシュ政権誕生前から存在していた。そしてそのような疑念がブッシュ政権誕生とともに、確信へと変わっていったのである。

ブレアの評伝著者でもあるジャーナリストのアンドリュー・ランズレイも、英米の「特別な関係」への幻想を抱くべきではないと警告を発していた。ランズレイによれば、「忠実なイギリス人であっても、ワシントンでは完全に信頼されているわけではない」のである。「アメリカとヨーロッパとの広がりつつある溝」の間で、ブレア首相はどちらかを選択せねばならない。「トニー・ブレアにとって大西洋は、橋を架けるには広すぎるのだ。[16]」

しかしながらブレアは二〇〇〇年秋の時点ですでに、もしもゴアではなくブッシュが大統領選挙に勝利した場合であっても、自らが彼の「最良の親友」となるとの決意を語っていた。[17] ブレア首相は、英米関係を機能させるために個人的な信頼関係がきわめて重要であることを深く理解していた。それはチャーチル首相とルーズヴェルト大統領、サッチャー首相とレーガン大統領の場合も同様であった。その実現可能性はきわめて強かった。ブレアとブッシュの両者とも、政党への忠誠心に基づくよりも一匹狼的に行動する傾向があり、また率直で強い信念を重視する政治家であった。また両者とも、それぞれの政府の正式な政策決定手続きを軽視して、少数の補佐官に囲まれる中で重要な決定を行う傾向があった。

したがって、ホワイトハウスとダウニング街との直接的な接触の中で、英米間で危機を解決する特別な使命感が醸成されていくことになるのであった。そして後に触れるように、ブレアとブッシュの英米二人の指導者は、見事に「ケミストリー」が合うこととなり、まれに見る信頼関係を構築していくのである。それは両国政府間の強固な信頼関係というよりも、ブレアとブッシュの個人的な、そしてホワイトハウスとダウニング街首相官邸の細いパイプを通じた信頼関係と言うべきであろう。

メイヤー大使とライス教授

イギリス政府内では、明らかにアル・ゴア民主党候補が大統領選挙に勝利することを望む空気が流れていた。というのもそれによって、ブレア政権とクリントン政権との友好的な関係を維持できるとみなしていたからであり、また政治理念上においても民主党政権の方が多くの政策領域ではるかに協力しやすいからだ。とはいえ、一九九二年の大統領選挙で、メジャー保守党政権が共和党の現職大統領ジョージ・H・W・ブッシュの勝利を望む政治姿勢を示したために、クリントン民主党政権成立後には、一時的に英米関係は深刻に冷却化する結果となった。クリントンはそのようなメジャー首相の仕打ちに怒りを感じ報復を決意したからだ。

それはイギリス外交に、大きな教訓を与えた。大統領選挙はどちらが勝つかわからない。したがっていずれが勝利したとしても、対米関係が安定化し友好的となるよう、選挙結果が明らかになるまでは中立的な姿勢を決して崩してはならないのだ。その後、イギリスのロビン・レンウィック駐米大使は、クリントン大統領との信頼関係を構築する努力を続けながら、ブッシュ前大統領家族とも交流をはかり、そこで長男のジョージ・W・ブッシュ・テキサス州知事とも知り合うことになった。その後もジョン・カー大使、さらには一九九七年以後はその後任のクリストファー・メイヤー大使が同様に、将来の有力な共和党大統領候補として、テキサスを訪問してブッシュ知事とも信頼関係を構築する努力をした(18)。したがってメイヤー大使はブレア首相に対して、一九九二年にメジャー首相がクリントンに対して犯した失敗を繰り返してはならないと警告し、次のように伝えていた。「総理がブッシュをどのように考えたとしても、またどれだけゴアが勝利することを望んでいたとしても、それを表には出さないでください[19]。」

二〇〇〇年のアメリカ大統領選挙においても、メイヤー大使は共和党陣営の政策立案の中心的な人物とコンタクトをとっていた。とりわけスタンフォード大学副学長（Provost）のコンドリーザ・ライス教授やブッシュ候補の選挙参謀で上級顧問のカール・ローヴと会合を重ね、共和党政権が成立した場合にも英米間の信頼関係を維持できるよう周到な用意を整えていた。ジョナサン・パウエルのような首相官邸のブレアの側近がゴアへの高い評価を崩さなかったのに対して、ワシントンに駐在するメイヤーはむしろ「ブッシュを過小評価してはいけない」と、ブレア首相に警告を発していた[20]。それは単にメイヤーの直感に依存していたわけではなく、大使館内での緻密な大統領選挙分析に基づいた結論であった。

ブレア首相が、イギリスを訪問したクリントン大統領と会談をする少し前の一二月八日、ワシントンDCではイギリスのクリストファー・メイヤー駐米大使がコンドリーザ・ライスと朝食時の会合を行っていた。フルーツ・ジュースや、スクランブル・エッグ、ベーコンやトマトなどを前に、二人は九〇分ほど多様な外交問題について意見交換をした[21]。まだブッシュ知事が大統領となるかゴア副大統領が大統領となるか明らかとなっていない中で、ブッシュ候補が勝利した際には大統領補佐官になることが確実視されていたライス教授と接触をとり、共和党政権が誕生しても緊密な英米関係を構築する道を模索していたのである。

ライスは少し前に、『フォーリン・アフェアーズ』誌に論文を寄せて、そこで共和党政権成立時の対外政策構想の輪郭を示していた[22]。そこでは、クリントン政権時のような人道的介入には深入りしないこと、また国際主義ではなくてアメリカの国益を軸に外交を進めることが明瞭に示されていた。それはクリントン政権の外交を否定することを示すと同時に、人道的介入や国際主義を促進してきたブレア政権の外交と潜在的に衝突することを意味した[23]。ライス論文において、共和党の外交政策が、「存在しない国際コミュニティなどというものではなく、国益という確固たる基礎の上に、それは進められなければならない」と書かれている。[24]

「国際コミュニティ」とは、ライス論文が刊行される一年前に、ブレア首相がシカゴ演説の中で明瞭に語った言葉であった。ロンドンの政府内では、このライス論文がアメリカの次期政権の外交方針を示すものとして、広く読まれていた。さらにこの論文の中では、イラク、イラン、北朝鮮の三カ国が「ならず者国家」として並べられて論じられており、これらの三カ国が大量破壊兵器を確保することを防ぐための強い意向が示されていた。それは一年後の、ブッシュ大統領による「悪の枢軸（the axis of evil）」演説を示唆するような態度であった。明らかにクリントン政権時の多国間主義の重視の姿勢とは異なる、単独行動主義的な色彩の強い論文であった。メイヤー大使は、そのような懸念を抱えて、ライスと意見交換を行ったのである。

メイヤー大使は、ライスを前にして、「われわれはジョージ・W・ブッシュが孤立主義者だとは考えていない」と述べ、「ヨーロッパでわれわれイギリスほど親米的な国はない」と伝えた。[25]その言葉に対してライスは謝意を伝え、ブッシュが国際的な関与を求めるであろうと述べるとともに、しかしながら彼の外交はクリントンのそれとも彼の父親のそれとも異なるであろうとつけ加えた。とはいえライスはメイヤー大使に対して、「われわれの最も重要な二国間関係は、常にイギリスとのそれである」と伝えていた。[26]このことはメイヤー大使を、そしてブレア首相を安心させることになった。

また同じ時期にメイヤー大使がカール・ローヴと会談した際に、メイヤーは「トニー・ブレアがクリントンと親密な関係を持っていたことは、あなた方にとって問題でしょうか」と尋ねた。それにたいしてローヴは、「全くそんなことはありません」と答えた。[27]むしろ共和党から見れば、クリントン大統領との個人的な信頼関係を大切にしてきたブレア首相の政治姿勢を高く評価しているかのようであった。ブレア首相は、信頼に足る指導者とみなされていたのである。

ブレア首相が、ブッシュ大統領と親密な関係を構築しようと模索する一方で、イギリス外務省は明らかにブッシュ政権の誕生に少なからぬ不安を抱えていた。とはいえメイヤー大使はライス教授との会話の中で、外交政策の多くの領域で英米間の協調が可能であることと、早期の英米首脳会談を開催してブレア首相とブッシュ新大統領との間の信頼関係をつくりあげるべきことを実感した。メイヤーによれば、「首相は、もしも最初でないとしても、ブッシュ大統領を訪問する最初の首脳の一人となるべきだ」と考えていたからである。[28]メイヤー大使はなるべく早い時期のブッシュ大統領との首脳会談の実施をライス補佐官に依頼していたが、就任直後は日程が詰まっていたこともあり三月初頭までは都合がつかなかった。両者の交渉の結果、二月一八日のイギリス下院議会休会後、どうにか二月二三日に、英米首脳会談を開くことで固まった。いよいよ、ブレア首相が訪米して新しい大統領と会談することになった。

ブッシュ新政権へのアプローチ

ブレア首相は決して「ジョージ・Wを過小評価」するようなことはなかった。ヨーロッパ諸国政府内では、イデオロギー的な嫌悪感や個人的な蔑視から、ブッシュ新大統領に対する侮蔑的な発言がしばしば見られ、それはイギリス国内、とりわけ労働党内でも見られたことであった。またこの時期には、ミサイル防衛問題をめぐり国際条約を破棄してでもその計画を強硬に進めようとするブッシュ政権に対して、ヨーロッパ諸国は深刻な懸念を抱いていた。とはいえ新たに誕生したブッシュ共和党政権には、冷戦終結期にジョージ・H・W・ブッシュ政権で困難な交渉を担当した経験を持つ手強い外交専門家が結集していた。メイヤー駐米大使は次のように述べている。「チェイニー、パウエル、ライス、そしてラムズフェルドは、一九八九年以来われわれが目にする、最強で最も経験のある対外政策チームであるように思えた。[29]」

そのような確信は、二〇〇一年初頭のジョナサン・パウエルとジョン・ソアーズという首相官邸で外交を取り仕切る二人の外交補佐官の訪米によって確かなものとなった。二人ともにイギリス外務省出身で、対米交渉も豊富な優れた資質を持つ外交官であった。彼らはこの時期、ブレア首相への最も影響力ある外交アドバイザーとなっていた。そもそも彼らは、アル・ゴア大統領の誕生に期待を寄せていて、ブッシュ個人にはあまり高い評価を持っておらず、どちらかというとその手腕を低く見積もっていた。しかし二人はワシントンでチェイニー、パウエル、ライス、ローヴといった政権の中枢に入る主要人物と会合した後に、彼らの考える外交構想と大きな対立点がないことに安心した。[30] またその会談の中でライスは二人に向かって、「イギリスとの関係は、われわれの最も重要な、ただ一つの二国間関係だ」と伝えた。さらにホワイトハウスの首席補佐官アンドリュー・カードは、「イギリスはわれわれにとって最も親密な友人だ」と語った。[31] これらの言葉は、彼らに多大な安心感を与え、ブッシュ政権においてもクリントン政権時と同様の緊密な英米の「特別な関係」を構築できると期待させた。二人はそのように実感を抱えてロンドンに戻り、ブレア首相にブリーフィングしたのである。

ブッシュ政権成立から一カ月が経った頃、ブレア首相訪米直前にメイヤー大使は、ブッシュ大統領の人物評について次のような電報を送った。「彼を過小評価することは、大きな誤りとなるであろう。[32]」さらにメイヤー大使はワシントンで、次のようにブッシュ大統領を位置づけていた。「ブッシュは、生まれつきの保守主義者で、強く単純な価値観に支えられている。それは神であり、愛国心であり、家族である。」また「彼の大統領的な手法は、優れた人物を選び取り、代理をさせ、彼らの絶対的な忠誠心を要求し、彼らの意見に耳を傾け、決断を下し、そしてそれに固執する。」このようなメイヤー大使のブッシュ評は、少なからずブレア首相に影響を与えたことであろう。訪米を前にしてブレア首相は、ブッシュ大統領に対する一定の敬意と肯定的な評価を念頭に置いたに違いない。

二〇〇一年二月二三日、ワシントンDCに到着したブレア首相は、まず最初にディック・チェイニー副大統領と会談することになった。このチェイニーとの会談は、必然的に緊張感に溢れたものとなっていた。[33] 外交問題に疎くより柔軟なブッシュ大統領とは異なり、チェイニー副大統領は強固な外交理念を抱えており、より硬直的にイデオロギーに拘泥するネオコンの中心人物の一人でもあった。アラステア・キャンベルが評するには、もしも彼がイギリスにいれば「完全なトーリー（保守主義者——引用者注）であっただろう。[34]」そしてチェイニーは、ブレアが進めてきた欧州防衛統合について、はっきりと懐疑的な不満を伝えた。さらにチェイニーはイラクの問題に話題を移し、サダム・フセインがこの地域の顕著な脅威となっていると指摘した。キャンベルによれば、「中東について、チェイニーは明らかに今すぐそこを攻撃するつもりはないようだが、ある適当な時点が来れば深く関与していくだろう。[35]」実際には、わずか一年後に、チェイニーを中心としてホワイトハウスはイラクへの攻撃を準備し始めるのであった。

「コルゲート・サミット」

チェイニー副大統領との会談の後、ワシントン北部からシコルスキー型ヘリコプターに搭乗して、ブレア首相、シェリー夫人、そして首相官邸の随行員がメリーランドのキャンプ・デイヴィッドに向かった。ブレア首相はいよいよ、ブッシュ大統領と初対面することになっていた。五〇分ほどのヘリコプターでの移動を経て、大統領別邸に到着した。ブッシュ大統領は当初、テキサス州のクロフォードでの会談を望んでいた。クロフォードでの会談に招かれることは、ブッシュ大統領の最も親しい外国の首脳であることを意味する。しかしクロフォードはその頃改装中であったことからキャンプ・デイヴィッドとなったのである。ともあれブッシュ大統領としては、就任間もない慌ただしい時期であるにもかかわらず、最良のかたちでイギリスの首相を迎え入れることになった(36)。

キャンプ・デイヴィッドが近づくと、窓の外にジョージ・W・ブッシュ大統領とローラ夫人が出迎えに来ている様子が見えた。ヘリコプターが着陸すると、一行はゴルフ・バギーに乗り込み、洋服をカジュアルなものに着替えるためにそれぞれのバンガローに向かった。イギリスの側は、ブレア首相、ジョナサン・パウエル、アラステア・キャンベル、ジョン・ソアーズ、そしてメイヤーが参加していた。ローラ夫人がシェリー夫人を昼食に招いていた。両国が準備のための別々のワーキング・ランチを終えた後に、いよいよテーブルを挟んで首脳会談が始まった。テーブルの上には、黒服のウェイターがアイス・ティーと水をグラスに注いでいた(37)。

「ようこそキャンプ・デイヴィッドにいらっしゃいました、トニー。トニーとお呼びしてよろしいでしょうか。あなた方をここにお招きできて光栄です。」このようにブッシュ大統領がブレア首相一行をあたたかく歓迎することから、首脳会談が始まった。

「ありがとうございます、ジョージ。ジョージとお呼びしてよろしいでしょうか。ここにお招きいただき光栄です(38)。」このようにブレアは返答した。これから六年半にわたるトニーとジョージの親しい関係が、そしてアフガニスタン戦争やイラク戦争へとつながる緊密な英米関係がここに始まった。

二人の会話が始まるとともに、この初対面の二人の指導者の相性がとてもよいことに誰もが気づいた。そして中東問題、とりわけイラク問題や、ロシアの問題をめぐり、次々と意見交換がされていった。二つの大きな難問が、ミサイル防衛配備問題および欧州防衛統合問題であった。後者に対しては、チェイニー副大統領はきわめて強い不快感を示しており、ブッシュ大統領も同様の懸念を抱いていた。それに対してブレア首相は、ボスニアやコソボでヨーロッパが単独で行動できなかったことの教訓を語り、さらにこのイニシアティブがNATOを強化すると主張した。それに対してブッシュ大統領も理解を示した(39)。この欧州防衛統合を、ブッシュ大統領がある程度肯定的に受け入れたことは、ブレア首相にとっての大きな収穫であった(40)。ブレア首相は強い姿勢で、この新しい欧州統合の動きを進めようとしていたのである。

午後四時半にはキャンプ・デイヴィッドのダイニング・ホールにおいて、ブレア首相とブッシュ大統領は共同記者会見に応じた。質問は主として、ミサイル防衛問題と欧州防衛統合へのブッシュ大統領の対応に集中した(41)。途中で、次のようなやわらかい質問があった。「あなた方二人は、性格的に大きく異なっていると言われることがあります。たとえば宗教やスポーツや音楽など個人的関心として、二人に共通することについて何か話をしましたか?」あたかもこの二人の指導者が、性格にしても抱える外交理念にしても対照的であるといわんばかりの質問であった。ブッシュ大統領は、少し時間をおいてから、「そうですね、われわれはともに、同じコルゲートの歯磨き粉を使いました」と答えた(42)。一瞬会場に笑いが湧き上がった。二人の指導者は、一緒に森を散策し、同じ建物で宿泊し、同じバスルームを使い、さらには同じコルゲートの歯磨き粉を使っていたのである。これが「特別な関係」と言わんばかりのユーモアであった。

このことから、このサミットは、別名「コルゲート・サミット」と呼ばれるようになる(43)。さらにこの記者会見でブッシュ大統領はイギリスのことを、「われわれにとって最も頼もしい友人であり、最も親密な同盟国である」と述べた(44)。ブッシュ大統領は、過剰なほどの賛辞をブレア首相に贈り、それはあたかも完全にブレア首相に魅了されているかのようであった。不動の信念をもってコソボ戦争を闘い、華麗な修辞の演説で聴衆を魅了するブレア首相は、外交経験に疎いブッシュ大統領から見れば尊敬に値する存在であった。

夕食はブレア夫妻とブッシュ夫妻のみで行われることになった。そして食後には、ブッシュは次のように言った。「みんなで映画でも見るのはいかがでしょうか。」その後、関係者みなを招いて、ロバート・デニーロ主演のコメディ映画「ミート・ザ・ペアレンツ」を鑑賞することになった。ブッシュはシェリー・ブレア夫人の横に座って大きな声で笑い、その部屋には明らかに和やかな空気が流れていた。皆が大きな声を出して笑い、通常は早い時間に就寝するブッシュ大統領も遅くまでともに時間を過ごした。[45] ライスはアームチェアーによりかかって眠りに入っていた。この和やかな空気によって、首相官邸内でのブッシュ共和党政権に対する距離感は、確実に縮まったことであろう。

翌日、ブレア一行を乗せたヘリコプターはアンドリュース空軍基地へ向かい、そこでコンコルド機に乗り換えてロンドンへと戻ることになった。ブレア首相をはじめ、首相官邸の外交チームは、ブッシュ政権の外交認識がきわめて健全であることに安堵し、またクリントン政権の時よりもはるかに経験豊かなスタッフに支えられていることに印象づけられた。[46] またある者はパウエル、ライス、ラムズフェルドのようなメンバーを「スター軍団(the stellar)」と称した。このキャンプ・デイヴィッドでの英米首脳会談は、イギリスの首相官邸が抱いていたブッシュ共和党政権へのイデオロギー的な警戒感や不信感を取り除くのに十分であった。それゆえにブレアは、ブッシュ大統領を評して次のように語っていた。「彼は強く、率直で、またその裏には真剣さが見られる。……私は彼のことが気に入った。[47]」

同時にブレアは、ブッシュ大統領が彼に高い敬意を払っていることを嬉しく思った。あるイギリスの高官は次のように述べた。「ブレアは信任状を得た。ブッシュは、彼がトニーのことを尊敬しているかのような印象を与えた。それはとても嬉しいことであった。[48]」かつてはブレア首相がクリントン大統領を「兄」のように尊敬し、自らは「弟」のように振る舞っていた。しかし一九九九年のコソボ戦争の経験で、むしろ自らが外交問題で運転席に座ってリーダーシップを発揮するべき責任を感じた。ブッシュ政権の成立によって、そのようなブレアの確信は強まっていく。チェイニー副大統領をはじめとして、「リベラル国際主義」を嫌悪する単独行動主義的な性向の強いブッシュ共和党政権に対して、ブレア首相は自らの影響力によって彼らを「国際主義者へと変えていかなければならない」と強く実感するのであった。そのような認識が、二〇〇一年九月一一日以後にさらに強まっていくのである。

「特別な関係」の再生

ブレア首相はそれまで、親欧州的なイギリスの指導者として、「ヨーロッパにおけるリーダーシップ」を模索してきた。しかし一九九九年のコソボ戦争を一つの転機として、軍事的必要性という考慮からも、次第に英米間の「特別な関係」へと対外政策の軸足を移していく。その途上に、ブッシュ大統領の誕生を位置づけることができる。その背後に、さまざまな演出も見られた。

まずブレア首相の二月二三日の訪米を前にして、メイヤー大使は一九四一年の大西洋憲章の最終草稿のコピーをカール・ローヴに送っていた[49]。いうまでもなくこの大西洋憲章の最終草稿のコピーをカール・ローヴに送っていた相とルーズヴェルト大統領との間の大西洋会談は、英米間の「特別な関係」を演出した最良の起源であった。ブッシュ大統領がチャーチル首相を崇拝していることを知って、メイヤー大使はささやかなプレゼントを用意したのである。さらには、アメリカ生まれのイギリスの彫刻家であるサー・ジェイコブ・エプスタインの作品であるチャーチルの胸像を、ブッシュ大統領の任期中にアメリカに貸し出すことを決めた。チャーチルの手書きの大西洋憲章の草稿のコピーは額縁に入れられて、キャンプ・デイヴィッドの壁に飾られることになった。またエプスタインのチャーチル胸像はホワイトハウスの大統領執務室に飾られることになった。ブッシュ大統領はチャーチルの幻影を感じながら、英米関係の重要性を想起したのかもしれない。

さらには、カール・ローヴの考案によって、ホワイトハウスにて連続講義を開催することになった。その招待者の一人が、高名なチャーチル伝の著者であるマーティン・ギルバートであった。チャーチルはアングロ＝サクソン主義のイデオロギーを掲げて、英米両国が一体となって文明論的に世界を牽引する必要を説いていた。そのようなチャーチルのイデオロギーは、チャーチルが終身名誉副理事長となった「英語諸国民同盟（English-Speaking Union）」と称する政治クラブを通じて、その後長く英米両国に受け継がれていく[50]。そしてこの政治クラブはアメリカのネオコンの一つの支持母体となり、メイヤー大使もそこでの講演を行っていた。かつて第二次世界大戦の時代のチャーチルとルーズヴェルトの友好関係を基礎に花開いて、一九八〇年代にはサッチャーとレーガンの間に活性化された英米間の「特別な関係」が、ブレアとブッシュの間に再生されようとしていた。「コルゲート・サミット」はそれを培養する重要な機会を提供したのである。

二〇〇一年三月の新聞社とのインタビューの中で、ブレアは次のように語った。「私はこれまで可能な限り親米的な首相であろうとしてきた。われわれがしっかりとアメリカと協調することなく取り組むことのできる問題を、ただ一つとして思い浮かべることはできない[51]。」皮肉なことに、自らとは異なるイデオロギーを掲げる大統領との間で、ブレア首相はかつてないほど強固な「特別な関係」を構築しようと決意したのである。

二　九・一一テロと「新しい悪」

二〇〇一年総選挙での勝利

二〇〇一年は、アメリカにおいて新たにブッシュ共和党政権が成立した年であるとともに、イギリスにおいて総選挙が行われる年でもあった。ブレアにとって、選挙に勝利することは何にもまして重要なことであった。しかしながら過去の歴史の中で、労働党政権が二期八年を満了したことはなく、三度連続で総選挙に勝利したこともなかった。一九九七年五月に歴史的な勝利を手にしたブレアは、首相として臨むこの二〇〇一年の総選挙でも同様に圧倒的な勝利を手にして、歴史に自らの名前を刻むことを求めていた。移ろいやすい世論を前にそれは決して容易な作業ではなく、とりわけ二〇〇〇年のエネルギー危機により世論の不満が鬱積する中では、ますますそうであった。

しかし二〇〇一年六月七日の総選挙の結果は、ブレア首相率いる労働党の圧勝であった。労働党は四一二議席を確保し、一六六議席の保守党を大きく引き離した(52)。過半数を一六五議席超えた勝利により、労働党内の多少の造反を気にすることなく、政権二期目において首相としての大胆なリーダーシップを発揮することが可能となった。四年前の地滑り的勝利から七議席ほど少ない議席数とはいえ、世論は労働党政権、そしてブレア首相に信任を与えたのである。二期連続でこれほどまでに大きな差をつけて勝利をすることは、イギリス政治史の中でもまれである。同時にその勝利は、ウィリアム・ヘイグ率いる保守党のリーダーシップの欠如と保守党内の対立を一因とするものでもあった。ともあれブレア首相は、自信を深めることでより強固なリーダーシップを発揮しようと試みることになる。財務相のゴードン・ブラウンは、このときブレアに対して首相の座を早く彼に譲るよう要求していた(53)。だがブレアはこれまでの自らの路線の正しさを認識し、やり残した仕事をやり遂げるためにも、首相として指導を続ける決意をしていた。

六月八日にブレアは、首相官邸の玄関前で労働党の勝利を伝える声明を伝えた。まずブレアは「この国の政府として信頼を寄せられることは、とても大きな特権であり名誉である」と述べた(54)。そしてこれから取り組むべき政策課題に謙虚な姿勢で触れた上で、最後に次のように語った。「イギリスはとても特別な国であり、その国民はとても特別な国民である。」それゆえにブレア首相は、イギリスが多くの挑戦に応えることが可能であり、大きな変化に立ち向かうことが必要だと論じた。

この演説の中でブレア首相は、「国際コミュニティ」という言葉にも、英米の「特別な関係」という言葉にも触れていない。しかしイギリスが「とても特別な国」であるということを、外交における自らのリーダーシップにおいても証明できると考えていたのであろう。その後の危機の中でブレア首相は、次々と「国際コミュニティ」における華麗なリーダーシップを発揮しようと試みたのである。

ブレア首相の「大統領化」

その上で重要となるのが、首相官邸がそれまで以上に効率的で強力なリーダーシップを発揮できるような組織へと変貌することであった。

まずブレアは、親米的な外交官であるデイヴィッド・マニングをNATO大使から呼び戻し、首相官邸の外交担当補佐官に任命することになった(55)。マニングは、オクスフォード大学卒業後にアメリカのジョンズ・ホプキンス大学大学院（SAIS）で学位を修得している。このSAISの大学院長を務めていたポール・ウォルフォウィッツとも、その後長く交流があった。アメリカ留学および一九九五年から九八年までのイスラエル大使時代に、アメリカ政府関係者と幅広く交流を持つに至ったマニングは、アメリカとの関係をそれまで以上に重視するようになったブレア首相には好ましい人選であった。またそれ以上に重要なことに、コソボ危機の際にマニングはコンタクト・グループのイギリス政府代表を務めており、そこでブレア首相の信任を得るに至った。親米的で、高い事務能力を有するマニングが首相補佐官に就いたことで、アメリカ側のカウンターパートであるライス大統領補佐官との間に強固なパイプをつくることになる。これとともに、外務省ではなく首相官邸が外交においてより大きな権力を擁するようになり、ブレア首相の外交指導がよりいっそう「大統領的」となっていった[56]。

またロビン・クックが外相のポストから外されて、下院院内総務のポストへと横滑りすることとなった。ブレアはクックを呼び、直接それを告げた。「あなたには、動いてもらいたい。私はそれがフェアでないということはわかっている。あなたは何も間違ったことはしなかったが、いくつかの変更を加えなければならないのだ[57]。」ブレア首相がクックを外相の座から外した理由は明確ではないが、首相官邸から外交を指導しようとしたブレアと外相のクックとの間で、いくつかの政策領域で対立が見られたことは確かであった。少なくとも、より自らに忠実で抑制的なジャック・ストローを外相の座に就けたことで、首相が直接外交をコントロールできる環境が強化されたことは間違いなかった[58]。

二〇〇一年の総選挙と前後して、ブレア首相がよりいっそう「大統領的」となり、外務省を挟まずに首相官邸がブッシュ大統領のホワイトハウスと直接的にコンタクトをとるようになっていく。ジョナサン・パウエルやアラステア・キャンベルを中心に、首相官邸が直接外交を動かす様子を見て、国際開発相のクレア・ショートは、「(ダウニング街―引用者註)一〇番地のマシーンのやり方は、とても横柄であった」と回顧している[59]。

政権二期目におけるこのような変化は、九・一一テロからイラク戦争に至る過程でのイギリス外交に、少なからぬ影響を与えるようになっていく。これが、首相官邸が内閣や外務省を迂回して、直接ホワイトハウスとパイプを持って重要な政策決定を進めていくことになる組織的な背景でもあった[60]。

九・一一テロの衝撃

二〇〇一年九月一一日火曜日の午後一時四八分、トニー・ブレアはブライトンのグランド・ホテルにて昼食をとりながら、その後に行われる予定の労働組合会議（TUC）での演説の準備を進めていた。[61] そこでブレアは、衝撃的な情報を耳にする。ニューヨークの世界貿易センタービルに旅客機が突入して、大惨事に至ったのである。当初は単なる偶発的な事故と受け止めたブレアは、その後次々と入ってくる情報によってその表情を厳しくしていった。ブレアの政治指導を大きく揺り動かし、また世界の歴史を大きく塗り替えようとする恐るべき同時多発テロが勃発したのである。

ホテル最上階スイート・ルームの上階部でブレアが演説の最終稿を仕上げていたとき、アラステア・キャンベルは下の階でテレビをつけてニューヨークで起こった大惨事の映像を見つめていた。明らかにそれは異常な事態であった。キャンベルは慌てて上の階にいたブレアのところに行き、今すぐテレビをつけて映像を見るよう要請した。思考が交錯する中で、ブレアはこの事態の外交的帰結を想起した。そこでブレアは、「われわれはアメリカを助けなければならない、そして彼らは自分たちのみでは前に進むことはできない、また彼らの思考の中では自分たちは包囲されており、これは攻撃と同等のものだと考えているだろう」と述べた。[62]

午後二時四三分に、ペンタゴンの国防省の南西側のビルへと三機目の飛行機が突入した。これによってブレアは急遽ブライトンでの演説の中止を決断し、その場にいた労働組合会議の他の参加者と言葉を交わすことになった。そこでブレアは次のように語った。「この巨大なテロリズムは、今日のわれわれの世界における新しい悪である。[63]」

それまで、ユーゴスラビアのミロシェビッチ大統領とイラクのフセイン大統領を残忍な暴君として「悪」とみなしていたブレアは、ここで「新しい悪（new evil）」に遭遇したのである。倫理的・道徳的な感情を高ぶらせ、明らかに動揺した様子でブレアはこの「新しい悪」を躊躇することなく糾弾したのである。このブレアの言葉は、テレビカメラを通じてイギリス国民に広く伝わった。その後ブレアは、三時二〇分に、最も安全で最も速い方法と告げられた列車を利用して、ロンドンの首相官邸へと向かった。五〇分間の列車内での時間は、自らのとるべき行動へ向けての思索に充てられることになった。同時にブレアは、首相官邸のジョナサン・パウエルをはじめとする政府関係者に携帯電話をかけて、新しい情報を求めていた。[64]

ロンドンのヴィクトリア駅に到着してからは、警察によるエスコートの下で首相官邸に戻ってきた。官邸では直ちに合同情報委員会（ＪＩＣ）を開き、集積されたさまざまな情報に耳を傾けた。[65]「誰がこれを行ったのだろうか？」ブレアはまずそのように問い質した。ＪＩＣ議長のジョン・スカーレットの説明によると、この同時多発テロの背後にウサマ・ビン・ラーディンやアル・カーイダが存在していることは明らかであった。そしてイギリス情報局保安部（ＭＩ５）長官のスティーブン・ランダーは、次のように語った。「二つの可能性があります。最も可能性が高いのは、ウサマ・ビン・ラーディンの組織です。しかしそれが自爆攻撃であったことからも、中東のイスラーム・グループである可能性もあります。」ブレアは続けて、次のように述べた。「私はこれについて、知っていたのだろうか？」ランダーは、それまでのインテリジェンスの報告書の中に、それらについての記述が含まれていたことを率直に語った。実際に、二〇〇一年七月一六日のＪＩＣの報告書の中には、アフガニスタンの基地からアル・カーイダが何らかの攻撃を始める「最終段階」に入ったことを告げていた。問題は、これに対してアメリカがどのような対応をするかであった。時刻は午後五時近くになっていたが、依然としてブッシュ大統領とは連絡がとれないままであった。

ブレアが最も気にとめていたことのひとつは、アメリカ政府が憤激しているであろうことであり、彼の周囲で反米主義的な声が聞こえることであり、またそれによりブッシュ大統領が無責任な行動に出ることであった。ブレアの役割は、この巨大なテロリズムに対して、アメリカが単独で行動することを防ぎ、国際コミュニティとして結束して立ち向かうようにすることであった。[66]それゆえに、その後ブレア首相は世界を駆け回り、世界中の指導者たちと連絡をとり、国際社会として団結する必要を説いて回ったのであった。

九月三日に新たにブレア首相の外交担当補佐官に就任したデイヴィッド・マニングは、その最初の仕事としてワシントンを訪問して、コンドリーザ・ライスをはじめとするホワイトハウスのカウンターパートと意見交換をすることになった。九月九日にワシントンに到着したマニングは、その翌日にはライス補佐官およびハドリー副補佐官と会談し、一一日の飛行機に乗ってニューヨーク経由でロンドンへと戻ることになっていた。偶然にもマニングは、九・一一テロを飛行機の窓から直接眺めることになった。彼の目には、世界貿易センターから黒い煙が立ち上がっている様子が映っていた。[67]その後、ブレア政権二期目に首相官邸内で中心的に外交を舵取りすることになるマニングは、この巨大なテロリズムに大きな衝撃を受けたのであった。マニングはニューヨークに足止めとなり、翌一二日朝にはニューヨークにいたサー・ジェレミー・グリーンストック国連大使のロールス・ロイスに乗って、かろうじてワシントンに到着することができた。その後数日にわたってマニングはホワイトハウスの国家安全保障会議に出入りし、ここでライス大統領補佐官と親密な関係を築く。[68]ロンドンにようやく帰国することができたのは、一四日のことであった。

「新しい悪」との対決

九月一一日、午後六時を過ぎて首相官邸での会合を一通り済ませたブレア首相は、官邸の玄関の前で記者会見を行った。そこでブレア首相は、この未曾有のテロリズムによる破壊に対する自らの感情を次のように語った。「われわれはブッシュ大統領とアメリカの人々に対して、われわれの連帯と、心からの同情と、祈りの言葉を捧げたいと思う。[69]」続けて、イギリス政府がとったいくつかの緊急措置について説明した後に、次のように倫理的・道徳的な言葉でテロリズムを非難した。

「この野蛮主義は、永遠に自らの恥辱を抱きつづけることになるであろう。すでに述べたとおり、この巨大なテロリズムはわれわれの世界における新しい悪である。これを犯した人々は、人間の尊厳や命の価値がどのようなものかを全く省みることがなかった。われわれ、世界の民主主義諸国は、それをたたきのめし根絶するために結集しなければならない。」

このような倫理性や道徳性に満ちた言葉は、コソボ戦争のときにブレアの口から溢れてきた言葉と同様の性質のものであった。アメリカ政府が主として自らの国土を攻撃された衝撃と屈辱からその後の対応を進めていったのに対して、ブレア首相はより普遍的な言葉を用いて、この「野蛮主義」であり「新しい悪」であるテロリズムに立ち向かう必要を説くのである。

そのような道徳主義的な論調は、翌日一二日の演説でも明らかであった。記者団を前にしてブレア首相は、アメリカでの同時多発テロへの自らの姿勢を次のように述べた。「われわれは皆、この攻撃がアメリカのみに対するものではなく、世界に対するものであると同意している。それゆえ、われわれの完全に統一的な非難と、それらを引き起こした責任を背負った者たちへ正義をもたらすための決意と、さらにこの試練の時におけるアメリカの人々への支援が求められているのである。[70]」そしてテロリストたちへの憎しみを込めて次のように語った。「この責任を負うべきテロリストたちは、人間性や慈悲や正義といった意識を持っていないのだ。」そのようなテロリストたち、すなわち「新しい悪」に対して、ブレア首相はコソボ危機のときと同様の決意を持って対峙するつもりであった。

アラステア・キャンベルの日記では、ブッシュ大統領が内向きになり、単独で行動することをブレアが懸念していた様子が描かれている。ブレアは「巨大な国際的な支援の努力と、テロリズムに対する長期的なアジェンダとが結びついた巨大な軍事攻撃こそが、われわれの進むべき道だ」と考えていた。[71] ブレアは、このテロリズムに対して、アメリカが主導する巨大な軍事攻撃がまもなく始まることを予期していたのであろう。また、アメリカ国務省元報道官でこの頃ロンドン・スクール・オブ・エコノミクスの客員教授を務めていたジェームズ・ルービンは、キャンベルとの会話の中で、「アメリカの右派は、世界中であらゆる行動をとるために、これを口実として利用するであろう」と予測していた。[72] テロ直後のアメリカから帰国したデイヴィッド・マニングも、まだブッシュ大統領は抑制をしているが、いずれそうならなくなるであろうと予期していた。[73] アメリカ政府内では、確実に新しい歯車が回り始めていた。そのことに対して、イギリスの首相官邸内では少なからぬ懸念が見られていたのである。

ブッシュ大統領との会話

九月一一日午前、同時多発テロ発生から間もないワシントン。メイヤー大使はライス大統領補佐官に、電話で連絡をとった。ライスは冷静で落ち着いているようだった。ライスはそこで、アル・カーイダやウサマ・ビン・ラーディンがこのテロの背後にいることが確実だと伝えた。またアメリカが反射的に軽率な行動に出ることはないだろうと言って、メイヤーを安堵させた。メイヤー大使は、ブレア首相が可能な限り早期にブッシュ大統領と連絡をとりたがっていると伝えた。それに対してライスは、そのように準備を進めると伝え、大統領自らもブレア首相と早期に連絡をとりたがっているだろうと述べた。[74]

ロンドン時間で一二日の午後一二時半、ブッシュ大統領はブレア首相に電話での連絡を行った。[75] まだブッシュ大統領がホワイトハウスの大統領執務室に戻ってから間もない段階で、それはブッシュが最初に取りかかった仕事のひとつであった。それはブレアを深く信頼している証拠でもあった。ブッシュはワシントンを離れてフロリダに滞在していたところで、同時多発テロ発生からしばらくは連絡をとることができなかった。その間、副大統領のチェイニーがホワイトハウスで指揮を執っており、そのことがまた首相官邸を懸念させたのである。

電話を受けてからブレア首相はまず、自らの衝撃と恐怖を伝え、ブッシュ大統領が無事であったことを喜び、アメリカに対して「完全な支援」を約束すると伝えた。ブレア首相は、アメリカ政府がすぐさま軍事攻撃に移行することを想起したと伝えた。そして、迅速な行動も重要であるが、同時により効果的な行動もまた重要であると示唆した。ブレア首相は、アメリカが怒りの中で直ちに軍事攻撃を始めるのではなくて、あくまでも国連やNATOなどを通じて国際コミュニティとしての結束を示すことを優先すべきと考えていた。それゆえに、ブッシュ大統領がそのような反射的な軍事行動を抑制したことに安堵したのである[76]。

それに対してブッシュ大統領は、次のように語った。「われわれは、それを実行したテロリストと、それをかくまった人々を区別することはしないであろう。」「それをかくまった人々」とは、まず第一に、アフガニスタンのタリバーン政権を意味した。この言葉は、後に繰り返しブッシュ大統領の口から聞かれることになる。ブッシュ大統領が、アメリカ国民の悲哀と憎悪を背景に、そして政権中枢の強硬論の主張を背景に、軍事攻撃の準備を進める一方で、ブレア首相はこれ以降、国際コミュニティの結集へ向けて、そして軍事攻撃への国際的正当性の確保へ向けて、世界を駆け回ることになる。

この電話での会話を通じて、いくつかの方向性が視野に入ってきた。まずブレア首相が翌週にワシントンを訪問することになり、今後の方針について協議することになった。ブッシュは、「報復をするであろうが、慌ててそれを行うようなことはしない」と伝えた[77]。そしてこの時点で、アフガニスタンのタリバーン政権に支えられたウサマ・ビン・ラーディンとアル・カーイダがこの背後にいることは明らかになっていた。またこの電話の中で、ブレア首相の要請によって、アメリカが国連やNATOを通じた国際協調を確保する重要性をブッシュ大統領は理解した。そして今後英米両国がどのようにこのテロリズムに対応すべきか、九月二〇日の首脳会談で協議されることが固まった。

ブレア首相、そしてイギリス政府は、アメリカ国民へ最大限の同情と親愛の念を示していた。それは自然な感情であると同時に、アメリカ国民を孤立させず、憤慨させず、連帯させるための静かな努力でもあった。ブレア首相はクリントン大統領の頃から、アメリカに対して最も大きな個人的影響力を行使するためには、公の場でアメリカへの完全な支持を打ち出すことが不可欠であることを学んでいた(78)。

イギリスは、国家を挙げてテロの犠牲者に追悼の心情を示した。九月一三日、バッキンガム宮殿の近衛歩兵第二連帯の衛兵が、アメリカ国家「星条旗よ永遠なれ」を厳かに演奏した。いうまでもなく、それは前例のない光景であった。常に冷静なライス国務長官は、激務の後に一息ついてテレビをつけたときに、画面にこの光景が流れているのを目にした。そして感極まって涙を流したという。それは九・一一テロの後にライスがはじめて見せた涙であった(79)。

グラウンド・ゼロのブレア

二〇〇一年九月一九日午後、ブレアはベルリンでゲアハルト・シュレーダー首相と会談をし、その後飛行機でパリに飛びイギリス大使館に宿泊していた。二〇日朝にはパリでジャック・シラク大統領と朝食をとりながら会談をした。ブレアと会談する直前に、EU議長国の大統領として訪米したシラク大統領は、アメリカに対して友好的で同情的な言葉を語っていた。そしてブレア首相に対しても、「われわれはいつでも、あなたとともにある」とあたたかい言葉を伝えた[80]。まだサンマロ英仏首脳会議以来の英仏間の友好関係は存続していた。その後ブレアはパリからニューヨークに移動する。まさに世界を駆け巡っていたのだ。

二〇日朝のニューヨークは、強い雨が降っていた。メイヤー大使は前の晩にすでに、ブレア首相をケネディ国際空港で迎えるためにワシントンからニューヨークへと移動していた。この日はブレア首相にとってもメイヤー大使にとっても、忙しい一日となる。警備が強化されたことと雨とが重なり、ケネディ国際空港からマンハッタンまでの道のりは、激しい渋滞が続いていた[81]。ブレア首相は空港に到着後、リムジンでマンハッタンに移動して、グラウンド・ゼロ横の行方不明者捜索センターと英国国教会の聖トマス教会を訪れる予定となっていた。

大分遅れてマンハッタンに到着したブレア首相らは、ハドソン川沿いの行方不明者捜索センターに立ち寄った。そこでは愛する家族を失った多くの人々が、絶望と困惑の表情で懸命に手がかりを探していた。この激しい破壊、絶望となった日常、そしてそれによるおびただしい犠牲者の影は、ブレア首相の心に大きな打撃を与えた。イギリス人だけでも三〇〇人を越える犠牲者が生じていた。それは一度にイギリス国民が殺された数としては、決して小さな数字ではない。直接テロリズムに破壊された跡地を目にすることで、ブレア首相は多くのアメリカ国民と同様に怒りと悲しみを感じたのであろう。

続いて一行は、聖トマス教会の中に入っていった。ブレア首相の到着を待って、テロの犠牲者を追悼するミサが始まろうとしていた。そこには、ビル・クリントン前大統領やその娘のチェルシー、そしてコフィ・アナン国連事務総長も参列していた。荘厳な雰囲気の中で式典が進められ、メイヤー大使は女王陛下からのメッセージを代読した。その最後には、「悲しみとは、愛のために捧げなければならない代償である」という美しい言葉が含まれていた[82]。教会での追悼のミサを終えた一行は、その場からなかなか離れることができなかった。古い友人のクリントンとの別れを惜しみながら、ブレア首相はリムジンに乗り込んだ。これからワシントンに向かい、そこでブッシュ大統領と首脳会談を行うことになっていたのだ。

リムジンの中で、ジョナサン・パウエルはメイヤー大使に向かって、冷たく次のように語った。「トニーはブッシュとの夕食を、あなたではなくてアラステアととることを望んでいるようだ。」(83) この言葉は、ワシントンやニューヨークで一〇日に及ぶ激務を続けてきたメイヤー大使にとっては、言葉にしがたい衝撃となった。メイヤーが回顧するように、通常は大統領との会談となれば、首相の横には大使が座ることが通例だったからだ。単なる首相官邸のメディア戦略局長が、大使よりも優先されて大統領とのプライベートな会談に臨むことに、メイヤーは強い怒りを覚えた。メイヤーは、もしもアラステア・キャンベルが必要ならば、ジョナサン・パウエルと自らとともに、四人で会談に臨むべきだと首相に伝えた。すぐ近くに座っていたブレアは、「あなたとアラステアと、どちらが私と一緒に夕食会に参加したとしても、かまわない」と弱々しい返答をした。しかしホワイトハウスに到着するとメイヤー大使はそこでの儀典官から、「大使、われわれは首相の大統領との夕食会に、あなたを含めないよう指示を受けています」と告げられた。

この一件は、メイヤー大使に強い不信の念を植えつけることになる。もしも重要なこの首脳会談の席で大使が外されていたとすれば、それはブッシュ大統領に対して彼が信頼されていないことを告げることになるからだ。メイヤーは、大使辞任の可能性まで示唆して、その不満を告げた。結局、ライス大統領補佐官の配慮により、四人とも夕食会には出席することになった。

しかしこのことは、首相官邸が外務省や大使館そして内閣の頭越しに、直接対米外交を動かそうとしはじめることの重要な一例となった。九・一一テロから一〇月七日のアフガニスタン戦争勃発までの間に閣議が開かれたのは二回のみであり、しかもそれは短時間で終わって本質的な議論はなされなかった。(84) 重要な決定は、閣議ではなく首相官邸内でキャンベル、パウエル、マニングに囲まれる中で決められていった。それゆえに『ガーディアン』紙では「ブレア大統領」と題する社説の中で、アメリカの大統領とイギリスの首相の機能が、もはや「逆転」している現実を批判的に描いていた(85)。むしろアメリカのブッシュ大統領の方が、頻繁な閣議での閣僚との協議を行っており、議院内閣制のブレアの方が大統領的に対外政策の決断を行っているのだ。そのような問題は、イラク戦争開戦に至る過程の中でいっそう顕著となっていき、さまざまな摩擦や懸念を産み出すことになる。

ブレア首相の「最良の時」

九月二〇日の午後四時四五分にアンドリュース空軍基地に到着し、黒いリンカーンのリムジンに乗り込んだブレア一行はホワイトハウスに急行した。到着したブレア首相をホワイトハウスのブルー・ルームに招き入れたブッシュ大統領は、ワシントン・メモリアルが見える窓にブレアを連れて行って、ブレアの懸念を察知したかのように次のように語った。「手をつけるべき仕事は、アル・カーイダとタリバーンだ。イラクは、他の日のためにとっておく(86)。」それを聞いてブレアは黙ってうなずいた。実はこの日の午前、ブッシュ大統領を中心とする政権の中心の閣僚たちが国家安全保障会議で議論を重ね、イラクへの侵攻を主張するラムズフェルド国防長官の見解が退けられていた。「われわれはイラクについては、忍耐強くなければならない」とブッシュ大統領は語った(87)。しかしブレア首相にはそれを知るよしもなかった。

ホワイトハウスでのブレア首相とブッシュ大統領との夕食会のあと、八時を少し過ぎたあたりで共同の記者会見が行われた。ブレア首相はそこで、まず次のように語った。「私は今朝早くニューヨークを訪れた。おそらくそこを訪れて初めて、いったい何が起こったのか、その深刻さと恐怖を完全に感じることができるだろう。」そして続けて次のように語った。「私の父親の世代は、電撃作戦（ブリッツ）の日々において、イギリスが攻撃されるという第二次世界大戦の経験をくぐり抜けてきた。そしてそのとき、何にもまして、一つの国家、一つの国民が常にそばにいてくれた。その国とはアメリカであり、その国民とはアメリカ国民である。そして私は皆さんに申し上げたい。われわれは今、躊躇することなく、あなた方のそばにいるのだ。」そしてその後、ブレア特有の文明論的、善悪二元論的な世界観が表出する。「これはわれわれ全員に関わる戦いであり、民主的で文明的、そして自由な世界全体の戦いである。」そしてその目的は、「われわれの世界から、巨大なテロリズムの悪を根絶すること」である。(88)

続いて質疑のセッションとなった。ブレア首相に向けて、これから大規模な戦争が始まったときに、イギリスがそれを支援するかどうか質問がなされた。それに対してブレア首相は、これがアメリカのみに対する攻撃でなく世界全体の問題だとしながら、テロリストたちを非難して次のように返答した。「彼らは人間の生命に対する尊厳などまったく考慮していない。彼らは民主主義や自由や正義などといった価値を信じてはいないのだ。」

ブレアはこの問題を、アメリカの自衛としてではなく、国際コミュニティの文明を守るための、民主主義を守るための戦いと位置づけていた。コリン・パウエル国務長官が幅広い国際的連携を模索する一方、ラムズフェルド国防長官およびペンタゴンではアメリカ単独でこの戦争をはじめることを検討していた。しかしブレア首相の説得で、ブッシュ大統領は国際コミュニティとして「対テロ戦争」を進める決意をしたのである。そのことについて、パウエルに近い立場のリチャード・アーミテージ国務副長官は、次のように述べている。「ブレアはわれわれに対して、慌てないでほしいと言った。グローバルな連携をつくらなければならない。それは、パウエルが議論で勝利を収めるための大きな手助けとなったのだ。」(89) 多国間主義を主張するブレア首相がパウエル国務長官の側に立ち、単独行動主義を好むチェイニー副大統領やラムズフェルド国防長官と対峙する構図は、後のイラク戦争に至る過程で繰り返し見られるようになる。

記者会見を終えた二人は、大統領のリムジンに乗り込んでキャピトル・ヒルの議事堂へと移動することになった。外国の首脳がこのように大統領の専用車に乗って議会まで移動するということはまれである。これはブッシュ大統領の、ブレア首相に対する格別の配慮を示すものでもあった(90)。

この夜ブッシュ大統領が議会と国民に向けて、はじめて九・一一テロに対する自らの見解、そしてこれからの方針についての見解を、体系的に明らかにすることになっていた。そして、八〇〇〇万人以上のアメリカ国民が、テレビ画面の前でブッシュ大統領の演説を待っていた(91)。ブレア首相の訪米はちょうどその日程と重なっていた。したがってブレア首相は、ローラ・ブッシュ夫人の横に座って議事堂後方二階のVIP席から、ブッシュ大統領の演説を聴くことになった。

ブッシュ大統領は議会での演説を始めると、二階に座るブレア首相を見つめながら、次のように彼に対する最高級の賛辞を贈った。「アメリカにとって、イギリス以上の真の友人はいない。われわれは再び、偉大なる目的のために結束した。イギリスの首相が、アメリカとの結束した目標を示すために海を越えてやってきてくれたことは、何よりの名誉だ。友よ、来てくれたことを感謝したい(92)。」この謝辞とともに、議場からは地響きのような拍手が鳴った。

ブッシュ大統領は演説を続け、九月一一日のテロの背後にウサマ・ビン・ラーディンと国際テロリスト・グループのアル・カーイダが存在することを明らかにした。そして、次のように述べた。「われわれの敵は、ラディカルなテロリストのネットワークであり、それを支えるあらゆる政府である。」「それを支援するあらゆる政府」とは何を意味するのであろうか。どのような場合に、「それを支援する」ことになるのであろうか。そのような疑問が生じる間もなく、この言葉は溢れる拍手によってかき消された。ブッシュは述べる。「アル・カーイダとの対テロ戦争が始まった。しかしこれはそこで終わるものではない。世界中のあらゆるテロリスト・グループが見つけられ、拘束され、そしてたたきのめされるまで、終わることはないであろう。」高らかに、「対テロ戦争」の宣戦布告が告げられた。と同時に、「これはそこで終わるものではない」と、「対テロ戦争」の「第二フェーズ」が存在することを示唆していた。そして次に、繰り返し引用される次の言葉が発された。

「あらゆる地域のあらゆる国家が、今決断をしなければならない。われわれとともにあるのか、それともテロリストとともにあるのか。この日以降、テロリストをかくまい支援し続けるいかなる国も、アメリカによって敵対的なレジームとみなされるであろう。」

「テロリストをかくまう」とはどのようなことであろうか。イギリスの首相官邸の中では、「対テロ戦争」の攻撃目標を、アル・カーイダのテロリスト・グループのネットワークに限定するべきか、あるいはそれを「かくまい支援し続ける」アフガニスタンのような国家も含めるべきか、議論がなされていた(93)。ブレア首相はあくまでも、アル・カーイダに攻撃対象を限定し、タリバーン政権のレジーム・チェンジまで急がないことを望んでいた。だがアメリカ政府は後に、この「かくまい支援し続ける」国家にサダム・フセインのイラクも含めるようになる。テロリスト・ネットワークという「新しい脅威」に対して、ブッシュ大統領のホワイトハウスは、「古い戦争」を準備するようになるのだった。

九月二〇日のブレア首相の数々の言葉、そして英米首脳が結束した姿は、アメリカ国民に大きな印象を残した。メイヤー大使によれば、「彼のブッシュとの関係は、新しくより高いレベルの信頼と友情をもたらした」という。そしてブレアの少し後ろの席でブッシュ大統領の演説を聴いていたメイヤー夫妻は、「ブレアの英雄的な地位の栄光」を浴びて感激していた。「それは、アメリカにいるイギリス人にとっては素晴らしい瞬間であった。もしも人々が、われわれが誰だか気づいて、われわれの（イギリス人の──引用者註）アクセントを聞いたならば、店の中で、レストランの中で、そして通りの上で、われわれの支援に感謝をしてくれるのだ。」[94]

『ニューヨーク・タイムズ』紙はブレアのことを、「テロリズムとの戦いにおいて、アメリカの最も情熱的で確固とした盟友」と呼び、賞賛した。[95] アメリカ国内では圧倒的に多くの声が、ブレアの毅然たる指導力を讃えていたのである。それはアメリカに住むイギリス人にとっても、ブレア首相にとっても、それをチャーチルの言葉を借りて表現するならば「最良の時（their finest hours）」であった。ブレア首相はこのときに、イギリスがアメリカと堅く結びつく意義を深く認識したであろう。[96] アンソニー・セルドンは、この日は「ブレアの首相としての時間の中で、最も感傷的な一日のひとつ」であったという。[97]

アンドリュース空軍基地からイギリスへ帰国しようと専用機に乗り込むブレア一行の姿は、満足感に包まれていた。イギリス人がこれほどまでにアメリカ国民から感謝されることはない。それはひとえに、ブレア首相のリーダーシップに基づくものであった。ブレアはその後心地よい疲労感とともに空港へ向かい、その後直接ブリュッセルの緊急EUサミットに出席する予定となっていた。そしてそこでもブレア首相が中心となって理事会決議を採択し、「欧州連合は、国連の後ろ盾による、テロリズムに対する可能な限り幅広いグローバルなコアリション（連合）を要請する」ことに合意する文書を採択した。[98] 幅広い国際的連携を求めるブレアの外交はとどまることがなかった。九・一一テロ以後の八週間で、ブレア首相は三一回のフライトと、四万マイルの移動と、五四回の首脳会談を経験していたのである。

アメリカへの支援と同情を提供したのは、ブレア首相のみではなかった。比較的早い段階に小泉純一郎首相もまた、ブッシュ大統領に対して日本国民の強い同情と支援を約束するメッセージを送っていた。ブレア首相が訪米した九月二〇日にホワイトハウス報道官が、日本政府によって国際テロリズム対策支援の申し出があったことを伝えた(99)。またその四日後の二四日には小泉首相自らがニューヨークのグラウンド・ゼロを訪問し、ニューヨーク市長のルドルフ・ジュリアーニと会談を行った。翌朝には朝九時から電話でブレア首相と会談し、日英が協力して国際テロリズムを根絶するための国際協調を進めていく方針を合意した(100)。小泉首相が訪米した前日には、ロシアのウラジーミル・プーチン大統領やサウジアラビア政府もまたアメリカに対する協力を提供し、ブレアが求める国際コミュニティの結束が確実に広がっていった。

そのような中で小泉首相は翌二五日にワシントンに足を運び、ホワイトハウスでブッシュ大統領と首脳会談を行った。ブレア首相と小泉首相はいずれも、ブッシュ大統領との親しい個人的な友好関係を背景として、いずれもアメリカが単独行動主義に基づいた軍事力行使に突進しないことを望んでいた。両者とも国内の反発を考慮して、国連などを通じた国際的合意に基づく行動を求めていたのである。

ブレアのブライトン演説

二〇〇一年一〇月二日、アフガニスタンへの軍事攻撃開始の準備が進められる中、ブレア首相はブライトンでの労働党党大会で演説をすることになっていた。通常の党大会での演説とは明らかに異なる空気が漂っていた。ブレア首相は九・一一テロの勃発から半月ほどの間に、九、〇〇〇マイルもの距離を移動して、世界中の指導者と会談を重ねていた。まさに国際コミュニティの中心舞台で、リーダーシップを発揮しようと奔走していたのである。

ブレアは演説のはじめから、非常に強い調子、激しいトーンで話し始めた。「回顧するならば、ミレニアムとは時間の中での一瞬を印すのみであった。歴史の転換点を印したのは九月一一日の出来事であり、そこでわれわれは将来の危険性に直面し、人類が直面する選択肢を検討するのである。それは悲劇であった。悪の行動である。」ブレアの演説において、しばしば「悪」という言葉が表出する。この「悪」と戦うためにブレアは国際コミュニティの結束を訴え、アメリカとともに歩む必要を説く。そして次のように語る。「この国から、犠牲者たちへ最も深遠な同情と祈りを捧げ、アメリカの人々へ、われわれの心からの結束を捧げる。われわれははじまりからあなた方と一緒である。われわれは最後まで、あなた方と一緒にいるであろう。[101]」自らのブッシュ大統領との連帯を重ねるかのように、アメリカ人とイギリス人の運命の共有を語った。

ブレアはその後、一九九四年のルワンダの虐殺に触れた。そこで百万人に近い規模の人々が殺された。「われわれはそこでもまた、行動すべき道徳的義務があったはずだ。」しかしそうしなかった。「われわれのみでは、それらすべてを行うことはできない。アメリカ人のみでもそうだ。しかし、国際コミュニティのパワーがあれば、もしそれを選択しともに行動すれば、可能なのだ。」この言葉は、一九九九年四月のシカゴでの「国際コミュニティのドクトリン」演説からつながっているものである。[102]ブレアの外交哲学は単純なまでに一貫していた。「新しい悪」と戦うために、「国際コミュニティ」は結束するべきなのだ。さらにブレアの演説はアフリカにまで言及した。「アフリカの状態は、世界の良心にとっての疵痕となっている。しかしもし世界がコミュニティとしてそれに焦点を当てるならば、癒すことができるだろう。」続けてブレア首相は、中東和平を進める必要にまで論及している。それは、世界における「不正義（injustice）」を正し、道徳的な世界秩序を構築する意志を表明するものであった。

ブレアは金融市場の問題、気候変動問題、国際テロリズム問題、核兵器拡散問題、世界貿易問題などを例に挙げて、「われわれの利益と相手との利益が、今日では不可分に結びついている」ことを指摘した。「これがグローバリゼーションの政治である。」その後、国内の社会保障や経済政策について詳細に触れたブレアは、演説の最後に再び「対テロ戦争」へとテーマを戻した。「つまりこれは、価値の戦いなのである。」そして「これは戦う価値のあるものなのだ。」なぜ、戦うのか。「われわれがそうするのは、それが正しいことだからである。」一九九八年のイラク空爆、一九九九年のコソボ戦争の場合と同様にして、二〇〇一年のアフガニスタンへの軍事攻撃も、「正しいこと（just）」であるからこそ戦うべきだとした。それは領土をめぐる戦争でも、利益をめぐる戦争でもない。「価値の戦い」なのであった。ブレアは倫理的・道徳的な基盤から、戦いを進めようと決意し、労働党員そしてイギリス国民全員に向けてそれを語っていたのである。

ブレアの場合は、価値といってもそれを「文明の衝突」にしないための慎重な言葉が選ばれていた。彼は次のように述べる。「われわれはイスラームに対して行動をとるのではない。イスラームの本当の信仰者は、この戦いにおいてわれわれの兄弟であり姉妹である。ビン・ラーディンは、略奪し殺害をした一二世紀の十字軍が福音の教えに従わなかったように、コーランの正しい教えに従う者ではない。」そして演説の最後の方で、世界が豊かとなり安全となるために、次のような処方箋を指摘する。「世界がひとつのコミュニティとして道徳的なパワーとなったときにのみ、それが可能なのだ。」

『ガーディアン』紙のコラムニスト、ヒューゴー・ヤングは、ブレアを「イギリスの歴史の中で最も道徳的に単純化された指導者」と位置づけている[103]。ブレアはこの演説の中で、善悪二元論的な道徳的な立場で、「新世界秩序」を構築しようとしていた。ブレアは述べている。「彼ら（テロリストたち──引用者註）がそうするまえに、われわれが今ある世界を再構築しよう。」

九・一一テロの後に「世界を再構築する（re-ordering the world）」という外交哲学は、イギリス外務省のロバート・クーパーの理念に大きな影響を受けたものであった[104]。クーパーは外交官としては珍しく、頻繁にメディアにおいて歴史や哲学に基づいた壮大な議論を展開し、ブレアの外交にも大きな影響を与えていた。クーパーは一九九六年に『ポスト近代国家と世界秩序（*Post-Modern State and World Order*）』と題する著書を刊行しており、その中で世界を「ポスト近代国家」、「近代国家」、「前近代国家」の三つに分類している[105]。クーパーはその中で、ヨーロッパにおいてはEUというかたちで「ポスト近代国家」が誕生したことを高く評価しながら、他方でアフリカなどでは「前近代国家」として破綻国家が誕生し、それがカオスをもたらしていると指摘していた。「リベラル帝国主義」の立場から、クーパーは積極的な介入主義を主唱してきた。その外交哲学はブレア首相の道徳的な外交哲学と大きく符合し、数年前から二人は近い関係となっていた。いわば、ブレア首相の外交哲学を、クーパーの世界観によって理論づけたといえるだろう。クーパーはアフガニスタン戦争がはじまってから、実際にブレア首相のアフガニスタン担当政府特別代表として重要な役回りを担うことになる[106]。

三　アフガニスタン戦争をめぐる摩擦

イギリスとロシアとパキスタン

二〇〇一年一〇月四日、ブレア首相はウェストミンスターの議会議事堂において、アフガニスタンへの軍事攻撃の必要を告げる演説を行った。ブレアは議員たちを前に、これまでの一カ月の経緯とこの時点で把握している情報機関などが集積した情報を簡単に紹介した上で、アル・カーイダの国際テロリズムネットワーク、およびそれをかくまうアフガニスタンのタリバーン政権が、国際コミュニティにとっての深刻な脅威であると説いた。また、アフガニスタンへの軍事攻撃と同様にその国の人々への人道支援を行うことの重要性を指摘した。ブレア首相は、自らのベルリン、パリ、ワシントンへの訪問によって、さらにはストロー外相の中東諸国とイランへの訪問によって、幅広い国際的連携が築かれつつあると誇った。

そして演説の最後は、いつものような道徳的な言葉で締めくくった。「アフガンの人々はわれわれの敵ではない。なぜならば、彼らはわれわれの共感を受けることになり、支援の提供を受けることになるからだ。」そして自らの決断の正当性を次のように述べた。「われわれは正義のために行動する。われわれは世界の世論を背後に行動する。そして、正義が普及して、巨大なテロリズムという悪がとどめを刺され、打倒されることを目にするために、われわれは完全な決意の中にあるのだ。」[107]

ブレア首相は、このような強い意志とともに開戦へと進んでいった。しかしながら、皆がこのような決意を持っていたわけではない。ストロー外相は、「対テロ戦争」が「際限なく」続くことを懸念し、ジェフリー・フーン国防相も「おそらく終着点は見えないであろう」と述べていた。また国防参謀長のサー・マイケル・ボイス提督も、「それは三年か四年続くかもしれない。共産主義との戦いは五〇年かかった。われわれはそのように考えるべきではないのだろうか」と不安を隠さずにいた。[108] ホワイトハウスやペンタゴンでは極度に楽観的な見通しが語られていた一方で、イギリス政府内ではアフガニスタンでの戦争の行方について、このような懸念や困難が語られていた。そのような認識の違いが、作戦遂行をめぐりその後の英米間の摩擦をもたらすことになる。しかしながらブレア首相は疑念を退けて、確かな意志と倫理的な正義感をもって、戦争の必要性を説いていたのだ。

一〇月二日のブライトン演説から一〇月七日のアフガニスタン戦争の勃発に至るまでの五日間、ブレアは世界を舞台に再び奔走することになった。一〇月四日にロンドンで議会演説を行った後に、そのまま飛行機でモスクワに飛び立った。プーチンに会うためである。ブレア首相は、西側の指導者として最も早い段階でプーチン大統領を高く評価した一人である。西側の世論では、以前にKGBで活動しチェチェン紛争での軍事攻撃にも深く関わったプーチンへの警戒感が依然として強い中、ブレアはプーチンを高い能力を持った政治指導者と位置づけていた。

四日の夕方にモスクワに到着してから、クレムリンで英ロ首脳会談を行った。その夜に二人は車で大統領別荘ダーチャへ向かい、近くの森を散策した。同行した外交担当補佐官のマニングは、冷戦終結の時期にモスクワの大使館に勤務しており、ロシア政治に精通していた。夜の森の中での散策で、プーチン大統領はブレアに対して、アフガニスタンでの軍事行動を支持するのみならず、中央アジアのかつてのソ連の軍事基地の使用も認めてくれた。少し前の九月二〇日にブッシュ大統領と首脳会談をした際に、彼にプーチンと早期に連絡をとるよう要請していた。その信頼関係がもととなって、プーチンはこのような譲歩を示したのであろう。[109]ブレアがモスクワのイギリス大使館に戻ったのは深夜二時であった。

モスクワを飛び立ってからブレアは、最も重要で最も危険な次の訪問先へと向かった。パキスタンである。ブレア首相はこのときに、自らの生命の危険も語っていたという。VC10型機で首都イスラマバードに降り立った後、防弾ガラスで守られた車両でパルヴェーズ・ムシャラフ大統領との首脳会談へと向かった。イスラーム過激派勢力が根強く存在し、タリバーン政権ともつながりがあるとみられたパキスタン政府にとって、アメリカやイギリスの側に与する選択は容易なことではなかった。

しかしブレアには心強いパイプ役が存在していた。政権一期目のイラク空爆やコソボ戦争の際にブレア首相の片腕となって活躍した、チャールズ・ガスリー前国防参謀長である。ガスリーは少し前に軍を退役していたが、一九九九年の軍事クーデター以降、イギリスとパキスタンの重要なパイプ役として活躍していたのである。というのも、ガスリーが王立国防大学（Royal College of Defence Studies）在学中に、後に大統領になる若き日の軍人ムシャラフが、留学生として学んでいたからである。アンソニー・セルドンによれば、ガスリーは若きムシャラフが英語で学位論文を書くのを手伝ったという。それ以来の仲であった。

ガスリーによれば、「九・一一以後、ムシャラフは自らが何をしたらよいのか、頭を整理するのにとても困難を抱えていた。ブレアは彼のもとに私を送った。このときまでに、私はおそらくイギリス中で、あるいはアメリカを含めても、誰よりもよく彼のことを知っていたのである。そして私は、彼がその後なすべき行動の行方について、その長所と短所を彼とともに検討することができたのである。」[110]

アフガニスタンを上と下から挟むロシアとパキスタンが、米英の軍事攻撃を了承しまた支援を約束してくれたことは、アフガニスタンへの軍事攻撃を開始する上で決定的な転機となった。これによって、効果的に軍事作戦を展開することが可能となった。当初は単独で、国際的連携を経ずしてアフガニスタンを攻撃することを考慮していたアメリカ政府も、ブレア首相の華やかな外交活動の帰結によって、より幅広い国際協調とより確かな軍事的効率を基礎として、次の段階へと進むことができるようになったのである。ブレアはイスラマバードを離れてデリーにて英印首脳会談を行い、その後は長い旅路の末に一〇月六日にロンドンに戻ってきた。アフガニスタン戦争が勃発する前日のことであった。

アフガニスタン戦争の勃発

一〇月七日夜、アフガニスタン戦争が勃発した。アメリカ主導の空爆に加えて、イギリスもまたロイヤル・ネイヴィーの原子力潜水艦トライアンフとトラファルガーからトマホーク型巡航ミサイルを発射し、攻撃の戦列に加わっていた。同時にアメリカの爆撃機が英領ディエゴ・ガルシアから飛来し、アフガニスタン国内のアル・カーイダの訓練基地を攻撃した。アメリカの軍事作戦が「不朽の自由作戦（Operation Enduring

Freedom)」と称されたのに対して、イギリスのアル・カーイダの国際テロリズムに対する軍事作戦は「ヴェリタス（真実）作戦（Operation VERITAS）」と称された。[111]

ブレアはこの軍事攻撃開始を受けて、午後六時五〇分に声明を発した。そこでブレアは次のように語った。「この行動に従事したいかなる指導者も戦争を求めてはいない。われわれは、平和的な国民である。しかし、平和を守るために、ときには戦わねばならないということを、われわれは知っているのだ。[112]」またブレア首相は、タリバーン政権を非難して次のように述べた。「彼らには、正義の側につくか、あるいは恐怖の側につくか、選択が与えられていた。そして彼らは恐怖の側を選んだのである。」ブレア首相にしてみれば、「正義の側」とは「国際コミュニティ」であり、そこでのリーダーシップを発揮しているのが、自らであった。

そしてブレアは、この作戦には同等に重要な「三つの側面」があるという。その三つとは、「軍事的、外交的、人道的」な側面である。人道的な作戦とは、「アフガニスタンの国内外の難民を支援するためのコアリションを結集させていることであり、それは軍事的コアリションと同様に死活的に重要なのだ。」ここで、ブッシュ政権の「不朽の自由作戦」とは方向性を異にしたイギリスの作戦目標が見えてくる。戦争の勝利、アル・カーイダへの報復、そしてタリバーン政権のレジーム・チェンジが何よりも優先されていたブッシュ政権の軍事作戦とは異なり、ブレア首相はこのように「ヴェリタス作戦」の「人道的側面」を強調していた。それは、一九九九年のコソボ戦争から続く、ブレアの戦争目的の一貫したテーマでもあった。そしてその必要性を繰り返し、ブッシュ大統領に説いていたのである。

ブレアが述べるには、アフガニスタン難民のもたらす人道的危機は、九・一一テロ以前から始まっていた。それゆえに「われわれは、アフガンの人々の経験する耐え難い苦しみを和らげ、それらの人々がそこに戻ることができるような安定を提供するという人道的な理由から、行動しなければならないのだ。[113]」ブレアにとって、アフガニスタン戦争も人道的な戦争であったのだ[114]。それは「対テロ戦争」として、何よりもアメリカを攻撃した国際テロリズムを撲滅し、自らの安全を確保することを最優先していたブッシュ政権との少なからぬ違いであった。

演説の終わりにさしかかると、ブレアは道徳的な色調を強めて次のように説いた。「われわれは、目的が正しいときにのみ行動する。これは正しい目的である。アメリカで罪のない七、〇〇〇人近くの人々を殺戮するということは、われわれの自由、われわれの生活の様式に対する攻撃、そして世界中の文明的な価値観に対する攻撃なのだ。」このようにして、ブレアにとって「価値の戦い」が始まったのである。

戦争開始直後には、米英両国軍は主として巡航ミサイルやディエゴ・ガルシア軍事基地から飛来した爆撃機による空爆でアル・カーイダやタリバーン政権の拠点を攻撃していた。他方で、アフガニスタン国内の北部同盟などの軍閥勢力が地上戦を担当していた。開戦から一カ月ほどが経った一一月になると、いよいよイギリス軍の地上兵力がアフガニスタン国内に侵攻した。ロイヤル・マリーン第四〇コマンドがバグラム空軍基地を抑え、第四五コマンドの一、五〇〇人ほどの兵力がアフガニスタン東部のアル・カーイダの軍事施設を破壊した[115]。同時にこれらの地上軍が、タリバーン政権やアル・カーイダに支配されていた地域に人道的支援を提供することになった。

一二月には、二カ月ほど続いた戦闘もほぼ収まり、米軍主導の国際的コアリションがアフガニスタンの重要な拠点を制圧するに至った。地政学的に困難な環境であったにもかかわらず、ハイテク兵器を駆使した戦争は、短期での制圧を可能としたのである。

ブレアのパブリック・ディプロマシー

アフガニスタン戦争は、あくまでもアメリカのハイテク兵器を中心に駆使して進められた。ブッシュ大統領、チェイニー副大統領、ラムズフェルド国防長官が戦争指導の中核で戦局を動かしている一方で、ブレア首相はむしろ国際世論に働きかけて戦争の不可避性、必要性を熱心に語りかけた。とりわけブレアが力を入れたのは、イスラームの世論に対する働きかけであった[116]。開戦前に国際コミュニティの結束に向けて世界中を駆け回って首脳外交を展開したばかりでなく、世界中のイスラーム教徒を味方につけ、国際世論を味方につけるためのパブリック・ディプロマシーにも力を注いでいたのだ。

一〇月九日には、ブレアはカタールのドーハを本拠地とするアラビア語の衛星テレビ、アル・ジャジーラの番組に出演した。そこでインタビューを受けたブレアは、最初の質問で、なぜ彼がそこまで戦争に熱心か尋ねられた。それに対してブレアは、次のように答えている。「九月一一日に、アメリカ合衆国で六、〇〇〇から七、〇〇〇もの罪のない人々が殺されたが、それはアメリカ市民ばかりではなかった。これまで知られている中では、一度のテロで最も多くのイギリス人が殺されている。何百ものイスラーム教徒も殺されている。女性や子供たちも殺された。私は、これは不正義に基づく行動であると感じており、それに責任ある者たちに対して行動をとることが必要だからだ[117]。」

このアル・ジャジーラでのインタビューでは、イギリス国内やアメリカ国内のメディアのインタビューと比べて、はるかに辛辣な質問が多く向けられた。戦争により一般市民が数多く殺されるであろうこと、それが西洋のキリスト教世界の価値観に基づいて行われていること、戦争ではなくより慎重な忍耐強い行動を選択すべきであったことについて、ブレアの決断に対して懐疑的な質問が多くなされた。そこでブレアが最も力を注いだのが、「西洋対イスラーム」の構図でこの戦争を眺めない、ということであった。それゆえにブレアは言う。「これは、西洋対イスラームではない。ヨーロッパにいる何百万もの深慮あるイスラーム教徒は、われわれと同様の激しい調子で、ニューヨークやアメリカのそれ以外の場所で行われたテロを引き起こした者たちに対して非難をしてきたのだ。」

そしてブレアは次のようにも述べていた。「どのようにしたら、イスラームの教え、そしてコーランの言葉を真剣に学んだ者が、罪のない何千もの人々を殺戮することを正当化できるのか、私には理解することなどはできない。そしてわれわれが行動するのは、われわれがそれを望んでいるからではない。われわれが戦争に進むことを望んでいるからでもなければ、紛争を求めているからでもない。われわれは根本的に平和的な国民であるが、それを実行した者たちに対してのみならず、さらにそのような行動を実行しようと脅かしている者たちに対しても、行動を起こさなければならないのだ。」(118)

ブレアの言葉は、イスラーム教やコーランに対する敬意に溢れていた。実際にブレアは飛行機で移動する間などに、イスラーム教のコーランを読むことが多かった。シェリー・ブレア夫人によれば、彼は首相になる前からイスラーム教をより深く知る重要性を認識しており、九・一一テロが起こる直前の夏の休暇中にもたまたまコーランを読んでいたという(119)。それは英訳のものであるが、以前からコーランを読んでいたことが、彼に一つの自信を与えていた。ブレアはコーランの教えに従う敬虔で平和的な多くのイスラーム教徒と、罪のない人々を殺戮する過激派のテロリストたちを、明瞭かつ意図的に区別しようとしていたのである。

インタビューの最後にブレアは、「われわれの間にどのような相違点があったとしても、このような対話を行うことが重要だと思う」と述べた。というのも、「アラブ世界と西洋との間、そしてイスラームとそれ以外の信仰を持つものとの間に、十分な対話がないことがこれらすべてから見えてくる問題のひとつ」だからだ。ブレア首相は、「アラブ世界と西洋」とが、一つの「国際コミュニティ」を作り上げることを望んでいた。[120] ロビン・クックも次のように回顧している。「トニーはいつも、異宗教間の対話にとても精力的であり、この時期にはとても重要な財産となっていた。[121]」

ブレアにとっての「悪」とは、イスラームでもアラブ世界でも、アフガニスタンでもイラクでもなかった。そのような「悪」とは、サダム・フセインやスロボダン・ミロシェビッチのような残忍な暴君であり、ウサマ・ビン・ラーディンやアル・カーイダのような容赦ないテロリストであった。

テロリズムと戦うための国際的コアリションを構築するためのブレアの外交は、とどまることがなかった。その合間を縫って、一一月六日にブレア首相はCNNテレビの有名な「ラリー・キング・ライブ」に出演している。[122] インタビューの冒頭でラリー・キングは次のように質問している。「先週あなたは、シリア、サウジアラビア、ヨルダン、イスラエル、そしてガザ地区を訪問した。先週末あなたは、ベルギー、フランス、イタリアそしてオランダなどのヨーロッパの指導者たちとの会談をホストしている。コアリションはうまく行っているのか」それに対して、ブレアは次のように答えた。「私はそれがとても強いと感じている。」続けてラリー・キングは、「あなたは、ラマダンの間も爆撃を続けるという大統領の決定に賛成か」と尋ねた。ブレアは直ちに、「その通りだ」と答えた。実際にはイギリス政府内には、そのような攻撃がイスラーム世界に負の影響を与えることへの深刻な懸念が見られていた。しかしそのような様子を見せずに、ブレア首相は英米間の結束の強さを演出しようと努めていた。

次にラリー・キングは、より本質的な難しい問題へと進んだ。「首相。われわれはどこまで行くべきなのだろうか。われわれはイラクへと進むべきか。」これに対しては、ブレアは「私が繰り返し申し上げてきたとおり、軍事的行動の焦点はアフガニスタンに当てられるべきであり、アフガニスタンでの行動同様に、根拠があるという基礎の上に行動をするべきだ。」しかし次のように加えるのも忘れなかった。「そしてそれからわれわれは、異なる方法で、あらゆるかたちの国際テロリズムに対処するべきである。」ブレア首相は、ホワイトハウスの中で、チェイニー副大統領やラムズフェルド国防長官、ウォルフォウィッツ国防副長官などを中心として、イラクへの軍事攻撃を強く求めるグループがいるということを忘れていなかった。またブレア首相自身、一九九八年のイラク空爆以後、サダム・フセインが国際的な深刻な脅威となっていることを忘れたことはなかった。しかしながら、「根拠があるという基礎」がなければ、イラクに対する攻撃をすることはできない。そのことは、その後一年半にわたって、イギリスとアメリカとの間に深刻な亀裂をもたらすことになる。

「世界で最もすばらしい友人」との不和

一一月七日午後、ブレアは一カ月半ぶりにワシントンDCに戻ってきた。そこでブッシュ大統領と、アフガニスタンでの戦争指導について協議するためであった。しかしこの首脳会談は、九月二〇日の友好的な会談とは異なり、はるかに多くの摩擦を感じさせるものとなっていた[123]。

ブレア首相は高速機コンコルドをチャーターして、午後四時一五分にヒースロー空港を飛び立った。短い搭乗時間の後にアメリカ大陸に降りたって、ホワイトハウスに向かった。ホワイトハウスで首脳会談を始めたブレアは、ブッシュに向かって中東和平プロセスを進める必要を説いた。ブレアは中東のオマーン、エジプト、サウジアラビア、ヨルダン、シリア、ガザ地区などを訪問した結果、多くのイスラーム教徒がアメリカの中東政策に批判的であることを知った[124]。またイラクへの攻撃が、これら穏健な中東諸国政府にはかりしれない負の影響を及ぼすことを懸念した。パレスチナの人々に十分な「正義」がもたらされていない中で、アフガニスタンにおける「正義」を語る限界をも意識していたのであろう。

しかしブッシュ政権で戦争指導を進める者たちにとって、中東和平プロセスやアフガニスタンの戦後構想はあまり大きな関心の対象とはなっていなかった。ブレア首相がブッシュ大統領に対して中東和平プロセスの重要性を訴えても、ブッシュ大統領はヤーセル・アラファトパレスチナ解放機構議長への嫌悪感から、それに応じようとはしなかった。このときにイギリスとアメリカの間では、中東和平プロセスをめぐり大きな対立が明らかとなった。[125] ブッシュ大統領やチェイニー副大統領は、真剣にブレア首相の訴えに耳を傾けてはいなかった。ラムズフェルド国防長官は、「コアリションがミッションを決めてはならない」と語ったが、アンソニー・セルドンによればこれはブレア首相の要請を退けることを意識してのことであった。[126] アメリカの指導するコアリションに加わる諸国は、それがアメリカ合衆国にとっての「真の友人」であったとしても、アメリカの進めるミッションに口を出すべきではないのだ。

またこれら中東の「ならず者国家」と手を組むことなど、ブッシュ大統領やその周辺の政策担当者にとっては考えがたかった。[127] そもそもブッシュ政権は、クリントン政権が進めた平和維持活動や国家建設（ネーションビルディング）を嫌悪してきたのである。[128] それは、二〇〇〇年のライスの『フォーリン・アフェアーズ』論文でも明瞭に示されていた。とりわけラムズフェルド国防長官は、戦争に短期的に勝利することに夢中になっており、それ以後のアフガニスタンの人々の将来についてはあまり深い関心を示さなかった。ライス大統領補佐官もアフガニスタン戦争開始直後から「国際的な分業」を語っており、アメリカが戦争を闘い、主としてイギリスが戦後復興を担うことを希望していた。そしてアフガニスタン戦争での勝利が見えてきてからは、アメリカ政府内ではすでにイラクに対する軍事攻撃が中心的な関心事となっていたのである。[129]

ブレアの役割は、ブッシュ大統領の目をアフガニスタンの復興に向けさせることであり、イラクとの戦争へと突進していくことを食い止めることであった。この首脳会談で、いくつかの領域での深刻な政策の不和が明らかとなった[130]。中東諸国の首脳や労働党左派が次第にアメリカの戦争や中東政策への批判を強める一方で、ブレアの説得は十分にアメリカ政府内に浸透していなかった。そのことで次第にブレアは、ディレンマを抱えることになる。

首脳会談での戦争指導と中東政策をめぐる英米間の不和は、その後、米国東部時間午後五時一五分から始まったクロス・ホールでの共同記者会見ではほとんど見られることはなかった。ブッシュ大統領はブレア首相を右横に眺めながら、「われわれにとって、世界でイギリスほど素晴らしい友人はいない」と持ち上げた。また「私は、トニー・ブレアほど、お互いの関心事について話をしたいと思う人物はいない」とつけ加えた。というのも「われわれが悪と戦う際に、彼は多くの叡智や判断をもたらしてくれるからだ[131]。」横でブレアは照れ笑いを見せていたが、おそらくこの言葉はブッシュの本心であったことであろう。ブッシュ大統領は、まだ大統領に就任して一年が経っていなかった。チェイニー副大統領やラムズフェルド国防長官など、数十年にわたって政治権力の中枢を経験してきた熟練の強者たちのような自信は、まだ備わっていなかったのだ。しかしブッシュ大統領に政策の助言をするのは、当然ながら、ブレアのみではなかった。多くの場合において、ブレアの助言や要請は聞き入れられることはなかったのだ。

ブッシュ大統領の発言の後に、ブレア首相が話を始めた。大統領への感謝と賞賛の言葉を浴びせた後に、次のような本心からの考えを、真剣なまなざしで語った。「われわれは、アフガニスタンの困窮の中にある人々を支援できる可能性のあるすべてのことを実行すると確認して、人道的なさまざまなイシューについて議論を重ねた。同時にわれわれは、九月一一日以前からすでに、彼らのうち四五〇万もの人々が難民であったということを決して忘れてはならない。」

ブレア首相は、コソボ戦争の際に自らがコソボやアルバニアの難民キャンプを訪問した経験を決して忘れることはなかった。彼らが助けを求めていたこと、また「トニー！　トニー！」という歓声とともにブレアの訪問を感謝していたこと、そしてあまりに悲惨な境遇にあることを語っていたことが、脳裏に焼きついていた。ブレアにとってアフガニスタン戦争は、「対テロ戦争」である以上に、人道的で倫理的な戦争であった。ブレアは、次のように語った。「そしてむしろ現在において、コアリションがさらに強大となっていると私は確信している。」

この頃にはアフガニスタンの北部を中心に、首都カブールを含めた主要拠点がアメリカ軍が主導する国際コアリションによって解放され始めていた。一一月一〇日にはマザーリ・シャリフが陥落し、一三日にはカブールが米英軍の手に落ちた。しかし依然としてウサマ・ビン・ラーディンは見つかっていない。また広大なアフガニスタンの中で英米の地上兵力が支配するのは、点と線でしかなかった。またアメリカ軍がクラスター爆弾やデイジー・カッター爆弾などの破壊力ある兵器を使用する結果、多くの民間人の死傷者が生じ、そのことがイギリス国内での戦争への批判の増大へとつながっていた(132)。それは、ブレアが主張するような人道的な戦争、倫理的な戦争という論理を傷つけるものであった。

この巨大な荒廃した国家をどのように再建したらよいのか。そのような疑問が色濃く残る中で、ホワイトハウスではすでにイラクに対する攻撃の時期が検討され始めていたのである(133)。

(1) ビル・クリントン『マイライフ―クリントンの回想・下巻』楡井浩一訳（朝日新聞社、二〇〇四年）七二五–八頁。

(2) Peter Riddell, *Hug Them Close: Blair, Clinton, Bush and the 'Special Relationship'* (London: Politico's, 2003) p.2.

(3) Ibid.

(4) John Kampfner, *Blair's Wars* (London: Free Press, 2003) p.85.

(5) クリントン『マイライフ　下巻』七二八頁；Alastair Campbell's Diary, November 14, 2000, in Alastair Campbell, *The Blair Years: the Alastair Campbell Diaries* (New York: Alfred A. Knopf, 2007) p.485.

(6) Riddell, *Hug Them Close*, p.135; Kampfner, *Blair's Wars*, p.81. 他方でアンソニー・セルドンはビル・ガンメルの存在が必ずしも英米関係の円滑化に有効に働いたわけではないと指摘する。セルドンによれば、アメリカ政府ははるかに冷徹に対英関係を動かしていたのだ。Anthony Seldon, *Blair* (London: Free Press, 2004) p.610.

(7) Ibid., p.608.

(8) Robin Cook, *The Point of Departure* (London: Simon & Schuster, 2003) p.2.

(9) Cherie Blair, *Speaking for Myself: A Life from Liverpool to Downing Street* (London: Little, Brown, 2008) pp.260–1.

(10) John Dumbrell, *A Special Relationship: Anglo-American Relations from the Cold War to Iraq*, 2nd edition (Basingstoke: Palgrave, 2006) p.149.

(11) Riddell, *Hug Them Close*, p.125. アレックス・ダンチェフ教授も、「イデオロギーについて、彼はそれに深く拘泥することはなかった」と的確な指摘を行っている。Alex Danchev, " "I'm with You": Tony Blair and the Obligations of Alliance: Anglo-American Relations in Historical Perspective", in Lloyd C. Gardner and Marilyn B. Young (eds.), *Iraq and the Lessons of Vietnam: Or, How Not Learn from the Past* (New York: The New Press, 2007) p.53.

(12) Kampfner, *Blair's Wars*, p.80.

(13) Ibid., p.86.

(14) *The Guardian*, 4 January 2001, "A Year for Hard Choice".

(15) Ibid.

(16) Andrew Rawnsley, "America or Europe: Tony, the choice is yours", *The Guardian*, 21 January 2001.

(17) Seldon, *Blair*, p.611.

(18) Kampfner, *Blair's Wars*, pp.78–80; Seldon, *Blair*, pp.606–7.

(19) Kampfner, *Blair's Wars*, p.80.
(20) Seldon, *Blair*, pp.606–7.
(21) Christopher Meyer, *DC Confidential: the Controversial Memoirs of Britain's Ambassador to the U.S. at the Time of 9/11 and the Run-up to the Iraq War* (London: Weidenfeld and Nicolson, 2005) pp.164–5.
(22) Condoreeza Rice, "Promoting the National Interest", *Foreign Affairs*, vol.79, issue 1, January/ February 2000, pp.45–62.
(23) Meyer, *DC Confidential*, pp.164–5.
(24) Rice, "Promoting the National Interest", p.62.
(25) Seldon, *Blair*, pp.609–610; Meyer, *DC Confidential*, p.165.
(26) Seldon, *Blair*, p.609; Meyer, *DC Confidential*, pp.164–5.
(27) Meyer, *DC Confidential*, p.173.
(28) Ibid., p.166.
(29) Ibid., p.168.
(30) Ibid.; Seldon, *Blair*, p.610.
(31) Meyer, *DC Confidential*, p.168.
(32) Ibid., p.170.
(33) Kampfner, *Blair's Wars*, p.86.
(34) Alastair Campbell's Diary, February 23, 2001, p.505.
(35) Ibid.
(36) Meyer, *DC Confidential*, pp.171–2.
(37) Ibid., p.177.
(38) Ibid.
(39) Joint Statement by President George W. Bush and Prime Minister Tony Blair, February 23, 2001 <www.whitehouse.gov/news/releases/2001/02/print/20010226.html>. および Alastair Campbell's Diary, February 23, 2001, pp.505–6.
(40) David E. Sanger, "Bush Tells Blair He Doesn't Oppose New Europe Force", *The New York Times*, February 24, 2001.
(41) Remarks by the President and Prime Minister Blair in Joint Press Conference, Camp David, Maryland, February 23, 2001 <www.whitehouse.gov/news/releases/2001/02/print/20010226-1.html>.
(42) Meyer, *DC Confidential*, p.180; Kampfner, *Blair's Wars*, p.88.
(43) Riddell, *Hug Them Close*, p.135.
(44) *The Guardian*, 24 February 2001; Kampfner, *Blair's Wars*, pp.87–8.
(45) Ibid.; Seldon, *Blair*, p.612; Blair, *Speaking for Myself*, p.261.

(46) Seldon, *Blair*, p.611.
(47) Riddell, *Hug Them Close*, p.139.
(48) Cited in Kampfner, *Blair's Wars*, p.87.
(49) Kampfner, *Blair's Wars*, pp.88–9.
(50) 細谷雄一「パートナーとしてのアメリカ―イギリス外交の中で」押村高編『帝国アメリカのイメージ―国際社会との広がるギャップ』（早稲田大学出版部、二〇〇四年）六八―七一頁。チャーチルのアングロ＝サクソン主義のイデオロギーについては、細谷雄一「チャーチルのアメリカ」『アステイオン』第六九号（二〇〇八年）を参照。
(51) Cited in Kampfner, *Blair's Wars*, p.90.
(52) 総選挙の結果およびその分析については、Pippa Norris, "Elections and public opinion", in Anthony Seldon and Dennis Kavanagh（eds.）, *The Blair Effect 2001–5*（Cambridge: Cambridge University Press, 2005）pp.43–67を参照。
(53) Blair, *Speaking for Myself*, p.249.
(54) Speech by Prime Minister Tony Blair, outside of Number 10, 8 June 2001.
(55) Kampfner, *Blair's Wars*, pp.92–3.
(56) Ibid., p.94.
(57) Cook, *The Point of Departure*, p.7.
(58) Kampfner, *Blair's Wars*, pp.92–3; Christopher Hill, "Putting the world to the rights: Tony Blair's foreign policy mission", in Seldon and Kavanagh（eds.）, *The Blair Effect 2001–5*, p.385.
(59) Clare Short, *An Honourable Deception? New Labour, Iraq and the Misuse of Power*（London: Free Press, 2004）p.71.
(60) イラク戦争に至る過程の中でのこのような問題については、以下のような文献でも指摘されている。阪野智一「イギリスにおける中核的執政の変容―脱集権化のなかの集権化」伊藤光利編『政治的エグゼクティヴの比較研究・比較政治叢書4』（早稲田大学出版部、二〇〇八年）四〇―四七頁、同「つくられた『イラクの脅威』―ブレアの情報操作」梅川正美・阪野智一編『ブレアのイラク戦争』（朝日新聞社、二〇〇四年）一六九―一七六頁。
(61) Anthony Seldon, *Blair Unbound*（London: Simon & Schuster, 2007）pp.2–3; Seldon, *Blair*, p.483; Riddell, *Hug Them Close*, pp.146–7.
(62) Alastair Campbell's Diary, September 11, 2001, pp.559–562.
(63) Cited in Seldon, *Blair*, p.484.
(64) Seldon, *Blair Unbound*, pp.9–10.
(65) Seldon, *Blair*, p.487; Seldon, *Blair Unbound*, p.12.
(66) Alastair Campbell's Diary, September 11, 2001,

pp.559–562; Blair, *Speaking for Myself*, p.251.

（67） Meyer, *DC Confidential*, p.186; Riddell, *Hug Them Close*, pp.148–9; Kampfner, *Blair's Wars*, pp.107–8.

（68） Ibid.

（69） Speech by Prime Minister Tony Blair, 11 September 2001, 10 Downing Street.

（70） Prime Minister Tony Blair's Statement including Question and Answer session, 12 September 2001.

（71） Alastair Campbell's Diary, September 13, 2001, p.564.

（72） Alastair Campbell's Diary, September 14, 2001, p.566.

（73） Ibid.

（74） Meyer, *DC Confidential*, p.190.

（75） Kampfner, *Blair's Wars*, pp.116–7.

（76） Ibid; Bob Woodward, *Bush at War*（New York: Simon & Schuster, 2002）p.44.

（77） Meyer, *DC Confidential*, p.191.

（78） 他方でアンソニー・セルドンは、九・一一テロ直後の時期におけるブレア首相のブッシュ大統領への個人的な影響力が限られたものであって、多くの方針はアメリカ政府内で確定されていたと指摘している。イラクへの攻撃を抑制し、アフガニスタン戦争に集中する方針も、ブレアの説得によってではなく、九月一五日のキャンプ・デイヴィッドでの主要閣僚たちとブッシュとの協議の中で決められたという。セルドンの指摘の通り、現在の限られた資料によって、ブレアの影響力の大きさを測ることは難しい。Seldon, *Blair*, p.494.

（79） Meyer, *DC Confidential*, p.197; also see, House of Commons, Foreign Affairs Committee, Second Report: British-US Relations, Session 2001–2002, HC 327, 11 December 2001, p.viii.

（80） Seldon, *Blair*, p.495.

（81） Alastair Campbell's Diary, September 20, 2001, pp.571–4.

（82） Meyer, *DC Confidential*, pp.200–1; Seldon, *Blair*, p.496; Kampfner, *Blair's War*, pp.120–1.

（83） Meyer, *DC Confidential*, pp.202–4. なおアラステア・キャンベルの日記では、「ホワイトハウスは会合がワン・プラス・スリーで行われると伝え、TB（トニー・ブレア―引用者註）はジョナサンとデイヴィッド・マニングと私をそこに呼びたがっているようだ」と書かれている。Alastair Campbell's Diary, September 11, 2001, p.573. キャンベルは「ここだけでなくあらゆるところで最も緊密に仕事をしている三人」を選ぶのは当然であろうと、暗にメイヤーを批判している。

（84） Kampfner, *Blair's Wars*, p.129; Seldon, *Blair*, p.499.

（85） *The Guardian*, 6 October 2001, "President Blair".

（86） Seldon, *Blair*, p.497.
（87） Woodward, *Bush at War*, pp.105–7.
（88） Remarks by President George W. Bush and UK Prime Minister Tony Blair, the White House, the Grand Foyer, September 20, 2001 <www.whitehouse.gov/news/releases/20010920-7.html>.
（89） Cited in Seldon, *Blair*, p.494.
（90） Seldon, *Blair*, p.497.
（91） Woodward, *Bush at War*, p.107.
（92） George W. Bush, "Address to a Joint Session of Congress and the American People", Washington, D.C., September 20, 2001, <www.whitehouse.gov/news/releases/2001/09/print 20010920–8.html>; Seldon, *Blair*, pp.497–8.
（93） Kampfner, *Blair's Wars*, pp.118–9; Seldon, *Blair*, p.494.
（94） Meyer, *DC Confidential*, pp.205–6.
（95） Cited in *The Guardian*, 3 October 2001.
（96） Kampfner, *Blair's Wars*, p.121.
（97） Seldon, *Blair*, p.495.
（98） "Extraordinary European Council meeting, Brussels, 21 September 2001", in Maartje Rutten（ed.）, *From Nice to Laeken. European Defence: core documents, Chaillot Papers 51*（Paris: Institute for Security Studies, European Union, April 2002）pp.143–4.
（99） Statement by Press Secretary, September 20, 2001 <www.whitehouse.gov/news/reseases/2001/09/print/20010920-1.html>.
（100） Prime Minister Tony Blair's statement at 10 Downing Street, 25 September 2001; 飯島勲『実録小泉外交』（日本経済新聞社、二〇〇七年）三一-三二頁。
（101） Tony Blair's Speech at the Labour Party Conference, Brighton, 2 October 2001.
（102） Riddell, *Hug Them Close*, p.170.
（103） Hugo Young, "Simple but heartfelt vision of promises and dreams", *The Guardian*, 3 October 2001.
（104） Kampfner, *Blair's Wars*, pp.141–2. このブレア首相のブライトン演説が、「戦後構想」を明瞭に掲げていることを評価している立場として、田中明彦『複雑性の世界―「テロの世紀」と日本』（勁草書房、二〇〇三年）がある。その第II部の中で「トニー・ブレアの『戦後構想』に学べ」と、ブレアが体系的な戦後構想を提示した点を評価している。
（105） Robert Cooper, *Post-Modern States and World Order*（London: Demos, 1996）. この著書は二〇〇三年に新しい章が加えられ、*The Breaking of Nations: Order and Chaos in the Twentieth Century*（London: Atlantic Books, 2003）

として改訂されている。邦訳は『国家の崩壊―リベラル帝国主義と新世界秩序』（日本経済新聞社、二〇〇八年）北村格訳。

(106) Kampfner, *Blair's Wars*, pp.141–2.

(107) Prime Minister Tony Blair's Statement to Parliament on the September 11 attacks, 4 October 2001.

(108) Kampfner, *Blair's Wars*, p.133.

(109) Seldon, *Blair*, pp.501–2; Kampfner, *Blair's Wars*, pp.125–6.

(110) Seldon, *Blair*, p.501.

(111) Ministry of Defence, Operations in Afghanistan: Background Briefing 1 <www.mod.uk/DefenceInternet/Factsheets / OperationsFactsheets / OperationInAfghanistan>. 戦争の経緯については、Ministry of Defence, Defence Factsheet: Operations in Afghanistan: Chronology of Events <www.operations.mod.uk/afghanistan/summaryarchive 1.htm> accessed on 6 January 2009 を参照した。

(112) Prime Minister Tony Blair's Statement on Military Action in Afghanistan, 7 October 2001.

(113) Ibid.

(114) 人道的介入としてアフガニスタン戦争を検証した研究として、Simon Chesterman, "Humanitarian Intervention and Afghanistan", in Jennifer M. Walsh (ed.), *Humanitarian Intervention and International Relations* (Oxford: Oxford University Press, 2004) pp.163–175 を参照。

(115) Ministry of Defence, Operations in Afghanistan: Background Briefing 1.

(116) Seldon, *Blair*, pp.504–5.

(117) Prime Minister Tony Blair's Interview with Al-Jazeera, 9 October 2001.

(118) Ibid.

(119) Blair, *Speaking for Myself*, p.251.

(120) 二〇〇一年一〇月一二日に、ブレア首相はイスラームのメディアへ向けて、テロリズムに対して国際的コアリションを構築する必要性を説く論文を掲載していた。Article by Prime Minister Tony Blair, 12 October 2001.

(121) Cook, *The Point of Departure*, p.43.

(122) Edited Transcript of an Interview given by the Prime Minister Tony Blair for Larry King, CNN, 6 November 2001.

(123) Seldon, *Blair*, p.508.

(124) Ibid., p.505.

(125) Patrick Wintour, "US to make Middle East peace bid", *The Guardian*, 8 November 2001.

(126) Kampfner, *Blair's Wars*, pp.140–1; Seldon, *Blair*,

p.508.

(127) Ibid.

(128) Short, *An Honourable Deception?*, p.118; Meyer, *DC Confidential*, p.226; Seldon, *Blair*, p.509.

(129) Meyer, *DC Confidential*, p.226.　ボブ・ウッドワードによれば、ブッシュ大統領が正式にラムズフェルド国防長官にイラクへの攻撃計画を報告するよう依頼したのは、ブレアとの首脳会談から二週間ほどが経った二〇〇一年一一月二一日だとしている。ボブ・ウッドワード『攻撃計画―ブッシュのイラク戦争』伏見威蕃訳（日本経済新聞社、二〇〇四年）三一―三二頁参照。

(130) Ewen MacAskill and Richard Norton-Taylor, "Splits open in UK-US alliance", *The Guardian*, 9 November 2001.

(131) Remarks by President Bush and Prime Minister Tony Blair of Great Britain in Press Availability, The Cross Hall, November 7, 2001 <www.whitehouse.gov/news/releases/2001/11/print/20011107-12.html>.

(132) Richard Norton-Taylor and Lucy Ward, "Appeals to halt cluster bombs", *The Guardian*, 8 November 2001; Ewen MacAskill, Richard Norton-Taylor, Julian Borger, and Ian Black, "Clouds hand over special relationship", *The Guardian*, 9 November 2001; Seldon, *Blair*, p.508.

(133) Ibid., p.510; Hugo Young, "Americans want a war on Iraq and we can't stop them", *The Guardian*, 27 November 2001; ウッドワード『攻撃計画』三一―三二頁。

第六章　「特別な関係」の代償

一　米欧対立の構図

「連帯」から「深刻な危機」へ

二〇〇二年が幕を開けた。

ジョージ・W・ブッシュ政権が成立してから一年ほどが経とうとしていた。またブレア労働党政権は二〇〇一年六月の選挙で勝利を収めたことで、二〇〇五年まで権力の座につくことになった。九・一一テロ以後、アメリカの「真の友人」として、ブレア首相は英米関係を緊密化する方向に動いていった。アメリカを単独で行動させぬよう、そして国際コミュニティの結束を強めるよう世界を駆け巡っていたブレアは、幅広い国際コアリションを構築することに成功した。そのような基礎の上で、アフガニスタン戦争は圧倒的なアメリカの軍事力を背景にタリバーン政権を打倒することに成功した。それは、ブレア首相とブッシュ大統領の二人に過度の自信や傲慢さを植えつける結果となり、とりわけブッシュ政権は次なる攻撃目標へと移ろうとしていた。サダム・フセインのイラクに対する軍事攻撃である[1]。

二〇〇二年から二〇〇三年三月のイラク戦争開戦に至る過程は、国際政治の歴史の中でもアメリカとヨーロッパが深刻な対立を深めた時期として記憶されることになった。ヘンリー・キッシンジャーはこの亀裂を見て、イラク問題をめぐる対立は「五〇年前の創設以来、大西洋同盟に最も深刻な危機をもたらした」と論じた。エリザベス・ポンドは、この間の対立は「半世紀の米欧関係の中でも最悪であった」と述べている[2]。またブルッキングス研究所のアイヴォ・ダールダーは、このような危機を見て「大西洋主義の終焉（The End of Atlanticism）」を論じた[3]。イラクへの軍事攻撃を最も大きな争点として、大西洋同盟に亀裂が走り、アメリカとヨーロッパの距離が広がり、西側同盟の結束が揺らいでいった。それは、ヨーロッパとアメリカの「橋渡し」を自認していたブレア首相にとっては、きわめて好ましくない状況であったのである。

二〇〇一年九月一一日にアメリカで同時多発テロが勃発した直後は、世界中でアメリカに対する同情を語る声が聞かれ、アメリカとの連帯を説く声が聞こえた。後に反米主義的な声が高まるドイツにおいても、その直後には自発的に二〇万人の人々がブランデンブルク門の前に集まり、アメリカを支持する親米的な声を響かせていた[4]。そして、国連安保理やNATOなどを通じて、アメリカは国際社会との共同歩調をとるかのように見えた。翌日の九月一二日にはブリュッセルで緊急にEU諸国外相が集まる理事会が開かれて、「理事会は、アメリカの人々と欧州連合との心からの連帯を表明し、アメリカ国内で起こったテロリストの攻撃を非難する声明を承認する」と発表した[5]。

それがなぜ、大西洋同盟はキッシンジャーのいう「深刻な危機」に至ってしまったのか。この深刻な米欧対立の構図と、イラクへの攻撃計画は不可分の関係にある[6]。本章では、米欧対立とイラクへの攻撃計画という二つの大きな問題を、ブレア首相の進めた外交指導と戦争指導に焦点を当てて、論じていく。

「ローマ帝国のギリシャ人」

二〇〇二年から〇三年にかけて米欧関係が次第に対立の様相を強めていく中で、イギリスはどのようにアメリカとの関係を位置づけていたのか。(7)この点については、イギリスの歴史家アレックス・ダンチェフの説明が、実に的確なものといえる。

ダンチェフによれば、イギリス人のアメリカに対するイメージは、「ローマ帝国のギリシャ人」の役割であったという。(8)つまりは巨大な現代の「ローマ帝国」としてのアメリカに対して、賢明なる現代の「ギリシャ人」であるイギリスは、彼らを教育せねばならないという認識から、アメリカとの緊密な協力関係を模索したのである。つまりは、英米両国は必ずしも「血のつながった」アングロ＝サクソン人としての人種的な紐帯によって不可分に結びついていたわけではなく、また英語を共有することで一体となっていたというわけでもない。むしろ、よりプラグマティックな国益という観点から、またより知的に横柄な自負心から、ブレア首相はアメリカに接近したのである。

このようなアナロジーをかつて好んで用いたのが、ハロルド・マクミランであった。第二次世界大戦中に北アフリカなどでドワイト・アイゼンハワーをはじめとするアメリカの軍人たちと日々接触していたマクミランは、その頃の英米関係を表現するものとして、このアナロジーを多用していた。マクミランは、後に労働党政権の重鎮となる若きリチャード・クロスマンに向かって、次のように語った。

「いいかクロスマン。われわれはアメリカ帝国の中のギリシャ人なのだ。ギリシャ人がローマ人を見るように、われわれはアメリカ人を見るようになるだろう。それは巨大で、下品で、騒がしい人である。われわれよりも勇敢であると同時により怠惰であり、より多くの腐敗していない美徳を持つと同時により堕落しているのだ。」あるいは他のところでも、次のように述べていた。「あのアメリカ人たちは、新しいローマ帝国を意味しており、われわれイギリス人は、古代のギリシャ人同様に、彼らにどこに進んだらよいのかを、教えなければならないのだ。」つまりは、イギリス人のみが「かろうじてアメリカ人を文明化して、ときには影響を与えることができるのだ。」[9]

マクミランは、一九五七年に首相の座に就いてからも同様のイメージで英米関係を考えていた。一九六一年八月五日、マクミラン首相はエリザベス女王に向けて次のような書簡を送っている。「アメリカの大統領に対していつも念頭に置いていることとして重要なこととは、自らが望んでいることをアメリカ人たちにやらせてしまうということであります。」[10]明らかにマクミランは、若きジョン・F・ケネディ大統領を見下していた。マクミランはケネディについて、「私はどうやって、この気取った若いアイルランド人とうまくつきあえばよいのだろうか」と、その疑念を隠さなかった。[11]冷戦の危機の中、マクミランは叡智のある「ギリシャ人」として、「新しいローマ帝国」を指導しようとしていたのである。

とはいえ問題は、アメリカの大統領がこのようなイギリスの「指導」や「教育」に耳を傾けてくれるかどうかであった。多くの場合は、そうではなかったのである。アメリカの大統領は自らの判断と、ホワイトハウスの補佐官たちのアドバイスを受けて、重要な決断をしていたのである。ロンドンにいたアメリカのルイス・ダグラス駐英大使はこの点について、次のように語っていた。「イギリスはかつて、これほどまでに、自らの国家安全保障と経済的命運を完全に他国の決定に依存したことはなかった。ほぼ毎日にわたって、イギリスは自らの弱さとアメリカへの依存という、新しい状況をもたらそうとしている。これは、自国の運命を完全にコントロールすることに慣れていた国家にとっては、苦い薬である。」[12]

そのことをイギリス人自らも、ある程度は理解していた。一九六二年のキューバ危機の際に、ケネディ大統領はマクミラン首相に向かって「いかなる重要な行動をとるときにも」事前にマクミラン首相には伝えると約束した。しかしワシントンにいた駐米大使のハロルド・カッチアは、「このことは、われわれは協議を受けるということを意味しない」と警鐘を鳴らしていた。応々にしてアメリカ政府はすでに決定を下したあとに、同盟国にその意向を伝えるからである。実際にキューバ危機という未曾有の緊張状態の中で、ケネディ大統領のアメリカはほとんどイギリスに相談することなく、重要な決断を行っていた。一方で現代の「ギリシャ人」としてイギリスが熱心にアメリカの大統領に対して「文明化」を試みながらも、それに対してアメリカ人は必ずしも誠実に耳を傾けるわけではない。そのような複雑な関係が、戦後英米関係の本質の一面でもあった。

とはいえ、アメリカが国際社会で孤立することを防ぎ、またアメリカを国際社会に結びつけるためにイギリスが尽力することは、必ずしも無意味なことではなかった。たとえばマーガレット・サッチャー首相の外交顧問を務めた外交官のサー・パーシー・クラドックは、「通常は単独で行動することを好まないアメリカ人にとって、親密なイギリスとの連合は、有益なものであった」と回顧している。さらに、国務長官を務めたヘンリー・キッシンジャーの言葉を借りれば、衰退した大国であるイギリスは、アメリカの決断に対して、「名誉ある相談相手（honorary consultants）」として行動する役割に甘んじているのである。[13] ブレア首相が、九・一一テロからイラク戦争に至る過程でアメリカのブッシュ大統領に対して担った役割もまた、「名誉ある相談相手」であり「ローマ帝国のギリシャ人」であったといえるだろう。

「対テロ戦争」をめぐる軋み

二〇〇一年九月一一日の、アメリカでの同時多発テロの勃発は、世界を震撼させることになると同時に、米欧関係にも重い影を落とすことになった。その後アメリカは一〇月には、アフガニスタンへの軍事攻撃を開始して、本格的な「対テロ戦争」を開始した。その影響は、米欧関係の奥深くにまで及んでいる。[14]

アメリカでのテロ攻撃に対して、ヨーロッパ諸国はこれを自らの問題と受け止め、アメリカとの連帯の必要を説いた。一三日の仏『ルモンド』紙は、よく知られているように、「われわれは皆アメリカ人である(*Nous sommes tous Américains*)」という有名な言葉を掲げた。[15] NATO加盟国の中で、それまでアメリカの単独行動主義に最も批判的であったシラク仏大統領も、九月一八日に訪米してブッシュ大統領と会談をした際には、「私の友人であるブッシュ大統領に、われわれが完全な連帯にあるということを伝えたい」と述べた。[16] ヨーロッパはアメリカ国民に同情し、ともにテロと闘っていく決意を明らかにした。「対テロ戦争」を闘う上で、その協議をする舞台となっていたのが、NATOであった。

九月一一日の同時多発テロの知らせが入った直後、ロバートソンNATO事務総長の部屋にはアメリカ政府代表のニコラス・バーンズ大使とカナダ政府代表のデイヴィッド・ライトが集まっていた。カナダのライト大使はすぐに、「われわれには五条がある」と述べて、その後迅速に、同盟が結束して危機に対処する方向へと動いていった。[17] 翌一二日には緊急の北大西洋理事会が開かれ、アメリカへのテロ攻撃に対して北大西洋条約第五条を適用する決議を発表した。[18] つまりは集団防衛の発動である。これは、NATO成立以来半世紀の歴史で、はじめてのことであった。NATOの同盟諸国のアメリカへの支持と、共同行動への準備は迅速であった。アメリカのバーンズ大使は、「対テロ戦争が始まった現在、われわれの文明を守るための努力の中核に大西洋同盟が存在しないことなどは、想像しがたい」と述べた。[19] 米欧間の連帯は強固なものに見えた。

しかしアメリカ政府はその迅速なNATOの結束に対して、感謝の言葉を伝えなかった。数日後のブリュッセルのNATO本部を訪れたアメリカのリチャード・アーミテージ国務副長官ははっきりと、次のように述べた。「私はここに、何も求めに来たわけではない。[20]」またその後にNATO本部での国防相理事会に出席したポール・ウォルフォウィッツ国防副長官は、「ミッションがコアリションを決める」と、同盟やコアリションがアメリカの軍事決定に関与することを嫌う発言を行った。つまりは、軍事的な効率性を最大限に優先し、同盟諸国との共同歩調をアメリカはむしろ障害ととらえたのである。その背後には、すでに触れたように、米欧間の軍事能力の格差の問題、軍事作戦における相互運用性（インターオペラビリティ）の不足の問題が横たわっていた。アメリカ政府からの冷たい拒絶を受けたヨーロッパの同盟諸国は、途方に暮れた。何をすればよいのか、わからなくなったのだ。これは多くのNATO関係者を失望させ、同盟の結束を動揺させていくことになる。[21] あるNATO高官の言葉を用いれば、「巨大な結束という貯蓄が、なくなっていってしまった」のだ。[22]

その後の展開は、実にぎこちないものとなった。ブッシュ政権はアフガニスタンの軍事攻撃開始にあたって、NATOの軍事機構を経由せずアメリカ単独で開始する方向に動いた。一〇月四日にロバートソンNATO事務総長は、「対テロ戦争」を進める上での八項目の対米支援措置を発表した。[23] NATOは同盟としての結束を示し、最大限の対米支援を行おうと前進していたのである。一〇月一〇日、アメリカのアフガニスタン軍事攻撃開始直後のペンタゴンを訪問したロバートソン事務総長は、ウォルフォウィッツ国防副長官と会談を行った。そこでウォルフォウィッツは、冷たく次のように返答した。「われわれが必要なことは、すべてわれわれが行う。」同行したNATO高官は、「そのことにより、苦い後味が残った」と回顧している。[24]

NATO加盟国の中で、アメリカ以外で一定程度の規模で実質的な戦闘に参加しているのはイギリス軍のみであった。この時点でペルシャ湾およびアラブ地域に駐留する四万人の兵力の中で二万七、〇〇〇ほどがイギリス軍兵力であり、この地域の空軍力の四分の一、海軍力の三分の一ほどをイギリスが拠出していた。とはいえ、コソボ危機以後イギリス政府内では、アメリカとの軍事能力格差の問題が深刻に懸念されており、アメリカの突出した軍事能力と比較すればイギリスの軍事能力はSDRが期待したような十分な革新が進んでいなかったのだ[25]。それに対して、あるフランス高官は次のような不満を漏らしていた。「アフガニスタンでは、イギリス人たちは数発のミサイルを飛ばしているだけなのに、ブレアはあたかも自らが戦争を動かしているかのような印象を与えている[26]。」実質的な戦争指導の決定から外されていることは、イギリスも他のヨーロッパ諸国も同様であった。ラムズフェルドやウォルフォウィッツが進める、同盟やコアリションとの協議や調整を嫌悪する戦争指導は、次第に同盟国を疎外し、侮辱し、不満を植えつける結果となった[27]。

またブレアは国際コミュニティの結束を急ぐあまり、そのようなアメリカの単独行動主義的な行動を後追い的に支持するよう、EU諸国政府に強く求めるようになる。ケンブリッジ大学のクリストファー・ヒル教授は、十分にEU諸国と協議せずに、必要なときのみアメリカとの結束を演出しようと焦るブレアこそが、EU内部の亀裂を招いたと批判的に論じている[28]。確かに、一九九八年に自ら欧州防衛統合を牽引し、EUとしての共通防衛政策を発展させようとしたブレアは、この未曾有の危機に直面してイギリス単独で、アメリカとの協力を深めていく道を選んだのである。

ペンタゴンの意図は明瞭であった。コソボの教訓からも、非効率的なNATOの政治的協議や軍事機構を迂回したかった[29]。軍事政策を決定する上で、いちいちヨーロッパ諸国の顔色を窺い、妥協を模索する労力を払いたくなかった。ロンドン大学キングス・コレッジ教授のマイケル・クラークは、アメリカからすればNATOの指令系統は「とんでもなくうんざりするもの」であり、「現在の危機ではそれらに拘束されないよう決意をしていた」と述べる[30]。

また一九九〇年代半ば以来、大西洋の両側での格差が広がる防衛能力を考慮すれば、ハイテク兵器を駆使する米軍の軍事戦略の中で、ヨーロッパ諸国の担える役割は極めて限定的であった。遠方展開能力と機動力、そして精密誘導ミサイルなどの攻撃力を備えた十分な軍事能力を持つのは、ヨーロッパの中ではかろうじてイギリス一国であった。一九九九年四月のワシントンNATOサミットで、「防衛能力イニシアティブ（DCI）」により欧州諸国の防衛能力が格段に向上することを期待したアメリカは、結果として大きな失望を味わったのだ。[31] ジュリアン・リンドレー＝フレンチも、「この行き詰まりの大部分の責任はヨーロッパの政策にあり、とりわけヨーロッパの軍事的な無力にあったのだろう」と指摘する。[32] コソボ戦争時のNATO欧州連合軍最高司令官ウェズレー・クラークはこのような大西洋同盟の機能麻痺を懸念して、アフガニスタン戦争でのヨーロッパ諸国を、「無視される同盟諸国」と呼んだ。[33]

NATOを素通りして、「有志連合（Coalition of the Willing）」のコアリションの声にも十分に耳を傾けず、ペンタゴンが単独で戦争指導を進めた代償は限りなく大きかった。アメリカ政府は、軍事的考慮を政治的考慮に優先させ、同盟国との関係を犠牲にして軍事作戦上の効率性を選んだのである。

「NATOの終焉？」

他方でアメリカからすれば、再びコソボ戦争のときのように軍事攻撃を行う際に同盟国からいちいち批判を浴びることが我慢ならなかった。それだけではなかった。アメリカ国内では対テロ戦争で、ヨーロッパが何もしていないではないか、という批判が噴出していた。例えば、リチャード・ルーガー共和党上院議員は、次のように語る。「もしもNATOが、テロリズムに対する新しい戦争において実効的な役割を担うことができなければ、われわれの政治指導者たちはこの戦争の必要に応えるような、何か新しい他の選択肢を模索せねばならないかもしれない。[34]」

この頃にアメリカ国内では、NATOの限界が繰り返し指摘されるようになっていた。有名なコラムニスト、トーマス・フリードマンは、このような経緯を見て「NATOの終焉?」というコラムを『ニューヨーク・タイムズ』紙に寄せていた(35)。それは、ヨーロッパの軍事的な能力欠如を批判し、また侮蔑する内容であった。この時期のアメリカ国内では、ヨーロッパに対する批判的な論調、いわばティモシー・ガートン・アッシュが指摘するような「反ヨーロッパ主義」が色濃く見られたのである。それはヨーロッパで広く浸透する「反米主義」と相乗効果をなしていたといえる(36)。それは世界秩序に関する価値観の対立であると同時に、相手への敬意の欠如でもあった。

ラムズフェルド国防長官とウォルフォウィッツ国防副長官の指導の下で、ペンタゴンは次第に同盟国を政治的に協議すべき盟友としてではなく、むしろ利用すべき道具、あるいは迂回すべき障害として考えるようになっていった。すでに九・一一テロから半年ほど前の二〇〇一年三月には、ラムズフェルド米国防長官により作成された、『共同防衛への同盟諸国の貢献に関する報告書』の中で、アメリカにとっての同盟の意義について次のように書かれている。「同盟は、アメリカの国益が脅かされる地域において、アメリカの国益と影響力の強化のために重要なのだ(37)。」アメリカの必要に応じて同盟は活用されるべきものであって、同盟における対等性や協議の問題は重視されていない。ブッシュ政権のアメリカにとっての同盟国の必要性とは、アメリカの財政的負担を軽減し、米兵死傷者を回避できるという意味で重要なのである。ラムズフェルド国防長官の問題は、そのような態度を包み隠すことをしなかったことである。ジュリアン・リンドレー＝フレンチがいうように、この時期には、「単純に言えば、ワシントンは他の誰かの話を聞くことがほとんどなくなってしまった」のだ(38)。ヨーロッパ諸国政府は、このようなアメリカの同盟観に強い懸念を抱くようになる。そのようなアメリカ政府の認識の現れが、アフガニスタンでの軍事作戦であった。

二〇〇一年一二月、アフガニスタンのタリバーンに対する軍事攻撃を終えつつある中でパウエル米国務長官は、「現在、かつてないほど、NATOが重要となっている」と論じた。ところが英『タイムズ』紙のコラムは、「これは正しくない」と論評し、「その反対が真実である。それはかつてないほど、不必要となっている」と論じた(39)。それはアフガニスタン戦争の経緯を見れば、無理もないことであった。ウェズレー・クラークもアメリカの軍事作戦を批判して、「われわれの最も重要な同盟国であるNATOについてほとんど言及がない」ことを懸念している(40)。このようにして、九・一一テロ直後の一時的な大西洋同盟の「連帯」にもかかわらず、その後は再び米欧関係は深刻な確執を見るようになった。そしてその亀裂を広げる上での最大の問題が、イラクの大量破壊兵器査察問題であった。

「新しい悪」から「悪の枢軸」へ

九・一一テロが起こった直後、ブレア首相はそれを「新しい悪」と呼び、激しく非難した。ブレアの考える「国際コミュニティ」にとって、暴力によって罪のない一般市民を殺戮するテロリスト・ネットワークは、道徳的・倫理的に許し難い「悪」であった。そのような「新しい悪」と対決するためにも、ブレアは世界を駆け回って幅広い国際的なコアリションを形成し、アフガニスタンに進んでいったのである。

ところが、ジャーナリストのボブ・ウッドワードがその著書『攻撃計画』で詳しく記しているとおり、ラムズフェルド国防長官やウォルフォウィッツ国防副長官、そしてディック・チェイニー副大統領のようなアメリカの政権の中枢の者たちは、九・一一テロ勃発直後から、アル・カーイダとの戦争にとどまるのではなく、イラクまで突き進む必要を指摘していた(41)。二〇〇二年秋、サンクスギビングの前日に、ラムズフェルド国防長官は、ホワイトハウスでの会合からペンタゴンに戻ってくると統合参謀会議議長のリチャード・マイヤーズに次のように語った。「ディック、大統領はわれわれがイラクに対してどのような作戦計画を持っているか知りたがっているようだ。[42]」アフガニスタンへの侵攻と同時に、イラクへの「攻撃計画」もまた次第にかたちを整えつつあった。一二月七日にアメリカ政府の勝利宣言を迎えると、ホワイトハウスの中での議論の軸はアフガニスタンからイラクへと移っていった。

まだこの時期にはヨーロッパ諸国の関心はあくまでもアフガニスタンの復興であり、「対テロ戦争」の完遂であり、地域的な安定の確保であった。ヨーロッパ諸国政府の多くは自らのインテリジェンスの判断に基づいて、イラクのサダム・フセインは差し迫った脅威ではないと考えていた。まずはアフガニスタンを安定させて、「対テロ戦争」を効果的に進めていくことが不可欠なのだ。一一月二七日にボンでアフガニスタン暫定政権樹立の国際会議を開催し、一二月五日のボン合意によって一二月二二日に暫定政権が成立した。とはいえ戦災により国土が荒廃し、多数の部族が混ざり国内社会が混乱する中で、国家建設という難題に立ち向かうアフガニスタンの将来は不透明なままであった。しかしブッシュ大統領は新年を迎えた後に、野心的な演説によって新しい政策課題を語ろうと準備を進めていた。

ホワイトハウスのスピーチライターであるデイヴィッド・フラムは、ブッシュ大統領の意向をくんで、年を越えた一月二九日に行う予定の一般教書演説の草稿を書いていた。そこでは、イラクへの軍事攻撃へと進む上で、フセイン政権が九・一一テロと結びついているという印象を国民に植えつける必要があった。フラムはそこで、「悪の枢軸（the axis of evil）」という強い言葉を挿入することで、イラク、イラン、北朝鮮の三国をアメリカの「敵」として語ることにした。そのような提案は、ブッシュ大統領も気に入った。[43]ブッシュ大統領は、後のウッドワードとのインタビューで次のように語っている。「歴史上のこの時点で、アメリカ大統領が、世界が直面する悪について明確そのものに語ることこそ、きわめて重要だった。疑問の余地はない。北朝鮮、イラク、イランは、現代の平和にとって最大の脅威だ。[44]」さらに次のように続けた。「トニー・

ブレア、ホセ・マリア・アスナール、ジョン・ハワードは、おなじ自由への熱意を持っている。一部のエリートからは、家父長主義的に見られるだろうが、われわれが自由にする者たちにとってはそうではない。自由になるひとびとは、この熱意に感謝する。この情熱に感謝する。」

一月二九日の上下両院合同本会議での一般教書演説で、ブッシュ大統領はテレビカメラが向けられる中で自らの外交理念を語った。ブッシュは、イラクとイランと北朝鮮の三国を名指し、「こうした国々とその同盟者のテロリストは、悪の枢軸を形づくっている」と述べた。そして、「大量破壊兵器の入手をはかるこれらの国は、ますます増大する深刻な危険をもたらしている」と語った(45)。ホワイトハウスの関心は、次第にアフガニスタンからイラクへと向かっていく。またイラクが大量破壊兵器を入手して、それをアル・カーイダのようなテロリストに渡すことでアメリカにとっての深刻な脅威になるという筋書きであった。

メイヤー駐米大使が述べるには、このブッシュ大統領の演説に対して、ヨーロッパでの反応は例外なく敵対的であった(46)。すでにこの時期までに、ブッシュ政権の単独行動主義的なイデオロギーへの嫌悪や、アフガニスタン戦争の戦い方への違和感などから、アメリカとヨーロッパとの間の亀裂は次第に大きくなっていた。メイヤーによれば、「それはタカ派の時代であった」のだ(47)。またイギリスのジャーナリストのピーター・リデルが論じているように、ヨーロッパの情報機関では緩やかなテロリストのネットワークへの対処が最重要視されていたのに対して、ブッシュ政権の対外政策では「国家」との戦争が最優先されていた(48)。EU欧州委員会で対外政策担当委員であったイギリス保守党の著名な政治家クリス・パッテンは、「悪の枢軸」という擁護を「単純すぎる」とみなし、それを「単独行動主義の暴走」と嫌悪していた(49)。またブッシュ大統領に一貫して批判的なイギリスの『ガーディアン』紙は、「ジョージ・ブッシュの妄想」と題する社説の中で、厳しい論調で「悪の枢軸」演説を批判した(50)。

イギリス人の多くにとって、ブッシュ大統領が用いた単純で過激なレトリックは、違和感を抱かざるをえないものであった。首相府メディア戦略局局長のアラステア・キャンベルは、一月三一日にホワイトハウスとの間で行った電話会議において、ブッシュ大統領の「悪の枢軸」演説は「ヨーロッパ中で圧倒的に否定的な反応をもたらしている」と警鐘を鳴らした。キャンベルのこの発言に、ホワイトハウスにいた「彼らは驚いているようであった」という。またブレア首相も、メディアに対して「私がこれまで、慎重である必要をどれだけ気にしてきたか」、ブッシュ大統領に伝えた。とはいえメディアが過剰にブッシュ政権に批判的であることにも、キャンベルは嫌悪感を抱いている様子がうかがえる(51)。ブッシュ政権の過激なレトリックには、イギリスの首相官邸も危惧を抱いていたが、かといってブッシュ政権に対して過度に批判的な数多くの国内メディアに対しても、キャンベルやブレアは違和感を抱いていたのであろう。

二〇〇一年九月一一日から四カ月ほどの間に、国際コミュニティにとっての脅威は「新しい悪」から「悪の枢軸」へと移行しつつあった。ブッシュ大統領やブレア首相にとって、ユーゴスラビアのミロシェビッチ大統領、イラクのフセイン大統領、アル・カーイダのウサマ・ビン・ラーディンはみな、国際コミュニティにとっての脅威であり、倫理的な「悪」であった。その「悪」と対決する必要性については英米両国政府ともに強く認識していたが、そのアプローチについては少なからぬ違いが見られた。それがその後一年あまりの間のイギリスとアメリカとの間の摩擦を産み出していくのである。

ウォルフォウィッツの挑発

二〇〇二年一月二九日のブッシュ大統領の「悪の枢軸」演説に続いて、二月のミュンヘン安全保障会議の席でのウォルフォウィッツ国防副長官の発言は、関係者の不満をさらに増大させる結果となった(52)。この後の米欧対立の展開を考えるならば、このブッシュ大統領とウォルフォウィッツ国防副長官の二つの演説こそが、ヨーロッパ諸国がブッシュ政権のアメリカに違和感を抱く決定的な機会を提供したといえる。

ミュンヘン安全保障会議での二月二日の午前九時からのセッションで、国際テロリズムのグローバルな影響について講演を始めたウォルフォウィッツは、前年からラムズフェルドが述べてきた、「ミッションがコアリションを決める」という考えを改めて強調した。ウォルフォウィッツは次のように語る。「この軍事作戦におけるコアリションの性質について、最も重要なコンセプトの一つは、『ミッションがコアリションを決定せねばならず、コアリションがミッションを決定してはならない』ということである。さもなければ、国防長官が述べたように、ミッションはその『最小公倍数』へと矮小化されてしまう。[53]」つまりは、同盟国はアメリカが進める戦争の「ミッション」に口を出すべきではない、という強い拒絶の意思表明である。同盟国が好きなように自らの要望を並べ、それによって米軍の作戦が右往左往することを嫌ったのである。同盟関係を軽視して、軍事的な効率性からもあくまでもアメリカ単独で行動に移るという意思表示は、ヨーロッパに懸念を浸透させていった。

ウォルフォウィッツの考えは明らかであった。まずRMAの結果として圧倒的な軍事能力格差が生じる中、アメリカはヨーロッパ諸国の遅れた装備を必要と感じていなかった。むしろそれが足手まといとなると考えていたのである。またコソボ戦争での経験から、名目程度にしか軍事的な貢献をしていないヨーロッパのNATO加盟国が、それにもかかわらず軍事戦略を決定する上でさまざまな要望を突きつけてくることがないよう最初から釘を刺していたのである。将来の戦争で、ワシントンは必要な同盟国を必要に応じて摘みとる。[54]それが、「ミッションがコアリションを決める」という考えの本質であった。このミュンヘン安全保障会議には、ヨーロッパ諸国の国防大臣、およびNATO関係者が多数参加しており、ウォルフォウィッツの演説を聴いていた。彼らは本国政府に宛てて、このような同盟国を侮蔑するウォルフォウィッツの姿勢への嫌悪感を伝えたことであろう。

ブッシュ大統領の「悪の枢軸」演説と、ウォルフォウィッツ国防副長官の「コアリション」演説は、ブッシュ政権の対外政策がそれ以前とはトーンを変えていくことを明らかに示すものとなった。ピーター・リデルは、ブッシュ大統領の演説が「ポスト九・一一の共感と連帯の時代の終焉を印した」と述べている[55]。そのような摩擦と対立は、次第にメディアや論壇の場へと伝染していって、より激しい論調での議論が見られるようになっていく。二〇〇二年は、九・一一以後の「連帯」を崩壊させるとともに米欧対立を演出する年となったのである。

「パワーと弱さ」

二〇〇二年夏、ブリュッセルをはじめとするヨーロッパ主要都市の政策関係者の間で、一つの論文が広く読まれていた。アメリカを代表するネオコンの理論的支柱の一人であり、PNAC（Project for the New American Century）設立にも関わっていたロバート・ケーガンが『ナショナル・インタレスト』誌に掲載した「パワーと弱さ（Power and Weakness）」と題する論文である[56]。ケーガンは、ウォルフォウィッツが演説を行ったミュンヘン安全保障会議にも参加しており、ヨーロッパでも名前が広く知られた理論家であった。ラムズフェルドやウォルフォウィッツが、直截的で侮蔑的な短い言葉でアメリカの単独行動主義を語るとすれば、ケーガンはむしろレトリックを多用してより理論的にそれを説明しようとしていた[57]。ヨーロッパでは、アメリカのイラクに対する軍事攻撃への懸念が深まりつつあり、アメリカとヨーロッパの離反が語られる中で、ケーガンのこの論文は幅広い反応と論争を巻き起こすことになる[58]。

その論文の冒頭でケーガンは、「ヨーロッパとアメリカが同じ世界観を共有しているという幻想にすがるのは止めるべき時期がきている」と書き始めている[59]。この論文は後に単行本となり刊行され、さらには日本語にも翻訳されて幅広く読まれることになった。ケーガンはこの論文で、戦争の神であるマーズ（火星）から来たアメリカと、美の神であるヴィーナス（金星）から来たヨーロッパの違いを対比させている。そしてその違いの本質として、ホッブズ的な世界観を持つアメリカの「強さ」とカント的な世界観を持つヨーロッパの「弱さ」があることを指摘する。ホッブズ的な世界観で国際政治を眺め、十分な軍事力を持つ「戦争の神」であるアメリカは、カント的な平和の世界に閉じこもるヨーロッパからの協力が得られなかったとしても、単独でも行動する必要があると主張する。この後に、ケーガンのこの論文は学者や政策関係者から厳しい批判を数多く受けることになる。同時に彼がウォルフォウィッツやチェイニーと思想的に近い立場にあることからも、ブッシュ政権の対外政策を鮮やかに説明した論文として幅広く影響を与えることになった。

この時期にブッシュ政権の中枢で防衛政策を担う関係者の行う議論の中には、二元論的な世界観が色濃く見られていた。そしてその中間は失われつつあった。たとえば、前に触れたウォルフォウィッツのミュンヘン安全保障会議の演説の中では、次のように述べられている。「危険に直面する中で、諸国は選択をしなければならない。世界の大半の諸国がそうであるが、平和、安全、そして法の支配の側に立つ者は、善と悪とのこの戦いの中で、われわれと結束している。テロリズムを受け入れ、行動をとることを拒否し、最悪の場合には、それらを支援し続ける者は、その結果を見ることになるであろう[60]。」このような二元論的な世界では、もしもヨーロッパ諸国がアメリカを中心としたホッブズ的な「戦争の神」の世界に加わらないとすれば、それは道徳的な「悪」とみなされ、アメリカの「敵」となってしまう。中道的なバランスのとれた立場から、ブッシュ政権の対外政策を批判するとすれば、それは倫理的な「悪」であると罵られる結果になりかねない。

そのような論理の中で、ヨーロッパ諸国政府関係者の多くは、不満と批判を強めていくのであった。これこそが、イラク戦争に至る過程の中でヨーロッパがアメリカと対立することになる構図の本質であり、ヨーロッパ諸国の中でアメリカと行動を共にするか否かで立場が分かれる原因でもあった。

二　対米協力という孤独

「リベラル帝国主義」の思想

二〇〇三年三月に始まるイラク戦争をより広い視野から理解する上で、「リベラル帝国主義（liberal imperialism)」という新しい外交理念が重要な意味を持つ。一九九〇年代半ば以降、欧米諸国、とりわけ英米両国においてこの新しい潮流が影響力を増していった。そしてそのような知的な潮流の中で、ブレアは新しい外交、すなわち「国際コミュニティ」のドクトリンに基づいた倫理的な戦争を進めていったといえる。

「リベラル帝国主義」とは何であろうか。それは、「リベラル」であるゆえに人権を重視し、民主主義や自由という価値を重視している。従来の保守穏健派が擁護してきた、国益に基づいた視野の狭い消極的な対外政策を批判して、グローバル化が進む新しい世界での相互依存と国際的な責任に基づく、より積極的な政策の必要性を主張する。つまりは、他国において深刻な人権侵害や、テロリストの育成、内戦が行われている際に、それを見過ごすことを非倫理的と非難して、積極的な介入を求めるのである。同時にそれは「帝国主義」であるゆえに、積極的な軍事力行使や国家建設への関与を主張する。従来であれば、国家主権という壁を前に、内政不干渉の論理が広く浸透していた。ところが現在のグローバル化が進んだ世界では、国家主権の論理を相対化して、道徳的な責任、倫理的な責任を重視しなければならない。「リベラル帝国主義者（liberal imperialists)」は、ルワンダの虐殺やボスニア内戦、コソボ戦争を経た後の世界で、その影響力と発言力を確実に増していたのである。

その代表的な人物が、イギリス人外交官のロバート・クーパー、イギリス人歴史家で現在ハーバード大学教授のニオール・ファーガソン、カナダ人政治家で思想家のマイケル・イグナティエフであった[61]。それは、他国への軍事力行使の正当性を主張する点ではアメリカのネオコンの中心人物たちと見解を共有するが、リベラルな思想を重視して国際協調の必要を説く点において大きな違いを見せていた。またこれらの人物たちは、ブレア首相の対外政策に直接的、間接的にきわめて大きな影響を及ぼし、ときには助言を行っていた。

ロバート・クーパーはすでに本書でも何度となく登場しているが、とりわけブレア政権成立からアフガニスタン戦争に至るまで、ブレアの対外政策に巨大な影響を及ぼしてきた。ブレア政権一期目には、内閣府の防衛・対外問題局副事務局長として、首相官邸に近い立場からブレア首相にさまざまな助言を行ってきた。またアフガニスタン戦争勃発後は、イギリス政府特別代表として二〇〇二年半ばに至るまでロンドンとアフガニスタンを頻繁に往復していた。彼の外交思想は、『国家の崩壊』の訳書などによって日本でも広く知られている[62]。クーパーは、イギリス人外交官という立場ながらも、繰り返し多様なメディアで自説を体系的に説いてきた。また新聞やテレビにも頻繁に登場する、特異な外交官であった。彼の議論は、歴史や思想に基づいた壮大なヴィジョンを展開するという意味でも、明らかに通常の外交官とは異なっていた。

クーパーは、二〇〇三年一〇月二三日に『ガーディアン』紙に掲載した「文明化せよ、さもなくば死を(Civilise or Die)」[63]という挑発的なタイトルのコラムの中で、現代の世界では積極的な介入政策が不可欠となったと説いている。テロリストが大量破壊兵器を入手し、主権国家という隠れ蓑の中で破綻国家やならず者国家の国内で次なる攻撃の準備が進められる。クーパーは述べる。「そのような世界に対するわれわれの唯一の防衛とは、文明を広めることである。」彼は、それまでのような「封じ込め戦略」は現在の世界では機能しないと説き、新しい世界秩序を再構築する必要があるという。そしてクーパーは、他のあるエッセイの中で次のように述べている。「現在求められているのは、新しい種類の帝国主義である。そしてそれは、人権や普遍的な価値が、世界の中で受け入れられるものでなければならない。」(64) それは、それまでのマルクス゠レーニン主義的な古い帝国主義論とは異なる、新しい時代の新しい価値をまとった「帝国主義」であった。

より積極的に「帝国」の価値を主唱し、アメリカがその役割を自覚すべきと説いたのが、ハーバード大学歴史学部教授のニオール・ファーガソンであった。ファーガソンはその著書、『コロッサス―アメリカ帝国の代償』において、「アメリカはいま帝国であるばかりか、これまでもずっと帝国であった」と述べ、「原則として私はアメリカの帝国にいかなる反対もしていない」という。というのも、「今求められているのはリベラルな帝国」であって、「世界の多くの地域は、アメリカの支配によって利益を得るだろう」からだ。(65) ファーガソンは、アメリカやイギリスが「リベラルな帝国」としての役割を担うことを擁護するのみならず、より積極的にそれを担うべきと提唱しているのだ。ファーガソンはクーパーと並び、「リベラル帝国主義」の最も強力な促進者であると同時に、ブレア政権が進める介入主義的な軍事ドクトリン、倫理的な対外政策の中心的な擁護者でもあった。

マイケル・イグナティエフの場合は、戦争の後の「国家建設」の重要性を強く主張することで、それ以前の帝国とのつながりを論じていた。ロシア貴族の血をひき、カナダ国籍を持つイグナティエフは、ハーバード大学ロースクールの人権担当教授から、カナダの上院議員へと転身した。カナダ政府が中心となって進めた「保護する責任」の理念が発展する上でも、重要な思想的な影響を及ぼしてきた人物である。彼が著した『軽い帝国』では、ボスニアやコソボ、アフガニスタンでの戦争の後の国家建設が論じられており、クーパーやファーガソンよりも慎重な言葉が用いられているが、国際社会がそれらの問題から目を背ける非道徳性を批判的に論じている[66]。そして「帝国の責務をどう果たすか」を問い、アメリカやイギリスなどの諸国が、国家建設に積極的に関与する道徳的な責務を説いている。

これらの論者がみな一様に、ブッシュ政権が進めるイラク戦争を擁護していたとはいえない。何よりも彼らは国際主義や人権の重要性を重視する点では、むしろアメリカの民主党の外交路線に近いのかもしれない。しかしながら、ブレア首相がより積極的な介入主義的な軍事政策の意義を認識し、世論もまた一定程度それらの動きを受け入れる背景には、これらの論者が積極的な介入政策の必要を説いていたことがその背景にあった。明らかにそのような思潮が、ブレア首相の演説の中に浸透していることも見てとることができる。さらにクーパーの場合は直接的に、ブレアの演説や政策の骨格に影響を与えていた。イラク戦争をもたらした時代精神として、そのような背景もまた無視することができないであろう。

閣内で孤立するブレア

コソボ戦争の際に見られたように、イギリスが人道的な目的からも積極的な対外関与を広げていくことについては、ロビン・クック下院院内総務やクレア・ショート国際開発相などの他の閣僚もおおよそ賛成していた。ところがこの二人の閣僚はイラク戦争に反対して、開戦を前後して閣僚を辞任することになる。それのみならず、閣内ではブレア首相の独走とも思えるようなブッシュ政権の対イラク攻撃計画への追随に、批判的な声が上がっていく。そのような摩擦は、二〇〇二年三月において重要な端緒を見ることができる[67]。

それは、二〇〇二年三月七日の閣議でのことであった。イラク戦争を一年後に控えた春のことである。ロビン・クックはこの日の日記で、その閣議での議論が「決定的な出来事であった」と記録している。ブレア首相は、イラクへの軍事攻撃に関して、閣議で真剣な議論をすることをそれまで避けてきた。すでに見てきたように、首相官邸内の少数のアドバイザーとの協議を好んでいたからである。しかしデイヴィッド・ブランケット内相とクック院内総務がこの問題を閣議で議論することをブレアに要請し、ブレアはそれを了承した。クックによれば、このときに、「トニーは孤立していた」という。[68]

閣議での発言を始めたクックは、一期目での外相の経験から、サダム・フセインは確かに国際社会での深刻な問題であることを認めた。しかしながら、「われわれは、二つの条件を満たさなければ、軍事作戦に参加すべきではない」という。それは以下の通りである。「第一に、われわれは、ヨーロッパでイギリスを孤立しないようにしなければならない。」というのも「われわれの国益はヨーロッパの中にあるからであり、またわれわれは、アメリカの軍事的な冒険を支持する唯一のヨーロッパの政府であるようなことになってはならないからだ。」また第二に、「われわれは、イスラエルとパレスチナとの紛争を解決する上で、サダムこそが孤立しているということを、確認しなければならない[69]。」

次に発言をしたパトリシア・ヒューイット通産大臣は、「われわれは、あまりにもブッシュ大統領に近い立場にありながらも、ブッシュ大統領にいかなる影響力も及ぼせていないと見られる危険がある」と的確な批判を行った。そのような批判にもかかわらず、クックが記すには、「トニーは内閣を、決定を行うべき場所とはみなしていなかった。」というのも、「通常は、彼はすでに決定がなされてそれを伝えるときまでは、閣議での議論を避けようとしていたのだ[70]。」

ブレアはうろたえた様子はなかった。そして次のように反論した。「私が言いたいのは、われわれはアメリカの近くで舵を取らなければならないということだ。もしもわれわれがそのようにしなければ、彼らがすることについて自らの影響力を失うことになるのだ。これは、ヨーロッパでも理解されている。私はジョスパンとシュレーダーのいずれとも話をしたが、彼らは双方いずれも、われわれがアメリカに反対することはできないということを理解している。[71]」明らかにブレアは、ヨーロッパ諸国政府の意向を誤解していた。フランスもドイツも、必ずしもそのようには考えていなかったからだ。それはその後の彼らの外交の中で明らかになり、そのことがブレアに対するいらだちを醸成させることになる。

その四日後の三月一一日、閣議でのイラク問題をめぐる応報がまださめやらぬ中で、アメリカ副大統領ディック・チェイニーがロンドンの首相官邸を訪れた。主としてイラク問題をめぐる協議のためである。チェイニーはこれから中東諸国を歴訪する予定となっており、その前にロンドンに立ち寄ってブレア首相と意見交換をすることになったのだ。このときイギリス政府の中では、チェイニーに対してきわめてネガティブなイメージが浸透しており、またイギリスのメディアでもチェイニーに対してはきわめて批判的な言説が目立っていた[72]。

ブレアとチェイニーの会談は、「対テロ戦争」の「第二段階」、すなわちイラクへの軍事攻撃の計画に焦点が当てられた。チェイニーは明らかに、イラクへの軍事攻撃の必要性を前提に話を進めた。彼は、アル・カーイダのようなテロリストと、大量破壊兵器を保有するイラクのような「ならず者国家」の「潜在的な結合」の可能性を指摘した。それはまた、核兵器や化学兵器などがイラクからアル・カーイダなどのテロリストの手に渡ることを意味し、アメリカに対する大量破壊兵器を用いたテロ攻撃に結びつくと考えていた[73]。

会談の後には、ブレアとチェイニーがそろって共同の記者会見を行った。まずブレア首相が簡単に会談の経緯を説明し、次のように述べた[74]。「われわれは会談のはじまりから、大量破壊兵器の脅威について言及されねばならないと論じた。」ブレアの意図は明瞭であった。直接「イラク」という国家について言及するのを避けながらも、大量破壊兵器の脅威の重要性を指摘することで、人々がこの脅威に立ち向かう必要性を認識させようとしたのである。当然ながら質問の多くが、イラクへの軍事攻撃の可能性に集中した。「対テロ戦争の第二段階および大量破壊兵器の問題」についての質問があがった。それに対してブレアは、「サダム・フセインと大量破壊兵器の脅威が存在し、彼がそれを入手したことは全く疑いがない」と、チェイニーとの間で意見交換したことを報道陣に伝えた。その「全く疑いがない」はずの、イラクの大量破壊兵器保有の問題が、現実には間違っていたことが後には明らかになる。

チェイニーはこの質問に対して、より踏み込んだ返答をしている。すなわち、「アル・カーイダのようなテロ組織と、大量破壊兵器を開発し保有する能力をもった者たちとの、潜在的な結合の可能性について、懸念をしなければならない」ことを付け加えた。チェイニーはあたかも、イラクが保有していると信じて疑わない核兵器が、もしアル・カーイダのようなテロリストの手に渡った場合に、イギリスやアメリカへの攻撃に使われることを過敏に恐れているかのようであった。しかしながらこの時点で、イラクが大量破壊兵器を開発し保有していること、そしてアル・カーイダとイラクとの間に直接的なつながりがあることについて、明確な根拠があったわけではない。強烈なイデオロギーと憶測から、チェイニーはウサマ・ビン・ラーディンとサダム・フセインという、遠くに離れている二人を結びつけて考えていたのである。

ブレアは、可能な限りアメリカに近づくことで、アメリカの政策決定にできるだけ大きな影響を与えようと考えていた。しかしながら、実際にはブレアはアメリカに対して必ずしも大きな影響力を発揮できたわけではなく、むしろブッシュ大統領に近づいていくことのみが自己目的化するかのようであった。また、イギリス閣内で彼は孤立を深めるとともに、そのような方針に対してメディアや世論からも厳しい批判にさらされていた。いよいよ、イラクへの軍事攻撃を開始する「第二段階」へと進む可能性が高くなった。ブレア首相は四月にブッシュ大統領と直接首脳会談を行うことによって、この巨大な問題に対処することになる。

「オプション・ペーパー」の影響

ブレア首相の訪米を前にして、三月八日、「イラク―オプション・ペーパー」と題する重要な機密のメモランダムが内閣府防衛・対外問題局によって作成された(75)。その後のブレアのイラクに対する対応を見ると、このメモランダムが彼の思考に大きな影響を与えているといえる。それではこのメモランダムでは、イラクの危機をどのように分析し、どのような提言をしているのか。

この機密文書では、イギリス政府が今後とりうる政策のオプションをいくつか提示している。一九九一年の湾岸戦争終結以後、国際社会そしてイギリスはイラクに対して基本的には「封じ込め戦略」を継続してきた。ところがイラクはそのような「封じ込め」の下でも大量破壊兵器を開発し、その国民を苦しめ、地域の不安定化要因となっている。そこで、イラクを国際コミュニティに再統合し、イラクが国際法を遵守するようにさせるために、以下の二つの政策オプションを提示している。

第一は、「九・一一以後に促進されるべき、これまでの封じ込め政策の厳格化」である。そこでは、一九九一年の国連安保理決議六八七、そして一九九九年の安保理決議一二八四を完全に履行するようイラクに要請する。またそのために、アメリカがそのようなプロセスを妨害しないようにする。ここでの目的は、サダム・フセインが査察を受け入れるか、さもなければ軍事的行動を招くリスクを負うか、選択をさせることである。またここで重要となるのが、イラクへの制裁を履行していない諸国に厳格な履行を要請することである。しかしながら、一九九八年のイラク空爆でも同様であったが、サダム・フセイン体制下でこれまでの方針が大幅に転換されることは考えがたく、引き続き進められる大量破壊兵器の開発が地域をよりいっそう不安定化させるであろう。とりわけブッシュ政権のアメリカは、「封じ込め」を継続することには異議を唱えている。とすれば、第二の政策オプションを考慮する必要がある。

第二は、「軍事的手段によるレジーム・チェンジ」である。しかしこのオプションの問題は、それを実行する上での法的根拠が欠けていることである。ＪＩＣ（合同情報委員会）の報告によれば、テロリズムとイラクとの明確なつながりが存在しない。とすれば、アフガニスタンで行ったような国連憲章第五一条の自衛的措置としてイラクを攻撃することはできない。もしもイラクへの軍事攻撃を開始するとすれば、安保理決議六八七にイラクが違反した際に、イラクへの軍事攻撃を可能とする一九九〇年の安保理決議六七八が有効となり、国際法上の合法性が担保される。そうでなければ、法的根拠を担保することは困難である。

以上のような検討から、本機密文書では、「結論として、かなりの困難にもかかわらず、地上作戦による圧倒的な軍事力行使のみが、サダムを排除して、イラクを国際コミュニティに復帰させる唯一のオプションである」と書かれている。その上で重要となるのが、サダムに対する「圧力の増加」、軍事作戦の「慎重な計画」、「コアリションの形成」、「中東和平構想の再考」、「世論の喚起」であるとする。このシナリオをおそらくブレア首相は熟読したのであろう。少なくとも翌月のクロフォードでの英米首脳会談以後、ブレアはこのシナリオに沿ってイギリスのイラク政策を確定していくことになる。

さらに、この「オプション・ペーパー」と同日となる三月八日に、ブレアの訪米を控えて、イラクへの軍事攻撃をめぐる法的な根拠について詳細な機密メモランダムを外務省が作成した(76)。そこでは、イラクへの軍事攻撃を正当化する三つの法的根拠を並べている。それは、「安保理決議」、「自衛」、「人道的介入」である。一九九一年の湾岸戦争は明瞭な「安保理決議」に基づき、一九九九年のコソボ戦争は「人道的介入」にあたり、二〇〇一年のアフガニスタン戦争は「自衛」の論理で行われた。しかしながら、この時点で、イラクのケースはそのいずれにも該当しない。少なくとも外務省は、この段階でイギリスがイラクへの軍事攻撃に参加することの困難を明らかにしていた。このことは、その後ストロー外相を通じて何度となくブレア首相やパウエル国務長官に伝えられる。

マニングとリケットの助言

三月一二日、訪米中のデイヴィッド・マニング外交担当補佐官は、ホワイトハウス側のカウンターパートであるコンドリーザ・ライスと夕食を共にした。それは、来るべきクロフォードでの首脳会談、さらにはその後のイラク政策の策定をめぐり、両国政府間での意見交換をするためであった。二人は頻繁に電話や会合を重ねており、同時に二人はブレア首相とブッシュ大統領に深く信頼され、両首脳の意思疎通を深める重要な役割を担っていた。この夕食時の会談の模様を、マニングはブレアに詳細に報告している。(77)

まず二人は、イラク問題について話し始めた。ライスは、ブッシュ大統領がブレア首相の支援に感謝していると述べると、マニングはブレア首相がレジーム・チェンジへの支持を揺るがせていないと伝え、しかしながら議会や世論などアメリカ国内とは異なる多くの困難が存在すると伝えた。マニングの報告によれば、「コンディのレジーム・チェンジへの情熱にはかげりがない」ようであった。マニングはその後、ライスに向けて、もしも単独ではなく仲間と一緒に進むのであれば、「潜在的なコアリションのパートナーたちの懸念にも考慮しなければならないだろう」と伝え、とりわけ二つの点を強調した。それは、「国連という要素」と、「イラクとパレスチナの間の問題に取りかかるという限りない重要性」である。この二つを無視しては、イギリスはアメリカに協力することは難しい。

マニングの助言は、明確であった。つまりブッシュ大統領はブレアの支持を求めているのだから、「総理に本質的な影響力を与えることになる」という。他方でマニングは、ブッシュの「政権は、いくつもの困難を過小評価しているという大きなリスクがある」、と懸念していた。「彼らは失敗がオプションにはならないことに同意するであろうが、それは必ずしも彼らがそれを避けることができることを意味しない」のだ。マニングは、あまりにもイラクへの軍事攻撃に楽観的でしかしその計画が杜撰なホワイトハウスに対して危惧を抱き、また結果として大きな失敗に至ることを懸念していた。だからこそマニングは、そこにイギリスが加わり「本質的な影響力」を行使する重要性をブレアに訴えていた。それは、アメリカに対する全面的な信頼や深い友情に基づく緊密な協力というよりも、ブッシュ政権が進めるイラク政策の危うさへの不安ゆえの協調行動であったというべきであろう。

その一週間ほど後の三月二二日には、外務省政策局長のサー・ピーター・リケットが、首脳会談へ向けてイラク政策についての提言を行っている(78)。その内容はマニングのメモランダムと重なるところが多く、アメリカのイラク政策のゆがみに懸念を示し、それゆえにアメリカに軌道修正するようブレア首相が影響力を示すことが重要だと指摘されている。このメモランダムは、ストロー外相に宛てて用意されたものであり、ストローを通じてブレア首相への助言を期待して書かれていた。

リケットはまず、ブレア首相が、「おそらくは、自国の制度の下ではなされないような助言を与えることで、ブッシュが良い決断をするよう支えていく」ことが重要だと記している。そしてその後、現状を冷静に分析した上で辛辣な提言を行っている。まず最初にイラクの「脅威」について書かれている。「真実を語るならば、歩む速度が変わってきたのは、サダム・フセインのWMDの計画ではなく、それに対する九・一一後のわれわれの忍耐である」とリケットは皮肉を込めて指摘する。というのも、最良の情報によれば、現在イラクでの大量破壊兵器開発の動きが進んでいないことがわかっており、軍事攻撃によって緊急に除去せねばならない種類のものではないからだ。また、「イラクとアル・カーイダのリンクをつくろうとするアメリカの迅速な動きは、率直に言って、現在に至るまで確信の持てないものである」と指摘する。さらに、軍事的な行動には明瞭な目標が必要であるが、今回の場合はそれが明らかではない。それが、コソボやアフガニスタンとの違いであるという。リケットは、イラクの問題を「単にアメリカの問題としてではなく、国際コミュニティ全体の問題として位置づけることが重要だ」と結論づけている。きわめてバランスのとれた、そして健全な情勢判断といえるだろう。イラクへの軍事攻撃計画に対するイギリス外務省の深刻な懸念が、ここでは明瞭に見ることができる。

とはいえ、繰り返し見てきたように、ブレア首相は政策決定において各省庁の意見を尊重して、閣議で合意を得るアプローチを明らかに蔑ろにしていた。自らの信念に基づいて、周辺の少数のアドバイザーと協議をしながら、迅速かつ大胆に政策を決定してきたのである。それが良い方向に進む場合もあるが、イラクの問題をめぐってはむしろそれがブレア首相を孤立させ、彼のやや独善的とも思える信念と情熱となって、前に進んでいくことになる。

分岐点の到来

ブレア首相は、二〇〇二年のイースター休暇の時期に、テキサス州のクロフォードに行く予定となっていた。そこにブッシュ大統領の個人的に所有する牧場があったからである。そこはホワイトハウスや歴代大統領が使用してきたキャンプ・デイヴィッドとは異なり、ブッシュが本当に信頼できる親しい外国の首脳だけを招く、くつろぎの場所であった。

シェリー・ブレア夫人によると、クロフォードは「一軒のカフェと、ガソリン・スタンド以外は何もないような田舎町」であった[79]。ブレア夫人は、長女のキャサリンと幼いレオを連れてディズニー・ワールドで休暇をとって、その後クロフォードで二人の息子、ユアンとニコラスを連れてやってくるトニー・ブレアと合流することになっていた。テキサス州のダラスから、延々と見栄えのしない景色の中を車で移動するブレア夫人とは対照的に、ブッシュ夫妻は飛行機で直接クロフォードに舞い降りた。その周辺にはメディア関係者が宿泊する施設は全くといっていいほど存在せず、完全に静寂の中で英米両国首脳の家族がくつろいだ時間を過ごせることになっていた。

四月六日、クロフォードに到着したブレア首相は、ブッシュ大統領とイラク問題について協議をすることになっていた。その前日の五日に、ブッシュ大統領はイギリスのテレビ局ＩＴＶとのインタビューを行っていて、「サダム・フセインは退陣させる必要があるということで肚は決まっている」と語っていた[80]。いわゆる、レジーム・チェンジである。そしてジョン・カンプナーによれば、首脳会談直前の準備のための会合で、ブレアは側近の一人に次のように語っていた。「われわれは、他のヨーロッパの人たちとは一緒に進むことはできない。イラクに関するわれわれの政策は、いつも彼らのそれとは異なっていた。われわれは、これに関しては、常にアメリカ人とともにあったのだ[81]。」問題は、真剣にイラクの脅威に立ち向かう場合に、単独でもイラクのレジーム・チェンジを実行することを公言するブッシュ政権と、どのように共同歩調を歩むかであった。多くの論者が一致して論じているように、その後イラク戦争開戦に至るまでのブレアの道のりを決定することになるのが、この二〇〇二年四月のクロフォード英米首脳会談であった。

ブッシュ大統領はブレア首相に向かって、イラクへの軍事攻撃を開始する時期が二〇〇三年の春か、あるいは二〇〇三年の秋だと告げた[82]。すでにメディアを通じて、アメリカがイラクのレジーム・チェンジを志していること、「対テロ戦争」の「第二段階」がイラクに対する軍事攻撃であることは、ブレアとしてもおおよそ予想がついていた[83]。またそのような流れになった際には、イギリスはしっかりとアメリカと共同歩調をとるべきであるということについても、すでに意志を固めていた。しかしながらこの四月六日のブッシュとの首脳会談ではじめて、具体的にアメリカ政府が軍事攻撃の計画を進めていることが明らかとなった。そのようなブッシュ大統領の決断に対して、ブレア首相はイギリスがともに歩むことを約束した。[84] アメリカ単独で戦争を行うことへの危惧から、そしてイギリスはつねにアメリカと協調することが不可欠であるという信念から、その後の軌道を明らかにしたのである。それはブレア個人にとって、またイギリス外交にとって、とても大きな分岐点となる。

首脳会談の終了後、クロフォードの学校校舎を利用して共同記者会見が行われた。[85] 冒頭にブッシュ大統領は、それまでにもましてブレア首相との信頼関係と英米関係の重要性を強調した。イラクへの軍事攻撃計画を進める上で、ブレア首相が力強くそれを支持する姿勢を打ち出したことを何よりも嬉しく感じたのであろう。ブッシュは次のように述べる。「われわれの関係は強力である。それは首相への私の尊敬の念からのものである。」また次のようにも述べた。「イギリスほど、グローバルなテロリズムと戦う上で強力だった国はない。」質疑応答では、厳しい質問が数多く飛びだした。イラクへの軍事攻撃の計画について訊かれた後に、ブッシュ大統領は次のように返答した。「私は首相に対して、私の政府の政策はサダムを取り除くことであり、あらゆるオプションをテーブルの上にのせておくことだと説明した。」「あらゆるオプション」とは、軍事攻撃の可能性を示唆することは言うまでもない。

それに対してブレアは次のように加えることを忘れなかった。「そのようにわれわれはあらゆるオプションが可能だと考慮しているが、大統領が大量破壊兵器の脅威に注意を喚起したことは正しい。その脅威は現実である。」ブレア首相は、あくまでも「大量破壊兵器」という脅威から、また国連安保理の承認を得た国際的な合意として、イラクへの軍事攻撃に進む必要を念頭に置いていた。この点について、今後ブッシュ政権と政策をすりあわせることが不可欠であった。また、一年後のイラク戦争開戦の際にも、ブレア首相はイラクの大量破壊兵器の脅威が「現実（real）」であると述べている。アメリカ政府は、イラクのレジーム・チェンジをそれ以前から一貫した方針として掲げていた。しかしながら、国際法上の正当性の担保が不可欠となるイギリス政府の場合は、そのような一方的な論理で軍事攻撃に進むことは実質的に困難であった。アメリカの軍事行動において共同歩調を歩むことと、アメリカと同様の論理で戦争を行うことは、必ずしも同一ではない。その隙間を埋めることが、自らの使命であるとブレアは考えていた。緊急かつ明確な必要性を感じながら戦争へと進んだコソボ戦争やアフガニスタン戦争の場合とは明らかに異なる論理から、ブレアは戦争の準備を考えなければならなかったのだ。

ブレアのテキサス演説

その翌日には、大統領の父の名前を冠するジョージ・H・W・ブッシュ大統領図書館において、ブレア首相は演説を行うことになっていた。そこにはジョージ・W・ブッシュ大統領、ライス大統領補佐官、そして父親の四一代大統領、さらにはその国務長官であったジェームズ・ベーカーも臨席して、ブレアの演説を聴こうとしていた。ベーカーは、大統領補佐官であったブレント・スコウクロフトと並んで、ブッシュ政権が準備を進めるイラクへの攻撃計画に懐疑的なことで知られることになる。共和党の重鎮が見守る中、ブレア首相は自らの考えを伝えることになった。

ブレアはそこで、一九九九年四月のシカゴ演説から続く、外交における価値の問題、相互依存が進む国際コミュニティの問題、遠方の危機に無関心でいることの危険などのテーマについて語った[86]。そして今後とるべき方針について、三つの重要な指針を指摘した。この長い時間に及ぶ、詳細な方針を示すブレアの演説は、この時点での彼の外交方針を理解する上で有用である。まず第一に、「アメリカとEUがともに手を取って協力したときに、世界はよりよく機能する」ということである。これは、ブッシュ大統領の「悪の枢軸」演説以来、ヨーロッパでの対米批判が不可逆的に強まる中で、ブレア首相がヨーロッパとアメリカの「架橋的役割」を担おうとする決意を意味していた。しかしこれには深刻な問題があった。それが機能していない、ということである。この日の日記で、アラステア・キャンベルは次のようにブレアについて記している。「彼はこれまでのところ、ヨーロッパとコンタクトをとることに嫌気がさしてきているのだ。」(87)

確かに九・一一テロ以降ブレア首相は、アメリカとの関係をヨーロッパとのそれに優先する外交姿勢に傾いていた。ブレアがアメリカに近づきすぎていることで、ヨーロッパとの亀裂が深まるとともに、アメリカに対する影響力も失っていると、アンソニー・セルドンも批判している。このような見方は広く行き渡っていた。リチャード・アーミテージ国務副長官がイギリス政府高官に次のように述べていた。「あなたがたの『はい、しかし』というやり方の問題は、『はい』ばかりがよく聞こえて、『しかし』の後の言葉を忘れてしまうことだ。」(88)ブレアがアメリカに対して影響力を行使したくても、それはアメリカ政府から無条件の追従のように受け止められてしまっていたのだ。そしてそのようにアメリカに追随しているようにしか見えないブレアは、ヨーロッパ諸国政府の中での信頼も確実に失っていた。

ブレアの演説では続いて、外交方針の重要となる点について、次のように述べている。「第二に、われわれは、テロリズムや大量破壊兵器がわれわれを脅かすことに対して、行動の準備をしなければならない。国際テロリズムと戦うことは正しいことである。」ここでもやはりブレアは「正しさ」を語っている。単なる国益という理由のみならず、「正しい戦争」を戦う意義を説くのである。そして次のように語る。「アフガニスタンだけでなく、他の場所においてもだ。」「他の場所」がイラクを示唆していることは明らかであろう。

しかしブレアは同時に、軍事手段に偏ることを避けて、より包括的なアプローチでテロリズムに対処する重要性を論じた。これはあまりにも軽率に軍事力行使に走ろうとするブッシュ政権の強硬派を牽制してのことであろう。しかしながら、ブッシュ政権との共同歩調を過剰に意識してか、「レジーム・チェンジ」の必要性を説くかのような言葉も散りばめていた。それゆえベーカー元国務長官の横に座って聞いていたメイヤー駐米大使は、この演説を「ブレアの先制攻撃ドクトリン」と呼んだ(89)。メイヤー大使が記憶するには、ブレア首相の口から「レジーム・チェンジ」を擁護する発言を直接聞いたのは、これがはじめてだという。

三点目として、ブレアは中東和平の必要に触れた。これは、イギリスとアメリカの、中東政策における最も大きな違いでもあった。ブレアは、テロリズムの問題やイラクの問題が、中東和平の停滞とパレスチナ人たちの不遇と結びついていると見ていた。したがって、パレスチナの問題に欧米諸国が真剣に取り組むことが不可欠と考えていたのだ。しかしブッシュ政権内では、この問題を優先的に扱うことへの強い嫌悪感が見られていた。彼らの多くは、あくまでもイラクへの軍事攻撃それ自体を切り離して、優先的に進める意志であった。メイヤー駐米大使によれば、これは「ブッシュとブレアの間の主要な対立点」であった(90)。しかしながら、もしもブレアが中東で新たに始まろうとしている軍事攻撃における「正義」を語るのであれば、パレスチナにおける不正義を放置するわけにはいかない。クロフォード首脳会談でも、この点が大きな争点の一つとなっていた。そしてメイヤー大使が説明するように、共和党右派からの激しい批判にもかかわらず、その後ブッシュ大統領がパウエル国務長官を中東へ派遣させて中東和平に真剣に取り組んでいくのは、このブレアの働きかけが一つの重要な要因となっていたのであろう(91)。イギリス政府から見れば、アメリカ政府内での極端なイスラエル寄りの中東政策は、永続的な中東和平をもたらす上での深刻な障害とみていたのである。

結局、イラク戦争開戦に至るまでの一年間、ブレア首相が尽力したのは、この三つの問題にアメリカが向き合うよう説得することであった。すなわち、一方でヨーロッパ諸国を説得して国際協調の中でイラクの問題を解決する必要を説き、他方ではアメリカ政府を説得しレジーム・チェンジそれ自体を目的として軍事攻撃をするのではなく、大量破壊兵器の脅威と国連安保理決議による脅威の承認というプロセスを経て軍事行動を行う必要を認識させるのである。さらには、イラク戦争の準備をすると同時に、それと併行して中東和平に真剣にアメリカが取り組むことを約束することである。

ブレア首相は確かに、それ以前からサダム・フセインを「悪」とみなしていた。自国民に化学兵器を用いて殺戮を行ったフセイン政権に対して政権転換する必要を、道徳的・倫理的な理由からも強く望んでいた。しかしながら、イギリスにおいては、レジーム・チェンジそれ自体を目的に戦争をすることが可能だとも、正当なことであるとも考えられていなかった。あくまでも国際コミュニティとして結束して、国連安保理決議による正当性の基礎に立って、中東に永続的な平和と安定をもたらすために軍事力を行使するべきだと考えられていた[92]。さらには、これらを実現する上では、アメリカとヨーロッパが協力することが不可欠であった。しかしそのような意図は、容易には実現しえなかった。それから一年あまり、これらを説得するという難しい任務を、ブレアは自らに課していくのであった。

「ブッシュ・ドクトリン」と「ダウニング・ストリート・メモ」

二〇〇二年六月一日、ブッシュ大統領はウェストポイント陸軍士官学校の卒業式で演説を行った。そこでは、「ブッシュ・ドクトリン」として知られることになる「先制攻撃ドクトリン（doctrine of pre-emptive strike）」を明らかにした。ブッシュは語る。「テロとの戦いは、防御一辺倒では勝てない。」それ以前からブッシュ政権内では、従来の「封じ込め戦略」という防御的な防衛戦略を見直す必要が語られていた[93]。また脅威に対して、相手が自国に攻撃してくることを待っているのではあまりにも代償が大きいと考えられていた。それゆえにブッシュは次のように述べた。「われわれは敵に戦いを挑み、敵の計画を打ち砕き、最悪の脅威がかたちをなす前に、それに立ち向かわなければならない(94)。」

二〇〇二年一月の「悪の枢軸」演説からこの六月の「先制攻撃ドクトリン」に至る過程で、ブッシュ政権がめざす方向性は誰の目にも明らかとなった。ブッシュ政権のアメリカは、イラクがアメリカに攻撃を仕掛けなくとも、先んじてイラクに軍事攻撃を開始するという強い意志を持っているのだ。国際法上容認される軍事攻撃とは、国連憲章に基づく自衛権の行使あるいは国連安保理決議に基づく憲章第七章による軍事行動の二つであり、広く解釈してもそれに人道的介入が加わるのみであった。イラクのフセイン政権をレジーム・チェンジするという「ブッシュ・ドクトリン」は、明らかにそれ自体としては合法性を担保するのは困難である。しかしブッシュ大統領にすれば、「悪」であるフセインをアメリカ単独でも打倒することそれ自体が正しいことであると、信じて疑わなかった。ブレア首相は、ブッシュ大統領との会談の中から、アメリカがイギリスなどの同盟国なしでも、単独で軍事攻撃を開始する意図があることを十分に悟っていた。それは国際コミュニティに深刻な亀裂を産み出し、中東に新たな紛争の種をまくとして、イギリス政府内では深刻な懸念が語られていたのである。したがって、具体的な攻撃計画をブッシュ大統領が受け入れつつあった二〇〇二年七月から国連安保理決議一四四一を合意する一一月まで、ブレア首相はアメリカを国際コミュニティに結びつけるために世界を奔走し、慌ただしい外交に向き合うことになる。

七月二三日、ブレア首相は首相官邸にて、イラク問題をめぐる重要な会合を開くことになった。ジャック・ストロー外相、ジェフリー・フーン国防相、合同情報委員会委員長のジョン・スカーレットなどを中心に、アメリカがイラクへの攻撃計画を前に進めつつある中で、イギリスがそれにどのような対応をするかを協議することになった。その全容については、「ダウニング・ストリート・メモ」と呼ばれる機密文書によって明らかとなった(95)。その少し前に、アメリカの国家安全保障問題担当大統領副補佐官のスティーヴ・ハドリーが、「さらなる決議の必要はない」と伝え、イラクを攻撃する上で国連安保理決議を経る必要がないことを強調していた。他方でイギリス政府は、そのようなホワイトハウスの方針に乗ずることはできず、あくまでも国連安保理の合意を背景にしなければならないと認識していた。

会議が始まると、スカーレット委員長がイラクの情勢について簡単な報告を行い、その後MI6(秘密情報部)のサー・リチャード・ディアラブ部長が次のように、少し前のワシントン訪問の様子を報告した。「かなりの態度の変化が見られた。軍事的な行動が今や不可避であるとみなされている。ブッシュは、軍事的行動をテロリズムとWMDを結びつけることで正当化して、サダムを取り除きたがっている。しかしインテリジェンスや事実は、政策の周辺に据えつけられているという状況である。NSCでは、国連ルートを忍耐強く進むことができず、イラクの体制の記録について公表する熱意はない。軍事的行動の後のことについては、ワシントンではほとんど議論はなされていなかった(96)。」

すでに四月のブレアのクロフォード訪問のときから、ホワイトハウスがイラクへの軍事攻撃を検討している様子はうかがえた。しかしディアラブの言葉から、それがより切迫した現実の計画として進行していることが明らかとなった。チェイニー副大統領は一貫して「国連ルート」でのイラク問題の解決には反対であった。またNSCにおいてはチェイニーの意向が強く反映されていたことが考えられる。さらに重要なことに、戦後占領計画や復興政策についての議論が皆無であることが、首相官邸内に深刻な懸念をもたらしていた。会議には重たい空気が立ちこめていた。

続けてサー・マイケル・ボイス国防参謀長が発言をし、八月四日までに軍事侵攻計画がトミー・フランクス米中央軍司令官、ラムズフェルド国防長官、そしてブッシュ大統領に報告される予定だと述べた。その後一〇日ほどで、具体的な軍事侵攻計画は確立するであろう。ボイス国防参謀長の見積もりでは、ディエゴ・ガルシアとキプロスの英軍基地を利用する必要性からも、ペンタゴンにとってはイギリスとの関係が重要になるであろう。イギリスは、この二つの基地を利用して空軍力の提供のみにとどめるべきか、あるいは海軍力やさらなる空軍力、および四万人規模の地上兵力を派遣するべきか、ボイスはイラクでの戦争にイギリスが参加する場合のいくつかの選択肢を提示した。イギリス政府としての決断をする重要な岐路である。フーン国防相は、戦争の開始はおそらく二〇〇三年の一月になるであろうと発言した。

それに対して、ストロー外相は、「政治的な問題がいくつもある」と、イラクへの軍事攻撃をめぐる障害を指摘した(97)。というのも、軍事行動を起こすための「根拠が薄い」からである。「サダムは近隣諸国を威嚇しているわけではなく、彼のWMDの能力はリビアや北朝鮮、イランのそれよりも低い。われわれは、国連の兵器査察官を復帰させるための最後通牒を計画するよう力を尽くすべきであろう。これはまた、軍事力行使をする場合の、法的な正当性を担保することを支えるであろう(98)。」ここでの問題は、イラクへの軍事攻撃をする場合に、それが単なる「レジーム・チェンジなのか、あるいは大量破壊兵器の問題とするか」であった。ストローが「アメリカとともに歩まない見通しについて提起する」と、ブレアは「それは過去五〇年の対外政策の最大の路線変更であり、あまり賢明だとは確信を持てない」と返答した。またストローが「われわれはおそらく、国連の最後通牒への票決を確保できるだろうが、アメリカ人たちはそのような路線をとることを求めていないかもしれない」と述べると、ブレアは「レジーム・チェンジとは、WMDを扱うためのルートであるとみなしている」と応えた。この会議の様子を見る限り、ボイス国防参謀長やストロー外相の懸念にもかかわらず、あくまでもブレア首相の強い意志でアメリカとの共同歩調へと進もうとしていた。

その後、法務長官であるゴールドスミス卿が、国際法的な観点からイラクへの軍事攻撃に対する疑義を唱えた。法務長官が述べるには、「レジーム・チェンジへの希望は、軍事的行動の法的な根拠にはならない。法的な根拠としては以下の三つが考えられる。それは、自衛と、人道的介入と、国連安保理による承認である。第一と第二のものは、今回のケースには当てはめることはできない。三年前の国連安保理決議一二五〇を用いるのは、困難であろう。」明らかにゴールドスミス卿は、ホワイトハウスの進めるイラクへの軍事攻撃には、否定的な態度であった。外相も法務長官も、このように、イラクへの軍事攻撃を行う上での多くの障害を、率直にブレア首相に伝えたのである。

それに対してブレア首相は、一定程度ストロー外相とゴールドスミス法務長官の見解を受け入れた上で、レジーム・チェンジの問題と大量破壊兵器の問題の関連性を述べた。そして次のように言った。「二つの鍵となる問題は、軍事計画がきちんと機能するか否かであり、また軍事計画が機能するような政治戦略を持っているか否かである。」ブレアは、「政治戦略（political strategy）」という言葉を用いて、その重要性を指摘している。これは後のブレアの外交努力や、イラクの大量破壊兵器保有をめぐる情報操作などの問題にもつながってくる。他方でストロー外相はブレアの発言を受けて、「政治戦略については、米英の間に違いがあるであろう」と述べた。「アメリカの抵抗にもかかわらず、われわれは慎重に最後通牒を探るべきである。」この場合の「最後通牒（ultimatum）」とは、実質的に国連安保理決議を意味する。それ抜きに、「先制攻撃」としてイラクを単独行動主義的に攻撃することには、あまりにも多くの問題が横たわっているとストローは考えていたのだ。結局この日の会合では、「イギリスが軍事行動に参加するであろうという想定の下で、作業を継続するべきである」と合意し、同時に最終的な決断を行う前に、アメリカが十分にその計画をイギリスに知らせる必要を指摘した。多くの困難が横たわっているが、それでも前に進む方向を確かめたのである。

ブッシュ政権が進めるイラクへの攻撃計画については、イギリス国内でも強い違和感を生じさせ批判が集まっていた。労働党左派からの批判はいうまでもなく、保守党の二人の元外相、ハード卿やサー・マルコム・リフキンド、元国防次官のサー・マイケル・キンランもそのグループに含まれていた[99]。彼らは、一九九一年以来のフセイン政権に対する「封じ込め」が機能していると考えており、ブッシュ大統領がクロフォードで語ったような「レジーム・チェンジ」や、ウェストポイントで語ったような「先制攻撃」は緊急に必要ではないと見ていた。そのような見解は、アメリカ国内でも同様に見られた。ブッシュ父政権の国務長官ジェームズ・ベーカーや、その大統領補佐官であったブレント・スコウクロフトのような共和党穏健派の名だたるベテランたちが、より慎重なイラク政策を提言していた[100]。

水面下でも活発な外交活動が見られていた。七月に首相官邸の外交担当補佐官デイヴィッド・マニングがワシントンを訪問し、イギリスがアメリカの攻撃計画を支持するためには国連安保理決議が不可欠であると伝えていた[101]。確かにブレア首相は、四月のクロフォード英米首脳会談において、フセイン政権の大量破壊兵器保有が深刻な脅威であること、そしてそれに対して軍事的手段を視野に入れた対応が必要であることを前提に、アメリカと共同歩調をとる意向をブッシュに伝えていた。しかしながらそれには条件があった。国連決議を経ずヨーロッパの同盟国を疎外して、「先制攻撃ドクトリン」を用いて単独行動主義的な軍事攻撃をとる場合には、イギリス政府としてとても協力することはできなかった。

マニングの報告によれば、ライス補佐官もブッシュ大統領も、ブレア首相のそのような要請を理解していたという。ところがクロフォード首脳会談以降、国際協調にあまりにも拘泥するブレアに対して、チェイニー副大統領がきわめて強い嫌悪感を抱き始めていた[102]。またアメリカの政権内でも、国際協調路線を優先したイラクへの軍事攻撃に懐疑的なパウエル国務長官と、単独行動主義的な軍事攻撃を望むチェイニー副大統領やラムズフェルド国防長官の間で対立が深まっていた。マニングやメイヤー大使は、アメリカが「分断された国家（a divided state）」となっていると報告していた[103]。そのような中で、ブレアは明らかに前者の側に立っていると見られており、チェイニーにしてみれば不愉快な存在であった。カンプナーによれば、チェイニーは「ブレアをコリン・パウエルのスポークスマンとみなしており、パウエルをイギリスの大使とみていた[104]。」そして次第にこの時期には、チェイニーの政権内での影響力が増していき、とりわけブッシュ大統領はチェイニーの助言に大きく依存し始めるのであった。

イギリス外務省は、とりわけそのような動きに強い拒否反応と違和感を抱いており、イラクへの攻撃計画に対してさまざまな方向からの批判があがってきていた。それをブレアとしても、完全に無視することはできなかった。イギリスがアメリカのイラク軍事攻撃計画を支持し共同歩調をとるかわりに、アメリカは国連安保理決議を採択するよう努力をして、国際協調の枠組みを尊重する。そのような包括合意が、二〇〇二年の八月から九月にかけて英米間でつくられていった。それが完成したのが、九月七日のキャンプ・デイヴィッド英米首脳会談であった。

キャンプ・デイヴィッドの「包括合意」

二〇〇二年八月二九日、ブレア首相はブッシュ大統領と電話で会談をした[105]。依然としてブッシュは、「国連ルート」を経た上でイラクへの軍事攻撃へと進むべきかどうか、決断しかねていた。ブッシュ大統領の周辺では、チェイニーやラムズフェルド、パウエルなど、それぞれが異なる助言を与えており、それらに囲まれ決断をしかねているかのようであった。他方で九月になるとブッシュは記者会見の席で、国連の枠組みの中でサダム・フセインの脅威に対処する必要性を語るようになり、それはブレア首相にとって最良の帰結であり喜ぶべきことでもあった[106]。

夏期休暇から戻った後のブレアはそれ以前とは異なり、すでに重要な決断をしたかのような自信に満ちあふれていた。ブレアは、アラステア・キャンベルに対して次のように述べた。「今最も重要なことは、対外問題であっても国内問題であっても、他の集団や他の誰かが異なる考えを抱いていたとしても、自らが正しいと考えたことを行うことだ[107]。」他方で、ブレアが過剰に自信を増長させ、他者からの批判に不寛容になりつつあることを、キャンベルは気にしているかのようであった。キャンベルは九月一日の日記の中でも、「TBは、それはなすべき正しいことだということがわかっていると言い、ますます好戦的になってきている」と記している[108]。

九月七日、ワシントンDCから三〇マイルほど離れたメリーランドのセントアンドリュース空軍基地にブレア首相は到着した。そこからさらにヘリコプターへと乗り換え、キャンプ・デイヴィッドに向かった。キャンプ・デイヴィッドでブレアは、ブッシュと首脳会談を行うことになっていた[109]。それは、ブッシュに「国連ルート」を尊重させ、国連安保理決議に基づいたイラク問題の解決を強く要求する最も重要な機会であった。ブレアは、アメリカ政府内でこの問題をめぐって深刻な亀裂が生じていることを認識していた。そして、このキャンプ・デイヴィッドでの会談ではそれまでの数多くの首脳会談とは異なり、ブッシュ大統領がブレア首相の国際協調路線に傾斜することを嫌うチェイニー副大統領もそこに臨席することになっていた。そのことを、メイヤー大使は前日に知ることになった。というのも、民主党政権でのある外交経験者がメイヤーに前日晩に電話をして、チェイニーが翌日の首脳会談に加わるという情報を伝えたからだ。そしてその外交経験者は、「ブレアは警戒した方が良い」と助言を与えた[110]。実際にチェイニーは、ブレアの発言に目を光らせ、彼が過剰にブッシュ大統領の決断に介入することのないように、ブッシュのすぐ近くに座っていたのである。明らかに通常の副大統領の職務を超越した、過剰な権力の行使であった。そのことに対してブレアも懸念を深めていた(111)。

首脳会談の席でブレア首相は、中東和平を進める重要性を指摘した。それに対してハドリー副補佐官は否定的な態度を示し、むしろ「民主主義と自由を促進する重要性」を語った。アラステア・キャンベルは、それが「アメリカ化」を進めるわけではないよう、慎重でなければならないと述べた。またキャンベルが、アメリカ政府が用いる過激な言葉に批判的な態度を示すと、チェイニーは明らかに苛立った様子で次のようにまくし立てた。「つまりあなたが言いたいのは、われわれは民主主義について語るべきではないということか？(112)」チェイニーは、イギリス政府の国際協調路線への嫌悪感を隠そうとしなかった。

他方でブッシュ大統領はこの時点で、明らかにブレア首相やパウエル国務長官の主張する「国連ルート」のアプローチに傾斜していた。ブッシュ大統領はブレア首相の前で、アメリカ政府が新たに国連安保理決議を採択するよう尽力すること、さらには国連がイラクの問題で重要な役割を果たすよう協力することを約束した。キャンベルの日記によれば、このときチェイニーはとても不愉快な様子であったという(113)。不満を鬱屈させるチェイニーを除けば、全体としてとても良い雰囲気の中で会合も終わり、会議室を去る際にブッシュは次のようにユーモアを込めてキャンベルにささやいた。「あなたは、トニーが飛んで入ってきて、いかにして狂った単独行動主義者たちを瀬戸際から引き戻したか、そのようにストーリーを語ることができますね。」またその後にブッシュは、キャンベルらに向けて、「おたくの親玉はじつに勇敢で男らしい」と述べ、「コホネスを持っている」と賞賛した。ブッシュは、そこにいたイギリス人は誰も理解できないだろうと「睾丸」という意味のスペイン語の「コホネス」という言葉を用いたのだが、この珍しい言葉の意味を理解したのはイギリス政府側ではメイヤー大使のみであった(114)。

四時間にわたる首脳会談を終えて、ブレアは記者団に次のように語った。「脅威はきわめて現実のものであって、それはアメリカや国際コミュニティに対しての脅威というだけではない。それは、イギリスに対してもそうなのだ。」さらに翌日のBBCのインタビューにおいて、ブレアは次のように語っていた。「もしも彼らが間違った方法で軍事的行動を推し進めていると私が考えたならば、私は決してそれを支持することはないであろう。しかし、私にはそのような理由は見つからないし、今後もそうはならないであろうと予期している。[115]」

ここで、イラク戦争に至るまでの英米が主導するシナリオが固まった。アメリカ政府は、ブレア首相の要望の通り「国連ルート」を進むことになり、国際協調路線を推し進めることになる。他方でイギリス政府は、アメリカが国連安保理決議採択に努力し、結果として国際協調が実現しなかったとしても、アメリカのイラクへの軍事作戦に兵力を送ることになる。[116] イギリスの運命は、ここでアメリカと不可分に結びつくことになった。それまでのコソボ戦争でのブレアの決断は、あくまでも道徳的・倫理的な考慮が最優先されていた。イラク戦争をめぐるブレアの決断においてもやはりそのような考慮が見られるが、それ以上に英米間で緊密な関係を維持することとそれ自体が目的となっているようにも思える。それはあくまでも、ブレア首相個人の信念に深く根づいたものであった。

問題は、ブッシュ政権のアメリカが、ブレアの要望通りに、国際協調路線を本当に重視するか否かであった。ブッシュ大統領が、「国連ルート」を尊重したのは、あくまでもホワイトハウスの中での議論の結果である要素が大きい。主要な関係者やジャーナリストたちは、ブレアのこの問題についてのブッシュへの影響力がそれほど大きくないという見解で一致している。[117] そしてそこで強調されていることは、十分な前提条件を付与せずに、早い段階でイギリスが「対米協力」の姿勢を明らかにしたことで、自らの行動の自由を失うと同時に、逆説的にアメリカへの影響力を失ってしまったことである。メイヤー駐米大使が後に語ったように「その後、ブッシュはトニー・ブレアが彼とともにあるということに、ほとんど疑いを持たなくなった。どのようなカードが手元に渡されていてもだ。」[118] ブレアは、英米の「特別な関係」を重視するという抽象的な目的を掲げてそれを強引に推し進めた結果、大きな代償を払う結果となる。とはいえ二〇〇二年九月のキャンプ・デイヴィッドでのブレアとブッシュの首脳会談の後には、ホワイトハウスは国連安保理決議採択へ向けて力を注ぐことになり、それは短い間ではあるがブレアに自らの選択の正しさを深く実感させる結果となったのである。

安保理決議一四四一

ブレアとブッシュがキャンプ・デイヴィッドでイラク政策についての今後の方針を合意した結果、九月からは国連安保理常任理事国を中心とした激しい外交合戦が繰り広げられることになる。その口火を切ることになったのが、二〇〇二年九月一二日のブッシュ大統領の国連総会演説であった。

ブッシュ政権内でこの演説草稿を作成する上で最も対立した争点は、イラクへの軍事攻撃を開始する上で安保理決議を採択する方針を宣言するか否かであった。チェイニーやラムズフェルドは、安保理決議をめぐる交渉によって時間を浪費し、他国から妥協を迫られることに不満であった。一一日夜になってようやく、ブッシュはパウエル国務長官の提案に従って、安保理決議採択を要求する一文を入れることになった。ウッドワードによれば、ブッシュは次のように回顧していた。「わたしは決議要求の選択肢をとった。ブレア首相に言われたことが大きかった。」[119] 国連演説を行う直前には、親しいオーストラリアのジョン・ハワード首相やスペインのホセ・マリア・アスナール首相が、国連安保理決議を経る必要をブッシュに説いていた。この頃のブッシュは、必ずしもチェイニーやラムズフェルドの攻撃計画に引きずられるばかりではなく、これら同盟国の助言にも少なからず影響を受けていたのである。

ブッシュ大統領は、九月一二日のこの国連総会の演説の中で、自らが安保理決議を要請する意向、そして国連の枠組みを尊重する意向を明らかにした[120]。当初はチェイニーやラムズフェルド、ライスなどはむしろ、機能麻痺する国連を批判する文言を挿入することで、アメリカが単独で行動する必要性を語ることを求めていた。しかしながらそのような要求をブッシュ大統領は拒否し、パウエルやブレアが求めてきた「国連ルート」の路線を受け入れることになったのである。これに対しては、それまでブッシュ政権のイラク政策への批判の色合いが強かったメディアや専門家などからも、一定の好意的な反応を招くことになった。たとえば、ブルッキングス研究所のアイヴォ・ダールダーは、「ブッシュ大統領はようやく、イラクの問題に言及する上で、正しい枠組みを決意した」と評価した。またハーバード大学のジョセフ・ナイ教授も、「ブッシュ大統領が、何人かの彼のアドバイザーが主張した極端な単独行動主義から距離を置くということは、賢明な動きであると思う」と述べている[121]。

他方でブッシュの国連演説は、アメリカに追随する「プードル犬」と揶揄され批判されていたブレア首相の評価を回復させるに至った。アメリカに極端に近づくブレアの外交にそれまで批判的であったLSE教授のウィリアム・ウォーレスもまた、「トニー・ブレアは明らかに、単独で行動するよりも国連を通して働きかけることを望むブッシュ政権内の人々を支援するために、自らの権威を活用した」と一定の評価をしている[122]。また、一九八四年以来離脱していたUNESCO（国連教育科学文化機関）にアメリカが復帰することを宣言したことで、あたかもブッシュ政権のアメリカが多国間主義へと回帰したような印象を与えた[123]。

問題は、実際にどのように決議案を構成していくかであった。すぐにでも軍事攻撃へと進めるような文章構成にしたいアメリカ政府と、国連の査察団を復帰させ十分な査察を行った上でそれでもイラクが応じない場合に第二決議へと進むことを求めるフランスやロシアなどとの間で、大きな見解の違いが存在していたのである。

この頃チェイニー副大統領の補佐官であるスクーター・リビーはメイヤー大使に、すでにサダムは数々の安保理決議違反を重ねているのだからさらなる表面的な決議など必要なく、また軍事行動をする場合に必要な同盟国はイギリスのみだと、赤裸々な考えを伝えていた[124]。メイヤー大使はこの時期にノーフォーク米海軍基地で一日を過ごし、停泊する巨大なアメリカの艦隊を目にした。巨大な原子力空母ハリー・トルーマンに乗り込んだメイヤーは、艦長からこの空母は指示が伝わり次第出航する準備を整えていると聞いた。もうすでに戦争の歯車は回転し始めていたのだ。メイヤーは、一度回転し始めてしまったならそれを止めることは容易ではないと感じた[125]。

一一月八日、チェイニーやラムズフェルドなどの強硬派の意向を退けて、ブレア首相やパウエル国務長官が望んだように、国連安保理決議一四四一を採択することに成功した。ここでは、イラクへの国連査察団の復帰を要請する内容となっており、「安保理決議に従って武装解除義務を順守する最後の機会が与えられ」、またそれに違反した際には「重大な結果に直面する（it will face serious consequences）」と記されている[126]。この安保理決議は、全会一致で採択された。あたかも、多国間主義の復活と、大国間協調の確立を宣言するかのようであった。しかしそれが見せかけだけのものであり、一時的なものであることは明らかであった。というのもその決議文の文言は、対立する二つの側の意向を受け入れた結果として妥協に満ちており、実に不透明で曖昧な文書であったからだ[127]。

イラクは決議採択から七日以内に決議の遵守の意向を表明せねばならず、また三〇日以内にすべての大量破壊兵器開発計画について、国連監視検証査察委員会（UNMOVIC）と国際原子力機関（IAEA）、および安保理に申告しなければならない。[128] これはあまりにも短い猶予しか与えていないものであった。奇妙なことに、あたかもイラクが決議を遵守しないことを期待しているかのようであった。これらの文言は、チェイニーの強い要望によるものであった。ウッドワードによれば、これは「フセインに対する罠の役割を果たす。」[129]

はたしてイラクでの査察が不調に終わった場合に、イラクに対して軍事攻撃を開始することがこの決議で承認されたのであろうか。そもそも「重大な違反」とは何を意味するのであろうか。この決議の翌日の『朝日新聞』の紙面でも、「重大な違反」に帰結した際、「手続きをめぐって安保理が再度紛糾するのは必至だ」とし、「その場合には米英が、独自の決議解釈か、決議の枠外で攻撃に踏み切る可能性もある」と見通している。[130] 少なくともこの決議文は、自動的に軍事攻撃を開始することも、そのためにもう一つの決議が必要であるということも、必ずしも明らかにはしていなかった。外交において、曖昧さとはしばしば重大な対立をもたらすことがある。しかしこの時点では、それにもかかわらず、ブレア首相は自らの強い意志がまたもや実現したことに自信を深めている様子であった。

ブッシュ政権のアンディ・カード首席補佐官が一一月一〇日にNBCテレビに出演し、国連安保理での議論の不毛を論じると同時に、イラクが国連決議に従わない場合にはアメリカがイラクへの軍事攻撃を行う意向を示した。カード補佐官は、「国連は集まって議論することはできる。しかし、米国は国連の許可を必要としない」と述べた。[131] またその根拠としては、「上下院の決議で権限を与えられており、また大統領には米国を守る権限がある。」イギリス外務省は、国際テロリズムとイラクの大量破壊兵器との明確な結びつきがない上、イラクがアメリカやイギリス、あるいは周辺国を軍事的に攻撃する差し迫った危険がない以上、自衛権の論理でアメリカやイギリスが軍事攻撃を開始するのは困難だと見積もってきた。カードの発言に示されるように、ブッシュ政権はそもそもサダム・フセイン政権を崩壊させることそれ自体を目標に戦争を行う見通しであり、その軍事攻撃の法的根拠が国内的なブッシュ大統領の権限にあると論じる。そもそも国際コミュニティの結束や、国際法上の正当性の担保という観点が抜け落ちた説明であった。そしてその説明を「大量破壊兵器」の切迫した脅威というストーリーで仕立て上げたイギリス政府の側にも、多くの問題が浮上してくるのであった。

イギリス政府内では、まずは戦争を回避できたことを喜ぶユーフォリアに満ちあふれていた。その後さらに深刻な対立と国際社会での亀裂、さらには泥沼のような戦争が待ち構えているとは思っていなかった。この決議案をまとめる上で重要な役割を担ったサー・ジェレミー・グリーンストック英国連大使は、次のように回顧する。「後から考えれば、われわれは、一一月の第一決議の直後に交渉を開始すべきであった。その代わりに、われわれはゆったりくつろぎながら、われわれがいかに賢明であったかなどと想起していたのだ。」[132] ジョン・カンプナーによれば、「これはブレア外交の絶頂であった」のだ。[133]

(1) ボブ・ウッドワードは『攻撃計画―ブッシュのイラク戦争』伏見威蕃訳（日本経済新聞社、二〇〇四年）の「プロローグ」の中で、ブッシュ政権が本格的にイラクへの軍事攻撃計画を開始した時期を二〇〇一年一一月としている。

(2) Elizabeth Pond, "The dynamics of the feud over Iraq", in David M. Andrews (ed.), *The Atlantic Alliance under Stress: US-European Relations after Iraq* (Cambridge: Cambridge University Press, 2005) p.30.

(3) Henry A. Kissinger, "Role Reversal and Alliance Re-

alities", *Washington Post*, 10 February 2003; Ivo H. Daalder, "The End of Atlanticism", *Survival*, vol.45, no.2, Summer 2003, p.147.

（4） Pond, "The dynamics of the feud over Iraq", p.32.

（5） "Special Meeting of the General Affairs Council, Brussels, 12 September 2001", in Maartje Rutten（ed.）, *From Nice to Laeken. European Defence: core documents, Chaillot Papers 51*（Paris: Institute for Security Studies, European Union, April 2002）pp.143-4.

（6） この問題については、すでに細谷雄一「米欧関係とイラク戦争—冷戦後の大西洋同盟の変容」『国際問題』二〇〇三年九月号（二〇〇三年）や、細谷雄一「世界秩序の中の米欧対立—『普遍主義』と『多元主義』の相克」『国際安全保障』（日本国際安全保障学会）第三一巻、第一・二号（二〇〇三年）で論じている。しかしそれ以後にこの分野で豊富な研究成果が刊行されており、本章ではそれらを参照しながら再検討していきたい。それ以後に刊行された、イラク戦争の時期の米欧対立を論じる主要な国際政治学的な研究として、以下を参照。Christopher Coker, *Empires in Conflict: The Growing Rift Between Europe and the United States, Whitehall Papers 58*（London: The Royal United Services Institute, 2003）; Philip H. Gordon and Jeremy Shapiro, *Allies at War: America, Europe, and the Crisis over Iraq*（Washington, D.C.: Brookings Institution Books, 2004）; David Andrews（ed.）, *The Atlantic Alliance under Stress: US-European Relations after Iraq*（Cambridge: Cambridge University Press, 2005）; Tuomas Forsberg and Graeme P. Herd, *Divided West: European Security and the Transatlantic Relationship, Chatham House Papers*（Oxford: Blackwell, 2006）; Elizabeth Pond, *Friendly Fire: The Near-Death of the Transatlantic Alliance*（Washington, D.C.: Brookings Institution Press, 2004）; Jeffrey Anderson, G. John Ikenberry, and Thomas Risse（eds.）, *The End of the West?: Crisis and Change in the Atlantic Order*（Ithaca: Cornell University Press, 2008）; Tod Lindberg（ed.）, *Beyond Paradise and Power: Europe, America and the Future of a Troubled Partnership*（New York: Routledge, 2005）; Nikos Kotzias and Petros Liacouras（eds.）, *EU-US Relations: Repairing the Transatlantic Rift*（Basingstoke: Palgrave, 2006）; Geir Lundestad（ed.）, *Just Another Major Crisis?: The United States and Europe Since 2000*（Oxford: Oxford University Press, 2008）、渡邊啓貴『ポスト帝国—二つの普遍主義の衝突』（駿河台出版社、二〇〇六年）、同『米欧同盟の協調と対立—二一世紀国際社会の構造』（有斐閣、二〇〇八年）。

（7） 英米関係の概観については、すでに以下の論文でも触れている。部分的に重複が見られることをお断りしたい。細谷雄一「パートナーとしてのイギリス—イギリス外交の中で」押村高編『帝国アメリカのイメージ—国際社会との広がるギャップ』（早稲田大学出版部、二〇〇四年）および細谷雄一「アンビバレントな関係—英米関係の百年と歴史の教訓」『アステイオン』第五九号、二〇〇三年を参照。

（8） Alex Danchev, "Greeks and Romans: Anglo-American Relations After 9/11", *RUSI Journal*, vol.148, no.2, April 2003.

（9） Ibid., p.16.

（10） John Dumbrell, *A Special Relationship: Anglo-American Relations from the Cold War to Iraq*, 2nd edition（Basingstoke: Palgrave, 2006）p.59.

（11） Ibid., p.57.

（12） David Dimbleby and David Reynolds, *An Ocean Apart: the Relationship between Britain and America in the Twentieth Century*（London: Stoughton, 1988）p.181.

（13） Henry A. Kissinger, *The White House Years*（Boston: Little, Brown, 1979）, cited in Peter Riddell, *Hug Them Close: Blair, Clinton, Bush and the 'Special Relationship'*（London: Politico's, 2003）p.25.

（14） 九・一一テロのEU防衛統合への影響については、例えば邦語文献では、田中俊郎「九・一一事件と欧州政治統合」『海外事情』二〇〇二年一月号、および、渡邊啓貴「アフガン出兵とEU緊急対応部隊」同右、を参照。

（15） *Le Monde*, Septembre 13, 2001.

（16） Remarks by President Bush and President Chirac of France, The Oval Office, the White House, September 18, 2001.

（17） Edgar Buckley, "Invoking Article 5", *NATO Review*, Summer 2006.

（18） Statement by the North Atlantic Council, Press Release（2001）124, 12 September 2001 <www.nato.int/docu/pr/p 01-124 e.htm>; Christopher Bennett, "Aiding America", *NATO Review*, Winter 2001/2002（2001）; *The New York Times*, September 13, 2001, Suzanne Daley, "After the Attacks: the Alliance: For First Time, NATO Invokes Joint Defense Pact With U.S."; Lawrence S. Kaplan, *NATO Divided, NATO United: the Evolution of an Alliance*（Westport: Praeger, 2004）pp.134-5.

（19） Stanley R. Sloan, *NATO, the European Union and the Atlantic Community: the Transatlantic Bargain Reconsidered*（Lanham: Rowman & Littlefield, 2003）pp.185-9.

（20） Sebestyen L. V. Gorka, "Invocation in Context",

NATO Review, Summer 2006.

(21) Buckley, "Invoking Article 5"; Kaplan, *NATO Divided, NATO United*, p.136.

(22) John Kampfner, *Blair's Wars* (London: Free Press, 2003) p.117.

(23) Bennett, "Aiding America".

(24) Kampfner, *Blair's Wars*, p.131.

(25) Memorandum from Professor Michael Clark, Minutes of Evidence: Taken Before the Foreign Affairs Committee, 30 October 2001, in House of Commons, Foreign Affairs Committee, Second Report: British-US Relations, Session 2001-2002, HC 327, 11 December 2001, p.2.

(26) Kampfner, *Blair's Wars*, p.138.

(27) エリザベス・ポンドも、北大西洋条約第五条発動後に、アフガニスタン戦争でアメリカへの軍事協力を提供しようとした欧州諸国の好意を拒絶したことが、米欧対立の大きな契機となったと記している。Pond, "The dynamics of the feud over Iraq", p.33.

(28) Christopher Hill, "Putting the world to the rights: Tony Blair's foreign policy mission", in Anthony Seldon and Dennis Kavanagh (eds.), *The Blair Effect 2001-5* (Cambridge: Cambridge University Press, 2005) p.394. 同様の批判は、例えば、鈴木一人「ブレアとヨーロッパ一九九七―二〇〇七年―「お節介なネオコン性」」細谷雄一編『イギリスとヨーロッパ―孤立と統合の二百年』(勁草書房、二〇〇九年)三〇六―三二二頁においても見ることができる。

(29) ちなみに、NATO欧州連合軍最高司令官としてコソボ作戦を指揮したウェズレー・クラークは、アメリカ政府内でのそのような認識を、「不幸な誤った教訓」と批判する。クラークの経験によれば、むしろ国際法に裏づけられた同盟の結束こそが、長期的により実効的な作戦を担保すると述べている。Wesley K. Clark, *Waging Modern War: Bosnia, Kosovo, and the Future of Combat* (New York: PublicAffairs, 2001) p.xxvii.

(30) House of Commons, Foreign Affairs Committee, Second Report: British-US Relations, Session 2001-2002, HC 327, 11 December 2001, p.xxvii; Memorandum from Professor Michael Clarke, Minute of Evidence: Taken Before the Foreign Affairs Committee, 30 October 2001.

(31) Ibid.

(32) Julian Lindley-French, *Terms of Engagement: The paradox of American power and the transatlantic dilemma post-11 September*, *Chaillot Paper 52* (Paris: Institute for Security Studies, European Union, May 2002) p.15.

(33) Wesley K. Clark, "Neglected Allies", *The Washington*

Post, February 1, 2002.

(34) Sloan, *NATO, EU and the Atlantic Community*, p.190.

(35) Thomas Friedman, "The End of NATO?" *The New York Times*, February 3, 2002.

(36) Timothy Garton Ash, "The New Anti-Europeanism in America", in Lindberg (ed.), *Beyond Paradise and Power*, pp.121-133, originally appeared in *New York Review of Books*, March 27, 2003, pp.6-10; Saki Ruth Dockrill, "The Transatlantic Alliance in the Iraq Crisis", in Baylis and Roper (ed.), *The United States and Europe*, pp.128-9; Pond, *Friendly Fire*, pp.39-44; Peter J. Katzenstein and Robert O. Keohane (eds.), *Anti-Americanism in World Politics* (Ithaca: Cornell University Press, 2007). 二〇〇二年二月から二〇〇三年春までの間に、アメリカ国内の世論調査で、フランスに対する好意的な印象は七九%から二九%に落ち込み、ドイツに対するそれは八三%から四四%に落ち込んでいる。ヨーロッパの「反米主義」ばかりが注目されているが、同様にアメリカにおける「反ヨーロッパ主義」もまた、この時期の米欧対立の原因となったといえる。Gordon and Shapiro, *Allies at War*, p.3. ; Garton Ash, "The New Anti-Europeanism in America".

(37) Donald H. Rumsfeld, *Report on Allied Contributions to the Common Defence*, Washington, D.C., March 2001.

(38) Lindley-French, *Terms of Engagement*, p.15.

(39) *The Times*, December 7, 2001.

(40) Clark, "Neglected Allies".

(41) ウッドワード『攻撃計画』三三二―三六頁。

(42) Richard B. Myers with Malcolm McConnell, *Eyes on the Horizon: Serving on the Front Lines of National Security* (New York: Threshold Editions, 2009) pp.214-5.

(43) ウッドワード『攻撃計画』一一三―五頁。

(44) 同上、一一五―七頁。

(45) Full transcript of George Bush's State of the Union Address, 29 January 2002, *The Guardian*, 30 January 2002. ウッドワード『攻撃計画』一三二頁参照。

(46) Christopher Meyer, *DC Confidential: the Controversial Memoirs of Britain's Ambassador to the U.S. at the Time of 9/11 and the Run-up to the Iraq War* (London: Weidenfeld and Nicolson, 2005) p.233. なおメイヤーの回顧録では、ブッシュ大統領の一般教書演説が「二〇〇二年一月二〇日」と記されているが、「一月二九日」の誤記であろう。エリザベス・ポンドも、この「悪の枢軸」演説が、米欧対立を深める役割を果たしたと強調して論じている。Pond, "The dynamics of the feud over the War in Iraq", pp.33-4.

(47) Meyer, *DC Confidential*, p.236.

(48) Riddell, *Hug Them Close*, p.178.
(49) Ibid.
(50) "George Bush's Delusion", *The Guardian*, 31 January 2002.
(51) Alastair Campbell's Diary, January 31, 2002, in Alastair Campbell, *The Blair Years: The Alastair Campbell Diaries* (New York: Alfred Knopf, 2007) p.604.
(52) Pond, "The dynamics of the feud over the War in Iraq", p.34; *idem*, *Friendly Fire: The Near-Death of the Transatlantic Alliance* (Washington, D.C.: The Brookings Institution Press, 2004) p.1.
(53) Speech by Paul D. Wolfowitz, 2 February 2002, in Jean-Yves Haine (ed.), *From Laeken to Copenhagen: European defence: core documents*, *Chaillot Papers 57* (Paris: Institute for Security Studies, European Union, February 2003) p.25.
(54) Pond, *Friendly Fire*, p.2.
(55) Riddell, *Hug Them Close*, pp.178-9.
(56) Robert Kagan, "Power and Weakness", *Policy Review*, no.113, June/July 2002, pp.3-28.
(57) Pond, *Friendly Fire*, p.2.
(58) 例えば、Tod Lindberg, "Introduction: The Limits of Transatlantic Solidarity", in Lindberg (ed.), *Beyond Paradise and Power*, pp.1-8; Pond, *Friendly Fire*, pp.2-4; Jean-Marie Ruiz, "From Dispute to Consensus: The emergence of transatlantic opposition to neo-conservatism", in Baylis and Roper (ed.), *The United States and Europe*, pp.43-54などを参照。
(59) Kagan, "Power and Weakness", p.3; *idem*, *Of Paradise and Power: America and Europe in the New World Order* (New York: Alfred A. Knopf, 2003). 邦訳は『ネオコンの論理―アメリカ新保守主義の世界戦略』(光文社、二〇〇三年)。
(60) Speech by Paul D. Wolfowitz, 2 February 2002.
(61) Riddell, *Hug Them Close*, pp.187-190.
(62) Robert Cooper, *The Breaking of Nations: Order and Chaos in the Twentieth Century* (London: Atlantic Books, 2003). 邦訳は『国家の崩壊―リベラル帝国主義と新世界秩序』(日本経済新聞社、二〇〇八年) 北村格訳。
(63) Robert Cooper, "Civilise or die", *The Guardian*, 23 October 2003.
(64) Robert Cooper, "Post-Modern State", in Mark Leonard (ed.), *Re-Ordering the World: The Long-Term Implications of 11 September* (London: The Foreign Policy Centre, 2002) p.17.
(65) Niall Ferguson, *Colossus: the Price of America's Em-*

pire (New York: Penguin, 2004) p.2.

(66) Michael Ignatieff, *Empire Lite: Nation Building in Bosnia, Kosovo and Afghanistan* (London: Vintage, 2003). 邦訳は『軽い帝国―ボスニア、コソボ、アフガニスタンにおける国家建設』（風行社、二〇〇三年）中山俊宏訳。

(67) Seldon, *Blair*, p,573.

(68) Robin Cook, *The Point of Departure* (London: Simon & Schuster, 2003) p.115; also see, Seldon, *Blair*, p.53.

(69) Cook, *The Point of Departure*, p.115. ただし、アラステア・キャンベルの日記では、ロビン・クックの発言については大きく異なる内容が書かれている。いずれが正しいか、現時点では判断しかねることを注記しておきたいが、それでもおそらくはクックの日記の記述が妥当性が高いとみなすことができる。Alastair Campbell's Diary, March 7, 2002, pp.608–9.

(70) Cook, *The Point of Departure*, p.115.

(71) Ibid.

(72) Alastair Campbell's Diary, March 11, 2002, p.609; Seldon, *Blair*, pp.576–7.

(73) Kampfner, *Blair's Wars*, p.161.

(74) Transcript of doorstep interview given by the Prime Minister Tony Blair and US Vice President Dick Cheney, London, 11 March 2002.

(75) Overseas and Defence Secretariat, Cabinet Office, "Iraq: Options Paper", March 8, 2002, in Mark Danner, *The Secret Way to War: The Downing Street Memo and the Iraq War's Buried History* (New York: New York Review of Books, 2006) pp.94–116; also *Daily Telegraph*, 18 September 2004, "Secret papers show Blair was warned of Iraq chaos".

(76) Foreign & Commonwealth Memorandum, "Iraq: Legal Background", 8 March 2002, in Danner, *The Secret Way to War*, pp.117–127.

(77) David Manning to Tony Blair, Memorandum on the Meeting with Condoleezza Rice, 14 March 2002, in Danner, *The Secret Way to War*, pp.129–132.

(78) Peter Ricketts to Secretary of State, "Iraq: Advice for the Prime Minister", 22 March 2002, in Danner, *The Secret Way to War*, pp.139–142.

(79) Cherie Blair, *Speaking for Myself: My Life from Liverpool to Downing Street* (London: Little, Brown, 2008) pp.264–6.

(80) Kampfner, *Blair's Wars*, p.167; ウッドワード『攻撃計画』一五五―七頁。

(81) Kampfner, *Blair's Wars*, p.167.

(82) Seldon, *Blair*, pp.573–4.

（83）ブレアの訪米の直前に、この点についてメイヤー駐米大使もブレア首相に報告していた。Meyer, *DC Confidential*, p.244.
（84）Ibid.; Riddell, *Hug Them Close*, p.200; Kampfner, *Blair's Wars*, p.168.
（85）Press Conference: Prime Minister Tony Blair and President George Bush, 6 April 2002; Alastair Campbell's Diary, April 6, 2002, pp.614–5.
（86）Prime Minister Tony Blair's speech at the George Bush Senior Presidential Library, 7 April 2002; Riddell, *Hug Them Close*, pp.200–1; Meyer, *DC Confidential*, pp.247–8.
（87）Alastair Campbell's Diary, April 7, 2002, p.616.
（88）Cited in Seldon, *Blair*, p.574. アーミテージであることを明記してはいないが、メイヤー大使も同様の発言について、記している。Meyer, *DC Confidential*, p.248.
（89）Meyer, *DC Confidential*, p.247.
（90）Ibid., p.244.
（91）Ibid., pp.244–5.
（92）ブレア政権における中東和平への積極的な取り組みについては、Kampfner, *Blair's Wars*, pp.174–190を参照。
（93）Ivo H. Daalder and James M. Lindsay, ***America Unbound: the Bush Revolution in Foreign Policy***（Washington, D.C.: Brookings Institution Press, 2003）pp.121–2.
（94）ウッドワード『攻撃計画』一七〇–四頁。
（95）Memorandum by Matthew Rycroft to David Manning, 23 July 2002, S 195/02, "Iraq: Prime Minister's Meeting, 23 July", in Danner, *The Secret Way to War*, pp.87–93; *The Sunday Times*, May 1, 2005, "The Secret Downing Street memo"; and also see, Walter Pincus, "British Intelligence Warned of Iraq War", *Washington Post*, May 13, 2005. このマシュー・ライクロフト（デイヴィッド・マニング外交担当補佐官の補佐官）のメモランダムは、「ダウニング・ストリート・メモ」として二〇〇五年五月一日付の『サンデー・タイムズ』紙に掲載されて大きな話題を集めたものであり、マーク・ダナーの解説をつけてその著書の付属資料として再録されている。またこの会議の様子についてAlastair Campbell's Diary, July 23, 2002, pp.630–1も参照。
（96）Memorandum by Rycroft, 23 July 2002, S 195/02.
（97）Alastair Campbell's Diary, July 23, 2002, pp.630–1.
（98）Memorandum by Rycroft, 23 July 2002, S 195/02.
（99）Kampfner, *Blair's Wars*, p.20. また保守党の元外相のジェフリー・ハウや元国防相のマイケル・ヘゼルタインも、厳しくアメリカのイラク軍事攻撃を批判している。Geoffrey Howe, "British Foreign Policy: the Folly of Iraq",

and Michael Heseltine, "Doing Our Fighting Men and Women Justice", in Robert Harvey (ed.), *The World Crisis: the Way forward After Iraq* (New York: Skyhorse, 2008) pp.65-74 and pp.75-88.

(100) James A. Baker III, "The Right Way to Change a Regime", *New York Times*, August 25, 2002; Brent Scowcroft, "Don't Attack Saddam", *Wall Street Journal*, August 15, 2002; Seldon, *Blair*, pp.576-7; Pond, *Friendly Fire*, pp.34-5; Riddell, *Hug Them Close*, pp.207-8. また、スコウクロフトのコラム掲載に至る経緯と、それをめぐるライス補佐官との対立については、ウッドワード『攻撃計画』二〇七-二一〇頁参照。

(101) Riddell, *Hug Them Close*, p.205; Kampfner, *Blair's Wars*, pp.191-5.

(102) Kampfner, *Blair's Wars*, p.193; Seldon, *Blair*, p.576.

(103) Alastair Campbell's Diary, April 3, 2002, p.613; Meyer, *DC Confidential*, p.249. この時期の、チェイニーとパウエルの激しい対立については、ウッドワード『攻撃計画』二二五-二三〇頁参照。

(104) Kampfner, *Blair's Wars*, p.193.

(105) Alastair Campbell's Diary, August 29, 2002, pp.631-2.

(106) Meyer, *DC Confidential*, p.249.

(107) Alastair Campbell's Diary, August 29, 2002, pp.631-2.

(108) Alastair Campbell's Diary, August 31, 2002, pp.632-3. 山本浩『決断の代償—ブレアのイラク戦争』（講談社、二〇〇四年）六五頁によれば、ブレアは二〇〇二年八月の夏期休暇中に、スペイン国境ピレネー山脈への登頂の際に、フセインとの戦争にイギリスが加わる重要な決断を行ったと指摘する。その後のブレアの決意を考えれば、妥当な指摘といえよう。

(109) Kamal Ahmed and Ed Vulliamy, "United They Stand: the 'odd couple' offensive", *The Observer*, 8 September 2002.

(110) Meyer, *DC Confidential*, p.251.

(111) Alastair Campbell's Diary, September 7, 2002, pp.634-4; Kampfner, *Blair's Wars*, pp.197-200.

(112) Ibid.

(113) Ibid.

(114) ウッドワード『攻撃計画』二三三頁、Meyer, *DC Confidential*, p.252.

(115) Kamal Ahmed, Ed Vulliamy and Peter Beaumont, "Britain and US ready to fight alone—Blair", *The Observer*, 8 September 2002.

(116) Meyer, *DC Confidential*, p.252; Kampfner, *Blair's Wars*, pp.197-8; Riddell, *Hug Them Close*, pp.210-1.

(117) Meyer, *DC Confidential*, p.250; Seldon, *Blair*, pp.578-

9; Kampfner, *Blair's Wars*, p.199. 他方でピーター・リデルの場合は、これらの説明よりも、ブレアの影響力をやや大きく評価している。Riddell, *Hug Them Close*, pp.209-211. またウッドワードは、二〇〇二年八月にブッシュがクロフォード牧場で夏期休暇中に、パウエルとチェイニーの激しい応報の末に、パウエルが議論に勝利して、九月一二日のブッシュ大統領の国連総会での演説で、アメリカ政府が新たな国連安保理決議採択へと尽力する方針が固まったと述べる。ウッドワード『攻撃計画』二一〇–二一一頁参照。だとすれば、すでに九月七日のキャンプ・デイヴィッドでの英米首脳会談の前に、アメリカ政府は「国連ルート」でイラク問題の解決をめざす方向を固めていたといえるだろう。ただしピーター・リデルの指摘するように、ブッシュが「国連ルート」を尊重した背景に、ブレア首相の繰り返しての説得が念頭にあり、ブレアとの個人的な信頼関係が想起されていたということは、十分に考えられることであろう。

(118) Riddell, *Hug Them Close*, pp.210-1.

(119) ウッドワード『攻撃計画』二三九頁。

(120) A/57/PV.2, United Nations General Assembly, Official Record of the Fifty-seventh session, 2nd plenary meeting, 12 September 2002, "Address by Mr. George W. Bush, President of the United States of America", <http://www.un.org/ga/search/view_doc.asp?symbol=A%2 F 57%2 FPV.2&Lang=E> retrieved in January 2009.

(121) "The Road to War? What the experts say", *The Observer*, 15 September 2002.

(122) Ibid.

(123) Meyer, *DC Confidential*, p.253.

(124) Ibid., pp.250-4.

(125) Ibid., pp.255-6.

(126) United Nations Security Council, Resolution 1441 (2002), 8 November 2002, S/RES/1441 (2002) <http://daccessdds.un.org/doc/UNDOC/GEN/N 02/682/26/PDF/N 026826.pdf?OpenElement>. 『朝日新聞』二〇〇二年一一月九日夕刊も参照。ホワイトハウスの一四四一決議に対する意向については、ウッドワード『攻撃計画』二九〇–四頁参照。

(127) Riddell, *Hug Them Close*, pp.222-3.

(128) 『朝日新聞』二〇〇二年一一月九日付夕刊。

(129) ウッドワード『攻撃計画』二八八頁。

(130) 『朝日新聞』二〇〇二年一一月九日付朝刊。

(131) 『朝日新聞』二〇〇二年一一月一一日付夕刊。

(132) Cited in Riddell, *Hug Them Close*, p.223.

(133) Kampfner, *Blair's Wars*, p.220.

第七章　イラク戦争という挫折

一　イラク危機の暗雲

「封じ込め」から「先制攻撃」へ

二〇〇二年九月二〇日、ブッシュ大統領は新しい『アメリカの国家安全保障戦略（*National Security Strategy of the United States*）』（NSS）を発表した。(1)クリントン政権からブッシュ政権へと変わり、また一年前の九・一一テロ勃発を受けて、はじめて本格的に自らの国家安全保障戦略を体系化することになった。その基礎は、すでに六月のウェストポイント陸軍士官学校でのブッシュ大統領の演説の中で示されていた。すなわち「先制攻撃のドクトリン」である。それから三カ月が経った九月に発表された国家安全保障戦略文書では、それ以前の「封じ込め」が九・一一テロのような国際テロリズムに対して機能しなくなり、「先制攻撃」を視野に入れた新しい戦略が必要になった、という論理が明確に描かれていた。(2)これはいうまでもなく、半年後に始まるイラクへの軍事攻撃を視野に入れた上での、軍事戦略である。イラクを「封じ込める」だけでは十分ではなく、またイラクが国際テロリストに大量破壊兵器を手渡しそれがアメリカ本土を再び攻撃することを待つべきではなく、自らの安全のために先制的に攻撃することも必要だとそこでは論じられていた。

この国家安全保障戦略文書では、冷戦時代にはアメリカの国家戦略の基本であった「封じ込め戦略」が、冷戦後には機能しなくなった背景を次のように論じている。「脅威が大きいほど、行動をとらないことのリスクは大きく、また敵の攻撃の時間と場所が不確かであっても、自衛のために先制攻撃を行う論拠が強まる。敵によるそのような敵対行為を未然に防ぐために、米国は必要ならば先制的に行動する」、というのも、「米国はもはやこれまでのように受け身の対応にのみ依存することはできない」からだ。「われわれは、抑止力が失敗することがあることを歴史から学んだ。また抑止できない敵が存在することを経験から知っている。」そして、「先制攻撃のドクトリン」を象徴する文章が、次のものである。「米国は、国際社会の支持を得るべく常に努力をするが、そのようなテロリストが米国民や米国に危害を与えることを防ぐため、必要ならば単独で行動し、先制して自衛権を行使することもためらわない。」(3)

このように「ブッシュ・ドクトリン」においては、従来の冷戦時代に中軸となっていた「封じ込め戦略」の限界を徹底的に批判した上で、「行動をとらないことのリスク」を考慮に入れて、「単独で行動し、先制して自衛権を行使する」必要を宣言している。このような国家戦略の変容を、アイヴォ・ダールダーとジェームズ・リンゼイは「ブッシュ革命（the Bush Revolution）」と呼び、冷戦史研究の大家であるジョン・ルイス・ギャディスは「トランスフォーメーションの大戦略（A Grand Strategy of Transformation）」と呼んでいる。(4) そしてギャディス教授は、「ブッシュのNSSは、それゆえに、過去半世紀で最も重要なアメリカのグランド・ストラテジーの再定義」であるとした上で、その必要性を擁護している。(5) なおギャディスはイラク戦争をめぐるアメリカのグランド・ストラテジーについても直接ブッシュ大統領に助言を行っており、二〇〇五年一一月一〇日にはそれまでの功績が評価されてホワイトハウスの大統領執務室にて、ブッシュ大統領から人文科学勲章を受章している(6)。

アメリカの国家安全保障戦略に明記されたこの「先制攻撃ドクトリン」としての「ブッシュ・ドクトリン」は、ブレアの外交理念とは本質的に大きく異なったものとなっていた。「ブレア・ドクトリン」が、人権擁護や、難民の保護、内戦の終結、貧困撲滅といった道徳的な目的を掲げて、人道的介入を行うことを主張してきたのに対して、「ブッシュ・ドクトリン」は九・一一テロに見られるような、アメリカに対するテロ攻撃を阻止することを何よりも優先していた。その一カ月ほど前のナッシュビルでの演説で、チェイニー副大統領は「先制攻撃ドクトリン」の必要を次のように述べていた。「防御的であっては決して戦争に勝つことができないと、われわれは理解せねばならない。」そして、「われわれは自らの国が安全であることを確保するために必要なあらゆる措置をとるであろうし、そうすればわれわれは勝利を収めることができるのだ(7)。」

また「ブレア・ドクトリン」が国連やNATOなどを通じた多国間主義と国際協調枠組みを重視して、「国際コミュニティ」の結束を重視したのに対して、「ブッシュ・ドクトリン」ではむしろ「必要ならば単独で行動」する意志を明記して、単独行動主義の必要性を指摘していた。あくまでもアメリカの安全を確保することが最優先されていて、そのためには状況によっては単独で行動する方が実効的であると考えていたのである。アメリカとイギリスの、このような二つの異なるベクトルを示すドクトリンを総合して一つの戦略を打ち立てることはきわめて困難であった。そのねじれと摩擦が次第に表面化していくと同時に、米英が進める軍事的行動の「正当化」の論理にさまざまな矛盾をもたらしていく。

ハンス・ブリクスの闘い

二〇〇二年九月一二日の午前一〇時からはじまった国連総会は、その後半年の国際社会の道のりを暗示するかのような、象徴的な二つの演説によって彩られることになった。

まず総会の冒頭に、コフィ・アナン事務総長がその演説の中でイラク問題について触れることになった。アナン事務総長は、次のような言葉から語り始めた。「犯罪的な挑戦をわれわれの顔にあまりにも残忍に投げつけた二〇〇一年九月一一日から、今日が一周年であることを想起せずにわれわれは開会することはできない。」アナンが述べるには、「その日のテロリストの攻撃は、それ自体が切り離された出来事ではなかった。」グローバルに活動する複雑な国際テロリズムに対しては、あくまでも国際社会全体として、これに対応せねばならないのだ。そしてさらに、次のように演説を続ける。「それへの対処は、われわれが多国間組織を十分に活用することによって初めて成功を収めることができると私は確信している。」なぜならば「私は皆さんの前で、多国間主義者の立場をとっている」ことを明らかにしているからだ。さらに次のように語りかけた。「私はまた、国内で法の支配を宣誓しているあらゆる政府が、国外においてもまた法の支配を宣誓せねばならないと、信じている。(8)」

これが何を意味するかは明らかであった。柔らかく洗練された外交的な言葉で包みながらも、痛烈にブッシュ政権のイラク政策を批判しているのである。この後にアメリカのブッシュ大統領が演説することを前提に、またそれ以前からチェイニー副大統領をはじめとするアメリカ政府の主要人物が繰り返し国連を批判してきたことを念頭に置き、あらためてこの場で「多国間主義者としての立場」を明示し、イラク問題を国連という「多国間組織を十分に活用すること」で解決することを求めているのであった。

その後、ブッシュ大統領が登壇した。すでに第六章で論じたように、八月から九月にかけての重要な一カ月の間に、それまでチェイニーやラムズフェルド、ウォルフォウィッツが指摘してきたような国連批判は一定程度後退し、ブッシュ大統領はブレア首相やパウエル国務長官の主張する「国連ルート」によるイラク問題の解決を模索する道を選んでいた。それゆえに、ブッシュ大統領の演説は冗長とも思えるほど、一九九〇年のイラク危機以来の国連安保理決議とそれをめぐるイラクの非協力的な姿勢の歴史を延々と語ることになった。[9]そして演説の最後の方で、妥協を許さぬ善悪二元論的な選択肢を提示した。すなわち、「われわれは恐怖の世界か、進歩の世界か、いずれかを選ばねばならない。」アナン事務総長とブッシュ大統領は、いずれもイラクをめぐる危機を解決する必要性を強く説いていた。しかしながらアナン事務総長がこの国連総会での演説で「多国間主義者」としての立場を明らかにする一方、ブッシュ大統領はその一週間後に発表する国家安全保障戦略文書において、「単独で行動し、先制して自衛権を行使する」必要性を示唆することになる。その溝をどのように埋めるのか、その後の外交交渉の中でその困難は次第に明らかになっていく。

九月一五日、アナン事務総長はハンス・ブリクス国連監視検証査察委員会（UNMOVIC）委員長をニューヨークの国連本部に呼んだ。この頃に、イラク政府は査察再開の受け入れを表明する見込みであって、その手続きについてウィーンでの話し合いを望んでいるところであった。[10]一九九八年のイラク空爆を前後して、イラク政府は国連大量破壊兵器廃棄特別委員会（UNSCOM）に対して、それがアメリカ主導であることを批判していた。イラク政府がそれを口実に査察を拒否していたことから、国連安保理決議一二八四によって一九九九年一二月に新たにUNMOVICが設置されたのである。その初代委員長となったのが、スウェーデンの政治家ブリクスであった。その後もイラクでの大量破壊兵器の査察は行われていなかったのだが、この二〇〇二年秋になってブッシュ政権による軍事的威嚇を前にフセイン大統領は査察の受け入れを考慮し始めたのであった。

ブリクスはその一週間ほど前にはロンドンを訪れて、ブレア首相と会談していた。そこでブリクス委員長は、ブレアが査察開始の実現を強く求めていることを知った(11)。また九月一六日にアナン事務総長はイラクのナジ・サブリ外相から、「国連の兵器査察団がイラクへ戻ることを無条件に容認する」と伝える正式な通知を受けた。

この後に、大量破壊兵器の存在を疑わないアメリカ政府、それと共同歩調をとろうとするイギリス政府、そして各々異なる思惑を抱えるフランス、ロシア、中国の安保理常任理事国、さらにはサダム・フセインのイラク政府、UNMOVICのブリクスとの間で、複雑な外交交渉が進められていく。一〇月三日、ブリクスはワシントンの国務省でのアメリカ政府高官との打ち合せに参加した。そこに加わっていたウォルフォウィッツ国防副長官は、このスウェーデンの老練な外交官に向かって、次のように問い質した。「イラクが大量破壊兵器を保有していると信じないのか？」それに対してブリクスは怯むことなく、イギリス政府がその少し前に発表した「四五分以内」にイラクが大量破壊兵器を実戦配備できるとした報告書を読んだ結果、その確固たる証拠は見あたらなかったと答えた。

さらに一〇月三〇日には、ブリクス委員長がホワイトハウスを訪問した。そこで待っていたチェイニー副大統領は、彼に対して一方的に話し続け、自信過剰気味に自説を展開した。ジャーナリストのウッドワードによれば、そもそもチェイニーは「平和主義者のスウェーデン人であるブリクス」では、フセインに対して実効的な査察などは不可能だという懸念を抱いていた(12)。チェイニーは、いつまでも査察活動を続けるわけにはいかないとして、「米国は大量破壊兵器廃棄を優先するために、査察活動を信頼しないこともありうる」と言い放った。これにはブリクスも不快感を隠さなかった。そもそもアメリカ政府がイラク国内に大量破壊兵器があると主張したからこそ、UNMOVICが査察活動を行うことになったのだ。ところがどうであろう。

そのような査察をアメリカの副大統領が、無駄だから止めろと言おうとしているのである[13]。何を根拠に、チェイニーは大量破壊兵器の存在を主張するのであろうか。もしも大量破壊兵器が存在しないにもかかわらず、アメリカ政府が自らの正義感のみに依拠して戦争を始めたとすれば、それはイギリスにとっては協力がきわめて難しくなる。それは国際法上疑義の残る戦争となり、またアメリカの単独行動主義のイデオロギーを実証する戦争となるであろう。ちなみにウッドワードの説明によると、アメリカ政府はこの頃に背後で、ブリクスをはじめとするイラクにいる査察団の活動を諜報活動の対象として調べ上げていた[14]。ホワイトハウスは最初から、ブリクスの活動を信用していなかったのである。

それでは、そのようなアメリカの戦争への突進と、アナン事務総長やブリクス委員長の査察によるイラク危機の解決の模索という、この二つの異なるベクトルの力学の狭間で、ブレア首相はどのように自らの立ち位置を決めていったのか。次にこの時期のブレアの動きを見ていきたい。

ブレアの信念と世論の疑念

アナン事務総長とブッシュ大統領が国連総会で演説を行う二日前の九月一〇日、ブレア首相はブラックプールの労働組合会議（TUC）で演説を行った。アメリカでのブッシュ大統領との会談を終えて、それまで以上に明確な言葉を用いてイラク危機についての自らの考えを述べ、とるべき政策を説いた。それは九・一一テロから一年が経とうとしていた時期であった。「なぜ私が、サダム・フセインを対処すべき脅威であると述べているのか、その理由を述べたいと思う」とブレアは話し始めた[15]。

ブレアは、それまでのサダム・フセインの大量破壊兵器使用と開発の歴史を述べ、また国連安保理決議履行の違反の歴史を述べ、さらにフセイン政権の拒絶によって査察が行われていない現状を語った。そして次のように述べる。「その間、イラクの人々は貧困へと抑圧され、閉じ込められている。タリバーンがいなくなったあと、サダムは世界で最悪の体制として比肩するものがなくなった。それは残忍で、独裁的で、人権についてのひどい記録が残っている。」このように道徳性や倫理性を前面に押し出して自らの正義を語る政治姿勢は、ブッシュとは異なるものであった。ブッシュ政権のアメリカが主として安全保障上の理由からイラクへの攻撃の必要性を説くのに対して、ブレアの場合はむしろ倫理や道徳的な必要性の主張が顕著に見られる。またそれを実現するために、あくまでも国際コミュニティとしての結束が不可欠であるという姿勢は、コソボ戦争、アフガニスタン戦争のとき以来、一貫していた。問題は、その論理を「先制攻撃ドクトリン」と単独行動主義に突き動かされるアメリカのイラク軍事侵攻計画と整合させることが可能か否かであった。

一一月八日に国連安保理で一四四一決議が全会一致で採択されたことは、多くの問題が依然として未解決でありながらも、ブレア首相の巨大な勝利であるかのように受け止められていた。ブレアはその日のコメントの中で、次のように述べていた。「国際コミュニティの立場は、いま統一され確かなものとなった。」[16]そして次のように続ける。「目標は、すべての化学兵器、生物兵器、核兵器の非武装化である。もしもサダムがそれに従うのであれば、国連の任務は完了することになる。私はこのレジームを忌まわしく感じている。いかなる人も同じであろう。しかしその体制が生き残るかどうかは、彼の手の中にある。紛争は不可避ではない。しかし非武装化は不可避である。」

ブレア首相はここで、自らの政策の目標と意図を明らかにしている。そして「紛争は不可避ではない」と明確に述べている。ブレア首相は、これまで見てきたように、必ずしも「レジーム・チェンジ」それ自体を目的にしてきたわけではない。また戦争を不可避と考えてその準備を進めてきたとはいえない。一九九八年のイラク危機以来フセイン政権を嫌悪して、フセインがイラクを支配する限りイラク国民は不幸から解放されないと確かに考えてきたことであろう。しかしながらそれが、戦争という手段によらずに、国際コミュニティが一体となって査察を進めることで実現するとすれば、それはより良いことであった[17]。アメリカ政府内では、チェイニー副大統領やラムズフェルド国防長官の発言に見られるとおり早い段階からサダム・フセインとの戦争が不可避であると考えていたのに対し、イギリス政府は開戦直前に至るまでそれが回避可能と考え、軍事的圧力によって危機を解決する可能性を模索していたのである[18]。

しかしながらすでに、二〇〇二年四月のクロフォードでの英米首脳会談以来、ブッシュ政権がイラクへの軍事侵攻とフセイン政権の「レジーム・チェンジ」を準備していることをブレアは知っていた。そして最終的にはその二つのシナリオが不可避となりつつあることは、ブレアも理解していた。一〇月二三日には、ブレアはアラステア・キャンベルに向かって、「サダムが協力する可能性は、二〇％ほどだと感じている」と語っていた[19]。しかしブレアはこの「二〇％の可能性」を完全に否定していなかった。戦争か平和か。この二つの反対を向くベクトルを統合させるという困難な課題を、この安保理決議一四四一によって一つに結びつけたことは、自らの自信を絶頂まで高める結果となる。

ところがイギリス国民は必ずしもそのようにブレア首相を眺めていなかった。一一月一四日の世論調査では、約半数（四六％）がブレアをブッシュの「ペット犬（lapdog）」とみなしており、イラクへの軍事攻撃への明確な支持は一三％にとどまっていた。また三分の一（三二％）の回答が、フセインよりもブッシュを平和への脅威ととらえていた。ブレアが主張していたような、イラクへの軍事攻撃が道徳的な理由に基づくものであるという主張には、二八％が同意するにとどまっていた[20]。ブレア首相の華麗なレトリックが散りばめられた説得をもってしても、イラクへの軍事攻撃計画は疑念に溢れたものであったのだ。

二〇〇二年秋から二〇〇三年春にかけて、そのようなブレアの説得が続けられながらも、ブレアと国民世論との間の溝は埋まることはなかった。さらにブレアは、フランスやドイツなどの大陸ヨーロッパ諸国との間に生じつつある亀裂にも目を向けなければならなかった。

二　深刻化する米欧対立

プラハNATOサミット

二〇〇二年一一月二一日から二二日にかけて、中欧の美しい古都プラハでNATO首脳会議が開かれた。かつて共産主義体制下にあった国家の首都でNATOのサミットを行うことは画期的であり、このサミットでは新たに旧共産圏の七カ国を新規加盟国として受け入れる方針を固めた。このNATOサミットでは、イラクをめぐって大西洋同盟に亀裂が深まる中で、大西洋同盟を強化しようとする力学が働いていた。

九・一一テロという「新しい悪」に直面する中で、NATOはトランスフォーメーションを進めて新世紀にふさわしい軍事機構に発展する意気込みであった。そのためにも、NATOを東方に拡大し、米欧間の軍事能力格差を埋めるための「防衛能力イニシアティブ（Defence Capabilities Initiative）」を実行し、さらに二万人規模の柔軟で遠方展開能力を備えたNATO対応部隊（NRF）の設立に合意した。激しい米欧間の対立の陰に隠れながらも、NATOの発展のための着実な成果が生み出されたのである。(21)

さらにこのプラハNATOサミットでは、「イラクに関する加盟国首脳の声明」を発表した。そこでは、「イラクに関して、われわれは国連安保理決議一四四一の履行への完全な支持を宣言し、イラクが十分かつ迅速にこの決議およびその他すべての実効的な国連安保理決議に従うよう要請する」と述べている。(22)ただし、あくまでも国連安保理決議の遵守を要求するにとどまっており、具体的な軍事攻撃の可能性については言及していない。(23)その段階に進む上ではNATOという枠組みの活用は想定されておらず、アメリカ政府は二国間関係に基づいて戦争の準備を進めていたのである。(24)それは、多国間主義により重きを置いていたクリントン政権時との大きな違いであった。

一九九五年のボスニア危機の際も一九九九年のコソボ危機の際も、確かに見解の対立は明瞭に見られたものの、それに対処するためにNATOの中で一定の協議がなされ、NATOとして結束してこれらの危機に対処するよう努力を重ねてきた。しかしながらアフガニスタンの場合もイラクの場合も、NATOは完全に脇に追いやられていた。まさにアメリカは自らの単独行動主義的なイデオロギーを証明するかのように、表面的な形式において協力を要請するように見せながらも、実質的な軍事計画においてNATOの関与を徹底して排除していたのである。それは二〇〇二年二月のウォルフォウィッツの「ミッションがコアリションを決める」という言葉、さらには六月のブッシュ大統領のウェストポイント演説において、すでに十分な伏線が見られていた。

このプラハ・サミットを終えた後の一一月二五日、ブレアはその成果についてイギリス下院議会で演説を行った。そこでブレアは、次のようにNATOの意義を語る。「NATOの最も大きな利益の一つは、安全保障の課題にともに取り組むことができるようなフォーラムを、ヨーロッパと大西洋を越えた加盟国に提供することである。(25)」そして、「とりわけこのサミットが、われわれが直面する新しい脅威の前で、深い結束を示すことができたことである。」ブレアはその後、「新しい脅威」としての「テロリズムと大量破壊兵器」の問題に触れた。そしてイラクが国連安保理決議を遵守するよう、NATOとして全会一致で要請した意義を述べた。まだ国連安保理決議一四四一を採択できた余韻が残っていたのであろう。国際コミュニティとしての結束を誇示し、多国間主義の枠組みを強調する機会をブレアは最大限に活用していた。

ブッシュとシュレーダー

しかしながらそのような米欧間の一体性の演出にも限界があった。それを象徴するのがブッシュ大統領とシュレーダー独首相との激しい対立である。

シュレーダー首相は二〇〇二年九月の連邦下院議会選挙へ向けての苦戦が伝えられると、選挙キャンペーンでアメリカ政府のイラク政策を批判し、それにドイツは協力しないと宣言していた。またドイツの法相がブッシュ政権を「ナチス」と並べて論じる演説を行い、これを聞いたブッシュ大統領は激怒した。プラハNATOサミットでは、結局ブッシュ大統領はシュレーダーの選挙勝利と首相復帰について、一言も祝福の言葉を述べていない(26)。わざとテレビカメラに写るように意識しながら、シュレーダーの前ではブッシュは背中を向けるようにしていた。それだけではない。ドイツの外交官はワシントンでアメリカ政府高官と接触することが妨げられ、総選挙後に訪米したヨシカ・フィッシャー外相もコリン・パウエル国務長官以外の誰とも会談を行うことができなかった。国防省顧問のリチャード・パールは、選挙に勝利した直後のシュレーダーに、今すぐ首相を辞任するよう提言した(27)。第二次世界大戦終結後に、これほどまでに米独関係が悪化したことなどはなかった。多くの場合において、西ドイツはアメリカの最も忠実な同盟国であったのだ。この米独関係の悪化こそが、後の激しい米欧対立の構図の枠組みをつくることになる。

重要な転換点は、その四カ月前の二〇〇二年五月二二日と二三日のベルリンでの米独首脳会談にあった。会談の席では、イラクの議題に移るとブッシュは次のように述べた。「あなたは私の立場をわかっているはずだ。今後も情報を知らせたい(28)。」それに対してシュレーダーは反対をしなかった。シュレーダーは以前から、戦争が短期で勝利に終わるような性質のものになるのであれば、二〇〇二年九月に予定されているドイツ総選挙では、イラク問題を争点に取り上げないとブッシュに伝えていた。ブッシュはこれを暗黙の了解と受け止めて、上機嫌で首脳会談を終えた。そして共同記者会見では一方的にシュレーダーを賞賛し、二人の信頼関係を示すコメントを残した。

ブッシュ大統領はよく知られている通り、個人的な信頼関係、そして忠誠心を何よりも重要視している。逆にそれが裏切られたときの憤慨も限りなく大きい。この時点でシュレーダー首相は、自らがイラクへの軍事攻撃に強く反対する意向を一切ブッシュ大統領には伝えていなかった。他方でブッシュ大統領もこの時点ではまだ一切戦争の計画を立てていないとシュレーダーに伝えていたが、それはすでに見たとおり誤りである。すでにイラクへの軍事侵攻計画は、ホワイトハウスとペンタゴンの中では実際のかたちとなって現れ始めていたのである。ブッシュとシュレーダーの間の曖昧な言質が後の対立の種子となり、それが米欧対立の構造へと発展していく契機を提供することになる。

二〇〇二年七月から八月にかけて、シュレーダーが総選挙へ向けた戦術を固める。総選挙で彼が率いる社会民主党（SPD）の苦戦が明らかとなる中で、イラク問題を選挙の争点として扱うことにしたのである。シュレーダーは、旧東ドイツ地域の平和主義者と国家主義者の票が確保できると読んだ[29]。世論調査では旧東ドイツ地域では反米感情がよりいっそう強く、戦争の可能性への強い嫌悪感が見られていたからである。『ニューヨーク・タイムズ』紙のベルリン支局記者のスティーブン・エアレンジャーが述べるには、「彼は選挙で勝つ見通しはなく、最大の問題が自らの党内にあると認めていた。彼は社会民主党をまとめ上げる必要があり、また東部の票を確保しなければならず、平和というボタンを押すことで、それが機能したのである[30]。」

ブッシュ大統領との首脳会談からまだ三カ月も経っていない八月五日の選挙演説で、シュレーダーは次のように語った。「サダム・フセインへの圧力については賛成だ。われわれはイラクへと国際的な査察官を送る必要がある。しかし戦争や軍事介入をもてあそぶことには反対であり、それには警告するのみである。これは、われわれ抜きで行われるであろう。われわれは冒険には加わらず、白紙委任の外交はもう終わったのである。」その後シュレーダーは「ドイツの道（*Der deutsche weg*）」という新しいスローガンを掲げて、ドイツがアメリカとは異なる独自の道を自立的に歩んでゆく姿勢を明らかにした。前月の七月には、そのような傾向を見て取って危機感を抱いた外交顧問のディーター・カストルップがシュレーダーに対して、言葉を慎重に選ぶ必要があると助言していた。それに対してシュレーダーは、「私は選挙に勝つ必要があるのだ」と答えた(31)。いうまでもなく、これらの決定の背景には、イラクへの軍事攻撃に反対する国際世論が勢いを増していたという現実があった。さらには、ドイツ政府に事前に十分な連絡をすることをせずに好戦的な発言を強めるチェイニー副大統領の八月二六日の演説内容を知って、シュレーダーは憤慨していた。ドイツは明らかに蚊帳の外に置かれていたのだ。ドイツとアメリカの双方で、相互の不信を募らせる行動を進めていったのである。そして両国は外交的な破滅へと突き進んでいく。

そして総選挙へ向けた最終週には、法相のヘルタ・ドイブレ＝グメーリンがブッシュ政権のイラク政策をヒトラーと並べて批判した。法相は次のように述べた。「ブッシュは国内の政治的な困難から目をそらせたい。これは大変に好まれる方法だ。ヒトラーもまたそれを使っていたのである(32)。」アメリカの指導者にとって、自らがヒトラーと並べて論じられることは許し難い暴挙であった。ホワイトハウスの中では憤慨が渦巻き、すぐさまライス大統領補佐官が次のように語った。「ドイツとの関係は、もう幸福な時期にはないと言いたい。」というのも、法相の発言は「受け入れがたいもの」であるからだ。「どのようにしたら、ヒトラーの名前とアメリカ合衆国大統領の名前を同じ文章の中に並べることができるのだろうか。とりわけ、ヒトラーからドイツを解放したアメリカの献身を考慮すれば、どうしてドイツ人にそれができるのだろうか。毒された空気が、ドイツの中でつくられてしまった。[33]」外交的な表現としては、例外的に直截的で憤慨を伝える内容であった。

結局シュレーダーは、九月二二日の連邦下院議員の総選挙で、わずか六、〇〇〇票ほどの薄氷の差で勝利を収めることができた。イラク問題を争点として、ブッシュ政権のアメリカを批判することで選挙を有利に働かせるという戦術が成功したのである。もちろんシュレーダー自らが社会民主党の左派の出自であり、ベトナム戦争への反戦運動を経験した世代であることから、ブッシュ政権の進めるイラクへの軍事攻撃には嫌悪感を抱いていたことであろう。しかしシュレーダーは選挙へ至る過程で、外務省や外交顧問の助言を遠ざけて、何よりも選挙の勝利を最優先していた。それによりブッシュ大統領とシュレーダー首相の個人的な信頼関係は、修復不可能な水準まで破壊されたことになる。

いわば、ブッシュ大統領やチェイニー副大統領、さらにはラムズフェルド国防長官の語る過激で単独行動主義的な発言と、シュレーダー首相が語るアメリカ批判の言説が相乗効果をもたらして、二〇〇二年の夏から秋にかけての米欧対立を醸成したといえるだろう。それだけではなくシュレーダーはブレアに対しても批判の矛先を向けた。シュレーダーは次のように述べる。「トニー・ブレアへのあらゆる敬意にもかかわらず、彼自身はこのイシューについてもそれ以外についてもヨーロッパのためには語ってはいない。[34]」それに対してブレアは、ドイツのテレビでのインタビューでもあるいはキャンプ・デイヴィッドでのブッシュとの首脳会談でも、むしろシュレーダーの国内政治的な立場を擁護する発言を残している。[35]ブレアは冷静さを保っていた。そのことにシュレーダーも感謝をしていた。

九月二四日、総選挙の二日後に最初の外遊先としてイギリスを訪問したシュレーダーは、夕食の席でブレア首相に向かって、どのようにしてアメリカとの関係を修復したらよいか、助言を求めた。ブレア首相はシュレーダー首相に対して、選挙の苦境からそのような発言を行ったことに一定の理解を示しながらも、ワシントンとの関係を悪化させることでドイツは得ることが何もないと助言をした。しかしながらその後シュレーダーは、ブレアの助言に従う方向へは進まなかった[36]。

シュレーダーは、ブッシュとブレアを批判することで自らの政治的な資本を増大させた。そして、シュレーダーとブッシュがその原型をつくった対立の構造は、二〇〇三年一月から三月にかけて最も激しく大西洋同盟を傷つけることになる。それは、ヨーロッパとアメリカとの間の「橋渡し」を自らの任務と自負していたブレア首相にとって、その手足を縛る結果となったのだった。

フセインの回答

一二月七日、イラク政府は国連安保理決議一四四一の要請に対する回答を発表した。それは、イラクの大量破壊兵器に関する報告書で、四三巻からなる資料であり、そこには英語で書かれた一万二、一五九頁に及ぶ分厚い報告書、六つのフォルダー、一二のCD-ROMが含まれていた[37]。この膨大な資料はニューヨークのUNMOVICの事務局に送られて、また核開発に関する資料についてはウィーンのIAEA（国際原子力機関）事務局に送られることになった。ハンス・ブリクスUNMOVIC委員長とモハメド・エルバラダイIAEA事務局長の二人は、それらの資料を精査するには数週間かかると述べ、またそれらをイラクでの査察により実際に検証するには数カ月を要すると伝えた[38]。しかし当初の予想通り、そこには何ら新しい事実は記されておらず、これまでイラク政府が公表してきた公式発表を束ねただけのものであることは一瞥して明らかであった。ブッシュ大統領は、それらの資料を検証するためにそれだけの時間を浪費するつもりはなかった。もはや軍事的行動に進む段階が到来したのである[39]。

フセイン大統領の回答を、ブレア首相は大きな落胆をもって受け止めた。ホワイトハウスでのこれまでの経緯を知る以上、これで戦争は不可避になったとブレアは考えたのである。ブレアは首相官邸でサダム・フセインへの怒りを募らせて、周りの者に次のように語った。「彼はそれを行おうとはしなかった。そうではないのか?」そして次のように続けた。「これは彼にとっての大きな好機であった。しかし彼はそれを退けたのだ。」首相官邸でブレアの側近は次のように回顧する。「われわれは驚いた。これは一種の宣戦布告であった。われわれは彼らが、もし全部でないとしても、何か新しいものを提供すると考えていた。[40]」しかしイラク政府からそのような新しい建設的な回答は得られなかった。二〇〇二年四月のクロフォード英米首脳会談以後、ブレアはイラクの問題を「国連ルート」で解決する道を模索し、好戦的なホワイトハウスを前にして、どうにかこの問題を平和的に解決する可能性を望んでいた。一一月にその可能性が「二〇%」だと語っていたブレアは、このフセインからの回答を知ってもはやそれが限りなくゼロに近づいたと考えた。

ワシントンDCの強硬派たちは、これが一つの結論だと考えた。チェイニー副大統領やラムズフェルド国防長官、ウォルフォウィッツ国防副長官らは、むしろ彼らが予想していたとおりのこのような結果に満足した。チェイニーは、「この申告書は虚偽であり、フセインがまた嘘をついていることを証明しているから、重大な不履行に当たると大統領が明言すべきだ」と提案した。チェイニーはブッシュ大統領の前で、「我慢にも限度があります」という。「一二年前とおなじようにお役所仕事をまとめあげて、つぎの決議を採択し、うまくいったと言い、みんなうちに帰る。でもなにひとつ片づいていない。[41]」

同時にチェイニーやラムズフェルドらはこの報告書を受けて、それまで平和的解決の道を模索しようと「国連ルート」をブッシュ大統領に説得してきたブレアやコリン・パウエルに対し、不満を高めていた。[42]そのような試みは、単なる時間の浪費でしかなかったと感じたからだ。ブッシュ大統領ももはや結論を出していた。一二月一九日にブッシュ大統領は、イラク政府が国連安保理決議一四四一に従わなかったのはもはや明らかだとして、次の行動に移る意向を示す演説を行った。

UNMOVICのブリクス委員長もまた、大いに失望した。ブリクスも、イラク政府が公表した分厚い報告書では、安保理決議一四四一の要請に従ってはいないとみなしていた。この決議によれば、本来は、「兵器の製造にも原料にも関連する目的を有しないとイラクが主張するものを含めて、その他すべての化学、生物、核関連の計画について、現状における正確で、全面的かつ完全な申告」をしなければならないはずであった。また「虚偽の記載や遺漏」は「さらなる重大な違反を構成する」と明記していた。ブリクスによれば、「自己申告という考え方は、所得税の申告と同様に軍備管理の世界では基本的なこと」であった。ブリクスはその帰結を次のように回顧している。「私のそんな楽観的な思惑も実現しなかった。新たな申告書によってイラクの大量破壊兵器をめぐる重要な問題は一つも解決しなかったのである。結果は多大な労力と膨大な紙の山、そして大騒ぎといくらかの恨みが残っただけだった。[43]」

一二月二〇日、ブレアはイギリス軍に向けて、イラクへの軍事行動を開始する準備に取りかかるよう指示を与えた。すでにアメリカはイラクへの軍事攻撃を可能とするために七万人規模の兵力を中東に展開し、さらに五万人増派することを決めたばかりであった。[44] これは必ずしもそのまま戦争に直結するものではない。ブレアは次のように述べる。「現時点での鍵となることは、すべての必要な準備を行うことであり、アメリカ人とわれわれとがその地域での軍事能力を積み上げられることを確実にしておくことであり、さらにもしもそれが必要となったときにはこのミッションを引き受けることができるようにしておくことである。[45]」そしてブレアは、次のように締めくくっている。「ときに戦争を避ける最良の方法とは、それが必要となったときのために戦争の準備を進めておくことである。」ブレアの発言には躊躇が見られる。アメリカが戦争の歯車を回転させ始めるこの時点で、はたしてまだ戦争を回避する可能性があるのか否か、ブレア自身、確信が持てなかったからであろう。

一二月二一日午前、CIA（中央情報局）長官のジョージ・テネットは大統領執務室に向かった。イラクの大量破壊兵器の存在について、最新の情報に基づいて報告をするためであった。ウッドワードの『攻撃計画』が明らかにしているように、テネットはブッシュ大統領に対してその存在が確実だと報告した。その後、ブッシュはライス大統領補佐官とイラクの問題について意見交換を行った。ブッシュはライスに、「やるべきだろうか？」と開戦の必要性を問いただした。そしてライスは「やるべきです」と返答した。「この地域の脅威が国際社会をこんなふうに手玉にとるのを許しておいたら、いずれそれがわたしたちの身に跳ね返ってきて、ずっと悩まされることになるでしょう。それがやらなければならない理由です。[46]」テネットとライスの助言は、ブッシュを戦争への決断に導くには十分なものであった。そして二〇〇二年の一年は過ぎていった。

「影響力の意義」とは何か

二〇〇三年一月七日、ブレア首相は世界中に駐在するイギリス大使を外務省に集め、彼らに向けてイラク政策をめぐる自らの考えを伝えることになった。世界中でイラクへの軍事攻撃に反対する反戦世論が沸騰しており、それはアメリカに追随するように見えるイギリスへの激しい批判にも直結していた。イギリス外交官の多くは、国際法上の合法性への疑念から、さらには深刻な対立を抱える中東をさらに不安定化させる懸念からも、アメリカの軍事作戦に参加することには否定的な意見を擁していた。それらの疑念を払拭することが、この外務省会議でのブレアの意図であり、それは首席補佐官でかつて外交官でもあったジョナサン・

パウエルの助言に基づくものであった[47]。ブレア首相はその演説の中で、イギリスの外交関係全般について幅広く論じながら、力強い言葉を用いてアメリカとの協力関係を擁護している。ブレアは次のように語る。

「第一に、われわれは今後もアメリカの最も親密な同盟国であるべきであり、また同盟国として彼らの課題をさらに広げ続けるよう影響力を行使すべきである。われわれがアメリカの同盟国であるのは、彼らが強大であるからではなく、われわれが彼らと価値観を共有しているからである。私は反米主義には驚かない。しかしそれはばかげた欲求でしかない。すべての諸国がそうであるように、彼らが抱えているそのあらゆる欠点にもかかわらず、アメリカは善なる力である。」ブレアはこのように、アメリカとの同盟関係の意義を、大使たちを前にして訴えることになった。さらに次のようにも述べている。「イギリスの影響力の価値とは、何人かの人々が述べているように、われわれがアメリカの要請に従順に従うことなどではない。」そうではなくて、「影響力の意義とは、慎重を要する問題へと、アメリカ単独で向かわせないようにすることである。(中略)もしもアメリカが単独で行動したら、彼らは単独行動主義者となる。しかしもし彼らが同盟を欲していたら、人々はうまく引き戻すことができる。国際テロリズムはそのようなイシューだ[48]。」

ブレアは困難な外交課題に立ち向かおうとしていた。そしてそれはほとんど不可能とも思えるものであった。戦争へと突き進むアメリカの勢いを緩めさせ、ますます溝が広がるシラク大統領やシュレーダー首相との共同歩調を確立し、国際コミュニティの結束をもたらした上で、国連安保理での合意をまとめあげ、フセイン政権下のイラクにおける大量破壊兵器の問題を解決する。はたしてそのような困難な課題を、ブレアの力で解決することなど可能なのだろうか。現実には、その後のブレアの努力とは裏腹に大西洋同盟の中での悪循環がこれ以後も続いていき、本来彼が望んでいた方向と逆の歯車が回転し始めてしまうのであった。

「旧いヨーロッパ」と「新しいヨーロッパ」

二〇〇三年一月二二日、フランスとドイツは、友好の基礎をつくったエリゼ条約締結の四〇周年を記念して、ヴェルサイユにて合同閣議と合同議会を開催することになった。そこでは九〇〇名に及ぶ両国の閣僚と議員が集結し、長年の両国間の友好の蓄積を華々しく祝った。それはイラク戦争に対するシラク大統領とシュレーダー首相の個人的な友情を、あたかも演出するかのような華やかさであった。そもそもシラク大統領は、シュレーダー個人を政治指導者としてはあまり高くは評価しておらず、総選挙ではむしろキリスト教民主党のエドムント・シュトイバーの勝利を期待していたことを考えると、皮肉な光景ともいえる。[49] シラクは会合の前に次のように誇らしげに語っていた。「戦争はいつでも、失敗を認めることを意味する。それを避けるためにあらゆることがなされなければならない。[50]」

シラクは共同記者会見の席で、イラクへの軍事攻撃に対するフランス政府の意向について質問された際に、次のように答えている。「それゆえ軍事的行動に移る際に、われわれすなわちドイツ人とフランス人は、戦争は常に最悪の手段だと考える。それは常に失敗の結果である。[51]」シラクは「われわれ」という場合にそれを「ドイツ人とフランス人」と置き換えて、両国の一体性を演出していた。イラク戦争でのブッシュ政権の単独行動主義が、両国をそこまで一体化させていたのである。

前年九月の総選挙後にいったんはアメリカとの関係修復に動いたドイツ政府も、ブッシュ政権による度を超えた「懲罰」を受けて態度を硬化させ、再びアメリカへの批判を強めていた。[52] それはブレア首相から離れ、シラク大統領に近づくことをも意味した。常にアメリカとフランスとの狭間でバランスをとってきて、大西洋同盟の一体性のために尽力してきたドイツが、明らかにそれまでとは異なる姿を見せていた。シュレーダー政権のドイツが、軸足をフランスの側へと大きく動かしたことで、大西洋同盟の重心が変化を示したのである。それだけではない。仏独首脳会談の前日に、ニーダーザクセンのゴスラーで演説を行ったシュレーダー首相は、戦争を正当化する国連安保理決議を支持しないと語っていた。

シュレーダー首相は、ワシントンに背を向けると同時に、国連安保理にも背を向け始めていた。それはそれまで多国間主義を外交の軸として、国連の一体性のために力を注いできたドイツにとって、新しい外交姿勢を示すことになる。他方でフランス政府の場合は、確かにそれ以前からイラクへの軍事攻撃には批判的であったが、一一月の安保理決議一四四一および一二月のフセイン政権の報告書を受けて、一二月半ばにはいったんは軍事作戦への参加を検討し始めていた。フランス軍として一万五千人の兵力、一〇〇機の戦闘機、そして空母シャルル・ドゴールの軍事攻撃への参加を検討していたのである(53)。フランスの場合は、湾岸戦争やコソボ戦争でも重要な兵力を提供しており、アメリカとの同盟関係を柔軟に考えていたといえる。しかしアメリカから屈辱を受けたシュレーダーの態度が、シラクの態度をさらに強硬なものへと変える一助となり、仏独の一体化が進んでいったのであろう(54)。

この同じ一月二二日のこと、ワシントンの海外記者センターでは、ドナルド・ラムズフェルドが彼特有の直截的でシニカルな言葉で、フランスとドイツを次のように罵った。このとき記者たちは、ヨーロッパでブッシュ政権への批判が高まっていることを指摘して、それに対してラムズフェルドは次のように返答した。「しかし、君が考えているヨーロッパというのはドイツやフランスのことだ。私は違う。私は、それは旧いヨーロッパだと思う。もし今日のヨーロッパのNATO全体を鳥瞰してみれば、その重心は東へ移っているはずだ。新しい加盟国もたくさんいる。そしてもしNATOの全加盟国のリストと最近加盟した国々の一覧を見れば——ええ、何カ国かな? 二六くらいかな? ——うん、そう。ドイツは常に問題だったし、フランスもそうだ(55)。」これはラムズフェルドによるヨーロッパ分断の工作でもあった。「米欧対立」としてしばしば語られることによって、「ヨーロッパ」が一体となってアメリカに反対しているという印象を削ぐためにも、ドイツやフランスを孤立させてそれ以外の諸国をアメリカの側につかせようとする意図である。戦後一貫してヨーロッパ統合を支えてきたアメリカが、ヨーロッパ分断をこれほどまで露骨に進めようとすることもまた、アメリカ政府のそれまでのヨーロッパ政策を大きく修正するものであった(56)。

『ウォール・ストリート・ジャーナル』の欧州版副編集長でブリュッセル駐在記者、マイク・ゴンザレスは、ドイツとフランスの反米的な外交姿勢に違和感を抱えていた。ゴンザレスは、ヨーロッパ諸国がブッシュ政権のアメリカとより緊密に協調すべきと考えていた。彼はヨーロッパにおいて、反米主義ではない見解を紙面で表明するアイディアを思いつき、イタリア政府内の友人に打診した。またスペインの親米的なアスナール政権もその考えに賛同して、イタリア、スペイン、イギリスの三カ国によって、アメリカのイラク政策を支持する記事を掲載することを考えた。当初イギリスのアラステア・キャンベルはその考えに消極的であったが、最終的にイギリスもそれに同調することになった。結局そこにはそれ以外にもポルトガル、チェコ、ハンガリー、ポーランド、デンマークも加わることになり、スペイン政府とイギリス政府の共同の創案作業を支えることになった(57)。

一月三〇日に『ウォール・ストリート・ジャーナル』および英『タイムズ』紙をはじめとする参加八カ国の国内主要紙に、「ヨーロッパとアメリカが結束するための欧州首脳の声明」と題する一文が掲載された(58)。そこでは、米欧対立があらゆるところで言及される中で、「アメリカとヨーロッパの本質的な紐帯として、民主主義、個人の自由・人権、そして法の支配といった価値観を共有している」ことを冒頭で掲げ、その紐帯を損なうことなく、国連安保理決議一四四一に沿ってイラクの大量破壊兵器の問題を解決する必要をアピールした。

さらには、その六日後の二月五日には、「ヴィルニス一〇」と呼ばれる東欧および南東欧の一〇カ国政府がこの「八カ国声明」と同じように、一四四一決議とプラハNATOサミットの合意に基づいて、イラクの大量破壊兵器の問題に真剣に取り組むことを要請している。[59] これらの諸国は、ラムズフェルドのレトリックを用いればいわゆる「新しいヨーロッパ」にあたり、ブルガリアやルーマニア、バルト三国といった親米的な諸国が中心となっている。これらの諸国の多くが、プラハNATOサミットの合意に基いて二〇〇四年五月にNATOに加盟することを控えており、その実現はアメリカの外交的意志に大きく依存していた。

シラク大統領やシュレーダー首相はこれらの動きを事前に知らされておらず、不快感をあらわにしてさらに態度を硬化させていく。シラク大統領はとりわけ中・東欧諸国がブッシュ政権の軍事計画に支持を表明したことに憤慨し、「彼らは口を閉じる重要な機会を逃してしまった」と批判し、それらの諸国のEU加盟に拒否権を行使する可能性を示唆した。[60] ラムズフェルドが過激なレトリックを用いて、ヨーロッパを「旧いヨーロッパ」と「新しいヨーロッパ」に分断したその策謀は、彼が期待した通りの結果をもたらした。ヨーロッパ諸国間の亀裂が、より大きなものとなっていったのだ。一九九三年に共通外交・安保政策（CFSP）をスタートさせ、一九九八年の「ブレア・イニシアティブ」以来、対外政策での共同歩調を強めてきたEUは、ここにきて大きな障害に躓いた。NATOとEU、そのいずれもがブッシュ政権のイラクへの軍事行動計画を前にして、その結束が揺らいでいたのである。

国連安保理での応酬

一月二〇日、国連安保理を舞台として、フランスのドミニク・ドヴィルパン外相が自らの立場の正当性を華やかな言葉で語り、アメリカのイラク政策を辛らつに批判した。そもそもこの日の安保理では、イラク問題をめぐって深い議論をする予定はなく、ドヴィルパンがアメリカ政府に対して激しい批判を展開することを事前に知らされていなかった。このとき会議に出席してドヴィルパンの演説を耳にしたパウエル国務長官は、完全な不意打ちを受けたのである。

それまでアメリカ政府内で国際協調路線を一貫して求めてきたパウエルにとって、ドヴィルパンの予期せぬ行動は自らへの裏切りであり、パウエルは自らが疎外されていることに気づいて大きな怒りを感じた(61)。議場から出たパウエルはその温厚な性格に反して、活字にできないほど激しい言葉でドヴィルパンのこのような戦術に対する憤慨をあらわにしたという(62)。これ以降パウエルはそれまでの自らの立場を大きく修正し、チェイニーやラムズフェルドなどの政権内の強硬派と同様の激しい主張を展開するようになる(63)。そしてパウエルとドヴィルパンとの、国連安保理を舞台にした決闘が始まる。

フランスはすでにこのとき明らかに、アメリカとは異なる路線を進むことを決意していた。一月一三日に、シラク大統領の外交顧問グールド＝モンターニュが渡米し、ライス補佐官との昼食の際にアメリカとの共同歩調が困難である現実に大きな失望をし、次のように語った。「何もかもが不可能である。戦争への準備は進められることになっていた。コンディ・ライスからのメッセージは、完全に明白であった。アメリカはイラク危機を解決する上で軍事的行動が必要だと決意をしており、それを止めることができる唯一の方法は、サダム・フセインの権力失墜か、亡命しかなかったのだ(64)。」このときグールド＝モンターニュには、それまでの国連安保理での交渉やイラクへの査察が茶番のように感じられたであろう。そのような報告を受けたシラク大統領とドヴィルパン外相は、これ以降、アメリカと共同歩調をとる道を実質的に放棄することになる。その帰結が、ドヴィルパン外相の安保理でのアメリカを批判する演説であった。

一月二〇日の安保理でドヴィルパンは次のように語った。「単独的な軍事介入は、強大な軍事的戦術とみなされるべきであり、また法の優位や国際的な道徳への攻撃とみなされるべきである。」これがアメリカのイラク政策への批判であることは明らかであった。また次のようにも述べている。「イラクを平和的手段で武装解除できるのならば、罪のない一般市民や兵士の生命を脅かさないことがわれわれの責任である。またその地域の安定を脅かさず、われわれの人々や文化との差異を強調しそれによってテロリズムを醸成するようなことがないようにすることもわれわれの責任である。(65)」さらにその後の記者会見では、イラクへの軍事攻撃を認めるような第二決議に、フランス政府は賛同しないという姿勢を明らかにした。

ドヴィルパンの議論は筋が通っていた。しかしパウエルからすれば、フセイン大統領は国際社会を分断させようとしており、自らに向けられた武力による威嚇を排除したいはずだと考えていた。ブッシュ大統領も次のように回顧している。「ドヴィルパンが口を開いたとき、フセインはこれでまた、ごまかしつづけようとするだろうと思った。なにしろ、知らず知らず自分を助けてくれる人間がいるわけだから。(66)」フセインは従来と同様に査察に応じたふりをして、いずれ国際世論において反戦感情が高まりイラクが攻撃される可能性が消散すると計算していた。だとすれば、戦争の脅しによってフセインを査察に向かわせる可能性は、失われてしまう。フセインへの圧力が機能せず査察が進まなければ、それはそのままアメリカ政権内のチェイニーやラムズフェルド、ウォルフォウィッツら強硬派の主張を正当化することになり、そのまま国際協調も戦争回避も不可能となるのだ。(67)この時点でパウエルは、もはや自らが戦争への怒濤のような動きをとどめることは不可能と深く実感した。(68)イラク政策をめぐって、アメリカとフランスの対立は決定的となったのだ。

一月二一日にアテネを経てバグダッドから戻ってきたブリクス委員長は、二七日の国連安保理への報告に向けた準備を始めた。この安保理は理事国のほとんどから外相級が出席する予定であり、協議は公開されることになっていた。ブリクスの言葉によれば「これほどメディアの注目を浴びることは国連にとっては初めてのことだった。」[69]一月二〇日の安保理でも、この二七日のブリクスおよびエルバラダイＩＡＥＡ事務局長の新しい査察結果の報告を待って、議論を継続することを要請していた。ブリクスは、その後の安保理の議論の行方を大きく左右する重要な位置に立っていた。そしてこの安保理は、その後イラク問題をめぐってどのような道へ進むのかの、重要な岐路となるであろう。

イギリスからはストロー外相が出席することになっていた。ブレア首相は、これを機に国際コミュニティの結束を深めて、世論の支持を得ようと真剣であった。ブレアは閣議で閣僚たちに次のように語った。「私を信じてほしい。これを通じて私が道を進むべきであることを、よくわかっているのだ。」[70]すでにホワイトハウスは、イラクへの軍事攻撃開始へと進むことを強く求めていた。他方でブレア首相は国連での第二決議の採択をめざして、外交により多くの時間を割いていた。デイヴィッド・マニング外交担当補佐官は連日、ホワイトハウスのライス大統領補佐官に電話をしていた。またブレア首相もほぼ毎週のように、ブッシュ大統領と電話で意見交換をしていた。[71]首相官邸は、どうにかしてホワイトハウスを国連安保理での第二決議に向かわせようとしていたのである。イギリス国内では、イラクへの軍事攻撃への批判は強まるばかりであり、それは閣内、議会内、世論調査で一貫していた。一方ブレアは国際コミュニティとしての正当性を確保することで、その必要性を議会や国民に理解してもらおうとしていたのだ。それと同時に、国連の査察や外交交渉を通じて、イラクの大量破壊兵器の問題は依然として解決可能であると、ブレアはわずかな可能性に最後の望みを託していた。

一月二七日、ハンス・ブリクスが国連安保理で、最初の二カ月の査察活動について以下のように報告を行った。「イラクは、国際社会の信頼を取り戻して平和をもたらすために必要な武装解除を要求されているにもかかわらず、現在のところ、それを真剣に受け入れる様子がみられません。」[72]そしてブリクスは、イラクがこれまで炭疽菌を製造した疑いが強いとし、それがまだ存在している可能性を示唆した。ブリクスは、あたかも米英両国政府の主張に傾斜した報告を行ったように思えるが、実際には大量破壊兵器が存在すると主張するものではなかった。これらは「むしろ証拠の欠如や疑問点を指し示すものであり、査察を完了させるためにはそれらを解消する必要がある」と述べていた。(73)査察の継続の要請とは、言い換えれば、ブッシュ政権が戦争に突進することを巧妙に食い止めるための道具でもあった。老練な外交官ブリクスのささやかな抵抗であった。問題はブッシュ大統領が、そこまで忍耐強く査察の延長を受け入れるか否かであった。その成否は、ブレア首相の力量に大きく依存していた。

一月三一日にブレア首相は、ホワイトハウスでブッシュ大統領と首脳会談を行った。(74)本来は、キャンプ・デイヴィッドの静謐な環境で腰を据えてイラクの問題を協議する予定であったが、濃霧とみぞれのためにヘリコプターが飛び立つことができずにそのままホワイトハウスでの会談となった。ブレアがこの会談に臨んだのはほかでもない、ブッシュ大統領に第二決議を了承させるためであった。このままイラクへの軍事攻撃が始まれば、下院議会では労働党から大量の造反が出る見通しであり、また閣僚も何名か辞任する可能性があった。それはブレアにとっての政治生命の危機であった。さらにブレアはブッシュに、中東和平を前進させる必要を力説した。チェイニーやラムズフェルド、さらにはパウエルの強い反対にもかかわらず、結局ブッシュはブレアとの個人的な友情、そして信頼関係を優先して、アメリカ政府として第二決議を求める方針を了承した。それは、移ろいやすいものではありながらも、ブレア首相の外交的勝利といえるものであった。ただしそれによって軍事作戦を麻痺させてはならず、三月半ばまでにまとまらなければ予定通りイラクへの軍事攻撃を開始する見通しであった。

このようにしてこれから三月半ばまで、決闘の舞台は国連安保理の議場になることが固まった。

ドヴィルパンの栄光

二〇〇三年二月五日、ダークスーツに赤いネクタイをつけたパウエル国務長官は国連安保理の議場にて、イラクの大量破壊兵器保有についての新しい情報を提示することになっていた。しかしその報告を準備する段階でパウエルは、本当にイラクが大量破壊兵器を持っているのか、アメリカ政府の有する情報に確信が持てなかった。怪しげな情報が大半を占めていたからだ。(75) パウエルは、世界中の人々が公開協議での自らの説明をテレビを通じて眺めている前で、次のように話を始めた。「今日はわれわれ全員にとって、安保理決議一四四一の下にイラクに課された状況の報告と武装解除を検証する、重要な日です。(76)」

「われわれの知っていることすべてを申し上げるわけにはいきませんが、みなさんにお見せできるものと、わたしたち全員が長年かけて知りえたことを総合すると、事態はきわめて深刻です。これからみなさんがご覧になるのは事実と不審な行動パターンの累積です。」

その後、アラビア語の会話を伝える音声や豊富な画像などを駆使したパワーポイントによるパウエルの説明は、一時間一六分にも及んだ。(77) 翌日の閣議でイギリスのストロー外相は、「パウエルのプレゼンテーションは、私やパウエル自らが予期していたよりも、素晴らしい内容であった」と称賛した。(78) しかしハンス・ブリクスはその説明を聞いて、特に印象を受けなかった。何ら新しい証拠も見られなかったからだ。

翌日にブッシュは「ゲームは終わった」と告げた。もはやこれ以上、フセイン大統領といたちごっこを続けるつもりはなかった。しかしそれに対してフランス政府は、それはゲームでもなければ終わってもいないと応えた。(79) フランスは徐々に、ドイツやベルギーとの関係を強化していった。外交という舞台での「決闘」が始まったのである。その主役が、フランス外相ドヴィルパンであり、その舞台は国連安保理であった。

二月一四日午前一〇時、国連安保理の特別会合で主要な役者がそろうことになった。議題は「イラクおよびクウェートの状況」である。ここでもほとんどの理事国が外相級を政府代表として送り込んだ。協議は報道陣と一般に公開されていたために、その光景はテレビ映像を通じて世界中に流れることになっていた。アメリカのパウエル国務長官、イギリスのストロー外相、フランスのドヴィルパン外相、ロシアのイワノフ外相、そして中国の唐家璇外相がそろい、議長はドイツのフィッシャー外相であった。安保理の議場は外交官たちで溢れ、国連ビル周辺は報道陣の中継車で一杯だった。これほどまでに国連安保理が世界に注目されるのも珍しいことである。

議場では、フィッシャー議長がエルバラダイIAEA事務局長とブリクスUNMOVIC委員長の二人を招き入れて、イラクの大量破壊兵器査察に関する報告を始めるように指示をした。ブリクスの演説は、イラクにおける大量破壊兵器の存在を示唆する九日前のパウエル国務長官の演説を、巧みに覆すかのような内容であった。ブリクスは次のように述べる。「それらが存在するとの結論に飛びついてはならない。しかし、存在する可能性も排除されたわけではない。もし存在するならば、廃棄のために開示されなければならない。存在しないならば、それを証明する信頼すべき証拠が提示されるべきである。」さらに、「証拠がなければ報告をしても信頼を得ることはできない」と語り、暗に米英両国の強引な手法を批判した。ブリクスは、イラクが比較的協力的に査察を受け入れており、今後もそのような査察活動を続ける必要があると結論づけた。

さらに続けて報告を行ったエルバラダイ事務局長は、イラクに継続中の核あるいは核関連活動があるとの証拠をIAEAは発見しなかったと結論づけ、「核開発計画」の存在が事実と語ったパウエル国務長官の報告を正面から否定した。(80) 両者の報告は、少なくとも九日前のパウエル国務長官の主張の妥当性を大きく疑う内容であった。それは、早期の軍事攻撃を計画していたブッシュ大統領やチェイニー副大統領、さらにはその強引な路線を支持していたブレア首相にとっては、ストレスのたまる内容であった。前外相のクック院内総務にしてみれば、「トニーにとっては歓迎するニュースであるにはほど遠く、これは彼の悪夢が実現してしまったことになる」と記している。[81]

続いてパウエル国務長官、ストロー外相、ドヴィルパン外相が「決闘」の舞台に上がった。ブリクスが回顧するには、それは「まさに大決戦というべきだった」。議長のフィッシャー独外相に紹介されてから、ドヴィルパンは次のように語った。「この問題に対して、フランスは二つのことを確信している。第一に、査察のオプションはまだ完了しておらず、それによってイラクを強制的に武装解除するための実効的な対応を提供することが可能である。第二に、武力の行使はその人々、その地域、そして国際的な安定に、深刻な結果をもたらすことになるために、あくまでも最後の手段として考慮されるべきである。」「ブリクス氏とエルバラダイ氏の報告」によって、「われわれは査察が結果を実らせていることを学んだ。」ドヴィルパン外相の主張は事実であった。そしてその意図は明らかである。査察を延長させて、ブッシュ政権の意図する早急なイラクへの軍事攻撃を食い止めようとしているのだ。そして最後に、文学的素養に恵まれたドヴィルパンならではの美しい修辞を用いて、次のように説いた。

「今日、理事会の前で言葉を発しているのは、ヨーロッパという旧い大陸の中にあるフランスという旧い国家であり、それは戦争、占領、野蛮さを知りつくし、アメリカやそれ以外の土地からやってきた自由のために戦う戦士たちに多くを負っていることを忘れることがなく、認識している国家なのである。だからこそフランスは、歴史の前に、そして人類の前に常に堂々と立ち上がるのである。その価値観に忠実となり、国際コミュニティのその他すべての諸国とともに結束して行動することを求めている。われわれは、よりよい世界を共につくりあげることができると信じているのだ。[82]」ドヴィルパンの演説は、溢れんばかりの拍手喝采を呼び、その映像を見つめる世界の多くの人々の心を動かすものであった。

その後、イギリス外相ストローがドヴィルパンの鮮やかな演説を受けて、次のように語り始めた。「私は、一〇六六年にフランス人によって建国された大変に旧い国家を代表して、お話し申し上げたい。」[83]これは、ブリクスが察したように、即興で挿入した言葉であろう。まれに見る緊張した外交的応報の中で、優れた知性を持つ外相たちが次々と豊かな言葉を用いて自国政府の主張の正しさを説こうとする。議論の核心部分で、ストローは次のように語った。「この危機の平和的解決が今からでも可能であることを私は望み、信じている。」[84]しかしそれにはサダムが劇的かつ即時に変化する必要がある。

ストロー外相の立場は外務省の意向を反映して、この段階においても依然として「平和的解決が今からでも可能であること」を強く望むものであった。それはどちらかというと、ラムズフェルド国防長官よりもドヴィルパン外相に近かった。[85]またそれはイギリス外務省内に広がる空気でもあった。その点において、アメリカとの関係を何よりも優先しようとするブレア首相とは立場が異なっていた。フランス政府が、ドヴィルパン外相の派手な修辞に駆り立てられてよりいっそう抵抗を強めていく中で、ブレア首相はイギリス国内で孤立を深め、その苦悩は深まるばかりであった。

ブレアの苦悩

ドヴィルパン外相は安保理演説の中で、「よりよい世界を共につくりあげることができると信じている」と語った。それはまるで、一九九九年四月のブレアのシカゴ演説の再現のようでもあった。とはいえ、ブレアの場合に大きく異なるのは、それを実現するためには、背後で立ち止まっているのではなく、強い決意を持って軍事力を行使する必要があると信じていることである。軍事力行使によって「よりよい世界」がつくれるというブレアの確信は、一九九九年のコソボ戦争と二〇〇〇年のシエラレオネ介入の、そして二〇〇一年のアフガニスタン戦争の経験によって強められていった。しかしながらそのような信念に反して、イギリス国内でもヨーロッパ全体としても、世論はよりいっそう反戦へと傾いていく。

ブレア首相の方針に強く不満を抱き、当時閣僚辞任も噂されていたクック院内総務は、次のように日記に記している。「大量破壊兵器が実際に見つかったと証明することが難しくなればなるほど、戦争を求める者たちは戦争を正当化するために、サダムが脅威であるという主張ではなく、残忍な暴君であるという事実を、その根拠としてすり替えていった。」さらに次のようにも記す。「武装解除すべき兵器が見つからないからといって、戦争のための新しい人道的な根拠を見つけることは、あるコメンテーターが表現したように、単にゴールポストを動かすだけでなく、サッカーのフィールドあるいはスタジアム全体をまるごと動かしてしまうようなものだ。」[86] あきらかに、戦争を正当化するブレアの論理は、それがどれだけ雄弁であったとしても、より不自然で強引なものになっていった。イギリスの世論も労働党内も、そのような論理への違和感と拒絶感を増していった。

ロンドンの首相官邸では、アラステア・キャンベルがテレビをつけてブリクス委員長の国連安保理での報告の様子を眺めていた。キャンベルによれば、安保理での応酬を知ったブレアは「自らの方針を変える様子はなく、われわれは正しいことをしているのだと言った。」[87] 翌日には、ロンドンで巨大な反戦デモが行われることが伝えられていた。ブレアは、「道徳的な観点から、自らの立場を擁護すること」が重要だと考えていた。キャンベルの日記によれば、この頃ブレアは夜に、十分に眠りに就けなかったようである。国連安保理第二決議が採択されなければ、自らの政治生命が危機に陥ることも十分に認識していた。ブレアの目には、「EUについても、国連についても、アメリカについても、党内についても、あるいはわれわれに向かってデモ行進をしようとするわが国についても、戦略のあらゆる箇所がぼろぼろになってしまっているかのようである。」[88]それこそが深刻な問題であった。

二月一五日、ブレア首相は軍事行動を起こす必要性を提起する演説をエジンバラで行うことになった。しかし、キャンベルによれば、「平和を求める道徳的主張がますます勢いを増し、それが行動を要請する自らの道徳的主張の背景となってしまっている」のである。どれだけブレアが、軍事攻撃を始める道徳的な論理を主張したとしても、それがあくまでもアメリカのブッシュ政権の「ブッシュ・ドクトリン」の論理に引きずられたものであることは明白であった。イギリスのタブロイド紙『デイリー・ミラー』では、イラク戦争が世界を平和にすると答えたのは、わずかに二%に過ぎなかった。[89]

二月一五日のロンドンを覆った反戦デモは、警察の報告によればイギリスで過去最大のものであった。ブレアを批判するスローガンが溢れる中で、シェリー・ブレア夫人はその言葉の激しさに心を痛めていた。ブレアの名前をもじって「嘘つきブレア（B-Liar）」と罵る怒号が耳に入り、ブレアの子どもたちは首相官邸の自宅を離れるときにいつも困惑していたという。母親であるシェリーは父親に向けられたそのような激しい言葉から、子どもたちを守ることができなかった。[90]ブレア首相にとって、イラク戦争をめぐる苦悩は政治家としての個人的な苦悩でもあった。サダム・フセインという残忍な独裁者を排除することが道徳的に正しいことであるという信念を抱きながらも、国内的にも国際的にも、さらには党内においても激しい批判にさらされる中で、精神を摩耗させていた。

二月一八日の月例記者会見の冒頭で、ブレアは自らの率直な心情を語るために、質疑応答に入る前に自説を展開することになった。ブレアは次のように語る。「サダムは脅威である。だからこそ、一二年間もの間国連は、イラクにおける化学兵器、生物兵器、核兵器を平和的に武装解除するために彼に対して努力を続けてきたのである。」[91]そのような長い歴史を語ることで、決して二〇〇三年になって突然にしてイラク危機が生じたわけではないこと、またこれまでイギリス政府は危機を解決するための外交的努力に力を注ぎ、平和的にイラクの武装解除を試みてきた経緯を説明した。「それゆえに、戦争へと慌てて突き進んでいるわけではない。まさしく、われわれは一二年もの間待ち続けたのである。われわれはその後、昨年一一月から国連を通じて努力を続け、サダムにつまるところの最後の機会を提供してからもはや三カ月が過ぎているのだ。」一九九八年一一月同様に今回もサダム・フセインは米英両国の軍事力による圧力を前にして、国連安保理決議を前提とした査察受け入れを了解した。しかし結局その後、フセイン体制のイラクは誠実に査察を受け入れることはせず、虚偽の申告や査察妨害を続けてきた。一九九八年にはそれがその翌月のイラク空爆へと帰結したのだ。このときにはまだブッシュは大統領に就任していない。ブレアは、もはやこれ以上サダム・フセインと査察をめぐる戯れを続けるつもりはなかった。

他方で、二月二七日、アウシュビッツの生還者でノーベル平和賞受賞者の作家、エリ・ヴィーゼルとホワイトハウスで意見交換をするなかで、ブッシュ大統領は戦争の必要性をさらに強く確信するようになる。ヴィーゼルは自らのホロコーストの記憶を背景に、次のように独裁者のフセインを打倒する必要を語った。「これは道義的な問題です。道義の名において、介入しないわけにはまいりません。」[92]ヴィーゼルは、たとえ自らがそれによって死ぬとしても、連合国が強制収容所を爆撃すべきだったと考えていた。「わたしは沈黙には反対です。」このヴィーゼルの言葉は、ブッシュに重くのしかかった。ブッシュは回顧する。「決意が固まった時だった。」ブッシュ大統領はイラクへの軍事攻撃へ向かう時計の針を早めようとしていた。

軍事介入への国際的正当性

サダム・フセインの残忍さは他の独裁者と比較しても際だっていた。前外相として一九九八年一二月のイラク空爆にも携わり、またイラクへの制裁や査察についても精通していたクック院内総務は、「サダムは精神病質者である」という。「サダムは、他人を殺すことについて何の良心の呵責もないという点で異常であった。」[93]彼は幼少の頃に最初に人を殺しそれ以降大統領になっても殺人を続け、自らの意見に賛成しない閣僚を、閣議の席でリボルバーで撃ち殺したという噂があるという。そのような残忍さや恐怖を、支配の重要な道具として利用していた。クックによれば、さらに残忍なのが彼の息子であるという。政治犯を収容する監獄が不足する問題を解決するために、クサイ・フセインは、一万五、〇〇〇人の政治犯を射殺することで、そのスペースを空けたのである。[94]

クックはイラク戦争開戦に反対して三月に閣僚を辞することになるが、彼をはじめとしてイラク戦争に異義を唱えるイギリス政府の中枢にいた者の多くは、多くの機密情報などに接する中でフセイン体制下のイラクの冷酷な現実を、人道的な見地からどうにかしなければならないということは理解していた。そもそものクックが、一九九七年五月に「倫理的対外政策」という新しい政策を提唱しており、またすでに触れたように「保護する責任」を提唱するICISSにおいても重要な貢献をなしていた。それゆえにクックは次のように述べている。「介入の分岐点は、ジェノサイドや民族浄化のような、人道法への深刻な抵触があるかどうかということである。軍事的介入は、平和的な解決を見いだすための他のあらゆる手段が使い尽くされた後の、最後の手段としてのみ適用されるべきである。いかなる介入も、その地域の意見に従い、また多国間の機構の承認を得なければならない。」

ICISSの報告書によれば、国連安保理こそがそのような介入を承認する上での中核的な機関となる。人道的な目的のための軍事介入を行う場合に、そのようなルールに従うことが重要なのだ。そのことを十分に認識していたからこそ、これまで見てきたようにイギリス政府は何よりも国連安保理決議を得て国際的な結束を図る必要性をブッシュ政権に説いてきたのである。そのような国際的な正当性を担保する必要に関する認識こそが、ブッシュ政権のアメリカとブレア政権のイギリスを隔てる最大の溝でもあった[95]。

それでは、アメリカが準備を進めつつあるイラクへの軍事攻撃は、国際的正当性が備わっていたのであろうか。これについては判断がきわめて難しく、いくつかの側面から総合的に判断をせねばならない。第一には国際法上の合法性の問題、第二にはそれを考慮した上で人道的な要素を中核とした国際的正当性の問題である。イギリス政府の法律顧問も務めるクリストファー・グリーンウッドLSE教授は、それまでの国連安保理決議の集積をもって、合法性が担保できると論じている。またアメリカ国務省法律顧問のウィリアム・タフトとトッド・バックウォルドも同様にして、一九九〇年のイラクのクウェート侵略時の集団的自衛権の行使、およびイラクによる一九九一年四月の停戦決議の違反に基づき、その合法性を論じている[96]。

しかしそのような見解には、さまざまな角度からの批判が寄せられている。たとえば、ケンブリッジ大学で国際法を講じるグリエルモ・ヴェルディラーメは、安保理決議一四四一ではそれ自体に武力行使を容認する権限は与えられていないとし、アメリカ政府が主張するような既存の国連安保理決議を束ねて攻撃の正当性を認めようとする議論は、国際法システムにおいて十分に受け入れられることは難しいとする[97]。また、コソボ戦争の際に「コソボに関する独立国際委員会」にも加わり、その戦争を「違法だが正統（illegal but legitimate）」と位置づけたプリンストン大学教授のリチャード・フォークは、「先制攻撃」は正当化されえないとイラクへの武力攻撃を厳しく批判する[98]。他方で国際的正当性の問題については、アレックス・ベラミーによれば、二〇〇三年の時点では人道的な根拠から軍事攻撃を行う緊急的な必要性を主張することは困難であり、それゆえに十分な国際的正当性はなかったと結論づけている[99]。同様に正戦論の専門家でもあり、インディアナ大学宗教学教授のリチャード・ミラーも、「経験的および道徳的な理由から、イラク戦争には正しい目的が欠けていた」と、「正しい戦争」を擁護する多様な議論を丁寧に反駁している[100]。

すでに見てきたように、そもそもイギリス政府やイギリス軍の中でも、そのようなイラクへの軍事攻撃が十分な正当性を持たないこと、それゆえに国際的信頼を失墜させることへの懸念が抱かれていた。しかしブレア首相は、アメリカ政府に影響を行使するという幻想に支配され、自らがその後の国際秩序を構築する中心的な役割を担うことができると信じていた。しかしそのような可能性は、後に明らかになるとおり、それほど大きなものではなかったのである。

三　軍事攻撃への決断

「国連ルート」の破綻

イギリス政府とアメリカ政府は共同で、二月二四日に新しい決議案を安保理に提出した。イギリスはより妥協的な提案を行うことで、依然として第二決議の採択が可能だと考えていたのである。フランス、ドイツ、ロシア、中国の四カ国は、イラクへの軍事攻撃を容認するような決議案に強い抵抗を示し、査察強化を求める対抗案を提出していた。その中間に位置するカメルーン、アンゴラ、ギニア、メキシコ、チリ、パキスタンのいわゆる「中間派」の非常任理事国六カ国をどちらの側が取り込むかが、外交上の最大の争点となっていた[101]。三月七日の安保理では、イギリス、アメリカ、スペインの三カ国が修正案を提出し、より妥協的な提案によってどうにか合意に到達しようとしていた。それはあくまでも、イギリス政府が求める希望であった。

三月七日以後、ブレア首相は電話から離れることなく「中間派」諸国への取り組みに力を注いでいた。ブレア首相とグリーンストック英国連大使の二人が中心となって、第二決議案採択の可能性を模索する一方、アメリカ政府は明らかにそのような動きに無関心であった。そのことはイギリス政府に不満を与えることになった。ブレア首相はアメリカ政府が中南米諸国のチリやメキシコに圧力をかけることを期待していたが、ブッシュ大統領は動くことはなかった。(102)

決定的な転機は、三月一〇日に訪れた。シラク大統領は、その日のテレビ番組でのインタビューで次のように答えていた。「私の立場は、どんな事態になってもフランスは『拒否』に投票するということです。イラクの武装解除を実現するためには戦争に訴える理由がないからです。(103)」

これを聞いたマニングは怒りをあらわにした。「これは本当に、底意地の悪いことだ」と述べ、「難破させようとする戦略である」と罵った。このシラクの拒否権行使宣言で、ブレアの計算が破綻した。ブレアは当初、本当にシラクがそのような発言をしたのか、信じることができなかった。そしてその後、シラク大統領に自らが裏切られたと感じるようになり、それを自らを打倒するための陰謀とみなすようになった。ブレアは次第に、忍耐を失っていった。このときブレア首相への密着取材を許されていたジャーナリストのピーター・ストサードは、次のように記している。「首相は怒ることが好きではなく、とりわけ怒りを見せることを嫌っていた。しかし彼は今、怒っている。『世界の歴史の中で、このようなときに、そのようなことをするとは、なんとばかげたことであろう。国際組織を強化しようとしているまさにその人物が、それを損ないもてあそんでいるのだ。(104)』」

翌一一日、ブレアは首相官邸で親しい側近たちを前にして、「私は、それを通すことができるかどうか、確信を持てない」と弱音を吐いた。そして一二日、ブレア首相はブッシュ大統領に電話をして、メキシコとチリの二カ国を説得するよう懇願をした。しかしブッシュは、それに熱心なようには見えなかった。これ以上、軍事攻撃の開始を遅らせることに抵抗があったのだ。その後ブッシュは、ブレアに電話をして、「もう終わりだ」と告げた。[105] これ以上説得することはできない、という意思表示である。ブレア首相が半年の月日を費やして努力を続けてきた、国連に支えられたイラク問題の解決というシナリオが音を立てて崩れていく。三月一四日、グリーンストック大使はブレアに向けて、第二決議案はもはや「牽引力を失いました」と告げて、そのような試みが行き詰まってしまった実情を伝えた。三月一七日、三カ国政府はその提案を正式に取り下げることになった。ブレアの戦略の破綻である。[106]

「トニーはまさしく、自らの説得力に多大な自信を持っていたが、このときにはそれに応じてくれない人々に対して、自らが説き伏せることができると自分自身を説得していたのだ。」ブレアに親しい閣僚の一人はそのように述べている。[107] 明らかにブレアは過信していた。シラクとブッシュという二つの大国の大統領を、自らの意図の通りに操ることができると考えていたのであろう。シラクはかつてアルジェリア戦争で兵士として戦った経験を持ち、イラクでの戦争には心の底から反対であった。それがイスラム諸国に負の影響を与えると考えたのだ。[108] イギリスのある政府高官は、次のように述べていた。「われわれは、エリゼ条約の記念式典をしっかりと注視していなかった。[109]」仏独両国政府首脳は、一月二二日以後に共同戦線を強めていたのである。同時にシラク大統領は、アメリカがそのような恣意的な理由で軍事力行使をすることに強い拒絶感を持っていた。また同時にブレアは、ブッシュ大統領が彼の助言のみに従うのではなく、あくまでもアメリカ政府内の多様な見解を均衡させて政策を決定せねばならないという事情を軽視していた。そのような外交的怠惰や奢りが、自らの戦略の破綻を産み出したのであろう。

ブッシュ大統領は、親友ともいえるブレア首相の政治的な苦境を深刻に懸念していた。三月一一日にブレアに電話して、次のように語った。第二決議が「仮に否決された場合」には、「そちらが政権を失うことは望ましくない。どんな状況でも、そういう事態は絶対に避けたい。これは本気です。」さらに次のように続けた。「平和維持軍といったものもある。あなたの政府をつぶすくらいなら、私は単独でやります。」ブッシュ大統領は、ブレア首相の政治生命を心配して、イギリスがイラクへの侵攻作戦に参加することなく、戦後に平和維持活動の段階で参加することを逆に提案したのである。

このときにブレアは、それまでの方針を撤回して、第二決議採択の困難と国際法上の合法性の疑義から、イギリスが軍事攻撃に参加しないオプションを選択することも可能であった。実際にストロー外相や外務省高官の間では、そのような道を選ぶべきだという声も聞こえた。しかしブレアは、ブッシュに対して次のように返答して、そのオプションを事実上放棄する。「ありがとうございます。この道のりが正しいと、わたしは信じているんです。ありがとうございます。感謝します、ご親切にそうおっしゃって頂いて。[110]」

三月一四日、ブッシュ大統領は政権内部での異論を排して、中東和平の「ロードマップ」に合意したことを発表した。[111] これは、それを強く求めてきたブレア首相への心からの謝意を示すものでもあった。ブレア首相は、イラク危機を解決する上でパレスチナ問題の解決と国連安保理決議の二つが鍵になると説いてきた。後者が困難になりつつある中、ブッシュは前者についてそれを受け入れる姿勢を示したのである。

フーンとラムズフェルド

三月一一日、イギリスのジェフリー・フーン国防相は、アメリカのカウンターパートであるラムズフェルド国防長官に電話をした。フーンは次のように警告した。「われわれはイギリスで、政治的な困難を抱えており、それは深刻な困難であり、あなた方が認識しているよりもさらに大きなものである。」フーンはラムズフェルドに向けて、そのような困難を理解してくれるよう、そしてそのような困難をさらに悪化させるような事態を招かぬよう懇願した。もしも労働党から予想以上の造反者が出て、下院で開戦への決議が採択できないようなことになれば、イギリスは戦線から離脱することになり、平和維持の段階にならなければ兵力を送ることはできない。ブッシュ大統領やラムズフェルド国防長官は、イギリス政府のそのような困難を理解したようであった。しかしながらラムズフェルドはむしろその逆効果となるような発言をすることになる。

その電話の一時間後の定例記者会見で、ラムズフェルド国防長官は、イギリスなしでも軍事攻撃を開始するかどうかという質問を受けて、次のように答えた。「彼らの状況は、彼らの国の独自のものであり、彼らの政府は自らの方法で議会との関係を処理しなければならない。彼らが最終的にどのような決断をするのかは、彼らの役割、すなわち軍事力を行使する決定を行う際の彼らの役割と同様に、曖昧なものである。いかなる決議となるかがわかるまで、われわれは彼らの役割がどのようなものなのかわからない。大統領が軍事力を行使する決定を行った場合に、彼らが参加することができるとすれば、それは明らかに喜ばしいことである。もしもそうでない場合は、次善策となり、少なくともその段階においては、彼らは参加することはないであろう。[112]」ラムズフェルドの声明は、聞く者に対して、あたかもイギリスの軍事的貢献が不必要であり、アメリカ単独でも任務を遂行できるといわんとしているかのように聞こえた。事実、ラムズフェルドはそれまでにも、場合によってはアメリカ単独での軍事行動となる必要性を示唆していた。

それまで膨大な政治的コストを支払い、アメリカが突き進む攻撃計画を支えてきたイギリス政府にとって、このラムズフェルドの言葉は侮辱以外には聞こえなかった。イギリスの役割は「曖昧」であり、イギリスの参戦をそれほど強く求めていないかのような発言は、腹立たしいものであった。ブレア首相はイギリス国内で、イギリスがそれに参加することが不可欠であるという論理をこれまで組み立ててきた。ところがラムズフェルドは、そのようなイギリスの役割は「曖昧」であり、必要不可欠ではないと答えたのである。アラステア・キャンベルは日記で、「彼は単純に、他国の人々の政治を全く理解していなかったのだ」と不快感を示している。また、親米的なデイヴィッド・マニングも、「これでは実際に、彼らと共通の戦略を打ち立てることは不可能だ」と絶望していた[113]。

イギリス国防省政治局長のサイモン・ウェブはすぐさまラムズフェルド国防長官の執務室に電話をして、意図を問い質すとともに発言の訂正を求めた。ラムズフェルドの補佐官によれば、「彼は単に手助けがしたかった」ということであった。その後ラムズフェルドは自らの発言を訂正し、フーン国防相に対して自らの発言が「混乱を招いた」ことを認めた。

英米両国政府間のすれ違いは、それ以後も続いていった。ブッシュ大統領もまた、半年を経過しても国連安保理がアメリカの進めるイラクへの軍事攻撃を認めようとせず、大量破壊兵器の査察についても結果がわからないという実情に不満を募らせていた[114]。いったいいつまで待てばよいのか。すでに触れたように、三月一四日にグリーンストック大使が第二決議案の採択の見通しが立たないことを告げた後に、ブッシュとブレアはいよいよ戦争開始の準備に移ることになった[115]。

ストローの最後の抵抗

そのような戦争開始へ向けての動きに対して最後の抵抗を示したのが、ストロー外相であった。そもそも冷静なストロー外相は、外務省からの報告に基づいて、この戦争が国際法上の正当性を持たぬこと、そして戦争によって多くの混乱が予想されることを深刻に懸念していた。したがってこれまでも何度となく戦争回避の可能性を、ブレア首相に強く説いてきた。ある政府高官は次のように述べている。「ジャックは本当に、紛争を回避する可能性があると考えていて、もしもそれが避けることができないならば、第二決議案なしでイギリスがそれに参戦すべきかどうか確信を持っていなかった[116]。」そもそも、九月七日のキャンプ・デイヴイッドでの英米首脳会談では、アメリカが「国連ルート」を用いることを前提に、イギリスは戦争協力を申し出ていた。しかしながら、アメリカ政府は明らかに第二決議採択のための十分な努力をしていないではないか。そのような不満が募っていたのである。だとすればなぜイギリスは、巨大な政治的代償を支払ってそのような正当性の欠ける戦争に加わるべきなのだろうか。

三月一六日、ブレア首相がアゾレス諸島でのイラク戦争開始への首脳会談から帰国すると、ストロー外相はブレアにメモランダムを渡した。この様子についてはジョン・カンプナーの著書の中で詳細に描かれている。[117]カンプナーによれば、ストロー外相は第二決議がない場合にはイギリス政府は最大限の政治的および道徳的な支持をアメリカ政府に対して示しながら、軍事攻撃には参加せずに戦争後の平和構築の段階で兵力を派遣するシナリオを提案した。このようなシナリオを考案したのはこのときが初めてではなく、外務省内では何度となく提起されていたものであった。ブレアはそのような提案を問題外だと一蹴し、ストロー外相に向かって、自らを支持するつもりがあるのか否か問い質した。ストローはそれに対して、ブレアの決断を支持する意志を表明し、その後毅然たる姿勢でイラク戦争開戦の正当性を訴えるようになっていく。

イギリスの国防参謀長のマイケル・ボイス提督は、軍を動員する前提としてイラクへの軍事攻撃の参加が法的に可能であるかどうか、その合法性についての質問を送った。それに対して、三月一七日、ブレアの親しい友人でもあった法務長官のゴールドスミス卿が、安保理決議六七八、六八七、一四四一などを根拠として、イラクへの軍事攻撃の国際法上の「合法性」を担保する説明を行った。[118]これはブレアにとって最も心強い援軍となった。すでに一五日には、ブレア首相の下にその情報は伝えられており、それによってイギリス政府はもはや合法性の担保を目的とした第二決議に固執する必要がなくなっていた。

ところが外務省で三〇年間法律顧問を務めてきたエリザベス・ウィルムハーストは、そのような政府の判断に抗議をして、開戦前夜にその職を辞することになった。彼女は次のように述べていた。「安保理第二決議なしで軍事力行使に進むことを合法だと合意できないことを、遺憾に感じています。そのような規模での非合法な軍事力行使は、侵略の犯罪に匹敵するものです。」[119]後には、軍のトップである国防参謀長のボイス提督自らが、戦争の合法性に疑問を示すようになる。実際には、そのような国際法解釈を明らかにしてブレア首相の開戦への論理を擁護したゴールドスミス卿自らも、第二決議を伴わないイラクへの軍事攻撃について合法性への疑問に言及した。[120]この間、第二決議をまとめるためにブレア首相の下で奔走を続けてきたグリーンストック国連大使は、そこに至る数カ月間は「イギリス外交の歴史の中でも最も不名誉な時期であった」と語っている。[121]アメリカとの同盟を重視し、英米間の協力関係を優先することで、ブレア首相はあまりにも大きなものを犠牲にしてしまったのである。

ブレアの議会演説

三月一六日、ポルトガル領アゾレス諸島で四カ国の首相会談が行われた。会議を主催するのは、後のEU委員会委員長となるポルトガル首相のホセ・マニュエル・バローゾ。彼はイラクへの軍事攻撃を支持していた。そして、イラクへの武力攻撃を求めるブッシュ大統領、ブレア首相、アスナール・スペイン首相の三人が列席していた。ブッシュ大統領は、これ以上開戦を引き延ばすことには反対であった。時間が経つとともに、状況が良い方向へは進んでいないからだ。「世論は良い方向には進まないし、アメリカなど何カ国では、悪化の一途をたどるだろう。」[122]

ブッシュ大統領は、翌日の帰国後に、ホワイトハウスで演説を行う方針を伝え、それに他の三カ国首脳は賛成した。サダム・フセインに「最後通牒」を突きつけ、それに従わないならば戦争を開始するつもりであった。ブレアやアスナールが異論を唱えることがない様子を見て、「これでみんな承知したわけだ」とブッシュは述べた。いよいよ「有志連合」による戦争への道が開けた。

午後五時半には、ブッシュ大統領と三人の指導者が集まって共同の記者会見を開いた。ブッシュ大統領は次のように語る。「フセイン政権は自ら武装解除しなければならない、さもなければ武力によって武装解除がはかられることになる。」その後ブレアはイギリスに戻って、議会での決議を求めることになる。もしもそれが不可能であれば、ブレア首相は重要な政策において不信任を受けたことになり、首相の座にとどまることは難しくなる。ブレアを見送る際に、ライス補佐官は、「ああ、これがみおさめにならないといいんだけど」とつぶやいた。[123] 明らかにブレア首相の顔には、苦悩の様子が刻まれていた。

三月一七日、ホワイトハウスのアリ・フライシャー報道官はブッシュ大統領に呼び出された。ブッシュはアゾレス諸島での首脳会談の結果を受けて、国連安保理での第二決議案を撤回する方針を伝えたのだ。その後午前九時四五分に記者会見を開き、フライシャー報道官は次のように述べた。「国連は、イラクをただちに武装解除するというみずからの要求を実現できませんでした。その結果、外交手段を用いる機会は失われました。大統領は今夜八時、国民に向かって演説を行います。軍事紛争を避けるために、サダム・フセインはイラクから退去しなければならないと告げます。」[124] 告知通り午後八時一分からブッシュ大統領は演説を行い、いよいよ戦争の段階が到来したことを告げた。それまで第二決議採択を求め、国際コミュニティの結束を模索し、軍事的圧力をかけることで平和的にフセイン体制の武装解除を求めてきたブレアの戦略は行き詰まってしまった。この後にブレアは、それまでの第二決議を確保する政策を修正し、軍事力行使の必要性を説く針路へと大きく舵を切る。

三月一八日一二時三五分を過ぎた頃、ブレア首相はイギリスの下院議場に現れた。ブレアは、イラクへの軍事攻撃の必要性を訴える演説を行うつもりであった。その演説でブレアは、とりわけ労働党内に渦巻く批判を考慮に入れて、冒頭において次のように語り始めた。「私は、私の考えと反対である人々の見方を軽視するようなことはしません。これはとても難しい選択です。しかしそれはまた明確な選択でもあります。イギリスの兵士を引き返して帰還させるのか、あるいはわれわれがすでに規定した方向を堅持するのかという選択です。私は、それを堅持すべきだと確信します。」[125] そしてブレアは、次のように述べた。「それは、今後一世代の国際政治の枠組みを決定づけることになるでしょう。」議会内、とりわけ労働党内に反対意見が多いことを知っていたからこそ、ブレアは時間をかけて、いかにフセイン政権が危険な存在であるか、そしてそれを放置することがいかに世界にとっての脅威となるかを力説した。「彼に応答をさせるための唯一の説得的な力は、彼の目の前に駐留する二五万人のコアリションの兵力のみです。」もはや交渉は不可能だ。そのようなブレア首相の説得は、一九九九年のコソボ戦争や二〇〇一年のアフガニスタン戦争の開戦の間際には、威力を発揮した。ところが今回は明らかに異なる空気が蔓延していた。

この日のブレアの演説には、それまでと大きく異なる一つの兆候が見られた。それは、フランスの拒否権行使宣言に対する強い批判の色調である。「先週金曜日に、フランスは、いかなる最後通牒も受け入れられないと述べました。」ブレアにしてみれば、「武力による威嚇」のみが、フセインを動かすことができ、そして査察を可能とし、戦争を回避できるのだ。ところがそのような「武力による威嚇」を否定するならば、フセイン政権が査察に応じる見込みはない。そして次のような言葉でフランスの対応を批判する。「反対しただけではありません。拒否権を用いたのです。そして妨害したのです。」

ブレアは結局、それまで半年間の時間と多大な労力を費やして求めてきた国連決議に基づくイラク危機の解決というシナリオが崩れてしまった責任を、フランスのシラク大統領に押しつけようとしたのである。ブレアは、何度となく繰り返してきたシラクとの首脳会談の中で、彼が最終的には自らの見解に同伴してくれるものと誤解をしていた。そのような戦略的な誤謬に対する憤慨を、シラクに対する批判によって解消しようとしていたのだ。そもそもブレアは、ヨーロッパとアメリカの「橋渡し」をすることで、国際コミュニティにおける「中軸国家」、主導的地位を占めようと試みてきた。しかしブッシュ大統領から第二決議採択のための強力なサポートを得ることができず、またシラク大統領の「拒否権行使宣言」によって自らのシナリオを崩されてしまい、フランスを批判することでむしろ自らその亀裂を深めていったのである。

それでは、第二決議採択への試みが挫折した三月一七日の時点で、ストロー外相が主張したようにイラクへの軍事攻撃に加わることはせず、最大限の道徳的および政治的な支持を表明し、戦争終結後に平和維持や戦後復興のために兵力を派遣するというオプションは、不可能であったのだろうか。そもそもブッシュ大統領もラムズフェルド国防長官も、ブレア首相が国内で抱える困難の深刻さを理解した上で、むしろそのような選択肢をブレアが選ぶことを想定していた。そしてそれを受け入れる用意もあった。それを拒否したのはブレア自身である。

それについて、イギリス防衛政策の専門家であるダン・コヘインは詳細な検討を行った上で、そのような選択は困難であったと論じる(126)。第一に、サダム・フセインが国際コミュニティの脅威であるという議論は、一九九八年以降五年間にわたりブレア首相が中心になって作り上げたものであった。フセイン政権の武装解除をそれまで強く求めながら、最後の段階でその試みから離脱することは考えがたい。第二に、すでにイギリス軍はイラク国境線付近に終結し、駐留をしていた。攻撃開始の直前に撤退することは、イギリス軍の信頼や士気に深刻な悪影響を及ぼすことが指摘されていた。第三に、そのような撤退の決断が、政治的に労働党を窮地に追い込むことが想定された。そもそも一九八〇年代には労働党は防衛政策の分野で、非現実的な主張を行ったことからも国民の信頼を失っていた。フセインの脅威から自国を守るという論理の上で、最後の段階で撤退を行うことは労働党にとっては致命的な結果となりうる。

歴史家のアンソニー・セルドンも、同様の結論に至っている。マニングの後継者として首相の外交問題担当補佐官となったナイジェル・シャインウォルドも、次のように語る。「その後生じるあらゆる帰結を彼が知っていたとしても、彼はおそらくそのような決断をしたであろうと考えている。」(127) ブレアは決して、ブッシュの「プードル犬」として戦争に追随したのではなく、自らの信念の帰結として、すなわちあらゆる外交的手段による解決が使い尽くされた帰結として、軍事攻撃を行う必要を認識したのである。そしてその信念を支えたのは、すでにこれまで見てきたとおり、アメリカ単独で軍事攻撃をさせてはいけないという警戒感であった。長期的な世界平和を考えた際に、国際的な支持がない状態で、アメリカが単独でサダム・フセインを打倒することは、きわめて危険なことであった。それは戦後のイラクに、多大な混乱をもたらすであろう。(128) そのような冷静な認識もまた、ブレアの決断を支えていたのである。

ブレアは議会演説の中で、次のように語った。「政府や首相としてではなく、あくまでも議会として、われわれが正しいと信じることのために立ち上がる姿勢を示し、われわれの生活様式を危機に陥らせようとする暴君たちや独裁者たち、そしてテロリストたちと対決する意志を示し、またわれわれが正しいことをする勇気を持っていると決断する瞬間を示すために、指導力を発揮するのはこの瞬間です。」それまで同様に、ブレアは戦争を決断する論理として、「正しいことをする（do the right thing）」という言葉を用いている。ブレアにとって戦争とは、自らの安全や利益の擁護を越えた、より崇高な目的を実現するためのものであった。他のあらゆる動機や目的が混じりあう中でも、そのような意図を表明することを忘れることはなかったのである。キャンベルは日記の中で、この演説について、「彼の最良の演説の一つであった」と称賛している。[129]しかしながらより正確に言うならば、ブレアにとって最も苦悩に満ちた演説であっただろう。

一八日夜、ブレア政権のイラクに対する軍事行動方針への是非を問う投票が議会で行われ、政府の方針に対する賛成は四一二票、反対は一四九票で可決された。[130]またこれに先だって、「まだ戦争の時期ではない」ことを求める反対動議は、賛成二一七票、反対三九六票で否決されている。前者の決議において労働党からは一三九人という膨大な造反者が生まれる。保守党からの賛成によってかろうじて圧倒的な賛成票に到達したのである。決してそれはブレアにとって、喜ぶべき事態ではなかった。[131]とりわけ、イラク問題に精通していた前外相のロビン・クックがブレア首相の方針に反対して前日に閣僚辞任をし、説得的な演説を行ったことは、ブレアにとっても大きな落胆の原因ともなっていた。

クックの辞任演説

ブレアが議会で開戦への支持を求める演説を行った前日の一七日、同じ下院議会でロビン・クック院内総務が辞任演説を行っていた。その日の午後に予定されていた特別閣議の前に、ブレアはクックに対して個人的に面談することを求めた。クックは、辞任依願書を手にしていた。クックはブレアとの面談について、「それはとても洗練された出来事であった」と思い起こしている。[132]もはやブレアは、クックに対して、閣僚辞任を思いとどまるよう説得することはなかった。同時にクックとしても、もはや歯車が動き始めた開戦へ向けて、それを思いとどまるようブレアに説得することもなかった。

クックは将来について、一つの忠告を与えた。「ジョージ・ブッシュの周りの人たちは、次なる軍事的冒険を持ち出してくるであろう。次の機会には、あなたが引き戻せなくなるほど深くコミットしてはいけない。」これについては、ブレアは真剣に受け止めているようであった。そしてクックはブレアの当時の心境について、日記に次のように記録する。「私は、国連の支持なしにイギリスの兵隊を戦争へと向かわせるような命令を彼自ら下すことになるとは、彼は決して予期していなかったと考えている。」ブレア首相は、ブッシュ大統領をはじめとするアメリカの政権の中枢の人々が戦争の巨大な歯車を回し始めたときに、アメリカとの「特別な関係」の重要性についての自らの信念に支えられながら、漂流してしまったのだ。クックは、ブレアの助言に従って、午後の特別閣議に参加することなく、夜の下院議会において直接辞任の意図を語ることにした(133)。

クックは必ずしも、長年の盟友であるブレアに対する敵意から閣僚を辞任するわけではなかった。クックが怒りを感じていたのは、アメリカの「単独行動主義的な右派」に対してであった。三月一四日にクックは首相官邸において、ブレアらの面前で自らの感情を吐露していた。アラステア・キャンベルは次のように日記に記録している。「われわれが、アメリカ政府の中の単独行動主義的な右派に近づきすぎていると彼は感じていた。彼らは国連について嘲り笑うことを何とも気にせず、トニーについて嘲り笑うことを何とも思わず、彼のことをただ単に彼らよりも優れたおべっか使いでコミュニケーターである能力をほめているに過ぎなかった。彼らをこれ以上支持するふりをすることは、彼にとっては不誠実と感じているのだ(134)。」むしろクックの思いの中には、ブレアに対する友情さえ感じられる。そしてクックの抱いているアメリカの「単独行動主義的な右派」に対する違和感や屈辱感は、ロンドンにいる政府の中枢にいるものの多くに共有されていたのではないだろうか。

三月一七日の夜九時四四分になって、クックは下院議場にて辞任演説を始めた(135)。クックは、演説の冒頭でブレアに向けて最良の賛辞を送った。「現在の首相は、私の生涯で最も成功した労働党の党首です。私は、彼がわが党の党首であり続け、そして成功を収め続けてくれることを望んでいます。」しかしながら、その後クックの口から溢れる言葉は、冷静かつ辛辣な内容であった。「われわれは、国際的な対立がすべてシラク大統領に起因するかのように思い違いをしています。現実にはイギリスは、NATOや欧州連合、そしていまや安保理という、われわれが指導的な構成国となっているいかなる国際的枠組みの合意も得ることなく、戦争に乗り出そうとしているのです。そのような外交的な弱さに帰結したことは、深刻な挫折です。」そしてクックは次のように続ける。「われわれの利益は、単独的な行動ではなく、多国間の合意やルールによって支配される世界秩序により最良に守られています。しかし今夜、われわれにとって最も重要である国際的なパートナーシップが弱体化しています。欧州連合は分裂し、安保理は行き詰まっています。これらは、まだ一発の銃声も発せられていない戦争における、深刻な犠牲者です。」そしてクックは、「戦争への敷居はいつでも高くすべき」だという。今回のイラクへの軍事攻撃が、十分な熟慮、十分な外交交渉、十分な計画を経ずして行われようとしている状況を、クックは厳しく批判したのである。

続けて、ブッシュ政権に対する不満を、次のようなかたちでぶちまけた。「過去数週間にわたって私が最も困惑したのは、もしもフロリダでのパンチカードの結果が異なるものであり、アル・ゴアが選ばれていたとしたら、われわれはイギリスの兵力を現在のようなかたちで派兵していなかったであろうということです。」ブッシュ大統領がブレア首相の要望に応ぜず、第二決議案採択のための最善の協力をしなかったこと、チェイニー副大統領が十分な根拠もなくアル・カーイダとサダム・フセインを安直に結びつけていること、ラムズフェルド国防長官が最後の段階でイギリス軍の協力に対する侮辱的発言を行ったことなどを、クックはこれまで閣僚として眺めてきた。政権から離れる立場にある者として、そのような不満を直接的な言葉で語ったのであろう。そして次のような簡潔な言葉で、閣僚を辞する理由を語った。「私は明日の夜に、現段階での軍事的行動に反対する立場に列するつもりです。その理由のみのために、そして重く苦しい心境で、私は政権から退きます。」

クックの格調高い、そして深慮に富んだ演説は、スタンディング・オベーションを伴う溢れる拍手によって迎えられた。[136] それは議員としてのクックに対する敬意の表れでもあった。そしてあたたかいまなざしで議員に抱えられて座席に戻るクックの目には、涙が浮かんでいた。同じく閣僚辞任が噂されていた国際開発相のクレア・ショートの場合は、何カ月も前から激しく強い言葉で、ブレア首相の進めるイラクへの軍事攻撃を批判してきた。開戦にあたってショートが閣僚を辞任するであろうことは、織り込み済みであった。クックもまた少なくとも年が明けたあたりから、閣僚辞任が噂されてきた。しかし前外相としてそれまでイラク政策を担当してきて、インテリジェンスからの十分な情報も入手していたクックの辞任は、ブレアの開戦の論理を大きく損ねることになった。

「衝撃と畏怖」

三月一九日、米国東部標準時で午後七時一二分。ブッシュ大統領はイラクへの攻撃開始を命令した。それを受けて翌二〇日未明、「衝撃と畏怖（Shock and Awe）」と称する心理作戦に基づき、イラクに対する大規模な空爆が始まった。

一九日午後、CIA長官ジョージ・テネットは急遽、ラムズフェルド国防長官とマイヤーズ統合参謀会議議長を呼び出し、極秘の会合を開いた。当初アメリカ政府がイギリス政府に伝えたところでは、攻撃開始は二四時間後のはずであった。ところがテネット長官は、バグダッド南東のドーラ農場にてサダム・フセインとその家族が夜を過ごしているというインテリジェンスの情報を摑んだのである。ラムズフェルドはこれが重要な情報と認識し、国家安全保障会議を開催する必要を論じた。その後の国家安全保障会議で、テネットはこの情報をブッシュ大統領に伝え、急遽その拠点を先制攻撃することにした。こうして攻撃計画の予定を変更することになったのである[137]。

予定の変更を同盟国のイギリス政府と協議することはなく、攻撃開始直前に一方的に宣告するのみであった。デイヴィッド・マニング補佐官はライスからの電話によってそのことを知らされた。テレビをつけてスカイ・テレビのチャンネルにすると、攻撃の様子が映っていた。マニングは深夜一二時半頃に、眠りについたブレアに急遽そのことを伝えることになった。ブレアは、それまで何カ月もかけて準備してきた戦争計画が、直前にアメリカの一方的な通告により変更されることへの違和感を抱いた。戦争開始の直前の段階まで、英米間でのそのような軋みと不信感が渦巻いていたのである。ブッシュ大統領はその後ブレア首相に電話をして、「計画の変更を理解していただき、感謝しています」と告げた[138]。戦争の実行に関して、アメリカが一方的にそれを指導し、イギリスがそれに伴走するという構図はよりいっそう鮮明となっていた。コアリションとして戦争を開始するのではなく、独自の判断でアメリカ軍が単独で軍事攻撃を開始したことは、それまでのアメリカの単独行動主義的な対外政策を象徴するかのようであった。

ちなみに、アメリカのステルス爆撃機から発射された三六発の巡航ミサイルによって隠密にサダムを殺害するというシナリオは、成功を収めることはなかった。戦争が始まる前に戦争を終わらせるというホワイトハウスの思惑は、実現しなかったのだ。結局、戦争開始初日には、五五発のトマホーク巡航ミサイルを発射し、一、二〇〇回もコアリションの爆撃機が離陸して激しい攻撃を行った。これは「衝撃と畏怖」という名の通り、イラク軍に心理的な衝撃を与え、戦闘意志を挫くことで早期に戦争を終結させる心理作戦であった。

同時にここでは、「機動作戦主義（manoeuvrism）」と称する作戦戦略が新たに導入されていた[139]。それはラムズフェルドの軍事理論が反映されたものでもあり、かつて一九九一年の湾岸戦争で用いられたような、大量の通常兵力を展開して敵対勢力を正面から打倒する「パウエル・ドクトリン」の大幅な修正を意味していた。しかしながらそのような巨大な爆撃をもってしても、戦争初期段階でイラク軍の戦闘意志を崩すことはできず、またイラク軍は降伏することもなかったために、その後地上兵力を展開せねばならなかった。「衝撃と畏怖」作戦の挫折であった。そのことを、イギリス空軍出身の高名な戦略家のティム・ガーデンは、コソボ戦争以後にエア・パワーをあまりに強調しすぎた結果の戦略の失敗だったと総括している。[140] エア・パワーは現代の戦争で強大な破壊力を発揮するが、それのみで戦争目的を達成するには限界があったのだ。

当初の戦争開始の論理として用いられたのは、それまでの国連安保理決議に基づいた大量破壊兵器の武装解除という論理であり、またその大量破壊兵器がテロリストと結びつくことを防ぐという自衛権の論理であった。実際にイギリスのジェフリー・フーン国防相は、三月二〇日に議会で公表した報告書で、軍事作戦の目的がイラクの大量破壊兵器の武装解除になると明示していた。[141] ところが先制攻撃で「衝撃と畏怖」作戦を展開し、大量の空爆をバグダッドに行ったことでは、そのような目的との整合性に疑問が生じた。政治的および外交的な目的を実現するために軍事力行使を行うのではなく、戦争それ自体の実行とサダム・フセイン体制のレジーム・チェンジそれ自体が目的であることが、この作戦の経過からも明らかとなっていた。またコソボ戦争時のような精密誘導ミサイルによるピンポイント爆撃ではなく、「衝撃と畏怖」作戦に基づく大規模な空爆によって一般市民に多くの死者が出てしまうことは、「正しい戦争」を正当化する上での大きな傷となってしまった。毎日一、〇〇〇発もの爆弾が投下されたことになり、「交戦法規（*jus in bello*）」の観点からも疑問が生じざるを得なかった。戦争開始から半月ほどが経過した四月九日、アメリカ中央軍司令官のトミー・フランクスは、国家安全保障会議の席で「イラク人の死者数は推定三万人です」と語ることになる。[142] その数字を信じるにしても、人道的介入として戦争を正当化するには、あまりに巨大な死者数となっていた。

ブレアの開戦演説

三月二〇日。ブレア首相は、激しい爆撃とともに始まった戦争の必要性を国民に伝えるために、テレビ演説を用いて直接語りかけることにした。ブレア首相は沈痛な面持ちで、テレビカメラの前に現れた。自らの言葉で、次のように開戦の理由を語ることになった。

「今夜、イギリスの兵士は空から、陸から、そして海から戦闘を開始しました。彼らの任務は、サダム・フセインを権力の座から排除することであり、イラクの大量破壊兵器を武装解除することです。この行動の方針が、わが国の見解に深い亀裂をもたらしたことを私は知っています。だが、私はまた、イギリス国民は今、兵士たちに想いや祈りを贈る上で結束するであろうことをも知っています。彼らは世界でも最も素晴らしく、彼らの家族やイギリス国民全員が、彼らに偉大な誇りを感じているのです(143)。」

そして、この決断が必要であったこと、フセインが深刻な脅威であることを、次のように述べた。「首相としての私の判断では、この脅威が現実であり、さらに大きくなり、これまでイギリスが直面してきた安全保障上のいかなる通常の脅威とも全く異なった性質のものであるということです。」そして続いて、イラク国民に向けて次のように語った。「私は、イラクの国民がこのメッセージを聞いてくれることを願っています。われわれは、あなた方とともにあります。われわれの敵はあなた方ではなく、あなた方の野蛮な支配者なのです。」ブレアは、戦争後に国際社会が全力でイラクの復興に力を注ぐことを約束した。またブッシュ大統領が語ったように、パレスチナ問題を解決するために中東和平への努力を併行して行う意向を示した。それこそがブレアにとっての正義であった。

ブレアにとってこの戦争は、苦痛に満ちた戦争であったであろう。大きな規模の反戦デモや議会での造反、国際世論からの囂々たる批判、閣僚の辞任、同盟国との不和と、それまでブレアが経験したことのない深刻な苦悩に溢れていた。しかしながら、すでに時計の針は動き始めた。あとは早期に戦争を勝利に導き、戦後のイラクに平和と安定をもたらし、中東和平を合意に導くことによって、自らの決断を正当化することが不可欠であった。しかしながらそれは決して容易なことではないということが、次第に明らかになっていく。

(1) National Security Agency, *The National Security Strategy of the United States of America*, the White House, September 20, 2002 <http://www.whitehouse.gov/nsc/nss/2002/index.html> retrieved in December 2008. 邦訳は、駐日アメリカ大使館仮訳「米国の国家安全保障戦略」(二〇〇二年九月) <http://japan.usembassy.gov/j/p/tpj-j20030515 d 1.html> retrieved in December 2008.

(2) 「封じ込め戦略」の歴史についての最も権威のある通史として、John Lewis Gaddis, *Strategies of Containment: A Critical Appraisal of American National Security Policy during the Cold War*, revised and expanded edition (Oxford: Oxford University Press, 2005) を参照。またこの改訂増補版においては、「エピローグ」の中で冷戦後の「封じ込め戦略」の変容について簡単に触れている。後に触れるように、ギャディス教授はこのような戦略の変容を擁護することになる。

(3) 「米国の国家安全保障戦略」参照。

(4) Ivo H. Daalder and James M. Lindsay, *America Unbound: the Bush Revolution in Foreign Policy* (Washington, D.C.: The Brookings Institution Press, 2003) pp.13-15; John Lewis Gaddis, "A Grand Strategy of Transformation", *Foreign Policy*, November/December 2002, pp.50-57.

(5) Gaddis, "A Grand Strategy of Transformation", p.56.

(6) "Professor, alumni receive National Humanities Medals", *Yale Bulletin & Calendar*, volume 34, Number 12, November 18, 2005.

(7) Elizabeth Pond, *Friendly Fire: the Near-Death of the Transatlantic Alliance* (Washington, D.C.: The Brookings Institution Press, 2004) p.47.

(8) A/57/PV.2, United Nations General Assembly, Offi-

cial Record of the Fifty-seventh session, 2nd plenary meeting, 12 September 2002, "Report of the Secretary General on the work of the Organization", <http://www.un.org/ga/search/view_doc.asp?symbol=A%2 F 57%2 FPV.2&Lang=E> retrieved in January 2009. ハンス・ブリクス『イラク大量破壊兵器査察の真実』伊藤真訳（ＤＨＣ、二〇〇四年）一一六-八頁および、川端清隆『イラク危機はなぜ防げなかったのか—国連外交の六百日』（岩波書店、二〇〇七年）も参照。川端清隆氏は、二〇〇二年から〇四年まで国連事務局政治局政務官イラク問題担当官を務めていた。

（9） A/57/PV.2, United Nations General Assembly, Official Record of the Fifty-seventh session, 2nd plenary meeting, 12 September 2002, "Address by Mr. George W. Bush, President of the United States of America", <http://www.un.org/ga/search/view_doc.asp?symbol=A%2 F 57%2 FPV.2&Lang=E> retrieved in January 2009.

（10） ブリクス『イラク大量破壊兵器査察の真実』一一七頁。

（11） 同右、一一三-四頁。

（12） ボブ・ウッドワード『攻撃計画』伏見威蕃訳（日本経済新聞社、二〇〇四年）二八九-二九〇頁。

（13） ブリクス『イラク大量破壊兵器査察の真実』一二六-一三八頁。

（14） ウッドワード『攻撃計画』三〇九-三一〇頁。

（15） Prime Minister Tony Blair's Speech to TUC conference in Blackpool, 10 September 2002.

（16） Prime Minister Tony Blair's Statement on Iraq following UN Security Council Resolution, 8 November 2002.

（17） Peter Riddell, *Hug Them Close: Blair, Clinton, Bush and the 'Special Relationship'*（London: Politico's, 2003）, p.223.

（18） Michael Clarke, "The Diplomacy that Led to War in Iraq", in Paul Cornish（ed.）, *The Conflict in Iraq*, 2003（Basingstoke: Palgrave, 2004）pp.42-3.

（19） Alastair Campbell's Diary, October 23, 2002, in Alastair Campbell, *The Blair Years: The Alastair Campbell Diaries*（New York: Alfred Knopf, 2007）p.647.

（20） *The Guardian*, 14 November 2002, "50% see Blair as Bush's lapdog", and "1 in 3 say Bush is biggest threat".

（21） "Declaration by the Heads of State and Government", NATO Summit, Prague 21-22 November 2002, in Jean-Yves Haine（ed.）, *From Laeken to Copenhagen: European defence: core documents, Chaillot Papers 57*（Paris: Institute for Security Studies, European Union, February 2003）pp.156-163. イラク戦争に向かう時期における米欧

関係を考える上で、このプラハNATOサミットの重要性については、Lawrence S. Kaplan, *NATO Divided, NATO United: the Evolution of an Alliance* (Westport: Praeger, 2004) pp.145–9; Pond, *Friendly Fire*, pp.65–6; idem, "The dynamics of the feud over Iraq", in David M. Andrews (ed.), *The Atlantic Alliance Under Stress: US–European Relations after Iraq* (Cambridge: Cambridge University Press, 2005) p.41; および渡邊啓貴『米欧同盟の協調と対立—二一世紀国際社会の構造』(有斐閣、二〇〇八年) 一〇二–三頁を参照。

(22) "Statement on Iraq by the Heads of State and Government", in Haine (ed.), *From Laeken to Copenhagen*, p.164; and also see Simon Jeffery, "Nato to 'stand united' on disarming Iraq", *The Guardian*, 21 November 2002.

(23) Jonathan Steel and Ian Black, "Nato backs UN on Iraq but avoids troops controversy", *The Guardian*, 22 November 2002. この『ガーディアン』紙の記事によれば、国連安保理決議一四四一の場合と同様に、NATOの共同声明でもフランスは自動的にイラクへの軍事攻撃が可能となるような文言を挿入することに抵抗した結果、軍事攻撃の可能性については言及されていないという。イラク戦争へ至る過程でNATOの枠組みが用いられなかったのは、アメリカ政府がそれを軽視したことと同様に、フランス政府がNATOをそのために用いることに抵抗したこともあったのであろう。

(24) Clarke, "The Diplomacy that Led to War in Iraq", p.52.

(25) Prime Minister Tony Blair's Statement on NATO Summit, 25 November 2002.

(26) Jonathan Steel and Ian Black, "Nato backs UN on Iraq but avoids troops controversy", *The Guardian*, 22 November 2002.

(27) Pond, *Friendly Fire*, p.61.

(28) Stephen F. Szabo, *Parting Ways: the Crisis in German–American Relations* (Washington, D.C.: The Brookings Institution Press, 2004) pp.19–20. また Pond, *Friendly Fire*, p.57; および岩間陽子「第二期シュレーダー政権の外交と米欧関係」『9・11以降の欧米関係』(日本国際問題研究所、二〇〇三年) 二六–九頁参照。

(29) Szabo, *Parting Ways*, pp.21–2; Pond, *Friendly Fire*, p.57.

(30) Stephen F. Szabo's interview with Steven Erlanger, cited in his *Parting Ways*, p.22.

(31) Ibid., pp.22–3.

(32) Ibid., p.29; and also Pond, *Friendly Fire*, pp.59–60.

(33) Szabo, *Parting Ways*, p.30.

(34) John Kampfner, *Blair's Wars* (London: Free Press, 2003) p.242.

(35) Ibid.

(36) Ibid., p.243

(37) Ibid., p.228.

(38) Ibid., p.229.

(39) Clarke, "The Diplomacy that Led to War in Iraq", p.43.

(40) Kampfner, *Blair's Wars*, p.230.

(41) ウッドワード『攻撃計画』三〇三–四頁。

(42) Kampfner, *Blair's Wars*, p.231.

(43) ブリクス『イラク大量破壊兵器査察の真実』一五一–三頁。

(44) Richard Norton-Taylor and Suzanne Goldenberg, "Blair: get ready for war on Iraq", *The Guardian*, 21 December 2002.

(45) *The Guardian*, 20 December 2002, "Blair prepares troops for Iraq action".

(46) ウッドワード『攻撃計画』三一九–三二四頁。

(47) Kampfner, *Blair's Wars*, pp.235–6.

(48) Prime Minister Tony Blair's speech at the Foreign Office conference, 7 January 2003.

(49) Szabo, *Parting Ways*, pp.38–91; and also see Pond, "The dynamics of the feud over Iraq", p.42.

(50) Kampfner, *Blair's Wars*, p.249.

(51) "Entretin du Président de la République, M. Jacques Chirac, et du Chancelier de la République Fédéral d'Allemagne, M. Gerhard Schröder, Paris, 22 January 2003", in Haine (ed.), *From Laeken to Copenhagen*, pp.340–1.

(52) Pond, *Friendly Fire*, p.66.

(53) Pond, "The dynamics of the feud over Iraq", p.41; 渡邊『米欧同盟の協調と対立』一〇四–五頁。

(54) Szabo, *Parting Ways*, p.38; Pond, "The dynamics of the feud over Iraq", p.42.

(55) 邦訳は「ラムズフェルド国防長官『旧いヨーロッパ』発言」（鈴木一人訳）遠藤乾編『原典ヨーロッパ統合史―資料と解説』（名古屋大学出版会、二〇〇八年）六六五–六頁。その背景については、Riddell, *Hug Them Close*, pp.236–7; Kampfner, *Blair's Wars*, pp.249–250; Pond, *Friendly Fire*, pp.68–9; 渡邊『米欧同盟の協調と対立』一三〇–三頁も参照。

(56) そのコンテクストについては、細谷雄一「米欧関係とイラク戦争―冷戦後の大西洋同盟の変容」『国際問題』二〇〇三年九月号を参照。

(57) Kampfner, *Blair's Wars*, pp.250–2; Riddell, *Hug Them Close*, p.243; 渡邊『米欧同盟の協調と対立』一三二頁。

(58) "Joint Letter by the Leaders of Eight European Countries: 'European Leaders Call for Europe and United States to Stand United', 30 January 2003", in Haine (ed.), *From Laeken to Copenhagen*, p.343.

(59) "Statement of the Vilnius Group Countries in Response to the Presentation by the United States Secretary of State to the United Nations Security Council Concerning Iraq: Statement by the Foreign Ministers of Albania, Bulgaria, Croatia, Estonia, Latvia, Lithuania, Macedonia, Romania, Slovakia and Slovenia, 5 February 2003", in Haine (ed.), *From Laeken to Copenhagen*, p.345.

(60) Pond, "The dynamics of the feud over Iraq", p.43.

(61) Ibid., pp.42-3; Riddell, *Hug Them Close*, p.245; ウッドワード『攻撃計画』三六九–三七〇頁。

(62) Riddell, *Hug Them Close*, p.245.

(63) Pond, *Friendly Fire*, p.68; Riddell, *Hug Them Close*, p.245.

(64) Riddell, *Hug Them Close*, pp.233-4; およびその経緯は渡邊『米欧同盟の協調と対立』において詳述されている。

(65) Dominique de Villepin, *Toward a New Peace: Speeches, Essays, and interviews on the War in Iraq, the UN and the Changing Face of Europe* (Hoboken: Melville House, 2004) pp.30-1.

(66) ウッドワード『攻撃計画』三七〇頁。

(67) 同右、三六九–三七〇頁。

(68) Riddell, *Hug Them Close*, p.235.

(69) ブリクス『イラク大量破壊兵器査察の真実』二〇四頁。

(70) Kampfner, *Blair's Wars*, p.256.

(71) Antony Seldon, *Blair* (London: Simon & Schuster, 2004) p.589.

(72) ウッドワード『攻撃計画』三八〇–一頁、ブリクス『イラク大量破壊兵器査察の真実』二〇四–五頁。

(73) ブリクス『イラク大量破壊兵器査察の真実』二〇六頁。

(74) Alastair Campbell's Diary, January 31, 2003, pp.660-1; Kampfner, *Blair's Wars*, pp.262-3; Riddell, *Hug Them Close*, pp.238-9; ウッドワード『攻撃計画』三八四–六頁。

(75) ウッドワード『攻撃計画』三八六頁。

(76) S/PV.4701, United Nations Security Council, Fifty-eight year, 4701st meeting, "The Situation between Iraq and Kuwait", 5 February 2003, New York. <http://www.un.org/Depts/dhl/resguide/scact 2003.htm> retrieved on 25 February 2009.

(77) ウッドワード『攻撃計画』三八六頁; Kampfner, *Blair's*

Wars, p.269.

(78) Robin Cook, *The Point of Departure* (London: Simon & Schuster, 2003) p.286.

(79) Kampfner, *Blair's Wars*, p.269.

(80) S/PV.4707, United Nations Security Council, Fifty-eight year, 4707th meeting, "The Situation between Iraq and Kuwait", 14 February 2003, New York. <http://www.un.org/Depts/dhl/resguide/scact 2003.htm> retrieved on 25 February 2009; ブリクス『イラク大量破壊兵器査察の真実』二五五–二六〇頁、およびウッドワード『攻撃計画』四一〇–四一二ページ。

(81) Cook, *The Point of Departure*, p.293.

(82) S/PV.4701, United Nations Security Council, Fifty-eight year, 4701st meeting, 5 February 2003, New York; Dominique de Villepin, *Toward A New World*, pp.49–55; 渡邊『米欧同盟の協調と対立』一三八頁、川端『イラク危機はなぜ防げなかったのか』三六頁。

(83) S/PV.4701, United Nations Security Council, Fifty-eight year, 4701st meeting, 5 February 2003, New York.

(84) Ibid. ブリクス『イラク大量破壊兵器査察の真実』二六〇–四頁。

(85) この点については、Kampfner, *Blair's Wars*, p.303 を参照。

(86) Cook, *The Point of Departure*, p.294.

(87) Alastair Campbell's Diary, February 14, 2003, pp.666–7.

(88) Alastair Campbell's Diary, February 15, 2003, p.667.

(89) Alastair Campbell's Diary, January 31, 2003, p.660.

(90) Cherie Blair, *Speaking for Myself: My Life from Liverpool to Downing Street* (London: Little, Brown, 2008) p.295.

(91) Prime Minister Tony Blair's Press Conference, 18 February 2003.

(92) ウッドワード『攻撃計画』四一四–五頁。

(93) Cook, *The Point of Departure*, p.295.

(94) Ibid.

(95) Dan Keohane, "The United Kingdom", in Alex Danchev and John Macmillan (eds.), *The Iraq War and Democratic Politics* (London: Routledge, 2005) p. 70.

(96) Christopher Greenwood, "Legal Justification for the Resort to Force", in Patrick Mileham (ed.), *War and Morality, Whitehall Paper 61* (London: The Royal United Services Institute, 2004) pp.43–45; Memorandum by Professor Christopher Greenwood, "The Legality of Using Force against Iraq", 24 October 2002, House of Commons, Foreign Affairs Committee, Minute of Evidence; William

H. Taft IV and Todd F. Buchwald, “Preemption, Iraq and International Law”, *The American Journal of International Law*, Vol.97, pp.557–563.

(97) Guglielmo Verdirame, “International Law and the Use of Force against Iraq”, in Cornish (ed.), *The Conflict in Iraq*, 2003, p.101.

(98) Richard A. Falk, “What Future for the UN Charter System of War Prevention?”, *The American Journal of International Law*, Vo.97, pp.590–598.

(99) Alex J. Bellamy, *Just Wars: From Cicero to Iraq* (Cambridge: Polity, 2006) pp.219–221.

(100) Richard B. Miller, “Justification of the Iraq War Examined”, *Ethics & International Affairs*, vol. 22, p.65.

(101) 渡邊『米欧同盟の対立と協調』一三九–一四二頁。

(102) Seldon, *Blair*, pp.561–2.

(103) 渡邊『米欧同盟の対立と協調』一四三頁; Kampfner, *Blair's Wars*, p.287; Seldon, *Blair*, p.592.

(104) Peter Stothard, *30 Days: A Month at the Heart of Blair's War* (London: HarperCollins, 2003) p.14.

(105) Seldon, *Blair*, p.593.

(106) Ibid.; Kampfner, *Blair's Wars*, p.296.

(107) Cited in Seldon, *Blair*, p.593.

(108) Ibid., p.594.

(109) Kampfner, *Blair's Wars*, p.289.

(110) ウッドワード『攻撃計画』四三七–八頁。

(111) 同上、四四八頁。

(112) Kampfner, *Blair's Wars*, p.289.

(113) Alastair Campbell's Diary, March 11, 2003, p.676.

(114) Kampfner, *Blair's Wars*, p.295.

(115) Ibid., p.296; Seldon, *Blair*, p.594.

(116) Kampfner, *Blair's Wars*, p.302.

(117) Ibid., pp.302–4.

(118) Alastair Campbell's Diary, March 15, p.678; Clare Short, *An Honourable Deception? New Labour, Iraq, and the Misuse of Power* (London: Free Press, 2004) pp.186–7; Seldon, *Blair*, p.596; Kampfner, *Blair's Wars*, p.304; Stothard, *30 Days*, pp.54–5; Conor Foley, *The Thin Blue Line: How Humanitarianism Went to War* (London: Verso, 2008) p.145. このような解釈は、一部の限られた国際法学者によって支持されている。Memorandum by Professor Christopher Greenwood, “The Legality of Using Force against Iraq”, House of Commons, Foreign Affairs Committee, Minutes of Evidence, 24 October 2002; Christopher Greenwood, “Legal Justification for the Resort to Force”, in Patrick Mileham (ed.), *War and Morality, Whitehall Papers 61* (London: The Royal United Serv-

ices Institute, 2004) pp.43–45. しかしながらこのような国際法解釈に対しては、幅広い批判も見られる。
(119) Conor, *The Thin Blue Line*, p.147.
(120) Ibid., p.146.
(121) Kampfner, *Blair's Wars*, pp.304–6.
(122) ウッドワード『攻撃計画』四六一頁。
(123) 同右、四六六頁。
(124) 同右、四七二頁。
(125) House of Commons Hansard Debates, 18 March 2003, Columns 760–4.
(126) Keohane, "The United Kingdom", p.71.
(127) Seldon, *Blair*, pp.594–5.
(128) Stothard, *30 Days*, p.87.
(129) Alastair Campbell's Diary, March 18, 2003, p.681.
(130) 富崎隆「国民世論の分裂—ブレア支持か不支持か」梅川正美・阪野智一編『ブレアのイラク戦争—イギリスの世界戦略』(朝日新聞社、二〇〇四年)一九二頁; Alastair Campbell's Diary, March 18, 2003, p.681; Kampfner, *Blair's Wars*, p.309.
(131) Stothard, *30 Days*, p.96.
(132) Cook, *The Point of Departure*, p.324.
(133) Alastair Campbell's Diary, March 17, 2003, pp.679–680.
(134) Alastair Campbell's Diary, March 14, 2003, p.678.
(135) House of Commons Hansard Debates, 17 March 2003, Columns 726–728; Cook, *The Point of Departure*, pp.361–5.
(136) Alastair Campbell's Diary, March 18, 2003, pp.680–1.
(137) Richard B. Myers with Mallow McConnell, *Eyes on the Horizon: Serving on the Front Lines of National Security* (New York: Threshold Editions, 2009), p.235; Andrew Dorman, "The Iraq War", in Andrew Dorman and Greg Kennedy (eds.), *War & Diplomacy: From World War I to the War on Terrorism* (Washington, D.C.: Potomac Books, 2008) p.176; Anthony Seldon, *Blair Unbound* (London: Simon & Schuster, 2007) pp.172–3; Kampfner, *Blair's Wars*, pp.310–1. ホワイトハウスで、このフセイン爆撃計画をめぐる直前の戦争計画変更にブッシュ大統領が奔走する様子は、ウッドワード『攻撃計画』四九五–五〇二頁を参照。
(138) Seldon, *Blair Unbound*, p.173.
(139) Paul Wilkinson and Tim Garden, "Military Concepts and Planning", in Cornish (ed.), *The War in Iraq*, 2003, pp.111–2.
(140) Paul Wilkinson and Tim Garden, "Campaign Analysis: Ground and Air Forces", Cornish (ed.), *The War in*

Iraq, 2003, p.128.

(141) Ministry of Defence, *Operations in Iraq: First Reflections* (London: Ministry of Defence, July 2003) "Annex A, Iraq: Military Campaign Objectives".

(142) ウッドワード『攻撃計画』五二七頁。

(143) Prime Minister Tony Blair's address to the Nation, 20 March, 2003.

第八章　ブレアの凋落

一　偽りの勝利

「任務完遂」

二〇〇三年三月二〇日に戦争が始まり、その後アメリカとイギリスの軍隊は圧倒的な軍事的優勢の下で、劣った装備と異なる戦略を用いるイラク軍との非対称的な戦闘を続けた。その結果、四月九日までにバグダッドなどの主要拠点が米英連合軍により制圧されていった(1)。イラク軍の抵抗は想定されていたよりも限定的なものであり、恐れていた化学兵器の使用も実際には見られなかった。それはまた皮肉にも、イラクにおいて大量破壊兵器が存在せず、その廃棄が大幅に進展していたことを示すものであった。

アメリカがバグダッド侵攻作戦を準備していた四月六日に、イギリス軍はイラク南部の主要都市バスラへ侵攻する決定を行っていた。バース党の拠点のあるこの都市に三方面から侵攻したイギリス軍は、散発的な抵抗を見るのみでバスラ占拠に成功した。イギリス国防省の報告書では、「イギリス軍は現地の人々に歓迎され」、さらにはまた「バース党支配体制への憎悪が示される機会となった」と記されている。[2]それはおそらく事実であったのだろう。後に明らかになるが、フセイン体制下のイラクの支配は残虐であり、恐怖によって人々がその支配に従っていた。解放直後のこの時点では、多くのイラク国民はフセイン大統領の恐怖政治からの解放を率直に喜んでおり、明るい将来を期待していたのであろう。

四月九日にはアメリカの海兵隊が、バグダッド中心部に侵攻した。バグダッドでフセイン支配が崩壊した後に、その支配の象徴ともいえるファルガス広場の巨大なフセインの銅像が押し倒される映像が、テレビを通じて世界中に流れていった。その映像をテレビ画面を通じて眺めていたブレア首相は、実に冷静に次のように言い放った。「それはただの一つの銅像だ。いったいこの空騒ぎが何なのか、私にはわからない。[3]」この戦争の中核で戦争指導に携わる当事者として、ブレア首相はそのようなアメリカ政府による一般視聴者向けの過剰な演出に対しては冷静だった。

五月一日に、ブッシュ大統領は飛行服を身につけて、サンディエゴ沖の空母エイブラハム・リンカーンに降り立った。そこでテレビカメラおよび五、〇〇〇人の乗組員を前にして、「イラクにおける大規模な戦闘作戦は終結した」と宣言した。演説するブッシュの後方には、「任務完遂（Mission Accomplished）」と書かれた大きな垂れ幕が見られた。[4]イラク戦争の勝利を宣言する、壮大な演出であった。ブッシュ大統領にとって、幸福感に満ちあふれた一瞬であった。

しかしそれは同時に、ブッシュ大統領を長く苦しめる戦後秩序回復の困難と、自爆テロに見られるような激しい戦闘の幕開けをも意味していた。ブッシュ大統領は空母の上で、次のように述べた。「われわれはアル・カーイダの同盟者を排除した。そのレジームはもはや存在しなくなった。諸君は帰国することができる。」しかしサダム・フセインはアル・カーイダの同盟者ではなかったし、またイラクに侵攻した米兵の多くはすぐに帰国することができなかった。アメリカ政府内に広く行き渡っていた幸福感は、イラク国内の治安が悪化していくとともに、次第に焦燥感と苛立ちに変わっていく。

中東和平の行方

ブッシュ大統領が「任務完遂」宣言を高らかに誇りながらも、イギリス政府にとってはイラク戦争をただ単に戦闘の勝利のみによって正当化することは困難であった。それにはいくつかの理由がある。第一に、イギリス政府の場合にはすでに見てきたように、国連安保理決議の集積に基づいたイラクの大量破壊兵器の武装解除を、あくまでも開戦の根拠として論じてきた。ブレア首相自ら、三月一八日の下院議会の演説の中で、「私はこれまで、レジーム・チェンジを、行動を正当化するために位置づけたことはない」と明言していた(5)。したがってイギリスの場合は、フセイン体制の打倒とバグダッドの占領はあくまでも大量破壊兵器の武装解除へ向けての一つの必要なプロセスと位置づけなければならなかった。

さらに、ブレア首相はイラク戦争を正当化する上で、それと併行して中東和平を進める意義を何度となく指摘してきた。それまで停滞していた中東和平プロセスを進展させ、この地域に平和と安定をもたらすことこそが、戦争を行う大義として語られてきたのだ。問題はアメリカ政府がそのようなイギリス政府の要望に従うかどうかであった。この中東和平プロセスの進展をめぐって、それまで英米間では深刻な摩擦が見られていた。ブレア首相は一貫して、その必要性を論じてきた(6)。というのもイラク戦争が「正しい戦争」であるためには、パレスチナの「不正」を放置していては、イスラーム諸国やアラブ諸国に十分な説得力を持つことはできないからだ。ところが、イスラエルの安全を守ることを最優先するチェイニーやウォルフォウィッツらはそのようなイギリスの意向に抵抗を示してきた。彼らにとって、あくまでもサダム・フセインという

「悪」を打倒することそれ自体が重要な目的であって、それをパレスチナ問題に結びつけることには抵抗があった。中東和平プロセスが進まないのは、あくまでもパレスチナ側の抵抗者の責任であるとみなしていた。問題は、ブッシュ大統領がこの二つの側のどちらにつくかである。

結局開戦直前の三月一四日に、ブレアの説得によって、ブッシュ大統領は中東和平プロセスの「ロードマップ」について語ることになった。そこではパレスチナ自治政府の新政権発足後に、パレスチナ独立国家樹立へ向けた具体的なロードマップを提示することを明らかにした。(7) これは二〇〇二年六月に、アメリカ、EU、ロシア、国連の四者(カルテット)で検討し年末には策定していたものであった。ところがチェイニー副大統領やラムズフェルド国防長官らの反対もあり、戦争準備を最優先し中東和平への取り組みについては棚上げにしてきた。アラステア・キャンベルはそのような和平交渉の行き詰まりに不満を募らせ、次のように日記に記している。「アメリカの歪んだ見方が、すべてを陰鬱にさせている。彼らの中東に関する取り組みにおける、溢れるほどの冷笑主義を見れば明らかだ。(8)」マニング補佐官やストロー外相は、ライス補佐官やパウエル国務長官に向けて、ロードマップに関する進展が見られないならば、ブレア首相は深刻な事態に陥るだろうと繰り返し告げていた。ブレア自身も、直接ブッシュ大統領に対して、「あなたはこれに取り組まなければなりません」と強くその必要性を説いた。(9) その重みをブッシュ大統領も十分に理解したのである。

イラク戦後復興と国連

さらにイギリスにとって重要なのは、イラクの戦後復興をあくまでも国連中心で行うことであった。すでに述べたように、イギリス政府の場合はイラクの大量破壊兵器の武装解除を目的に戦争を開始した。しかしながら戦後復興を行う上でイギリス軍が駐留するためには、新たな国連決議が不可欠であった。そうでなければ国際法上の合法性に関して問題が浮上する。というのも国連安保理決議六七八、六八七、そして一四四一がイギリス軍に対して、大量破壊兵器の武装解除を強制する権限を与えていたとしても、イギリス軍が戦後そこに駐留して戦後復興を実施する権限は与えていなかったのだ。

ゴールドスミス法務長官は、三月二六日午前の戦時内閣で、戦争終結後にイギリス軍が治安維持などの目的のためにイラク国内に駐留し行動することには違法性があると明言した。ブレア首相宛の機密のメモランダムの中で、ゴールドスミス卿は次のように指摘している。「イギリス軍がアメリカ軍とともに長期にわたってイラクを占領し、暫定統治の任務にあたることは、法律上正当化することは難しい。今回の戦争の目的は、イラクの大量破壊兵器を廃棄することにあるからだ。[10]」それゆえに、「端的に言うと、イラクの政体について改革と再編を行うためには、新たな国連決議が必要であるというのが、私の見解だ。」

イギリス政府としては、ゴールドスミス法務長官の判断に従い、可能な限り早期にそのための新たな国連安保理決議を採択する必要があったのだ。首相官邸のサリー・モーガン政治戦略担当補佐官はストレートに、「われわれには、もっとコフィが必要だ」と語っていた。コフィ・アナン国連事務総長がイラクの戦後復興に深く関与することで、国際コミュニティ全体としてイラク復興問題を支えていく構図をつくりたかった。そうでなければ、十分な国際的正当性を確保できなかったからだ。

しかしながらアメリカのペンタゴンは、戦場で激しい戦闘を行っている最中に国連のために時間を使うことを嫌っていた。アメリカ政府関係者の一人は次のように国連を侮蔑する。「そこでの議論はあまりにも腰抜けであり、もしも国連が関わればアメリカの行動を制約するだろうからである。[11]」実際にアメリカ政府は、戦後イラクの復興を、国防省復興人道支援室（ＯＲＨＡ）を通じて実施する見通しであり、退役陸軍中将のジェイ・ガーナーがその指揮にあたることになっていた。一月にラムズフェルド国防長官が、ガーナーに戦後復興の任務にあたるよう依頼した際に、ガーナーはそれについての自らの懸念を示した。ガーナーは、第二次世界大戦時にはドイツや日本の戦後復興のために何年も前から準備を進めていた事例を指摘して、五週間から一〇週間ほどでそれをイラクで行うのは困難だと述べた[12]。戦争計画に比して、戦後復興計画はあまりに杜撰であることは否めなかった。

アメリカ政府は、イラクの戦後復興についてあくまでもアメリカ主導で行う見込みであり、他国の注文を受けつける用意はなかった。国防省顧問で、それまでイラク戦争を賛美し擁護してきたケネス・エーデルマンによれば、「そいつらはこれまでわれわれと共にはいなかったのだから、なぜ彼らは今になって契約や栄光の一部を手にすべきなのか」と述べていた。「われわれは、フランス人のビジネスやドイツ人のビジネスを手助けするなどといった、ばかなことをするつもりはない。彼らをねじ伏せるだけだ[13]。」

エーデルマンはチェイニーの長年の盟友であり、四月一〇日の『ワシントン・ポスト』紙では戦争を賛美する過激な原稿を寄せていた[14]。またチェイニーやラムズフェルドが国連を侮蔑していることは、これまでの経緯からもあまりにも明白であった。しかし重要なのはブッシュ大統領であった。ブッシュ大統領自ら、三月一七日のアゾレス諸島の首脳会談時に「われわれはイラクの領土的保全を確保し、迅速な人道的支援を提供し、戦後のイラクにふさわしい政府を保証するためにも、新しい国連安保理決議を求めるであろう」と述べていた[15]。しかし実際に戦争が始まると、アメリカ政府は戦後復興の具体的な対策について十分な時間を割いて準備を進める様子はなく、また国連をその中心に位置づける様子もなかった。

ヒルズボロ英米首脳会談

四月七日に、北アイルランドのヒルズボロ城でブレアはブッシュと首脳会談を行うことになっていた。これはブッシュ大統領に国連の重要性を説得する重要な好機であった[16]。当初、大統領補佐官のライスは、国連に「重要な役割（important role）」を与えるという文言を使用することを求め、より強い「極めて重要な役割（vital role）」という言葉を避けようとしていた[17]。このときに重要であったことは、チェイニーもラムズフェルドも同行していなかったことである。ブレア首相は横から妨害されることなく、ブッシュに自説をゆっくりと説くことができた。そしてブッシュ大統領は、国連を重視して戦後復興を進めるというブレア首相の要望を受け入れることになったのだ。

首脳会談後の共同記者会見で、ブッシュ大統領はイラクでの復興にあたって国連が「極めて重要な役割」を果たすと述べた[18]。これはそれまでのホワイトハウスの消極的な姿勢を考えれば、大きな進歩であった。国務省のエリザベス・ジョーンズ次官補はそのようなブレアの役割を称賛し、「ブレアは、ブッシュが正しいことを行うよう説き伏せる上で要のような存在であった」という[19]。またそれまで、戦後復興を国連中心で行うよう繰り返し説いてきたクレア国際開発相は、この首脳会談の成果を知って、「これによって私は少しばかり、希望を感じた」と記している[20]。

さらには四月三〇日に、アメリカ政府は中東和平に関しても、二〇〇五年末までにパレスチナ国家を樹立してイスラエルと平和共存させることを約束する「ロードマップ」を正式に提示した。これは、それまでのチェイニーやラムズフェルドの激しい抵抗を考えれば、画期的な進展であった。ブレアが、イラク戦争に加わる上で重要なこととして考慮したことの一つが、戦後復興をアメリカ単独で行わせないようにすることであり、国際コミュニティとして中東和平の進展やイラクの戦後復興を行うようにすることであった。粘り強い外交交渉の中で、一定程度それへ向けた勝利を勝ち取ったかのように見えた。

ブレア首相同様に、イラクの戦後復興にあたって国連中心で行う必要を強く説いていた数少ない同盟国の首脳の一人が、小泉純一郎首相であった。それまで「外交三原則」の第一の柱に「国連中心主義」を掲げてきた日本にとって、国連を蔑ろにする戦争を支持することや、国連安保理の明示的な裏づけのない戦後復興を支援することは困難であった。四月二六日にロンドンの首相官邸でブレア首相と首脳会談を行った小泉首相は、イラクの戦後復興から中東和平のロードマップにわたるまで、大幅な領域でブレア首相と意見を一致させたのである。ブレア首相が「国連に権威があった方が他国は参加しやすい」と述べると、小泉首相も「イラク復興には国連の役割が必要だ」と述べ、「サミット前にブッシュ大統領に会うが、国連の役割、国際協調の必要性について話す予定だ」と語った[21]。さらに小泉首相は、「一日も早く、イラク人によるイラク人のための政府を作り、米国の影を薄くしなければならない」とまで論じている。そのような小泉首相の意図を耳にして、ブレア首相は「だれが、真の友人であるかわかった」と讃えた。それは単なる社交辞令だけではなかったのであろう。ブレアには誰が友人であり、誰がそうではないのか、正確に記憶する傾向が見られた[22]。アメリカとの緊密な同盟関係を強調した結果国際コミュニティで孤立してしまったブレア首相にとって、日本の小泉首相は自らと同様の主張を展開する数少ない盟友であったのだ。

二　戦後復興の挫折

治安悪化という暗雲

バグダッド陥落後、解放された首都を包み込んだのは略奪の噴出であった[23]。あらゆる店舗や事務所、さらには病院までもが略奪の対象となっていた。イギリスのグリーンストック国連大使は、「路上で法や秩序に服するよう、イラクの治安を第一に優先するよう指示が与えられている者などは、誰もいないように私には思えた」という。どのようにして戦後の無秩序や混乱を抑えるか、そのための十分な準備はなされていなかった。ラムズフェルド国防長官はそのような無秩序をむしろ放置し、それを「自由のまとまりのなさであり、自由な人々は過ちを犯すのも、犯罪を行うのも、悪いことをするのも自由なのだ」と開き直った。[24]

そこで明らかになったのは、アメリカ政府は占領下のイラクの治安や戦後復興を十分に戦争前に計画していなかったことであり、アメリカの国防省の一部局が一国家の戦後復興の責任を負うことは困難であるということであった。国際社会の幅広い支持がなければ戦後の占領暫定統治の正統性を認識させることは難しかったのだ。そのような混乱は、イギリス政府にとってはそれまでの懸念が現実となったものであり、悪夢のようであった。しかしながらストロー外相はそのような事態にも冷静に対応し、「全体主義体制が崩壊した後には、いつでも一定の無秩序な期間がある」と弁明した。他方でブレアは、彼の身近な者が述べるには、「ラムズフェルドの明らかにリラックスした様子に、心が穏やかでなかった。[25]」ペンタゴンがイラクの戦後復興について排他的な権限を独占する一方で、時間とともにイラクの治安が悪化していく様子を見て、イギリス政府内では無力感が広がっていた。キャンベルの日記によれば、マイケル・ボイス国防参謀長は、「われわれとアメリカとのほとんど哲学的ともいえる考えの違いが、われわれが経験している無秩序の問題に何らかの責任がある」と感じるようになっていた。「われわれは平和維持に確信を持っていた。彼らは戦争を戦うことに確信を持っていた。われわれはそのいずれにも長けている。彼らはただその片方のみに焦点を当てており、状況の変化に十分迅速に適応していないのだ。[26]」

戦後のイラクの治安が悪化の一途をたどったのには、いくつかの根本的な理由があった。第一に、最小規模の機動的な地上部隊を投入するのみで戦争を戦ったペンタゴンの戦略に大きな問題があった。[27]それはラムズフェルドの主張する新しい「機動作戦主義」の戦略の必然的帰結でもあり、米軍幹部や軍事専門家の多くからも批判がなされていた。他方で、コソボ戦争やアフガニスタン戦争の場合には、精密誘導ミサイルによる空爆はあくまでも米軍主体である一方、戦後の治安維持はむしろイギリスをはじめとするEU諸国からの兵力拠出が主体となっていた。イラク戦争では、フランスやドイツ、カナダなどの諸国を排除してペンタゴン主導で戦争を闘いながらも、明らかに戦後の治安維持に対する兵力拠出の準備が不十分であった。

そもそもブッシュ政権はそれまでのクリントン政権を批判して、アメリカが今後、国家建設（ネーション・ビルディング）を行わないことを大統領選挙の最中に繰り返し叫んでいた。たとえばコンドリーザ・ライスも、『フォーリン・アフェアーズ』誌に掲載した前出の論文の中で、次のように記していた。「大統領は、軍事力が特別な手段であることを想起せねばならない。（中略）それはシビリアンの政治的強制力ではない。それは政治的調停者でもない。ましてや何より、それはシヴィル・ソサイエティを構築するためのものではないのだ。」[28]そのように考えれば、ブッシュ政権がイラクの国家建設へ向けて十分な準備をしていなかったことは、当然の帰結でもあった。さらに、紛争後の平和維持活動に豊富な経験や準備が備わっているEU諸国の多くやカナダを排除して、それを米軍主導で実践しようとすることは賢明なことではなかった。アメリカは、NATOを中核として欧州諸国との関係をもっと大切にすべきであったのだ。

第二には、徹底した脱バース化、旧フセイン体制の解体を進めたことが、治安悪化の大きな原因として指摘されている。五月初頭にイラク復興支援に関する責任者が、退役軍人のジェイ・ガーナーからベテラン外交官のポール・ブレマーに交代した。野心的なブレマーは、五月一六日に大規模な脱バース党化の実施を命じた。[29]ブレマーは一九四五年のドイツにおける「脱ナチ化」をモデルとして、統治体制全体の解体と刷新をめざしていた。中級官僚も含めて統治システムの根本まで入れ替えることで、イラクに権力の空白が生じ、実効的な治安維持をイラク人が担うことが困難となった。そのような方針に、連合国暫定当局（CPA）のイギリス政府代表であったジョン・ソアーズは強い違和感を抱いていた[30]。具体的には、ブレマーがバース党全体の上位四ランクの幹部の公職からの排除を要求したのに対して、ソアーズはそれを上位三ランク内にとどめるよう進言した。ソアーズはかつて、マニングの前任者として首相官邸でブレア首相の外交担当補佐官を務めており、ブレアの強い信頼の下でバグダッドに送られていた。ソアーズは何度となくブレマーに対して、脱バース党化をあまりに広範に行う危険性を指摘していたが、方針が大きく変更されることはなかった。

ブレマーとソアーズの摩擦はそれだけではなかった。イラクの治安を確立する上で欠かすことのできない警察を育成する上で、ブレマーはその困難を十分に理解していなかった。ブレマーはソアーズに、「警察はどのような状態か」と訊いてきた。それに対してソアーズは、それを育成するのに一八カ月必要だと返答した。ブレマーはそれを「ばかげている」と述べ、「六週間以内でそれを育成するように」と指示を与えた。同時にブレマーは次第に、「進展の遅々とした速度に、明らかに動揺し不満を鬱積させていた」とソアーズは述べている[31]。

第三には、これはしばしば指摘されている点であるが、ペンタゴン、とりわけウォルフォウィッツ国防副長官が、イラク国民会議（ＩＮＣ）のアフマド・チャラビからの情報に過剰に依拠していたことは大きな問題であった。チャラビはアメリカの大学で学位を取り、長年イラクを離れて亡命していた。そのため、閉鎖的なイラク国内の事情については、必ずしも十分に精通していなかった。それにもかかわらず、大量破壊兵器の存在やイラク国民の政治意識などについて、チャラビから与えられた情報にアメリカ政府は踊らされてきた。とりわけチャラビはウォルフォウィッツらに対して、「脱バース化」と統治体制の刷新を強く要請した。「反フセイン勢力は十分な国民の支持を受けており、直ちに政権の受け皿となれるので、長期の占領は必要ない」というＩＮＣの言葉を信じて、ラムズフェルドは戦後の米軍駐留を小規模にとどめる決断を行った。[32]それは明らかに判断の誤謬であった。

他方、イギリス政府はINCを当初より信用しておらず、それゆえに戦後復興をめぐる英米間の軋轢は明らかであった。[33]アメリカ政府は、イギリスやフランス、ロシアなどが持つインテリジェンス情報も活用し、より複眼的にイラク国内の状況を認識すべきであった。自らが好む情報のみに依拠することは、危険なことであった。首相官邸のアラステア・キャンベルは、そのような不信感を次のように記していた。「ラムズフェルドとウォルフォウィッツの友であるチャラビは、自らがキープレーヤーであり、将来の指導者の可能性があるかのようにしきりに振る舞っているが、現実には彼は受け入れ難い存在なのである。[34]」

このようにして、アメリカ政府がペンタゴンを中心にイラクの戦後復興を排他的に推し進めようとした結果、限られた情報と限られた人物による判断によっていくつもの誤謬が重ねられていった。国連やNATOの中には、一九九〇年代以後に蓄積された、治安維持や戦後復興支援に関連する豊富な経験や知識が備わっていたが、ペンタゴンはそのいずれも排除してイラク再建を始動した。その結果が戦後イラクの治安の悪化であり、イラク国民からの信頼の失墜であった。そのようなアメリカの政策に、ブレア首相をはじめイギリス政府内では自らの無力感からも不満が鬱積していった。四月八日のヒルズボロでの英米首脳会談の後に、ブレアは次のように側近に語っていた。「このネオコンの考えは、狂っている。[35]」

五月一二日の午前、国際開発相のクレア・ショートは閣僚を辞任する決断を行った。[36]開戦前から彼女はイラクへの軍事攻撃には批判的で、遠慮のない激しい言辞で内閣の内側からブレア首相を批判してきた。開戦時の辞任も噂されていたが、結局はイラクの戦後復興へと自らの影響力を残しておくという理由で閣内にとどまっていた。その彼女にとっても、イラクの戦後復興のシナリオは容認しがたいものであった。アメリカのペンタゴンは、イギリスなどの同盟国の意見を無視するばかりか、国務省の見解をも退けて軍事的考慮を最優先して戦後復興を行う傾向が見られた。そのような現実に直面し、ショート国際開発相が無力感を抱き、辞任という結論を導いたとしても不思議ではなかった。

その日の午後、ショートは激しい内容の辞任演説を行った。本来の歯切れの良い彼女の攻撃性が回復していた。ショートは次のように述べる(37)。「われわれがイラクやその他のイニシアティブの中で行っている誤りとは、労働党の価値観から生じたものではない。それは、われわれの政府の様式や組織から生じたものであり、そのことが信頼を傷つけており、完全に不必要なほどにまで、党への忠誠心をゆがめてきたのである。」ショートは、イラク戦争をめぐって政府が誤った決断を行った原因を、ブレアが首相官邸にあまりにも多くの権力を集中させたことにあると告げたのである。そして、次のように述べて演説を締めくくった。「首相に向けて、私は次のように言いたい。あなたは一九九七年以降偉大なことを達成してきた。しかし逆説的にも、自らの歴史の中での地位にあまりにもとりつかれてしまったせいで、自らの遺産を破滅させる瀬戸際にいるのだ(38)。」

国連安保理決議一四八三

五月二二日、ブレア首相のそれまでの外交努力が実って、イラクの戦後復興をめぐる国連安保理決議一四八三が採択された。一四の理事国が賛成票を投じ、シリアのみが議決に参加しなかった(39)。開戦をめぐって分裂した安保理で結束を回復する重要な契機となるはずであったが、フランスやロシアなどの諸国は依然としてアメリカ主導のCPAの下に、自国の兵力を治安維持のために拠出することには否定的であった。とはいえこの決議を契機として、アメリカ政府は次第に国連に権限を移す姿勢を見せていた。

そしてそれは、四月七日の北アイルランドでの英米首脳会談においてブッシュ大統領がイラクの戦後占領政策で国連に「極めて重要な役割」を与えると述べたことの、一つの帰結でもあった。決議文では、「イラクの情勢は、改善されたものの、引き続き国際の平和及び安全に対する脅威を構成すると認定し、国際連合憲章第七章の下に行動」することを合意し、「加盟国及び関係機関に対し、制度を改革し国家を再建する努力につき、イラク国民を援助するとともに、本決議に従いイラクにおける安定及び安全の状態に貢献するよう訴える」と記されている(40)。これによってアメリカ軍とイギリス軍がイラクに駐留する国際法的な根拠が成立したことになる。

さらには、国際コミュニティ全体として、イラクの治安維持と戦後復興に取り組むことが安保理で合意された。それまでペンタゴンが独占していた任務の多くが、次第に国連をはじめとする国際機関に移譲されていた。それを受けて、コフィ・アナン事務総長は国連人権高等弁務官であったセルジオ・デメロをイラク担当の国連事務総長特別代表に任命した。任期は九月末までの四カ月間であった(41)。しかし不幸にしてデメロ特別代表は任務を全うすることができなかった。将来事務総長候補とも目されていたデメロは、三カ月後の八月に自爆テロによってバグダッドで客死することになる。そこに至るまで、デメロ特別代表はイラクの戦後復興をアメリカ政府の手から国連へと移行させるべく、任務を柔軟に遂行していった。

イギリス政府にとって頭の痛い深刻な問題は、イラク占領を経て大量破壊兵器の捜索を続けながらも、依然としてそのような事実が見つからないことであった。開戦の論理に疑念が深まることで、米英主導の占領政策にも疑問符が付されることになる。そのような中で、五月二八日、ラムズフェルド国防長官はまたもや、軽率な発言によってイギリス政府を苦悩させることになる。ラムズフェルドはこの日、大量破壊兵器は決して見つからないかもしれないし、そもそもなかったかもしれないと述べたのである(42)。翌二九日の紙面には、このラムズフェルドの発言に関する記事が溢れていた。さらにウォルフォウィッツ国防副長官はその後、

「大量破壊兵器は、戦争に突入させるためのお役所的な便宜に過ぎなかった」と発言し、騒動を大きくした。そもそも、サダム・フセインとアル・カーイダのテロ組織がつながっていて、イラクの大量破壊兵器がテロ攻撃に用いられる危険性を繰り返し語っていたのは、ラムズフェルドやチェイニー、ウォルフォウィッツらであった。そのような論理構成にイギリスの首相官邸は従って、英米協調の枠組みを堅持してきたのである。そのようなアメリカ政府高官の軽率な発言に、キャンベルは「いらいらする」とその感情を率直に記している(43)。しかしこの五月二九日の、さらに巨大な問題がブレア首相を直撃することになる。

ギリガンとケリー博士

二〇〇三年五月二九日、BBC記者のアンドリュー・ギリガンは、BBCラジオ4の「トゥデー」に出演して、イラクの大量破壊兵器についてのレポートを行った。ギリガンは戦争中にはイラクに滞在し、そこから戦況をレポートしていた。

それ以前にも同様に「トゥデー」に出演して、ギリガンは次のように語ったことがあった。「理論的にバグダッドは解放されたが、自由を獲得した最初の週を、市民たちは以前は感じなかった、より大きな恐怖の中で生きている。旧政権の時代にあった恐怖は日常的なものであったが、レベルは低かった。市民たちがいま直面している恐怖は、レベルが高く、そして直接的なものだ。住居が襲われるかもしれないし、財産が強奪されるかもしれないし、娘たちがレイプされるかもしれない(44)。」そのような報道に対して、戦争の正当性を国民に説き伝えようとする首相官邸は、繰り返し不満をBBCに伝えていた。しかし、この五月二九日にギリガンが伝えた報道の内容は、イギリス政治を根幹から揺るがすような事件へと発展する。

この日、ギリガンは次のように語った。「その政府の文書の作成にかかわった高官の一人がわれわれに話してくれたことは、政府は四五分（以内に大量破壊兵器を配備可能とする――引用者注）のくだりについて、それが間違いであることをおそらくは知っていながら、文書に盛り込むことを決めたということです。[45]」この「九月文書」については後に述べる。さらにギリガンは、日曜紙『メール・オン・サンデー』にて七月一日に、次のようなインタビュー記事を載せた。「私の情報源によると、アラステア・キャンベルが、文書をセックス・アップしたのです。[46]」この発言は、大量破壊兵器の切迫した脅威を前提に、開戦の論理を組み立ててきたブレア首相にとっては、決定的な打撃となった。ある政府高官は次のように語った。「ブレアは怒ることがあまりないが、しかしときとして、途方もなく怒ることがある。[47]」それがこのときであった。

その「情報源」は誰なのか。名前が挙がったのは、元国防省顧問のデイヴィッド・ケリー博士であった。ケリー博士はその後、七月一五日に議会の外交委員会および情報治安委員会に呼び出され、その発言の事実について問い質された。政府とBBCの狭間に立ち苦悩したケリー博士は、率直に、「四五分情報は、分別がないと思う。文書にインパクトを与えるためのものだったと思う」と発言した。[48]そしてその後、七月一七日に、散歩に出かけると言って家を後にしたケリー博士はオクスフォードシャーの自宅近くの森で自ら命を絶った。その知らせをブレアは、飛行機の機内で知ることになる。

「普遍的な価値」の普及をめざして

ケリー博士が命を絶った翌日の七月一八日、ブレアはワシントンのキャピトル・ヒルにおいて上下両院合同本会議で演説する名誉を与えられていた。「自由を愛する諸国民の安全を護るための顕著にして絶えることのない貢献」に敬意を表して、議会ゴールド・メダルがブレア首相に贈られることになっていたのだ。そしてブレアの演説は、それを記念したものであった。[49]上下両院合同本会議で演説をしたイギリスの首相は、チャーチル、アトリー、サッチャーそしてブレアの四人のみである。イギリスの世論調査で最も高く評価する首相として、やはりこの四人が上位に並ぶことが多いが、そのような歴史的な位置づけこそがブレアが最も欲していたものでもあった。議事堂において、意気揚々とブレアは語った。「われわれはかつてないほど、結束している。」これはブレアにとって、いつにもまして力の入る演説であり、またいつにもまして倫理的な色調の強い、価値観や信念に満たされた演説であった。ブレアは次のように語る。(50)

「脅威はやってくる。なぜならば、地球の裏側で、すべての世界が自由ではないような陰や暗闇が存在するからであり、そこでは何百万もの人々が残酷な独裁の下で苦しんでおり、そこではこの星の三分の一もの人々が、われわれの社会の最も貧しい人々でも想像できないような貧困の中にあるからだ。そしてそこでは、宗教の狂信的な亜種が浮上してきている。それは、イスラームの真実や平和を求める信義の突然変異である。これらの苦痛の融合によって、新しく致死的なウィルスが現れつつあるのだ。そのウィルスは、テロリズムである。破壊を産み出すその意図は、人間の感情によって抑制されることはない。またその能力は、技術によって増強されているのだ。」ブレアは、そのような「新しい悪」、すなわち「テロリズム」という「ウィルス」をこのような厳しい言葉で糾弾する。そして次のように処方箋を説く。「われわれの価値は、西洋の価値ではない。それらは、人間の精神における普遍的な価値である。いかなる場所でも、いかなる時代にも、一般の人々が自ら選択をする機会を持ち、その選択とは、いかなるときにおいても同様なものである。すなわち、専制ではなく自由である。独裁ではなく民主主義である。そして秘密警察の支配ではなく法の支配である。」

さらには、次のような言葉によって、ブレアが求める世界秩序が明瞭に浮かび上がってくる。「現在の国際政治において、アメリカに対抗するその他の大国とともに、諸国が結集して異なる極をつくろうとするような勢力均衡が必要だと主張することほど、危険な理論はない。そのような理論は、一九世紀のヨーロッパにおいては理にかなっていた。また冷戦においてはそのような状況はやむを得なかった。しかし今日では時代錯誤であって、伝統的な安全保障の理論同様に捨て去るべきものなのだ。それは危険である。なぜならばわれわれには対立ではなくパートナーシップが必要であるからだ。そして共通の脅威に直面する中で、共通の意志と共有された目的が必要なのだ。」ブレアの情熱的な演説は、アメリカ人の聴衆の圧倒的な称賛とともに終わった。四〇分間の演説の中で、議場総立ちの拍手が途中で一九回も起きたのである[51]。ブレア自らが、彼の首相在任中に行った演説の中でも最も力強くまた高く評価された演説と記憶していた[52]。しかしながら、一九九九年四月のシカゴでの演説と比べると、大きな違いが見られていた。それは、今回の演説でブレアが「コミュニティ」という言葉を用いていないことであった。この「コミュニティ」という言葉は、ブレアが社会民主主義者であり、国際主義者であることを象徴する重要な理念であった。ところがブッシュ大統領の共和党と手を携えるブレアは、「コミュニティ」という言葉の代わりに、「自由（freedom）」という言葉を多用していたのである[53]。このように、掲げる理念の点でも、ブレアはブッシュ大統領のアメリカと緊密な関係を築いていたのだ。

他方、大量破壊兵器が依然としてイラク国内で見つかっていないことは、イギリス国内で深刻な問題となっていた。アメリカに発つ前、下院議会では保守党党首のイアン・ダンカン・スミスが、「あなたは急速に、真実とは無関係の人となってしまっている」とブレアを糾弾した。さらには、「あなたは政府の中核で、虚偽と情報操作の文化を創り出してしまっている」と論じた。またブレア首相への国民の支持率も首相就任後の最低の水準に低下し、「ブレア首相は信頼できない」とする回答が五四％にまで上がった[54]。

五月二九日のＢＢＣ記者ギリガンの発言を一つの契機として、イラク戦争の開戦の論拠として飾られていた大量破壊兵器の存在をめぐる疑念がよりいっそう深まっていった。六月一七日には、ロビン・クック前外相が下院外交委員会に書面の証言を提出しており、イラクには大量破壊兵器が存在しないという自らの認識が「正しかった」と述べている[55]。イギリス議会でのブレアへの疑念と批判、そしてアメリカ議会での称賛と拍手喝采と、大西洋を挟んでブレアは対極的な評価を得ることになった。

ブレア＝小泉会談

ブレアは疲労感とともに、七月一八日夕方に飛行機で東京に到着した。機内にてケリー博士自殺の知らせを耳にし、ひどくやつれた様子で、髭も剃っていない状態であった。翌日には、梅雨の暑い東京を避けて、清涼な箱根の湖畔にて小泉純一郎首相との首脳会談を行うことになっていた。しかしブレアの脳裏は、ケリー博士の自殺事件で占められていた。機内でその知らせを耳にしたブレアは、激しい衝撃を受けたのである[56]。就寝後もブレアは眠りに就くことができず、明け方の午前五時にロンドンのキャンベルに電話をした。キャンベルの日記によれば、「彼は眠ることができず、沈鬱な気分だった」という[57]。

翌一九日の日英首脳会談の席では、ブレア首相は「米英の行動を評価する最終のテストは復興支援を通じてイラクがより良い国になるかどうかである。イラクにおける現在の展開がなければ中東和平についても今のような進展はなかった」と戦争を正当化した[58]。その後の質疑応答の席では、イラク戦争や大量破壊兵器の情報操作に関する質問があふれ出てきた。『メール・オン・サンデー』のジョナサン・オリヴァー記者は、「あなたの手には血がついている。辞任するつもりはありますか」と厳しく問い質した[59]。ブレアはそれには答えずに、疲れ切った表情で席を離れた。ケリー博士の自殺は、イギリス国内での世論の支持の低下とあわせて、ブレアの生気を奪っていった。箱根では、両首相が一緒に温泉に入る予定も検討されていたが、すべての付随的な予定がキャンセルとなった。静かな山間の夜を、自らのこれまでの決断を振り返り、ブレアは一人で沈思したのだろうか。

翌朝、芦ノ湖を一望できるテラスで小泉首相と日本茶を一緒に飲んだ際には、大分生気が回復した様子であった。ブレア首相にとって、はじめて床に布団を敷いて寝る経験となり、「非常に静かで、夜もぐっすりと休めた」と述べていた。その後ソウルと北京へと向かうために、ブレア首相は東京を出発した。ケリー博士自殺に関しては、独立調査会を設置して事実の検証を進めることになった。

二〇〇三年の夏は、ブレア首相にとっては首相在任中最も苦悩の多い時期であったことだろう。七月一七日のケリー博士自殺の知らせに続き、その約一カ月後の八月一九日、バグダッドの国連現地本部に大型トラックが突っ込み、自爆テロによってデメロ特別代表および国連職員などの二二名の生命が失われたことを知った[60]。ブレアは、戦後復興によりイラクがより良い国となることで、戦争への肯定的な評価がなされるだろうと考えていた。だからこそ、国連中心に実効的な戦後復興を進めることを望んでいたのである。ところがそのような意図が、思わぬかたちで悲劇を生んだのだ。つまり、アメリカの圧倒的な権限と兵力で占領政策が進められる中で、その下に国連が位置づけられるような印象を与えていたことが、そのようなテロの悲劇を生み出したのである[61]。国連高官がテロで命を落とすのは一九四八年九月以来のことであり、ニューヨークの国連本部にも多大な衝撃を与えた[62]。少なくとも、イラク戦争後のバグダッドが安全でないこと、そしてブレアが期待していたようなかたちで治安の安定化が進んでいないことが残酷なかたちで明らかとなった。

そして八月二九日、長きにわたってブレア首相の下で彼を支えてきたアラステア・キャンベルがメディア戦略局長のポストを辞任することを発表した。情報操作をめぐりキャンベルに対する批判が強まる中で、首相官邸を去る決断をしたのであった。

ハットン委員会とバトラー委員会

二〇〇三年七月三日、イギリス下院の外交委員会は『イラク戦争への決断（*The Decision to go to War in Iraq*）』と題する報告書を公表した(63)。そこでは、独自に収集した幅広い関係者からの証言を元にして、イラクにおける大量破壊兵器に関連した歴史経過が綴られている。とりわけその焦点になったのは、「九月文書（September Dossier）」と「二月文書（February Dossier）」の二つの政府文書において、政府が恣意的に情報操作を行ったか否かであり、「その誇張され粉飾された主張によって、議会が誤った方向へと導かれたか」ということであった(64)。それは、どういうことであろうか。

「九月文書」とは、二〇〇二年九月二四日に政府が公表したイラクの大量破壊兵器に関する文書であった。その背景として重要なのは、一九九八年の「砂漠の狐作戦」以後に大量破壊兵器の査察を行ってきたUN-SCOM要員が国外退去を命じられたために、その後の情報は主として、インテリジェンス機関によって収集されてきたことである。ブレア首相自らも、イラク国内における情報収集の難しさを承知しており、「九月文書」の序文の中でも、「イラク国内で情報を収集することは容易ではない。サダムの体制は、世界で最も閉鎖的な独裁体制の一つだ」と述べていた(65)。そこで、どうしてもインテリジェンスの見解に判断を依拠せねばならなくなった。それでは、インテリジェンス機関の判断に従うならば、イラクの大量破壊兵器開発は、どこまで差し迫った脅威となっていたのだろうか。

その中でも最も大きな争点となったのが、イラクの大量破壊兵器が「四五分以内に配備可能」という一文を「九月文書」の中に挿入したことであった。この外交委員会報告書、『イラク戦争への決断』の中では、「イギリス軍に向けられた脅威が、真に現存するものであり差し迫ったものであると感じられていたことは疑いがない」と論じられている。[66] 他方で、「四五分以内」という主張に関しては、それが唯一の情報源から得た情報であるのに、「九月文書」でそこまで強調されていることには疑問を呈している。[67] しかしながら、この「九月文書」に対して、アラステア・キャンベルが恣意的な影響力を駆使して文書作成に関与したわけではないと結論づけている。

他方で、「二月文書」については、これは学生の博士論文をもとにイラクの大量破壊兵器の脅威が語られたことが広く知られており、その文書の杜撰さは明らかであった。それゆえにこの「二月文書は、粗雑に扱われ、その出典が誤って公表され、逆効果となってしまった」と結論づけている。[68] そして報告書では、最終的な結論として、「閣僚たちは議会を誤った方向へと導いてはいなかった」と報告している。これは基本的に、政府の方針を大幅に後追いする評価となっていた。

より本格的な独立調査委員会として、二〇〇三年八月一日にハットン委員会が開かれることになった。ギリガン、フーン国防相、キャンベルら、中心的な関係者による証言が集められ、最終的には二〇〇四年一月二八日に七五〇ページ（付属文書を除く）の報告書としてまとめられた。そこではケリー博士の死は、誰にも責任を負わせることはできず、また政府がケリーの名前を漏洩したという事実もなかったとし、他方でBBCの報道体制には重大な問題があると結論づけた。[69] 一方的なBBC批判に徹した調査報告書を目にして、グレッグ・ダイクBBC会長は、「事実上すべての人間が驚愕した」と述べている。[70]

しかし、その後も情報操作を疑う政府への批判は弱まらなかった。ハットン報告書は、あくまでもケリー博士の死に関する調査報告書であった。政府がイラク戦争参戦を決めた経緯を検証するための新たな独立調査委員会（バトラー委員会）が設置され、そこでは政府の情報操作の有無、開戦の正当性について調査を行うことになった。七月一四日に公表された調査報告書でもやはり、ブレア首相をはじめとする政府が意図的に情報を操作して、戦争に導いたわけではないという結論が出された[71]。それでも、より本質的な問題が残っていた。すなわち、そもそもイラク戦争は正当化されうるのだろうか、という問いである。

イラク戦争は正当化されうるか

イラク戦争は、はたして正しい戦争だったのか。開戦を支持し、ブッシュ政権のアメリカとともに戦争に突入したブレア首相の判断は正当化されうるのか。

すでにこれまで見てきたように、「正しい戦争」の論理としてまず、その合法性を検討せねばならない。この場合の合法性とは、「開戦法規（*jus ad bellum*）」と「交戦法規（*jus in bello*）」の双方から判断しなければならない。英米両国政府は、安保理決議六七八、六八七、一四四一の三つの決議を組み合わせることで、大量破壊兵器の武装解除を目的とした軍事力行使を合法とみなしている。しかし戦後イラクで大量破壊兵器が見つかっていないことは、このような主張を根本から傷つけている。

他方で三月二七日に、ジュネーブの国連人権委員会では、イラク戦争勃発によるイラクでの人道的被害を非難する決議の採決が行われていた。アメリカ政府代表は、元国連大使のジーン・カークパトリックであった。カークパトリックはアメリカ政府のイラク戦争への決断に違和感を抱き、その必要性に疑問を感じていたが、イラクが国連安保理決議六八七に違反したことで、それに対して武力攻撃を行うことは合法であるとみなしていた。アメリカの軍事侵攻を批判するための決議の投票の結果は、二五カ国の反対、一八カ国の賛成、七カ国の棄権によって、その決議案は退けられていた。これを理由として、カークパトリックはイラク戦争を合法とみることは可能だと信じている[72]。とはいえ、これまでに見てきたように総合的に判断するならば、イラク戦争を正当化することはきわめて難しい。

イラク戦争の「正当性（justification）」を考える際に、そのような合法性（legality）の議論に加えて、人道的な必要性を根拠にした正統性（legitimacy）を基準に考えることも必要である。しかしながら、コソボ危機に見られたような、人道的介入として「違法だが正統（illegal but legitimate）」な戦争であったとイラク戦争を位置づけることも難しい。アレックス・ベラミーは、もしも連合軍が、フセイン大統領がイラク国内で大規模な虐殺を行った一九八八年や一九九一年の段階で軍事介入をしていたとすれば、他の条件が満たされることを前提に、人道的介入の議論が成立可能であったと指摘する。しかし、一九九九年の時点で、イラクは人権侵害については世界で一三番目に位置づけられているに過ぎず、二〇〇三年初頭の時点で大規模な虐殺や民族浄化が行われていたわけでもなかった[73]。したがって人道的介入としてイラク戦争を正当化することも困難である。スーダンなどのより深刻で差し迫った人道的危機を放置して、より人道的危機において緊急性の低いイラクへの軍事攻撃を急いだことは、均衡性（プロポーショナリティ）の観点からも疑問が残る。

他方で「交戦法規」についても、大きな懸念が示されてきた。というのも、アメリカのペンタゴンが進めていた、「効果基盤型作戦（Effect-Based Operation）」の影響から、軍事的な効率性を人道的配慮よりも優先する傾向が見られたからである[74]。精密誘導ミサイルの使用によって、軍事目標に限定した攻撃という論理から人道的な配慮がなされていたとしばしば指摘されるが、戦争初期の段階で「衝撃と畏怖」作戦によって大規模な爆撃を行い、また軍事技術に過度に依存した軍事作戦が一般市民の死者を大量に産み出したことは疑いない。これはコソボ戦争以来続く問題であるが、アメリカ政府が自国兵士の犠牲者を生むことを過剰に怖れ、さらには軍事的な効率性を最大限優先する結果、空爆主体の攻撃になってしまった。それは、攻撃相手国の一般市民を大量に戦争の巻き添えにする結果をもたらす。したがってコソボ戦争、アフガニスタン戦争、イラク戦争はいずれにおいても、「交戦法規」上の懸念が繰り返し指摘されてきたのである。

コフィ・アナン事務総長は、二〇〇四年九月一六日のBBCにおけるインタビューの中で、イラク戦争が「違法」であったと明言し、その軍事行動は国連憲章と整合しないと論じている(75)。これは、国連事務総長の発言としては異例の厳しい批判である。アメリカ政府高官が国連を繰り返し侮蔑してきた屈辱からも、占領軍が十分な治安を維持できなかったことからも、さらには盟友デメロ特別代表を失った悲しみからも、このアナン事務総長の感情的な発言は理解できるものであろう。

これらを総合して考えると、たとえどれだけサダム・フセインが残忍な独裁者であったとしても、またたとえどれだけ戦争の結果として一部の国民の生活が改善されたとしても、既存の評価基準でイラク戦争を「正しい戦争」と断定することは難しいであろう。確かに、ブレア首相の信念の中には、正しい意図も見られたかもしれない。しかしながら、アメリカのチェイニー副大統領やラムズフェルド国防長官、ウォルフォウィッツ国防副長官は、ブレア首相とは同床異夢であり、「先制攻撃」に基づいてアメリカの安全を確保することを何よりも重視していた。そしてイラク戦争は、彼らの戦争であった。それは、ブレア首相自らがその論理を主導して、中心的な役割を担ったコソボ戦争との大きな違いであったのだ。そこにイギリスのパワーの限界、価値を擁護する限界、そしてブレアの外交指導者としての限界が見られたのである。イラク戦争は、倫理的にも多くの疑問が残る戦争であった。そしてイラク戦争は、ブレア首相が戦争指導を行う最後の戦争となったのである。

（1）イラク戦争における軍事作戦の展開については、Ministry of Defence, *Operations in Iraq: First Reflections* (London: The Stationary Office, July 2003); Michael Codner, "An Initial Assessment of the Combat Phase", in Jonathan Eyal (ed.), *War in Iraq: Combat and Consequence, Whitehall Paper 59* (London: The Royal United Services Institute, 2003) pp.7-26; Philip Wilkinson and Tim Garden, "Campaign Analysis: Ground and Air Forces", in Paul Cornish (ed.), *The Conflict in Iraq, 2003* (Basingstoke: Palgrave, 2004) pp.120-133; 梅津實「バスラへの進撃―イギリス軍の戦争」梅川正美・阪野智一編『ブレアのイラク戦争―イギリスの世界戦略』（朝日新聞社、二〇〇四年）一〇–三〇頁を参照。

（2）Ministry of Defence, *Operations in Iraq*, p.12.

（3）Peter Stothard, *30 Days: A Month at the Heart of Blair's War* (London: HarperCollins, 2003) p.233; Anthony Seldon, *Blair Unbound* (London: Simon & Schuster, 2007) p.184.

（4）ウッドワード『攻撃計画―ブッシュのイラク戦争』伏見威蕃訳（日本経済新聞社、二〇〇四年）五三四頁。

（5）Memorandum from Robin Cook (Ev 1), in House of Commons, Foreign Affairs Committee, *The Decision to go to War in Iraq: Ninth Report of Session 2002–03*, Volume II, HC 813-II (London: The Stationary Office, July 2003) Written Evidence, 3 July 2003.

（6）Seldon, *Blair Unbound*, pp.178-180.

（7）Ibid;『読売新聞』二〇〇三年三月一六日付。

（8）Alastair Campbell's Diary, March 26, 2003, in Alastair Campbell, *The Blair Years: The Alastair Campbell Diary* (New York: Alfred A. Knopf, 2007) pp.684-5.

（9）Seldon, *Blair Unbound*, p.180.

（10）山本浩『決断の代償―ブレアのイラク戦争』（講談社、二〇〇四年）三四八–九頁; Kampfner, *Blair's Wars* (London: Free Press, 2003), pp.316-7.

（11）Seldon, *Blair Unbound*, pp.181-2.

（12）Ibid., p.185.

（13）Ibid., pp.181-2.

（14）ウッドワード『攻撃計画』五二九頁。

（15）Cited in Seldon, *Blair Unbound*, p.182.

（16）Stothard, *30 Days*, p.214.

（17）Alastair Campbell's Diary, April 8, 2003, p.688.

（18）Stothard, *30 Days*, p.218; Seldon, *Blair Unbound*, p.182; 川端清隆『イラク危機はなぜ防げなかったのか―国連外交の六百日』（岩波書店、二〇〇七年）六三頁。

（19）Seldon, *Blair Unbound*, p.184.

（20）Clare Short, *An Honourable Deception? New Labour,*

Iraq, and the Misuse of Power（London: Free Press, 2004）p.204.

(21)『朝日新聞』二〇〇三年四月二八日付朝刊、および飯島勲『実録小泉外交』（日本経済新聞社、二〇〇七年）一三六頁参照。

(22) Stothard, *30 Days*, p.233.

(23) Karin von Hippel, “Post-Conflict Reconstruction in Iraq: Lessons Unlearned”, in Cornish（ed.）, *The War in Iraq, 2003*, pp.202-3.

(24) Seldon, *Blair Unbound*, p.185; 川端『イラク危機はなぜ防げなかったのか』七一-七三頁。

(25) Seldon, *Blair Unbound*, p.185.

(26) Alastair Campbell's Diary, April 9, 2003, p.690.

(27) Philip Wilkinson and Tim Garden, “Military Concepts and Planning”, pp.111-2 and Hippel, “Post-Conflict Reconstruction in Iraq”, p.202, both in Cornish（ed.）, *The War in Iraq, 2003*; Andrew Dorman, “The Iraq War”, in Andrew Dorman and Greg Kennedy（eds.）, *War & Diplomacy: From World War I to the War on Terrorism*（Washington, D.C.: Potomac Books, 2008）pp.172-3;川端『イラク危機はなぜ防げなかったのか』七二頁。

(28) Condoleeza Rice, “Promoting National Interest”, *Foreign Affairs*, January/February 2000; Karin von Hippel, “Post-Conflict Reconstruction in Iraq: Lessons Unlearned”, p.200.

(29) 川端『イラク戦争はなぜ防げなかったのか』七八頁。

(30) Seldon, *Blair Unbound*, pp.190-1.

(31) Ibid., p.195.

(32) 川端『イラク危機はなぜ防げなかったのか』七四-五頁。

(33) Seldon, *Blair Unbound*, p.190.

(34) Alastair Campbell Diary, April 7, 2003, p.687.

(35) Alastair Campbell Diary, April 8, 2003, p.687.

(36) Kampfner, *Blair's Wars*, p.333; Peter Riddell, *Hug Them Close: Blair, Clinton, Bush and the ‘Special Relationship’*（London: Politico's, 2003）pp.264-5.

(37) Short, *An Honourable Deception?*, pp.216-222.

(38) Ibid.; Kampfner, *Blair's Wars*, p.333.

(39) 川端『イラク危機はなぜ防げなかったのか』六九-七一頁。

(40) 外務省訳「安保理決議一四八三」<http://www.mofa.go.jp/jouhou/kokkin/ketsugi 1483.pdf.> また、Guglielmo Verdirame, “International Law and the Use of Force against Iraq”, in Cornish（ed.）, *The War in Iraq, 2003*, p.96も参照。

(41) 川端『イラク危機はなぜ防げなかったのか』七三頁。

(42) Seldon, *Blair Unbound*, p.194.
(43) Alastair Campbell's Diary, May 29, 2003, p.698.
(44) グレッグ・ダイク『真相―イラク報道とＢＢＣ』（日本放送出版協会、二〇〇六年）二九八頁。
(45) ダイク『真相』三四二頁、山本『決断の代償』三四〇頁。
(46) 山本『決断の代償』; Seldon, *Blair Unbound*, p.195.
(47) Ibid.
(48) 山本『決断の代償』三四二頁。
(49) Seldon, *Blair Unbound*, pp.197–8.
(50) Prime Minister Tony Blair's Speech to the US Congress, 18 July 2003; also see, Richard W. Stevenson, "After the War: Allies; Bush at his Side, Blair is Resolute in War's Defense", *The New York Times*, July 18, 2003; Seldon, *Blair Unbound*, p.199.
(51) 『読売新聞』二〇〇三年七月一八日付夕刊。
(52) Seldon, *Blair Unbound*, p.199.
(53) Stanley B. Greenberg, *Dispatches from the War Room: In the Trenches with Five Extraordinary Leaders* (New York: St.Martin's, 2009) p.254.
(54) Warren Hoge and Don Van Natta Jr. and David E. Sanger, "After the War: Blair Arrives in U.S. Today, Trailing Controversy Over Iraq", *The New York Times*, July 17, 2003;『読売新聞』二〇〇三年七月九日付朝刊。
(55) Memorandum from Robin Cook, 17 June 2003, in House of Common Foreign Affairs Committee, *The Decision to go to War in Iraq: Ninth Report of Session 2002–03 Volume II: Written Evidence*, 3 July 2003, HC 813–II, Ev 1.
(56) Seldon, *Blair Unbound*, p.218.
(57) Alastair Campbell's Diary, July 19, 2003, pp.724–5.
(58) 外務省「日英首脳会談（概要）」平成一五年七月二〇日 <http://www.mofa.go.jp/mofaj/kaidan/yojin/arc_03/ju_kaidan.html>.
(59) 『読売新聞』二〇〇三年七月二三日付朝刊; Alastair Campbell's Diary, July 19, 2003, p.724; Seldon, *Blair Unbound*, pp.219–220.
(60) 川端『イラク危機はなぜ防げなかったのか』九一–九四頁。
(61) 同右、九四頁。
(62) 同右、一〇〇頁。
(63) House of Common Foreign Affairs Committee, *The Decision to go to War in Iraq: Ninth Report of Session 2002–03 Volume I: Report, Together with formal minutes*, 3 July 2003, HC 813–I (London: The Stationary Office, July 2003); House of Common Foreign Affairs Committee, *The Decision to go to War in Iraq: Ninth Report of Session 2002–*

03 *Volume II: Written Evidence*, 3 July 2003, HC 813-II.

(64) HC 813-I, p.7.「九月文書」の検討については、山本『決断の代償』八五一一五〇頁および阪野智一「つくられた『イラクの脅威』」梅川・阪野編『ブレアのイラク戦争』一六〇一三頁が詳しい。

(65) HC 813-I, p.10.

(66) Ibid., p.19.

(67) Ibid.; ダイク『真相』三三三頁。

(68) HC 813-I, pp.53-4.

(69) Lord Hutton, *Report of the Inquiry into the Circumstances Surrounding the Death of David Kelly C.M.G.*, HC 247 (London: The Stationery Office, 28 January 2004)；山本『決断の代償』三四五一七頁、阪野「つくられた『イラクの脅威』」一六四一六頁。ハットン報告書およびバトラー報告書についての詳細な検討については、W.G. Runciman (ed.), *Hutton and Butler: Lifting the Lid on the Workings of Power* (London: The British Academy/ Oxford University Press, 2004) を参照。

(70) ダイク『真相』三四七一八頁。

(71) *Review of Intelligence on Weapons of Mass Destruction. Report of a Committee of Privy Councellors*, HC 898 (London: The Stationery Office, 14 July 2004)；阪野「つくられた『イラクの脅威』」一六六頁。

(72) Jean J. Kirkpatrick, *Making War to Keep Peace: Trials and Errors in American Foreign Policy from Kuwait to Baghdad* (New York: Harper, 2007) pp.281-5.

(73) Alex Bellamy, *Just Wars: From Cicero to Iraq* (Cambridge: Polity, 2006) p.221.

(74) Paul Cornish, "The ethics of 'effects-based' warfare: the crowding out of *jus in bello?*", in Charles Reed and David Ryall (eds.), *The Price of Peace: Just War in the Twenty-First Century* (Cambridge: Cambridge University Press, 2007) pp.180-2.

(75) Kofi Annan, interview by Owen Bennett-Jones, BBC News, September 16, 2004, cited in Kirkpatrick, *Making War to Keep Peace*, p.283.

終章　戦争の教訓と未来への展望

二〇〇三年五月一日に、ブッシュ大統領がイラクでの戦闘終結宣言をしてからも、イラク国内では自爆テロなどの治安の悪化、反米的な武装派勢力の台頭、シーア派とスンニ派の宗教対立などが見られ、暗い雰囲気がイラク国民を包み込んでいた。一二月一四日には、イラク中部にてサダム・フセインが米軍により捕らえられ、その衰弱した姿がテレビ・カメラに映し出された。しかしサダムが逮捕され処刑された後にもイラクの治安は悪化を続けた。「内戦」にも匹敵する混乱は、イラク戦争の正当化を繰り返し試みるブレア首相の言説を傷つけていた。

二〇〇四年になると、ケリー博士自殺に関するハットン委員会の調査結果報告や、イラク戦争開戦へ至る過程での情報操作疑惑に関するバトラー委員会の調査結果報告が、世論を賑わせていた。それと同時にブレア首相への信頼も失墜し、かつて二度の総選挙において労働党を圧勝に導いた、その若さ溢れるカリスマ的な姿はもはや見られなくなっていた。ブレアのイラク戦争は、明らかに政治的な挫折へと帰結し、イギリスの国際的信用の失墜へとつながった。

同時にこのことは、イギリスの対外政策を根本から見直す機会となった。二〇〇三年には、重要な報告書が国防省や外務省において次々と公表され、イギリスの国際的役割やイギリスの安全保障政策の再検討が進められていった。これらの動きはメディアで報じられる機会も少なく、注目されることもなかったが、イギリス政府がイラク戦争をどのように総括し、今後どのような方向へ進もうとしているのかを考える上で、きわめて大きな示唆に富むものである。それらの文書とは、外務省による『国連の中のイギリス』および『イギリスの国際的な重要事項』、そして国防省による『イラクにおける作戦―未来への教訓』および『変容しつつある世界での安全の確保』の四つの報告書である(1)。それらを見ることで、今後イギリスが国際社会においてどのような方向へ進もうとしているかを理解することができるだろう。

リベラル国際主義の復権

イラク戦争に至る過程の中で国連安保理に深刻な亀裂が生じ、またイラクの占領統治をめぐっても国連中心でそれを行うか否かをめぐり英米間での対立が生じた。今後はたして、国際的な平和や安定のために国連がどのような役割を担うべきか。そしてそのためにイギリスは何ができるのか。そのような疑問の中から、二〇〇三年九月に『国連の中のイギリス』の報告書が作成された。その冒頭でジャック・ストロー外相は、九・一一テロの衝撃によってその後の国連安保理の議論が大きな影響を受けてきた経緯を述べている。そして、「多くの場合に、次に何をなすべきかについての合意があった。しかしときには、今年の初めにイラクをめぐってそうであったように、そうではなかった。」ここでストロー外相は、国連の重要性を強調する。「しかし、いつでも国連は重要な価値を持ち、平和的に紛争を解決するための鍵であった。」つまり、「国連が、今ほど求められているときはないのだ(2)。」

イラク戦争をめぐる亀裂の中で国連は批判をされ、国連不要論が叫ばれてきた。二一世紀の世界では、旧態依然としたこの国際機構が時代に即していないと指摘されてきた。とりわけアメリカ国内のネオコンと呼ばれるグループの政府高官や知識人は、あからさまにその機能不全を嘲笑してきた。国連を、アメリカの行動を縛ろうとする拘束とみなして、敵視してきたのだ。そのような中でイラク戦争は戦われ、さらには戦後の占領政策が進められてきた。その延長線上に、二〇〇三年八月一九日のバグダッド国連本部への自爆テロ攻撃、そしてデメロ国連特別代表の死があったのだ。この自爆テロで、デメロ国連特別代表という有能な人物とともに、その下で政務局において勤務をしていたイギリス人、フィオナ・ワトソンも亡くなっていた。そのことについても、ストロー外相はこの報告書の序文で触れている。ストロー外相、そしてイギリス外務省は再び国連が高貴な権威を回復し、紛争解決の中心的存在となるよう、力強く説くのである。

この『国連の中のイギリス』では、二〇世紀の国際機構の歴史の中でイギリスが国際主義の発展を擁護してきた来歴が語られている。あたかも、イラク戦争の混乱の後に、イギリスが自らの国際的なアイデンティティを省察するような文章である。そこではまずフランスとイギリスのみが国際連盟と国際連合と二つの国際機構の歴史の中で、その設立から現在に至るまで一貫して中心的な加盟国であったとの自負が語られている。[3]さらには、一九四一年八月のチャーチル首相とルーズヴェルト大統領との大西洋会談の中で、戦後秩序の骨格を構想する上でイギリスが重要な役割を果たした来歴が触れられている。[4]国連の設立総会が一九四六年一月一〇日にロンドンのウェストミンスター・セントラル・ホールで開催され、イギリス外交官グラッドウィン・ジェブが臨時事務総長として国連創設を宣言した。[5]イギリスこそが国連の歴史を形づくってきたのであり、イギリスこそが国連が機能不全となることを未然に防ぐ使命がある。

それゆえにイギリス政府は冷戦後においても、国連の役割を再定義しようと試み、新しい時代に適合するよう変革を促進してきた。その中でも最も難しい問題の一つが、軍事介入に対して国連がいかなる立場をとるかである。この報告書によれば、「国際的な平和と安全に対するより深刻な脅威に対して、安保理はその脅威を除去するために、軍事介入を承認することができる。」しかしながら、そのようなケースはむしろ稀であって、「一九五〇年の韓国に対する侵略や、一九九〇年のクウェートに対するイラクの侵略のような一国の他国に対する明白な侵略の場合を除けば、軍事的行動を求める提案は国連加盟国の間に頻繁に論争をもたらしてきた」と指摘する。そのような背景の中、コソボ戦争の後にイギリス政府は、とりわけ人権に対する大規模で体系的な殺戮を止めるための軍事介入について、ガイドラインを提案してきた。(6)

そしてこの報告書の最後の部分では、将来の改革への問題提起を行っている。そこではいくつか重要な指摘がなされている。第一には十分な機能を発揮しているとは言い難い国連総会の改革、第二には国連事務局と予算編成に関する改革が言及されている。それらの改革を進める上で、「いかなる一つの加盟国あるいは一つの加盟国のグループも、改革のプロセスを動かすことはできない」という。これは、アメリカの単独行動主義的なアプローチを牽制するかのようにも思える。また、この報告書では、「同様の精神から、われわれはEU加盟諸国とアメリカを結束させる上で、独自の役割を持っている」と述べている。というのも、アメリカとEUとの「両者による完全な関与がなければ、国連は本来の輝きを発揮することはないから」である。(7) イラク戦争における亀裂を反省し、イギリス政府はあらためて国連の重要性、そしてアメリカとEUがより緊密に協力する重要性を認識したのである。

同様の精神は、外務省が公刊したもう一つの重要な政府白書、『イギリスの国際的な重要事項』においても明瞭に示されている。これは、イギリス外務省における長期的な外交戦略を再検討し、今後進むべき道を明示することを目的としている。ストロー外相はその序文の中で、国際犯罪の増加や環境の悪化、国家の破綻、疫病、貧困、紛争など、現代の国際社会では対処すべきアジェンダが多岐にわたっている点を指摘している。そしてとりわけEUやアメリカなどのパートナーたちとともに、これらの問題に対処して取り組むことが必要だと述べる。

イラクにおいても重要な教訓が残った。というのもイギリスにとっての最も重要なアメリカとEUという二つのパートナーの間で亀裂が深まり、新しい脅威にどのように対応するかについて混乱が見られたからである。それに対するイギリスのアプローチは明確である。ストロー外相は、新しい脅威に対処するためには、「援助、助言、訓練、圧力、そして適切なときには軍事力など、すべての手段を用いる準備を整えるべき」だという。さらには、「そのような行動が依拠する原則を、国連で合意することが必要となるだろう」と述べる。その上で、政府間関係のみでなく、民間部門、つまりは個人やNGOなどの役割がますます重要になると述べている。[8] ここでリベラル国際主義の外交理念が復権していることが明瞭であろう。

この二つの外務省による報告書から明らかなことは、イラク戦争の後のイギリス政府に、リベラル国際主義の伝統を回復しようとする強い意欲が見られることである。それはブレア首相自らの強い意志でもあった。二〇〇七年四月二三日、オクスフォード大学教授のティモシー・ガートン・アッシュに、「ブレア主義の対外政策の本質とは何でしょうか」という質問を受けたブレア首相は、「それは、リベラルな介入主義だ」と答えている。[9] ブレア首相はリベラルなイデオロギーと国際主義の伝統をプラグマティックに組み合わせながら、同時に国際社会の多様な問題に引き続き積極的に介入していく意向であった。

しかしながらブレア首相は二〇〇三年のイラク戦争以降、大規模な軍事介入を決断することはなかった。倫理的な戦争という思想は後退したのだ。むしろブレア首相がその後力を注いだ国際コミュニティの問題とは、アフリカ貧困問題の解決、そして環境問題への対応の二つであった。二〇〇五年七月のグレンイーグルズG8サミットにおいて自らが議長として最も尽力したのが、ブッシュ大統領をはじめ他国の首脳を説得し、アジェンダの中にこの二つを含めることであった。ガートン・アッシュはそれをブレアの「個人的な勝利であると同時に、政治的な勝利でもあった」と称賛する[10]。イラク戦争の挫折から多くの教訓を学び、イギリス外交は再びリベラルな多国間主義の軌道へと軸足をしっかりと戻したのであった。

イラク戦争の教訓

二〇〇三年のイラク戦争の後に、イギリス政府は国際的な重要な問題に対して非軍事的な手段で解決することを求めていった。それはコソボやシエラレオネ、アフガニスタンそしてイラクなどで見られたような、イギリスの兵力のグローバルなオーバーコミットメントを考慮すれば当然の帰結であったのかもしれない。しかしそれは同時に、軍事力以外の方法、すなわち外交政策や援助政策、経済政策など、多様なアプローチを総合して安全保障問題に取り組もうとするイギリスの伝統へと回帰するものでもあった。そのことは、一九九八年のSDRで「防衛外交」概念を導入したことからも明瞭であった。イラク戦争は、過度に軍事偏重となってしまったイギリスの防衛政策を再検討する重要な機会となったのだ。そのような視座からの防衛政策の再検討は、国防省が作成した以下に示す二つの報告書において明確に示されている。

二〇〇三年一二月に公表された『イラクにおける作戦―未来への教訓』では、イラク戦争を総括し、そこから教訓を導く重要な機会となった。まず序章では、「これは第一に、アメリカによって計画され指揮された作戦であり、イギリス軍の貢献は、アメリカの軍事能力を補完し強化する最適な状況において、アメリカの作戦に適合したことである」と指摘されている[11]。その作戦をイギリス一国のレベルで評価するのではなく、アメリカとのコアリションという枠組みの中で評価せねばならない。確かにイラク戦争は、それ以前のコソボ戦争やアフガニスタン戦争と比較しても、アメリカ主導で進められた性質が色濃く出ていた。

この報告書の本文の中では、イラク戦争における地上作戦、海上作戦、空中作戦などそれぞれの戦域ごとの作戦を点検している。そしておおよそいずれの戦域においても、イギリス軍は高いプロフェッショナリズムの精神から、SDRに基づいて効果的な作戦が遂行されたと評価する。他方で最も評価が厳しいのは、第一一章の「紛争後の作戦」の部分についてである。そこでは結論として、次のように書かれている。「イラクは、主要な介入の後に破綻国家を再建するためには、計画と組織化を事前に行う必要があることを示した。」そして、そのような計画や組織化を十分に行うためには、「軍事的オプションを選択する決定を行うかなり事前の段階で、作業を始めることが不可避である」と指摘する。[12] これは、序章でこの戦争が「アメリカによって計画され指揮された作戦」と指摘していることを考慮するならば、軍事攻撃の作戦を検討することに比重を置きすぎて、十分な占領政策や復興政策を準備していなかったアメリカ国防省、あるいはラムズフェルドやウォルフォウィッツへの批判と見るべきであろう。イラク戦争の教訓としてイギリス国防省は、戦後復興へ向けて十分な準備と計画を用意することなく、安易に軍事攻撃の決定を行うことを戒めている。

他方で、同時期に刊行された防衛白書、『変容しつつある世界での安全の確保』においては、より長期的な視座からイギリスの防衛政策を再検討している。そこではまず、「バルカン半島、シエラレオネ、アフガニスタン、イラクは、戦闘の作戦およびそれに続く安定化作戦の双方において、イギリス軍は素晴らしい成果を発揮した」と、それまでの戦果を称賛している。そして続いて、一九九八年のSDRに基づいた新しい安全保障戦略に沿って軍事行動を展開した結果、正しい方向に進んでいることを確認したという。すなわち、「防衛とは、軍事作戦と防衛外交の双方を通じて、対外政策および安全保障政策上の目的を達成するための不可欠の一部分である」という。さらに次のようにも記されている。「われわれの軍事力は、戦闘（warfighting）から平和支援任務（peace support operations）に至るまで、広範な行動へと準備がなされていなければならない。」イギリスの防衛政策においては、この「平和支援任務」が非常に大きな領域を占めている。他方で九・一一テロに見られるように、イギリスを取り巻く安全保障上の脅威は、国際テロリズムを含め多岐にわたり、多様な防衛関与を広げなければならなくなっている。[13] そのような認識が、軍事技術革新に基づいた高水準の攻撃力を追求するアメリカ政府の示す防衛戦略との非常に大きな違いであり、英米間の戦略文化の相違点なのであろう。

この防衛白書の結論部分で、これらの脅威に対応するためには、「この広範な任務は、同様に広範な同盟とコアリションの構造によって、多国間協力を基礎に行わなければならない」という。その中でも重要なのが、アメリカとの協力を維持しながらも、国連、NATO、EUという枠組みの中に、イギリス軍が統合されることである。[14] このような国防省の認識は外務省の認識とも重なる部分が大きい。イラク戦争に至るまでのイギリスの対外政策が基本的に健全なものであったと一定の評価をしながらも、他方でイラク戦争後の対外政策においては国連やNATO、EUという国際機構をよりいっそう重視しており、さらにはアメリカとEUとのより緊密な協力を不可欠と位置づけている。防衛政策における多国間主義の回復である。

メディアや世論においては、イラク戦争後の混乱と治安の悪化が繰り返し報じられる中で、ブレア政権はその後厳しい批判に晒されてきた。戦後のイラクでの悲劇を考えれば、それは当然であろう。しかしながら同時にブレア政権のイギリスは、以上に見たように、それらの教訓から多くを学び外交政策や防衛政策をより健全なものへと発展させようとしてきた。それらをも考慮に入れた上で、ブレア政権の対外政策の全体像を描くべきなのであろう。

辞任の決断

二〇〇七年五月一〇日、トニー・ブレア首相は自らの選挙区のイギリス中部セッジフィールドのトリムドン労働党クラブで支持者を前にして、感傷的な表情で演説を始めた。そしてその中で、自らが六月二七日に首相を辞任する意向を正式に表明した。ブレアがはじめてこの選挙区から下院議員に選ばれて、二四年ほどが過ぎていた。ブレアは「政治的な旅が始まったこの場所」こそが、その旅を終えるにふさわしい場所だと述べた。「私の首相としての職務については、いずれ判断がなされるであろう。そして最終的にはあなた方、人々がそれを決めるのだ。」(15)

ブレアは語る。「今日、世界を駆けめぐっているニュースの議論を見てほしい。貧困と闘うためのアフリカ支援のグローバルな動き。気候変動。テロリズムとの闘い。イギリスは、追従者ではない。リーダーである。それは、今日の世界の重要な特徴を示している。それは相互依存である。」そしてブレアは、イラク戦争を振り返りながら、次のように述べた。「私は間違っていたかもしれないが、国のために正しいと思うことを行った。」(16)

「正しいと思うことを行った。」これは、ブレアの率直な言葉であろう。それはブレアの信念でもあり、自らの決断を熟慮し再考し反芻した結果にたどり着いた結論なのだと思う。ブレア首相は、政治において倫理的な目的、道徳的な使命を重視し、それを明確な言葉で語った数少ない指導者であった。そしてそれがブレア首相の歩んだ軌跡でもあった。首相としての在任期間は、一〇年一カ月。これはマーガレット・サッチャー首相の一一年六カ月という記録を除けば、ナポレオン戦争以後続けて在任した期間としては、イギリスの首相として最長のものであった。ブレア党首の下で、労働党ははじめて三回連続総選挙で勝利した。それは輝かしい功績である。疑いなく、イギリス政治史に確固たる地位を築いた労働党の首相であった。

セッジフィールドの選挙民を前に、目を潤ませながら彼は次のように語った。「より多くの雇用、低い失業率、より良い医療と教育、低い犯罪率、経済成長の継続。これを実現したのは一九四五年以降、この政権だけだ。」(17) それは、止むことのない自らへの批判の声に対する、精一杯の反論であった。確かにブレア首相は退任間際には、イラクでの苦境をはじめ多くの問題に行き詰まり、囂々たる批判に包まれていた。だが、ブレアが誇ったその数々の業績は、必ずしも誇張とは言い切れないであろう。イラク戦争は、ブレア首相の指導者としての評価を左右する決定的な要素であろう。しかしおそらく時間の経過とともに、ブレア時代のイギリスとは国民の記憶の中では継続的な経済成長と国際的威信と結びついていくのではないか。

一七分間という、短く感傷的なブレア首相の演説を聴く人々の表情はあたたかかった。目に涙を浮かべる者が次々と出てきた。ブレアは、彼自らの選挙民と深い絆で結ばれていたのであろう。それは政治家として幸せなことであった。

ブレア首相への評価

イギリスのメディアは翌日から、紙面、テレビ、ラジオ、インターネットなどあらゆる媒体を用いて、ブレア時代の一〇年間を回顧する特集を組んだ。それほどまでにその一〇年間は、ブレア首相の存在に圧倒されていたのだ。そこには、大学時代のブレアの長髪の若々しい写真もあれば、セッジフィールドの選挙区で初当選した際の喜びに溢れる写真、そして一九九七年の総選挙で勝利をしてシェリー夫人と抱擁する写真も見られた。いずれも明るく喜びに満ちた顔であった。同時に、ブッシュ大統領の横に並び苦悩を浮かべる顔。戦争を決断する苦渋に満ちた顔。歴史的な反戦デモや閣僚辞任劇に苦しむ顔が並ぶ。メディアを重視し、自ら国民の前で語ることを好んだ首相だけに、ブレア時代を記憶するための数々の映像が残されている。

それでは、歴史はどのようにブレアの時代を位置づけることになるのであろうか。左派の『ガーディアン』紙は、五月一一日に四八ページにわたる、例外ともいえる分厚い特集記事を編んだ。そこでは実に多角的に、ブレアの首相在任一〇年間が検証されている。それでは識者はどのようにブレア首相の政治指導を位置づけているのか。高名なイギリス人歴史家のリンダ・コリー・プリンストン大学教授は、イラク戦争をめぐる彼の決断を厳しく批判しながらも、「簡潔に言えば、彼はずば抜けた政治的才能を有していた」と評価する。他方で左派の歴史家として日本でも高名なエリック・ホブズボームは、「彼は何よりも、博士論文を書いているような人たちのみによって知られるような、その他大勢の首相たちとは異なり、人々の記憶に残ることになるであろう」という。それと同時に、次のように加えることも忘れていない。「イーデンがスエズによって記憶されたように、ブレアはイラクによって記憶されるであろう。[18]」ホブズボームの評価は厳しい。それは、ブレアに失望した多くの左派系知識人を代弁するものでもあった。

シェフィールド大学の歴史家、イアン・カーショーもまたBBC放送でのインタビューの中で、イーデンのスエズと同様に、ブレアがイラクによって記憶されることになるであろうと指摘する。カーショーは、ブレアの時代が「失われた機会」として歴史に位置づけられるだろうと予期する。しかしながらカーショーをはじめ、ブレアのイラク戦争への対処に対して厳しい批判をする論者も、ブレアが労働党を三度の総選挙の勝利に導いたこと、また北アイルランド和平をはじめ多くの政治的成功を収めたことを無視してはいない。カーショーも、第一次世界大戦以降のイギリスの平時の首相で、ブレアに匹敵する功績を残した者はあまりいないだろうと評価する。[19]他方で、手放しでブレアの政治指導を評価するのは、保守派のイデオローグであるアンドリュー・ロバーツである。英米同盟の信奉者であり、イラク戦争を賛美するロバーツは、九・一一テロの後にブレアがアメリカと手を組み「対テロ戦争」を戦ったことを、「チャーチル的なリーダーシップだ」と称賛する。[20] 左派がイラク戦争を理由にブレアの政治指導を批判し、右派がそれを理由にブレアを称賛する構図は、イギリスにおけるイデオロギー的な亀裂を示すものでもある。それゆえに、歴史家のアンソニー・セルドンは、「イラクは、トニー・ブレアの首相としての職務の中でも、最も論争的な側面であり続けている」と冷静に記している。

それでは、世界中の指導者たちは、ブレア首相の辞任をどのように受け止めたか。イラク戦争を共に戦ったジョージ・ブッシュ大統領は、「彼は、はるか彼方を見渡して思考をすることができる政治家であった」と称賛する。そして、「私は、彼が約束を守る男だということがわかっており、それは私がいるこの政治の世界では稀なことである」という。ブレア首相は、イラク戦争後の混乱の時期においても、ブッシュ大統領を批判したり、彼と決裂したりすることはなかった。最後まで信頼関係を大切にしたのだ。それゆえにブッシュは、「われわれは彼がいなくなることを、とても寂しく思う」と率直な心境を語っていた。またEUの欧州委員会のバローゾ委員長もまた、次のようにブレアの功績を評価する。「トニー・ブレアは、イギリスを欧州連合の周縁から主流へと導いてきた。彼はそれを、拒否権によってではなく、関与によって成し遂げたのだ。」イスラエルのシモン・ペレス副大統領は、中東和平に尽力したブレア首相を次のように高く評価した。「イギリスにおいては、伝統への偉大な敬意が見られるが、同時に新しい世代が誕生したのだ。[21]」

おそらく最もブレアの琴線に触れる言葉は、シエラレオネのアフマド・カバー大統領の次のものであろう。「私は、彼が完全にアフリカにコミットしたという明確な印象を得ていた。たとえばそれは、『アフリカは、世界における傷痕』であり、われわれがそれに対処しなければ、治ることのない傷となってしまうだろうと彼が述べたことにも示されている。私は、ブレア氏が政府によって行われる対外政策のイシューに、道徳的な声をもたらしたことを、確信する機会を得たのだ。[22]」ブレアは二〇〇〇年に、シエラレオネでの内戦を停止させるため、そして虐殺を防ぐために、軍事介入を行った。それはシエラレオネの多くの市民、そして国連職員や人道支援を行うNGO関係者などによって、あたたかく歓迎された。その後二〇〇二年に内戦は終結し、悲劇の拡大を防ぐことにブレアは成功した。そのシエラレオネの大統領がブレアの政治指導をこのように評価し、彼の辞任にあたって優しい言葉を贈ることは、何よりも嬉しいことであっただろう。

リーズ大学が二〇〇四年に行った世論調査で、イギリスの政治学者一三九人が二〇世紀のイギリスの首相二〇人の評価をした結果、ブレアは二〇人中で上から六番目に高い評価がされた。アトリー、チャーチル、ロイド＝ジョージ、サッチャーの四人が上位を占め、ブレアはハロルド・マクミランの次に位置していた(23)。二〇〇四年は、イラク戦争後の混乱の中で、ブレア首相への批判が最も厳しかった時期である。それを考慮すれば、その後はより高い評価がなされるとしても不思議ではない。おそらくは今後、時間の経過とともにブレアの評価がより客観的になされるようになり、上位四人に次ぐ評価あるいはそれと同等の評価がなされるようになるであろう。どれだけイラク戦争がブレアの政治的評価を傷つけたとしても、それ以外の彼の軌跡をすべて消し去ることはできない。

アフリカ貧困問題と気候変動問題

それ以外の軌跡とは何であろうか。ブレアが特別力を入れた外交課題は、倫理的な目的を掲げて行った軍事力行使を除くならば、中東和平プロセス、アフリカ貧困支援、気候変動問題の三つであった。中東和平プロセスについてはその後停滞し、混迷が続いているが、後の二つの課題については、二〇〇五年のグレンイーグルズ・サミットから二〇〇七年のハイリゲンダム・サミットに至るまでの間、ブレア首相は多大な時間と労力を使って国際社会がこれらの問題に取り組むよう他国の首脳を説得した。六月一五日、辞任を約一週間後に控えたブレア首相は、イギリス中部トリムドンでの読売新聞記者とのインタビューの中で、首相在任一〇年間での最も大きな業績として、「気候変動問題とアフリカ支援について、国際社会の関心を高めさせるための役割を果たした点」を指摘した。(24) イラク戦争の後に、ブレア首相は外交路線を軌道修正し、より視野を広げてグローバルな問題に取り組み始めていた。

自らが議長となった二〇〇五年七月のグレンイーグルズ・サミットでは、この二つのアジェンダを主要議題に掲げることに成功した。このサミットは、七月七日のロンドンでの同時多発テロの騒動によってその成果がテロリズムの陰に隠れてしまったが、それらはブレアにとっての政治的な勝利であった。(25) その背後には、ブッシュ大統領への地道な説得があった。(26) また、自らの引退の花道を飾った二〇〇七年六月のハイリゲンダム・サミットに至るまでの期間、ドイツのアンゲラ・メルケル首相やフランスの新しい大統領ニコラ・サルコジと緊密な協力を深めて、気候変動問題とアフリカ支援をめぐるEUとしての合意をまとめあげた。メルケルもサルコジも、その前任者のシュレーダーやシラクとは異なり、本質的にアメリカとの協力関係の重要性を深く認識し、また民営化を中心とした経済改革が自らの国にも必要だと認識していた。それは、ブレア首相と大きく認識を共有するものであり、また二人の指導者はブレア首相のそれまでの功績に高い評価を与えることを惜しまなかった。ブレアは退任を間近にして、この二人の指導者と緊密な友好関係を構築したのである。(27)

イラク戦争の影に隠れながらも、これらの問題への取り組みはブレア首相の一貫した外交理念の帰結でもあった。すなわち、EUとしての結束を強め、そこで自らがリーダーシップを発揮すること。アメリカと緊密な協力関係を構築し、アメリカの大統領が正しい道を進むよう説得すること。国際コミュニティが結束を強め、グローバルな課題に取り組んでいくこと。その上で、国連やNATOのような国際機関を通じて問題解決をめざし、多国間主義を強化すること。それらのアプローチは、一九九九年四月のブレアのシカゴでの「国際コミュニティのドクトリン」演説で明瞭に示されていたものであった。外交がシニカルなリアリズムにとどまることを嫌い、リベラルな国際主義を掲げると同時に、そこでイギリスがリーダーシップを発揮することを求めた。しかし、ブレア首相はイラク戦争による泥沼に足を取られ、自らの政治的評価を決定的に傷つけたのである。そのことを無視して、ブレア外交の一〇年を評価することはできない。

「倫理的な戦争」の帰結

ブレアは、首相を辞任する最後まで、リベラル介入主義のドクトリンの意義を疑うことはなかった。そしてセッジフィールドでの辞任演説の中の言葉でも示されているように、自らが「正しいと思うことを行った」ことについて、疑念を持っていなかった。[28] 彼は決して、自らの決断に対する批判の声が聞こえなかったわけではない。それに心を痛めなかったわけでもない。とりわけその決断の代償として、自らが辞任をするまでにイラクでのイギリス兵の死者数が一五三人を数えたことに対して、深く心を痛めていた。

二〇〇七年五月、辞任をする決意を固めていたブレアは、バスラの戦闘で命を失った兵士の家族を首相官邸に招いた。そして次のように、亡くなった兵士の妻とその子どもたちに語った。「私は、戦争のために紛争地帯にイギリスの兵士を派兵した責任があります。そして、それによってそこで起こってしまったことにも責任があります。私は、あなたのご主人とあなたの子どもたちの父親に起こったことについて、心から申し訳ないと感じています。[29]」ブレアは、残忍な独裁者のサダム・フセインによる一般市民の殺戮に対して、倫理的な怒りを感じる一方で、自らの決断の帰結として命を失った者たちに対して倫理的な責任を痛感していたのだ。

ブレア首相は、一九世紀後半のグラッドストン首相のように対外政策において倫理的な側面を重視する一方で、第二次世界大戦の英雄であるチャーチル首相のように大胆な軍事力行使の決断を行ってきた。それゆえに、ティモシー・ガートン・アッシュは、ブレアの中には「トニー・グラッドストン」と「トニー・チャーチル」の二つの顔が見られるという[30]。この二つの側面が融合することによって、すなわち倫理と戦争を結びつけることによって、ブレアは繰り返し軍事力行使の決断を行ったのである。

それでは、ブレアの進めた倫理的な戦争の意義と、イラク戦争における挫折の二つは、どのように結びつけて考えるべきなのだろうか。また、二一世紀の世界において、アメリカという超大国とどのような関係を構築するべきなのだろうか。これは、本書を貫く重要な二つの問題であった。冷戦後の世界秩序の中でアメリカが圧倒的な軍事力を持っていることを考慮するならば、新しい世界秩序を構想することとアメリカとの協調関係を構築することを、切り離して考えることは難しい。

ブレアは、アメリカとの緊密な関係を構築することで、アメリカの行動に影響を与えようと試みてきた。ところがこれまでの経緯を見る限り、ブレアが想定していたよりも彼の影響力ははるかに限定的であった[31]。というのも、ブレア首相はブッシュ大統領との個人的な信頼関係の中から、アメリカの重要な決定に影響を及ぼそうとしたからである。アメリカの巨大な政治機構の中で、大統領といえどもその権力は限られている。それこそがアメリカの権力分立の理念であった。アメリカには大統領以外にも、副大統領、国防省、上院と下院の議会議員、圧力集団や利益集団、メディアなど多様なアクターが、政策決定に重要な影響を与えている。とりわけブッシュ政権においては、本書がこれまで見てきたように、チェイニー副大統領やラムズフェルド国防長官の意向によって、ブレアの政策理念は多くの場合阻まれてきた。アメリカとの緊密な関係によって、イギリスが政策決定に影響を及ぼす機会は何度となく見られたが、開戦や戦後占領統治などの重要な政策決定の局面においてイギリスの協力は所与のものと位置づけられ、それを自明としてアメリカ政府内では議論が進められていったのである。

だからといって、アメリカと敵対することが賢明な政策とはいえないであろう。アメリカの政策過程がそれだけ巨大であり複雑である以上、他国からの忠告や説得によってアメリカの大統領が簡単に決断を思いとどまることは考えがたい。アメリカ以外の大国が結束してアメリカを批判し、疎外し、挑発するとすれば、その帰結はアメリカの単独行動主義であろう。そのようなアメリカの単独行動主義は、これまで見てきたようにむしろチェイニー副大統領やラムズフェルド国防長官らが望んだものであった。そしてブレアは、アメリカの単独行動主義はむしろ世界秩序をより混乱させると考えていた。何よりもアメリカを多国間主義の枠組みに導くことが重要であり、それがアメリカの利益であると認識させることが重要なのだ。そもそも外交とは、一定の拘束と制約の下にあるということを理解しなければなるまい。

アメリカとの協調関係の構築以上に困難な問題が、倫理的・道徳的な目的を掲げて軍事力行使をする意味である。すでに見てきたように、一九九四年のルワンダでの虐殺、そしてユーゴスラビアのスレブニッツァでの民族浄化を経験した国際世論は、一九九〇年代後半には人道的介入の必要性という認識に帰結した。そして、責任ある大国が、他国における人権蹂躙を阻止し、民族浄化を食い止めるために、軍事力行使をも辞さずに積極的に関与を行うことを求めてきた。その絶頂が、一九九九年のコソボ戦争であった。空爆主体のコソボ戦争の実際の戦闘方法において「交戦法規」上の理由からも数多くの批判が見られたが、他方で民族浄化を進めようとするその動きに対して、実力を用いてでもそれを阻止しようとするその試みそれ自体には幅広い支持が見られた。そしてその後、「保護する責任」という新しい理念が国際コミュニティに誕生し定着していった。

しかしながら、アフガニスタン戦争やイラク戦争の際に、「保護する責任」において示された国際的な合意は、濃い霧の奥深くに隠れてしまった。これらの戦争は、すでに本書の中で論じてきたように、人道的介入という論理ではなくて、あくまでもアメリカの国家安全保障を守るための、「対テロ戦争」、さらには単独行動主義的な「先制攻撃ドクトリン」という文脈に沿って進められた性質が強かった。さらには自国兵士の死者数を極力減らすためにも、また軍事的効率を最大化するためにも空爆主体の軍事攻撃となり、それによって攻撃対象国の一般市民の数多くを殺傷する悲劇を生み出してきた(32)。自国兵士のパイロットの生命を最優先し、高い高度から爆撃することによって、地上の一般市民の生命が犠牲となる(33)。それは倫理的な戦争と誇ることのできるものではなかった。軍事的および国内政治的な考慮から、本来「保護する責任」が想定していたような国際主義的な理念や、多国間主義的な枠組み、そして「交戦法規」に基づいた軍事力行使の上での厳密な基準といったものが曖昧にされていった。その結果、アフガニスタンでもイラクでも、一般市民の死傷者は膨大な数に膨れあがっていた(34)。その傷痕は容易に消えず、さらなる怒りを生みだしている。

たとえブレア首相やブッシュ大統領が、残忍な独裁者のサダム・フセインを排除することをどれだけ「正しいこと」だと確信していたとしても、国連による正統性の担保や、NATOなどの多国間機構の枠組みの活用、「交戦法規」を遵守するという人道上の配慮、そして戦後復興支援への十分な準備などという裏づけを持って、その「正しいこと」を行うことが必要であった。それらが欠けていたことこそが、イラク戦争の正統性に重大な疑義をもたらしたのだ。政治指導者の自らの強い信念のみに依拠して戦争を始めることはあまりにも多くの傷痕を国際社会に残すことになる。ましてやその「正しさ」を実現するために強大な攻撃力に頼らざるを得ないのであれば、国際的に幅広く受け入れた基準を尊重することが重要だ。イラク戦争にはそれらが欠けていた。

二一世紀の世界において、国際コミュニティが倫理的な問題や道徳的な問題を放置し、純粋な国益と国家安全保障に基づく狭義のリアリズムに回帰することを推奨すべきではあるまい。グローバルな相互依存の進んだ世界が、それを許さない。しかしそれを行う上で、本来は軍事的手段と非軍事的手段を総合し、より周到な準備と計画、そしてより広い国際協調枠組みが必要なはずであった。多くのものを犠牲にして、対米協調を優先するブレアの戦略は、大きな挫折を味わうことになったのだ。

戦争により倫理的な目的を実現することは、不可能ではあるまい。軍事的強制力を用いてでもジェノサイドなどの惨状を阻止することが、場合により必要であろう。しかしそのためには国際的正統性や合法性を尊重することが重要となる。それらが欠けることで、倫理的な行動であるべきものが、粗野な暴力へと堕落してしまうかもしれない。それを指導者の個人的倫理観に従って行うべきではない。ブレア首相の在一〇年間にイギリスは、多くの国際的な倫理的問題を非軍事的手段で取り組む試みを成功させながらも、しかしイラク戦争においては粗野な暴力を行使してしまった。本書が論じてきたように、それは純粋なイギリス政府の動機に基づくというよりも、むしろ対米協力の論理から派生した側面が大きかった。しかし同時にそれは、一九九八年一二月のイラクへの空爆から続く、ブレア自身の外交哲学とも不可分に結びついたものであった。自らの外交哲学に忠実であろうとして、結果としてそれに大きく背く結果となってしまったことが、ブレアの挫折の本質であった。

もしも国際社会が国益とパワーに支配された伝統的なパワー・ポリティクスの世界に閉じこもるのでなければ、ブレア首相が取り組んだ数々の倫理的な問題に対してより建設的にそれらを検証することが必要となるだろう。われわれが前に進むためには、多くの苦痛を経験しなければならないのだ。国際コミュニティが解決できる問題は限られている。しかしそのような中でも、グローバル化が進む世界において、暗闇に光をあてて新しい可能性を模索することが、そもそもブレア首相が確信していたリベラルな国際主義の外交哲学であり、今後の世界に求められていることであろう。

（1） Foreign & Commonwealth Office（FCO）, *The United Kingdom in the United Nations*, Cm 5898（London: The Stationery Office, September 2003）; Foreign & Commonwealth Office, *UK International Priorities: A Strategy for the FCO*, Cm 6052（London: The Stationery Office, December 2003）; Ministry of Defence, *Operations in Iraq: Lessons for the Future*（London: The Stationery Office, December 2003）; Ministry of Defence, *Delivering Security in a Changing World: Defence White Paper*（London: The Stationery Office, December 2003）.

（2） Jack Straw, "Preface" to FCO, *The United Kingdom in the United Nations*, p.iii.

（3） Ibid., pp.1-2.

（4） 細谷雄一「『国際連合』の起源―戦後構想をめぐる英米関係、一九四一年」『法学研究』第七八巻、八号（二〇〇五年）を参照。

（5） FCO, *The United Kingdom in the United Nations*, p.1.

（6） Ibid., p.7.

（7） Ibid., p.42.

（8） Preface by Jack Straw to FCO, *UK International Priorities*, pp.1-3.

（9） Timothy Garton Ash, "Commentary", in Anthony Seldon（ed.）, *Blair's Britain 1997–2007*（Cambridge: Cambridge University Press, 2007）p.633.

（10） Ibid., p.643.

（11） Ministry of Defence, *Operations in Iraq*, p.3.

（12） Ibid., p.69.

（13） Ministry of Defence, *Delivering Security in a Changing World*, pp.2-3.

（14） Ibid., p.19.

（15） Tony Blair's Speech, Trimdon Labour Club at Sedgefield, 10 May 2007, *The Guardian*.

(16) Patrick Wintour and Will Woodward, “I did what I thought was right”, *The Guardian*, 11 May 2007;『読売新聞』二〇〇七年五月一二日付朝刊。
(17)『朝日新聞』二〇〇七年五月一一日付朝刊。
(18) Ravi Somaiya and Alexander Topping, “How Blair will be remembered”, *The Guardian*, 11 May 2007.
(19) BBC News, “How will history judge Blair?”, May 10, 2007 <http://news.bbc.co.uk/go/pr/fr/-/1/hi/world/6642009.stm>.
(20) Ibid.
(21) BBC News, “In quotes: Global reaction to Blair’s exit”, May 11, 2007, <http://news.bbc.co.uk/go/pr/fr/-/1/hi/uk_politics/6636091.stm>.
(22) Ibid.
(23) Dominic Sandbrook, “Put him in his place”, *The Guardian*, 8 April, 2007.
(24)『読売新聞』二〇〇七年六月一六日付夕刊。
(25) Philip Stephens, “Commentary”, in Seldon (ed.), *Blair’s Britain, 1997–2007*, p.643.
(26) Anthony Seldon, “Conclusion: The net Blair effect, 1994–2007”, in Seldon (ed.), *Blair’s Britain, 1997–2007*, p.649.
(27) Anthony Seldon, *Blair Unbound* (London: Simon & Schuster, 2007) p.568.
(28) Ibid., p.560.
(29) Cited in ibid., pp.559–560.
(30) Timothy Garton Ash, “Gambling on America”, *The Guardian*, October 3, 2002.
(31) Garton Ash, “Commentary”, p.635.
(32) Conor Foley, *The Thin Blue Line: How Humanitarianism Went to War* (London: Verso, 2008) p.153.
(33) Paul Cornish, “The ethics of ‘effects-based’ warfare: the crowding out of *jus in bello?*”, Charles Reed and David Ryall (eds.), *The Price of Peace: Just War in the Twenty-First Century* (Cambridge: Cambridge University Press, 2007) p.196.
(34) これらの問題に注目した研究として、John Sloboda and Hamit Dardagan, “The Iraq Body Count project: Civil society and the democratic deficit”, in Alex Danchev and John Macmillan (eds.), *The Iraq War and Democratic Politics* (London: Routledge, 2005) pp.219–237.

あとがき

「どうしてブレアは、イラク戦争を支持したのでしょうか？」

このような質問をこれまで何度となく受けた。そのたびにイギリス外交を研究する者として、トニー・ブレア首相がアメリカとともにイラクへの軍事攻撃を行う決断をした経緯について、わかる範囲で説明をしてきた。しかし本当のところ、よくわからなかった。イギリスに、あるいはブレア首相に、はたして異なる選択肢をとることが可能だったのか。ブレア首相にとってそれは、最善の選択肢であったのだろうか。ブレア首相は、本当にイラク戦争を正しい戦争と信じていたのだろうか。ブレア首相は無能な政治指導者であったのだろうか。それを自分自身で知りたいと思って記したのが、本書である。

本書は私にとって、現代をテーマとしたはじめての単著である。これまで刊行した四冊のうち三冊はイギリス外交史に関する著書であり、もう一冊は外交の歴史を概説的に綴ったものであった。現代を論じることは、本当に難しいことだと思う。まず資料的な制約がある。外交史研究であれば、首相が決断を行うに際して、首相関連文書や閣議録、私文書としての書簡や日記などを参照してその心境や背景、動機などを描くことが可能だ。ところが現代的なテーマを扱う場合、それらのほとんどが未公開となっており、読むことができない。可能なのは演説原稿、議会議事録、委員会記録、新聞などといった公開資料を読むことであり、それらを通じて政治指導者の決断を推測することである。しかしそれらをいくら読んだとしても、政治指導者が本当のところ何を考えていたのか、よくわからない。それを知るためには、「三〇年ルール」に従って政府文書公開までしばらく待たなければならないが、イラク戦争に関連するインテリジェンスの多くの文書は、三〇年を過ぎても未公開かもしれない。とすれば、イラク戦争をめぐって今後長い間、研究者は多様な解釈を行い、多様な結論を導くことであろう。その意味で本書は、現段階で入手可能な資料を用いて綴った、暫定的な見解に過ぎないことをお断りしておく。

本書の直接の出発点は、一九九八年に平和・安全保障研究所（ＲＩＰＳ）において安全保障奨学プログラム第九期生として、ブレア政権の防衛政策を研究テーマにしたことにある。プログラム・ディレクターであった西原正平和・安全保障研究所理事長、土山實男青山学院大学教授の両先生には、二年間という長い時間をかけてご指導いただいたことに感謝申し上げたい。同じ九期生であった他のメンバーからも、毎回有益な実り多いコメントをいただいた。それから一〇年が経過し当時よりも問題関心が大分広がったが、それでも安全保障研究を行う上での重要な機会を得られたことをありがたく感じている。

その後、毀誉褒貶が激しいブレアの対外政策について、いろいろなメディアで自らの考えを発表する機会を持った。最初に発表の機会を与えられたのは、『外交フォーラム』二〇〇二年六月号であった。その後、『海外事情』、『国際問題』、『国際安全保障』のような学術誌、創文社ＰＲ誌の『創文』、あるいは『論座』や『中央公論』のような論壇誌、『朝日新聞』、『読売新聞』、『毎日新聞』といった新聞の紙面において、本書に関連する原稿を寄せた。これらの誌紙での発言に至る過程はつねに有意義なものであった。またＮＨＫ衛星第一放送「きょうの世界」キャスターであった長崎泰裕現ヨーロッパ総局長との会話も、いつも楽しく学ぶことが多かった。

イギリス外務省で現在国連大使を務め、ブレア首相の外交担当補佐官としてその決定を支えたジョン・ソアーズ政務審議官（当時）をはじめ、イギリスの外務省および国防省、日本の外務省および防衛省の関係者の方々から、インタビューや会話などを通じて多くを学んできた。それらすべてを註に記することは控えさせていただいたが、現実の政策過程の実情を理解する上で多大な示唆を得ることができた。記して感謝申し上げたい。また、ロンドンの王立防衛研究所（RUSI）において二〇〇三年と〇六年に二度、日英防衛協力会議での報告をさせていただいた。そこでの議論は実に有意義なものであった。その二つの会議を主催されたリチャード・コボルドRUSI所長にも感謝したい。

なかなか執筆が進まずに、「ブレア首相が辞任するまでには、どうにか原稿を書き上げます」と言ってから、すでに二年が経ってしまった。本書をご担当いただいた慶應義塾大学出版会第一出版部の乗みどりさんには、原稿が遅れる言い訳ばかりを述べてきたような気がする。現代的なテーマを扱いながらも、国際政治学の研究という視座を失うことなく本書をまとめる上で、何度となく貴重な示唆をいただいた。外交史研究者である私が現代の問題に取り組むという冒険に、忍耐強くおつきあい下さったことを深く感謝したい。

本書の原稿の大半は、プリンストン大学国際・地域研究所に客員研究員として滞在している期間に書き上げた。長期留学をお認め下さった本務校の慶應義塾大学法学部の国分良成学部長をはじめとする先生方、ご支援を頂いたフルブライト基金に感謝申し上げたい。本来の留学中の研究テーマは本書とは別のものであり純粋な外交史研究であるが、これについてもいずれ刊行をめざしている。オバマ政権が誕生するアメリカで、ブッシュ政権が行ったイラク戦争について考え、そこでのブレア首相の役割を考えることは興味深い経験であった。また、ジョン・アイケンベリー教授をはじめとするプリンストン大学の先生方に、アメリカ外交を考える上での貴重なご教示をいただいた。その意味でも、本書において従来よりも広い視野でイギリスの対外政策を位置づけることができたと思う。アメリカに滞在していたことで日本語の著書や論文が入手しにくく、思うように参照したり引用したりできない不自由もあったが、アメリカの視座から世界を観る感覚を経験できたことは有意義なことであった。

最後に個人的なこととなり恐縮ではあるが、私が妻と娘と一緒にアメリカへ出発する一カ月ほど前の昨年七月に、私の父が癌で急逝した。その少し前まで、実家に立ち寄った際にはいつもと同じように笑顔を見せ元気そうにしていた。アメリカへの旅行も楽しみにしていたところ、病魔があっという間に父の体を蝕んだ。若い頃に大きな手術を経験し、体の弱いサラリーマンの父であったが、その父がいなければ私は大学院に進学し、イギリスに留学して、現在まで研究を続けることはできなかった。私がブレア外交について、新聞や雑誌などに文章を寄せると、嬉しそうな顔でそれを読んでいてくれた。本書を亡父の細谷広之に捧げることをお許し頂きたい。そして、母まさ子が今後も長く健康でいてくれることを願っている。

二〇〇九年五月　新緑の美しいプリンストンにて

細谷　雄一

2004年)。

細谷雄一「イギリスのEU政策と市民―首相・政党・世論」田中俊郎・庄司克宏編『EUと市民』(慶應義塾大学出版会、2005年)。

細谷雄一「イギリスとEU―独仏枢軸との関係を軸に」田中俊郎・庄司克宏編『EU統合の軌跡とベクトル―トランスナショナルな政治社会秩序形成への模索』(慶應義塾大学出版会、2006年)。

細谷雄一編『イギリスとヨーロッパ―孤立と統合の二百年』(勁草書房、2009年)

三浦俊章『ブッシュのアメリカ』(岩波書店、2003年)。

宮本光雄「ブレア政府と欧州安全保障・防衛体系の将来」『成蹊法学』第49号(1999年)。

村田晃嗣『アメリカ外交―苦悩と希望』(講談社、2005年)。

最上敏樹『人道的介入―正義の武力行使はあるか』(岩波書店、2001年)

山内進編『「正しい戦争」という思想』(勁草書房、2006年)。

山本浩『決断の代償―ブレアのイラク戦争』(講談社、2004年)。

読売新聞政治部『外交を喧嘩にした男―小泉外交二〇〇〇日の真実』(新潮社、2006年)。

力久昌幸「イギリス労働党の核兵器政策――一方的核軍縮運動の盛衰(一)・(二)」『法学論叢』第131巻・第6号、第133巻・第4号(1992・3年)。

力久昌幸『イギリスの選択―欧州統合と政党政治』(木鐸社、1996年)。

力久昌幸『ユーロとイギリス―欧州通貨統合をめぐる二大政党の政治制度戦略』(木鐸社、2003年)。

渡邊啓貴「アフガン出兵とEU緊急対応部隊」『海外事情』2002年1月号。

渡邊啓貴『ポスト帝国―二つの普遍主義の衝突』(駿河台出版社、2006年)。

渡邊啓貴『米欧同盟の協調と対立―二十一世紀国際社会の構造』(有斐閣、2008年)。

田中明彦『複雑性の世界―「テロの世紀」と日本』(勁草書房、2003年)。

田中俊郎「九・一一事件と欧州政治統合」『海外事情』2002年1月号。

鶴岡路人「国際政治におけるパワーとしてのEU―欧州安全保障戦略と米欧関係」『国際政治』142号(2005年)。

戸蒔仁司「欧州連合への防衛能力導入と欧州安全保障防衛アイデンティティ」『法学政治学論究』第45号(2000年)。

日本国際問題研究所編『欧州安全保障システムの展開からの米欧同盟の考察』平成12年度外務省委託研究報告書(日本国際問題研究所、2002年)。

日本国際問題研究所編『9.11以後の欧米関係』平成14年度外務省委託研究報告書(日本国際問題研究所、2003年)。

日本国際問題研究所編『新しい米欧関係と日本(欧州の自立と矜持)』(日本国際問題研究所、2004年)。

日本国際連合学会編『人道的介入と国連』(国連研究第八号)(国際書院、2001年)

萩原能久「『合法性と正統性』再論―正義と暴力のはざまで」『法学研究』第76巻、第12号(2003年)。

広瀬佳一「欧米関係とEUの共通安全保障・防衛政策」田中俊郎・庄司克宏編『EU統合の軌跡とベクトル―トランスナショナルな政治社会秩序形成への模索』(慶應義塾大学出版会、2006年)

フォーリン・アフェアーズ・ジャパン編・監訳『アメリカはなぜイラク攻撃をそんなに急ぐのか?』(朝日新聞社、2002年)。

フォーリン・アフェアーズ・ジャパン編・監訳『ネオコンとアメリカ帝国の幻想』(朝日新聞社、2002年)。

藤原帰一『デモクラシーの帝国―アメリカ・戦争・現代世界』(岩波書店、2002年)。

藤原帰一『「正しい戦争」は本当にあるのか―論理としての平和主義』(ロッキング・オン、2003年)。

藤原帰一・小杉泰・寺島実郎編『「イラク戦争」検証と展望』(岩波書店、2003年)。

古矢旬『アメリカ―過去と現在の間』(岩波書店、2004年)。

細谷雄一「米欧関係とイラク戦争―冷戦後の大西洋同盟の変容」『国際問題』2003年9月号(2003年)。

細谷雄一「世界秩序の中の米欧対立―『普遍主義』と『多元主義』の相克」『国際安全保障』(日本国際安全保障学会)第31巻、第1・2号(2003年)。

細谷雄一「パートナーとしてのアメリカ―イギリス外交の中で」押村高編『帝国アメリカのイメージ―国際社会との広がるギャップ』(早稲田大学出版部、

編『EU—二一世紀の政治課題』(勁草書房、1999年)。

植田隆子「コソヴォ危機と欧州の安全保障組織」平成11年度外務省委託研究報告書『コソヴォ危機が国際秩序再編に与えるインプリケーション』(日本国際問題研究所、2000年3月)。

植田隆子「拡大EUと欧州安全保障防衛政策(ESDP)」森井裕一編『国際関係の中の拡大EU』(信山社、2005年)。

梅川正美・阪野智一編『ブレアのイラク戦争—イギリスの世界戦略』(朝日新聞社、2004年)。

遠藤乾編『ヨーロッパ統合史』(名古屋大学出版会、2008年)。

遠藤乾編『原典ヨーロッパ統合史—史料と解説』(名古屋大学出版会、2008年)。

遠藤誠治「自由民主主義のアイデンティティと『戦史の誉れ』—マイケル・イグナティエフにおける人権と軍事介入の政治学」『思想』2009年・第4号(1020号)。

小川浩之「イギリスの対応政策」櫻田大造・伊藤剛編『比較外交政策—イラク戦争への対応外交』(明石書店、2004年)。

押村高『国際正義の論理』(講談社、2008年)。

川西昌大「『保護する責任』とは何か」『レファレンス』平成19年3月号(2006年)。

川端清隆『イラク危機はなぜ防げなかったのか—国連外交の六百日』(岩波書店、2007年)。

木畑洋一「混迷のなかの出発—21世紀のイギリス外交」佐々木雄太・木畑洋一編『イギリス外交史』(有斐閣、2005年)。

久保文明編『アメリカ外交の諸潮流—リベラルから保守まで』(日本国際問題研究所、2007年)。

齋藤直樹『検証イラク戦争—アメリカの単独行動主義と混沌とする戦後復興』(三一書房、2005年)。

酒井啓子『イラクとアメリカ』(岩波書店、2002年)。

酒井啓子『イラク戦争と占領』(岩波書店、2004年)。

佐々木卓也編『新版・戦後アメリカ外交史』(有斐閣、2009年)。

鈴木一人「ブレアとヨーロッパ　一九九七－二〇〇七年—「お節介なネオコン性」」細谷雄一編『イギリスとヨーロッパ—孤立と統合の二百年』(勁草書房、2009年)。

ジョン・ソアーズ／細谷雄一「現代英国外交の世界観—ブレア政権の外交政策をめぐる対話」『外交フォーラム』2004年11月号(2004年)。

高安健将『首相の権力—日英比較からみる政権党とのダイナミズム』(創文社、2009年)。

Dan Keohane, "The Debate on British Policy in the Kosovo Conflict: An Assessment", *Contemporary Security Policy*, Vol.21, No.3 (2000).

Vaughan Lowe, "International Legal Issues Arising in the Kosovo Crisis", *International and Comparative Law Quarterly*, Vol.49 (2000).

Colin McInnes, "Labour's Defence Review", *International Affairs*, vol.74, no.1 (1998).

Richard B. Miller, "Justification of the Iraq War Examined", *Ethics & International Affairs*, vol. 22, vol.1 (2008).

Joseph S. Nye, Jr., "The US and Europe: continental drift?", *International Affairs*, vol.76, no.1 (2000).

Elizabeth Pond, "The dynamics of the feud over Iraq", in David M. Andrews (ed.), *The Atlantic Alliance under Stress: US-European Relations after Iraq* (Cambridge: Cambridge University Press, 2005).

Condoleeza Rice, "Promoting National Interest", *Foreign Affairs*, January/February 2000 (2000).

Adam Roberts, "Humanitarian War: Military Intervention and Human Rights", *International Affairs*, vol.69, no.3 (1993).

Adam Roberts, "NATO's 'Humanitarian War' over Kosovo", *Survival*, vol.41, no.3 (1999).

Kori Schake, Amaya Bloch-Laine and Charles Grant, "Building European Defence Capability", *Survival*, vol.41, no.1 (1999).

Elinor Sloan, "DCI: Responding to the US-led Revolution in Military Affairs", *NATO Review*, vol.48, no.1 (2000).

Philip Stephens, "The Blair Government and Europe", *Political Quarterly*, vol.72, no.1 (2001).

William H. Taft IV and Todd F. Buchwald, "Preemption, Iraq and International Law", *The American Journal of International Law*, Vol.97 (2003).

Nicholas J. Wheeler and Tim Dunne, "Good international citizenship: a Third Way for British foreign policy", *International Affairs*, vol.74, no.4 (1998).

David Yost, "The NATO Capability Gap and the European Union", *Survival*, vol.42, no.4 (2000).

４．邦語文献

飯島勲『実録小泉外交』（日本経済新聞社、2007年）。

池内恵『アラブ政治の今を読む』（中央公論新社、2004年）。

植田隆子「欧州連合の防衛能力―共通外交安全保障政策の強化問題」村田良平

RUSI Journal, vol.148, no.2, April 2003 (2003).

Alex Danchev, ""I'm with You": Tony Blair and the Obligations of Alliance: Anglo-American Relations in Historical Perspective", in Lloyd C. Gardner and Marilyn B. Young (eds.), *Iraq and the Lessons of Vietnam, Or, How Not to Learn from the Past* (New York: The New Press, 2007).

Anne Deighton, "The European Security and Defence Policy" in J. H. H. Weiler, Ian Begg and John Peterson (eds.), *Integration in an Expanding European Union: Reassessing the Fundamentals* (Oxford: Blackwell, 2003).

Andrew Dorman, "British Defence Policy in the Post-Cold War Era: History Comes Full Circle?" in Andrew Dorman, Mike Smith and Matthew Uttley (eds.), *The Changing Face of Military Power: Joint Warfare in an Expeditionary Era* (Basingstoke: Palgrave, 2002).

Geoffrey Edwards, "The Potential and Limits of the CFSP: The Yugoslav Example", in Elfriede Regelsberger et al. (eds.), *Foreign Policy of the European Union: From EPC to CFSP and Beyond* (London: Lynne Rienner, 1997).

Richard A. Falk, "What Future for the UN Charter System of War Prevention?", *The American Journal of International Law*, Vol.97 (2003).

John Lewis Gaddis, "A Grand Strategy of Transformation", *Foreign Policy*, November/December 2002 (2002).

Sebestyen L. V. Gorka, "Invocation in Context", *NATO Review*, Summer 2006 (2006).

Robert Grant, "The RMA —Europe can keep in step", *Occasional Papers 15* (The Institute for Strategic Studies, Western European Union, June 2000).

Christopher Greenwood, "International Law and the NATO Intervention in Kosovo", *International and Comparative Law Review*, Vol. 49 (2000).

Catherine Guicherd, "International Law and the War in Kosovo", *Survival*, vol.41, no.2 (1999).

Christopher Hill, "The Capability-Expectations Gap, or Conceptualising Europe's International Role", *Journal of Common Market Studies*, vol.31, no.3 (1993).

Christopher Hill, "Closing the capabilities-expectations gap?" in John Peterson and Helene Sjursen (eds.), *A Common Foreign Policy for Europe? competing visions of the CFSP* (London: Routledge, 1998).

Jolyon Howorth, "Britain, NATO and CESDP: Fixed Strategy, Changing Tactics", *European Foreign Affairs Review*, vol.5 (2000).

Jolyon Howorth, "Britain, France and the European Defence Initiative", *Survival*, vol.42, no.2 (2000).

stoke: Palgrave, 2005).
Bob Woodward, *Bush at War* (New York: Simon & Schuster, 2002). 邦訳、ボブ・ウッドワード『ブッシュの戦争』伏見威蕃訳（日本経済新聞社、2003年）。
Bob Woodward, *Plan of Attack* (New York: Simon & Schuster, 2004). 邦訳、ボブ・ウッドワード『攻撃計画―ブッシュのイラク戦争』伏見威蕃訳（日本経済新聞社、2004年）。
John W. Young, *Britain and European Unity, 1945-1999*, 2nd edition (Basingstoke: Macmillan, 2000).

３．研究論文

Alyson J. K. Bailes, "Western European Union and Contemporary European Security: a British Perspective", Anne Deighton (ed.), *Western European Union 1954-1997* (Oxford: European Interdependence Research Unit, 1997).
Alex J. Bellamy, "The Responsibility to Protect and the Problem of Military Intervention", *International Affairs*, vol.84, no.4 (2008).
Christopher Bennett, "Aiding America", *NATO Review*, Winter 2001/2002 (2001).
Sven Biscop, "The UK's Change of Course: A New Chance for the ESDI", *European Foreign Affairs Review*, vol.4 (1999).
Alan Boyle, "Kosovo: House of Commons Foreign Affairs Committee 4th Report, June 2000", *International and Comparative Law Review*, Vol. 49 (2000).
Ian Brownlie and C. J. Apperley, "Kosovo Crisis Inquiry: Memorandum on the International Law Aspects", *International and Comparative Law Review*, Vol. 49 (2000).
Edgar Buckley, "Invoking Article 5", *NATO Review*, Summer 2006 (2006).
Robert Cooper, "The Post-Modern State", in Mark Leonard (ed.), *Re-ordering the World: The Long-term Implications of 11 September* (London: The Foreign Policy Centre, 2002).
Paul Cornish, "European Security: the end of architecture and the new NATO", *International Affairs*, vol.72, no.4 (1996).
Stuart Croft, "European integration, nuclear deterrence and Franco-British nuclear cooperation", *International Affairs*, vol.72, no.4 (1996).
Ivo H. Daalder, "The End of Atlanticism", *Survival*, vol.45, no.2, Summer 2003 (2003).
Ivo Daalder and Michael E.O'Hanlon, "Unlearning the Lessons of Kosovo", *Foreign Policy*, Fall 1999 (1999).
Alex Danchev, "Greeks and Romans: Anglo-American Relations After 9/11",

Anthony Seldon, *Blair's Britain 1997-2007* (Cambridge: Cambridge University Press, 2007).

Anthony Seldon and Dennis Kavanagh (eds.), *The Blair Effect 2001-5* (Cambridge: Cambridge University Press, 2005).

William Shawcross, *Allies: The U.S., Britain, Europe, and the War in Iraq* (New York: Public Affairs, 2004).

Stanley R. Sloan, *The United States and European Defence, Chaillot Paper 39*, (Paris: The Institute for Strategic Studies, Western European Union, April 2000).

Julie Smith and Mariana Tsatsas, *The New Bilateralism: The UK's Relations within the EU* (London: The Royal Institute of International Affairs, 2002).

Karen E. Smith and Margot Light (eds.), *Ethics and Foreign Policy* (Cambridge: Cambridge University Press, 2001).

Peter Stothard, *30 Days: A Month at the Heart of Blair's War* (London: HarperCollins, 2003).

Stephen F. Szabo, *Parting Ways: The Crisis in German-American Relations* (Washington D.C.: Brookings Institution, 2004).

James P. Thomas, *The Military Challenges of Transatlantic Coalitions, Adelphi Paper 333* (Oxford: Oxford University Press/IISS, 2000).

Michael Walzer, *Just and Unjust Wars: A Moral Argument with Historical Illustrations*, 4th edition (New York: Basic Books, 2006). 邦訳、マイケル・ウォルツァー『正しい戦争と不正な戦争』萩原能久監訳（風行社、2008年)。

Michael Walzer, *Arguing on War* (New Haven: Yale University Press, 2004). 邦訳、マイケル・ウォルツァー『戦争を論ずる―正戦のモラル・リアリティ』駒村圭吾・鈴木正彦・松元雅和訳（風行社、2008年)。

Jennifer M. Welsh (ed.), *Humanitarian Intervention and International Relations* (Oxford: Oxford University Press, 2004).

Nicholas J. Wheeler, *Saving Strangers: Humanitarian Intervention in International Society* (Oxford: Oxford University Press, 2000).

Nicholas J. Wheeler and Tim Dunne, *Moral Britannia? Evaluating the Ethical Dimension in Labour's Foreign Policy* (London: The Foreign Policy Centre, 2004).

Richard G. Whitman, *Amsterdam's unfinished business? The Blair Government's initiative and the future of the Western European Union*, *Occasional Papers 7* (Paris: Institute for Strategic Studies, Western European Union, January 1999).

Paul D. Williams, *British Foreign Policy Under New Labour, 1997-2005* (Basing-

for 21st Century (London: Pinter/RIIA, 1997).
James Mann, *The Rise of Vulcans: The History of Bush's War Cabinet* (New York: Viking, 2004). 邦訳、ジェームズ・マン『ウルカヌスの群像—ブッシュ政権とイラク戦争』渡邊昭夫監訳（共同通信社、2004年）。
Pierre Martin and Mark R. Brawley (ed.), *Alliance Politics, Kosovo, and Nato's War: Allied Force or Forced Allies?* (Basingstoke: Palgrave, 2000).
James Mayall, *World Politics: Progress and Limits* (Cambridge: Polity, 2001). 邦訳、ジェームズ・メイヨール『世界政治—進歩と限界』田所昌幸訳（勁草書房、2009年）。
Patrick Mileham (ed.), *War and Morality, Whitehall Paper 61* (London: The Royal United Services Institute, 2004).
Terry Nardin and David R. Mapel (eds.), *Traditions of International Ethics* (Cambridge: Cambridge University Press, 1992).
Ritchie Ovendale, *British Defence Policy since 1945* (Manchester: Manchester University Press, 1994).
John Peterson and Mark A. Pollack (eds.), *Europe, America, Bush: Transatlantic Relations in the Twenty-First Century* (London: Routledge, 2003).
Elizabeth Pond, *Friendly Fire: The Near-Death of the Transatlantic Alliance* (Washington, D.C.: Brookings Institution, 2004).
Samantha Power, *"A Problem From Hell": America and the Age of Genocide* (New York: Harper, 2002).
Charles Reeds and David Ryall (eds.), *The Price of Peace: Just War in the Twenty-First Century* (Cambridge: Cambridge University Press, 2007).
Peter Riddell, *Hug Them Close: Blair, Clinton, Bush and the 'Special Relationship'* (London: Politico's, 2003).
Adam Roberts, *Humanitarian Action in War: Aid, Protection and Impartiality in a Policy Vacuum, Adelphi Papers 305* (Oxford: IISS/Oxford University Press, 1996).
Martin Rosenbaum (ed.), *Britain & Europe: The Choices We Face* (Oxford: Oxford University Press, 2001).
W.G. Runciman (ed.), *Hutton and Butler: Lifting the Lid on the Workings of Power* (London: The British Academy/ Oxford University Press, 2004).
Trevor C. Salmon and Alistair J. K. Shepherd, *Toward a European Army: A Military Power in the Making?* (London: Lynne Rienner, 2003).
Anthony Seldon (ed.), *The Blair Effect: The Blair Government 1997-2001* (London: Little, Brown, 2001).

Robert Jervice, *American Foreign Policy in a New Era* (London: Routledge, 2005).

Robert Kagan, *Of Paradise and Power: America and Europe in the New World Order* (New York: Alfred A. Knopf, 2003). 邦訳、ロバート・ケーガン『ネオコンの論理—アメリカ新保守主義の世界戦略』山岡洋一訳（光文社、2003年）。

Mary Kaldor, *New & Old Wars: Organized Violence in a Global Era* (Stanford: Stanford University Press, 2007). 邦訳、メアリー・カルドー『新戦争論—グローバル時代の組織的暴力』山本武彦・渡部正樹訳（岩波書店、2003年）。

John Kampfner, *Blair's Wars* (London: Free Press, 2003).

Lawrence S. Kaplan, *NATO Divided, NATO United: The Evolution of an Alliance* (London: Praeger, 2004).

Peter J. Katzenstein and Robert O. Keohane (eds.), *Anti-Americanism in World Politics* (Ithaca: Cornell University Press, 2007).

John Keegan, *The Iraq War: The 21-Days Conflict and Its Aftermath* (London: Pimlico, 2005).

Nikos Kotzias and Petros Liacouras (eds.), *EU-US Relations: Repairing the Transatlantic Rift* (Basingstoke: Palgrave, 2006).

Paul Latawski and Martin A. Smith, *The Kosovo Crisis and the Evolution of Post-Cold War European Security* (Manchester: Manchester University Press, 2003).

Dick Leonard and Mark Leonard (eds.), *The Pro-European Reader* (Basingstoke: Palgrave, 2002).

Daniel Levy, Max Pensky, John Torpey (eds.), *Old Europe, New Europe, Core Europe: Transatlantic Relations after the Iraq War* (London: Verso, 2005).

Tod Lindberg (ed.), *Beyond Paradise and Power: Europe, America and the Future of a Troubled Partnership* (New York: Routledge, 2005).

Julian Lindley-French, *Terms of Engagement: The paradox of American power and the transatlantic dilemma post-11 September*, *Chaillot Paper 52* (Paris: Institute for Security Studies, European Union, May 2002).

Julian Lindley-French, *The North Atlantic Treaty Organization: The Enduring Alliance* (London: Routledge, 2007).

Richard Little and Mark Wickham-Jones (eds.), *New Labour's Foreign Policy: A New Moral Crusade?* (Manchester: Manchester University Press, 2000).

Geir Lundestad (ed.), *Just Another Major Crisis?: The United States and Europe Since 2000* (Oxford: Oxford University Press, 2008).

Lawrence Martin and John Garnett, *British Foreign Policy: Challenges and Choices*

millan, 1999).
Lawrence Freedman (ed.), *Superterrorism: Policy Responses* (Oxford: Blackwell, 2002).
John Lewis Gaddis, *Surprise, Security and the American Experience* (Cambridge: Harvard University Press, 2004). 邦訳、J・L・ギャディス『アメリカ外交の大戦略―先制・単独行動・覇権』赤木完爾訳（慶應義塾大学出版会、2006年）。
John Lewis Gaddis, *Strategies of Containment: A Critical Appraisal of American National Security Policy during the Cold War*, revised and expanded edition (Oxford: Oxford University Press, 2005).
Andrew Geddes, *The European Union and British Politics* (Basingstoke: Palgrave, 2004).
Philip H. Gordon and Jeremy Shapiro, *Allies at War: America, Europe, and the Crisis over Iraq* (Washington, D.C.: Brookings Institution, 2004).
Charles Grant, *Can Britain Lead in Europe?* (London: Centre for European Reform, 1998).
Charles Guthrie and Michael Quinlan, *Just War: The Just War Tradition: Ethics in Modern Warfare* (London: Bloomsbury, 2007).
Stefan Halper and Jonathan Clarke, *America Alone: The Neo-Conservatives and the Global Order* (Cambridge: Cambridge University Press, 2004).
Robert Harvey (ed.), *The World Crisis: the Way forward after Iraq* (New York: Skyhorse, 2008).
Jolyon Howorth, *European Integration and Defence: the ultimate challenge?, Chaillot Paper 43* (Paris: Institute for Strategic Studies, Western European Union, November 2000).
Jolyon Howorth and John T.S. Keeler (eds.), *Defending Europe: The EU, NATO and the Quest for European Autonomy* (Basingstoke: Palgrave, 2003).
Michael Ignatieff, *Empire Lite: Nation Building in Bosnia, Kosovo and Afghanistan* (London: Vintage, 2003). 邦訳、マイケル・イグナティエフ『軽い帝国―ボスニア、コソボ、アフガニスタンにおける国家建設』中山俊宏訳（風行社、2003年）。
Michael Ignatieff, *The Lesser Evil: Political Ethics in an Age of Terror*, with a new preface (Princeton: Princeton University Press, 2004).
John Ikenberry, *Liberal Order & Imperial Ambition: Essays on American Power and World Politics* (Cambridge: Polity, 2006).
Robert J. Jackson and Philip Towle, *Temptations of Power: The United States in Global Politics after 9/11* (Basingstoke: Palgrave, 2006).

Paul Cornish (ed.), *The Conflict in Iraq, 2003* (Basingstoke: Palgrave, 2004).

Andrew Cottey and Anthony Forster, *Reshaping Defence Diplomacy: New Roles for Military Cooperation and Assistance, Adelphi Paper 365* (Oxford: Oxford University Press/IISS, 2004).

Stuart Croft, Andrew Dorman, Wyn Rees, Matthew Uttley, *Britain and Defence 1945-2000: A Policy Re-evaluation* (London: Longman, 2001).

Ivo H. Daalder and James M. Lindsay, *America Unbound: The Bush Revolution in Foreign Policy* (Washington, D.C.: Brookings Institution, 2003).

Ivo H. Daalder and Michael E. O'Hanlon, *Winning Ugly: NATO's War to Save Kosovo* (Washington D.C.: Brookings Institution, 2000).

Alex Danchev and John Macmillan (eds.), *The Iraq War and Democratic Politics* (London: Routledge, 2005).

John Dickie, *The New Mandarins: How British Foreign Policy Works* (London: I.B. Tauris, 2004).

Michael Dockrill, *British Defence since 1945* (Oxford: Blackwell, 1988).

Andrew Dorman and Greg Kennedy (eds.), *War & Diplomacy: from World War I to the War on Terrorism* (Washington, D.C.: Potomac, 2008).

John Dumbrell, *A Special Relationship: Anglo-American Relations from the Cold War to Iraq*, 2nd edition (Basingstoke: Palgrave, 2006).

Patrick Dunleavy, Andrew Gamble, Richard Heffernan and Gillian Peele (eds.), *Developments in British Politics 7* (Basingstoke: Palgrave, 2003).

Patrick Dunleavy, Richard Heffernan, Philip Cowley and Colin Hay (eds.), *Developments in British Politics 8* (Basingstoke: Palgrave, 2006).

Willem van Eekelen, *From Words to Deeds: The Continuing Debate on European Security* (Brussels: Centre for European Policy Studies, 2006).

Niall Ferguson, *Colossus: the Price of America's Empire* (New York: Penguin, 2004).

Conor Foley, *The Thin Blue Line: How Humanitarianism Went to War* (London: Verso, 2008).

Michael Folly, *The British Presidency: Tony Blair and the Politics of Public Leadership* (Manchester: Manchester University Press, 2000).

Tuomas Forsberg and Graeme P. Herd, *Divided West: European Security and the Transatlantic Relationship, Chatham House Papers* (Oxford: Blackwell, 2006).

Lawrence Freedman, *Revolution in Strategic Affairs, Adelphi Paper 318* (Oxford: Oxford University Press/IISS, 1998).

Lawrence Freedman, *The Politics of British Defence, 1979-98* (Basingstoke: Mac-

(London: Aurum, 2004).
Andrew Rawnsley, *Servant of the People: The Inside Story of New Labour* (London: Penguin, 2001).
John Rentoul, *Tony Blair: Prime Minister* (London: Time Warner, 2001).
Peter Riddell, *The Unfulfilled Prime Minister: Tony Blair's Quest for a Legacy* (London: Politico's, 2005).
Anthony Seldon, *Blair* (London: Free Press, 2004).
Anthony Seldon, *Blair Unbound* (London: Simon & Schuster, 2007).
Philip Stephens, *Tony Blair: The Making of a World Leader* (London: Viking, 2004).
Mick Temple, *Blair* (London: Haus, 2006).

2．研究書

Jeffrey Anderson, G. John Ikenberry, and Thomas Risse (eds.), *The End of the West?: Crisis and Change in the Atlantic Order* (Ithaca: Cornell University Press, 2008).
David Andrews (ed.), *The Atlantic Alliance under Stress: US-European Relations after Iraq* (Cambridge: Cambridge University Press, 2005).
Gary J. Bass, *Freedom's Battle: the Origins of Humanitarian Intervention* (New York: Alfred A. Knopf, 2008).
John Baylis, *British Defence Policy: Striking the Right Balance* (London: Macmillan, 1989).
John Baylis and Jon Roper (eds.), *The United States and Europe: Beyond the Neo-Conservative Divide?* (London: Routledge, 2006).
Alex Bellamy, *Just Wars: From Cicero to Iraq* (Cambridge: Polity, 2006).
Fraser Cameron (ed.), *The Future of Europe: Integration and Enlargement* (London: Routledge, 2004).
David Coats and Joel Krieger, *Blair's War* (Cambridge: Polity, 2004).
Laurent Cohen-Tanugi, *An Alliance at Risk: The United States and Europe since September 11* (Baltimore: The Johns Hopkins University Press, 2003).
Christopher Coker, *Empires in Conflict: The Growing Rift Between Europe and the United States, Whitehall Papers 58* (London: The Royal United Services Institute, 2003).
Robert Cooper, *The Breaking of Nations: Order and Chaos in the Twenty-First Century* (London: Atlantic Books, 2003). 邦訳、ロバート・クーパー『国家の崩壊—新リベラル帝国主義と世界秩序』北沢格訳（日本経済新聞社、2008年）。

(London: I.B.Tauris, 2004).
Clare Short, *An Honourable Deception?: New Labour, Iraq, and the Misuse of Power* (London: Free Press, 2005).

（2） アメリカ

Madeleine Albright, *Madam Secretary: A Memoir* (New York: Miramax Books, 2003).
Wesley K. Clark, *Waging Modern War: Bosnia, Kosovo and the Future of Combat* (New York: PublicAffairs, 2001).
Bill Clinton, *My Life* (New York: Hutchinson, 2004). ビル・クリントン『マイライフ ―クリントンの回想・下巻』楡井浩一訳（朝日新聞社、2004 年）。
Richard N. Haass, *War of Necessity, War of Choice: A Memoir of Two Iraq Wars* (New York: Simon & Schuster, 2009).
Jean J. Kirkpatrick, *Making War to Keep Peace: Trials and Errors in American Foreign Policy from Kuwait to Baghdad* (New York: Harper, 2007).
Richard B. Myers with Malcolm McConnell, *Eyes on the Horizon: Serving on the Front Lines of National Security* (New York: Threshold Editions, 2009).

（3） その他

Hans Blix, *Disarming Iraq: The Search for Weapons of Mass Destruction* (New York: Bloomsburg, 2004). 邦訳、ハンス・ブリクス『イラク大量破壊兵器査察の真実』伊藤真訳・納家政嗣監修（DHC、2004年）。
Greg Dyke, *Inside Story* (London: HarperCollins, 2004). 邦訳、グレッグ・ダイク『真相―イラク報道と BBC』平野次郎訳（日本放送出版協会、2006年）。
Stanley B. Greenberg, *Dispatches from the War Room: In the Trenches with Five Extraordinary Leaders* (New York: St.Martin's, 2009).
Javier Solana, "NATO's Success in Kosovo", *Foreign Affairs*, November/December 1999.
Dominuque de Villepin, *Toward a New World: Speeches, Essays, and Interviews on the War in Iraq, The UN, and the Changing Face of Europe* (Hoboken, NJ: 2004).

二次資料

1．伝記的研究

Francis Beckett and David Hencke, *The Survivor: Tony Blair in Peace and War*

Nicole Gnesotte (ed.), *EU Security and defence: core documents 2005, Volume VI, Chaillot Papers 87* (Paris: Institute for Security Studies, European Union, March 2006).

（2）その他

International Commission on Intervention and State Sovereignty, *The Responsibility to Protect: Report of the International Commission on Intervention and State Sovereignty* (Ottawa: International Development and Research Centre, 2001).

Independent International Commission on Kosovo, *Kosovo Report: International Response, Lessons Learned* (Oxford: Oxford University Press, 2000).

４．一般刊行資料集

Andrew Chadwik and Richard Heffernan (eds.), *The New Labour Reader* (Cambridge: Polity, 2003).

Mark Danner, *The Secret Way to War: The Downing Street Memo and the Iraq War's Buried History* (New York: New York Review of Books, 2006).

Christopher Hill and Karen E. Smith (eds.), *European Foreign Policy: Key Documents* (London: Routledge, 2000).

５．回顧録・日記・演説集

（1） イギリス

Cherie Blair, *Speaking for Myself: My Life from Liverpool to Downing Street* (London: Little, Brown, 2008).

Tony Blair, *New Britain: My Vision of a Young Country* (London: Fourth Estate, 1996).

Gordon Brown, *Moving Britain Forward: Selected Speeches 1997-2006* (London: Bloomsbury, 2006).

Alastair Campbell, *The Blair Years: The Alastair Campbell Diaries* (New York: Alfred A. Knopf, 2007).

Robin Cook, *The Point of Departure* (London: Simon & Schuster, 2003).

Peter Mandelson and Roger Liddle, *The Blair Revolution: Can New Labour Deliver?* (London: Faber and Faber, 1996).

Christopher Meyer, *DC Confidential: the Controversial Memoirs of Britain's Ambassador to the U.S. at the Time of 9/11 and the Run-Up to the Iraq War* (London: Weidenfeld and Nicolson, 2005).

Derek Scott, *Off Whitehall: A View from Downing Street by Tony Blair's Adviser*

sion 2003-04, Volume I, HC 57-I（London: The Stationery Office, March 2004）.
House of Commons Defence Committee, *Future Capabilities: Government Response to the House of Commons Defence Committee's Fourth Report of Session 2004-05*（London: The Stationery Office, July 2005）.
House of Commons Foreign Affairs Committee, *Sixth Report of the Foreign Affairs Committee, Session 2004-05: Foreign Policy Aspects of the War against Terrorism,* Cm 6590（London: The Stationery Office, June 2005）.
House of Commons Foreign Affairs Committee, *Foreign Policy Aspects of the War against Terrorism, Sixth Report of Session 2004-05,* HC 36-I（London: The Stationery Office, April 2005）.

（2） アメリカ

National Security Agency, *The National Security Strategy of the United States of America*, the White House, September 20, 2002 <www.whitehouse.gov/nsc/nss/2002/index.html> retrieved in December 2008. 邦訳は、駐日アメリカ大使館仮訳「米国の国家安全保障戦略」（2002年９月）<japan.usembassy.gov/j/p/tpj-j 20030515 d 1.html>

３．国際機関刊行資料

（1）EU（ヨーロッパ連合）

Maartje Rutten（ed.）, *From St-Malo to Nice, European defence: core documents, Chaillot Papers 47*（Paris: Institute for Strategic Studies, Western European Union, May 2001）.
Maartje Rutten（ed.）, *From Nice to Laeken, European defence: core documents, Volume II, Chaillot Papers 51*（Paris: Institute for Security Studies, European Union, April 2002）.
Jean-Yves Haine（ed.）, *From Laeken to Copenhagen, European defence: core documents, volume III, Chaillot Papers 57*（Paris: Institute for Security Studies, European Union, February 2003）.
Antonio Missiroli（ed.）, *From Copenhagen to Brussels, European defence: core documents, Volume IV, Chaillot Papers 67*（Paris: Institute for Security Studies, European Union, December 2003）.
Nicole Gnesotte（ed.）, *EU Security and defence: core documents 2004, Volume V, Chaillot Papers 75*（Paris: Institute for Security Studies, European Union, February 2005）.

② 国防省（Ministry of Defence; MOD）

The Strategic Defence Review, Cm 3999（London: The Stationery Office, July 1998）.

The Strategic Defence Review: Supporting Essays（London: The Stationery Office, 1998）.

Kosovo: Lessons from the Crisis（London: The Stationery Office, 1999）.

White Paper 1999（London: The Stationery Office, 2000）.

Multinational Defence Cooperation, the Ministry of Defence Policy Papers No.2（London: Ministry of Defence, February 2001）.

European Defence, the Ministry of Defence Policy Papers No.3（London: Ministry of Defence, November 2001）.

Performance Report 2000/2001（London: The Stationery Office, 2001）.

The Strategic Defence Review: A New Chapter, Cm 5666 Vol. 1（London: The Stationery Office, July 2002）.

Operations in Iraq: First Reflections（London: Ministry of Defence, July 2003）.

Operations in Iraq: Lessons for the Future（London: Ministry of Defence, December 2003）.

Delivering Security in a Changing World, Cm 6041-I（London: The Stationery Office, December 2003）.

Delivering Security in a Changing World: Supporting Essays, Cm 6041-II（London: The Stationery Office, December 2003）.

The National Audit Office, *The Ministry of Defence: Operation TELIC — United Kingdom Military Operation in Iraq*（London: The Stationery Office, December 2003）.

③ 議会文書

House of Commons, Defence Committee, *Eighth Report, Session 1997-98: The Strategic Defence Review, volume I: Report and Proceedings of the Committee*（London: The Stationery Office, 1998）.

House of Commons Foreign Affairs Committee, *The Decision to go to War in Iraq: Ninth Report of Session 2002-03 Volume I: Report, Together with formal minutes*, 3 July 2003, HC 813-I（London: The Stationery Office, July 2003）.

House of Commons Foreign Affairs Committee, *The Decision to go to War in Iraq: Ninth Report of Session 2002-03, Volume II,* HC 813-II（London: The Stationery Office, July 2003）.

House of Commons Defence Committee, *Lessons of Iraq: Third Report of Ses-*

主要参考文献一覧

一次資料

１．オンライン資料

（１）政府

The Official Site of the Prime Minister's Office. http://www.number 10.gov.uk/

Tony Blair's Speeches. http://collections.europarchive.org/tna/20080305115904/http: //pm.gov.uk/ output/ Page 5.asp

House of Commons Hansard Debates. http://www.publications.parliament.uk/

Foreign & Commonwealth Office. http://www.fco.gov.uk/en/

Ministry of Defence. http://www.mod.uk/DefenceInternet/home

The White House. http://www.whitehouse.gov/

（２）新聞・メディア

The Times. http://www.timesonline.co.uk/tol/news/

The Guardian. http://www.guardian.co.uk/

The Independent. http://www.independent.co.uk/

The New York Times. http://www.nytimes.com/

The Economist. http://www.economist.com/

BBC. http://www.bbc.co.uk/

『朝日新聞』データベース

『読売新聞』データベース

『毎日新聞』データベース

２．政府公刊資料

（１） イギリス

① 外務省（Foreign & Commonwealth Office; FCO）

The United Kingdom in the United Nations, Cm 5898（London: The Stationery Office, September 2003）.

UK International Priorities: A Strategy for the FCO, Cm 6052（London: The Stationery Office, 2003）.

White Paper on the Treaty establishing a Constitution for Europe（London: The Stationery Office, September 2004）.

ワ行

英数字

マ行

ヤ行

ラ行

ナ行

ハ行

タ行

サ行

カ行

索　引

細谷 雄一（ほそや ゆういち）
1971年生まれ。慶應義塾大学法学部准教授。慶應義塾大学大学院法学研究科博士課程修了。博士（法学）。主要著作に、『戦後国際秩序とイギリス外交―戦後ヨーロッパの形成1945年～1951年』（創文社、2001年、サントリー学芸賞）、『外交による平和―アンソニー・イーデンと二十世紀の国際政治』（有斐閣、2005年、政治研究櫻田會奨励賞）、『大英帝国の外交官』（筑摩書房、2005年）、『外交―多文明時代の対話と交渉』（有斐閣、2007年）、（編著）『イギリスとヨーロッパ―孤立と統合の二百年』（勁草書房、2009年）、（共著）『新版・ヨーロッパ国際関係史―繁栄と凋落、そして再生』（有斐閣、2008年）、ほか。

倫理的な戦争
――トニー・ブレアの栄光と挫折

2009年11月20日　初版第1刷発行

著　者――――細谷雄一
発行者――――坂上　弘
発行所――――慶應義塾大学出版会株式会社
〒108-8346　東京都港区三田2-19-30
TEL〔編集部〕03-3451-0931
〔営業部〕03-3451-3584〈ご注文〉
〔　〃　〕03-3451-6926
FAX〔営業部〕03-3451-3122
振替　00190-8-155497
http://www.keio-up.co.jp/
装　丁――――鈴木　衛（写真提供・AFP／時事）
印刷・製本――株式会社加藤文明社
カバー印刷――株式会社太平印刷社

Printed in Japan ISBN978-4-7664-1687-9

慶應義塾大学出版会

失われた民主主義
メンバーシップからマネージメントへ

シーダ・スコッチポル著／河田潤一訳　アメリカ政治学界・歴史社会学界の泰斗が、社会資本論やコミュニタリアニズムを批判しつつ、19 世紀初頭の草の根民主主義の興隆から 9.11 以降の衰退へと至る市民世界の変貌を歴史的に検証。米国民主主義の現在を鮮かに描く。

●2800 円

〈私たち〉の場所
消費社会から市民社会をとりもどす

ベンジャミン・R・バーバー著／山口晃訳　『ジハード対マックワールド』の著者が、「市民」を互いに孤立した「消費者」にしてしまう現代社会に警鐘を鳴らし、失業者、非正規雇用者たちに、真の市民社会実現への鍵があると論じる。　●2500 円

歴史としての冷戦　力と平和の追求

ジョン・ルイス・ギャディス著／赤木完爾・齊藤祐介訳　20 世紀後半の国際政治の基調を形作った冷戦の発端から始まり、米ソ両国の競争的な共存の契機となったキューバ・ミサイル危機までの国際政治史を、冷戦のイデオロギー闘争の視点からひもとく。　●6000 円

インテリジェンス入門 ［第 2 版］
利益を実現する知識の創造

北岡元著　日本におけるインテリジェンス研究・実務の第一人者によるインテリジェンス理論の定番テキスト、待望の第 2 版。2004 年の米国「情報組織改革およびテロ防止法」成立による国家情報長官制度への改革や日本の内閣情報分析官設置の提案など、近年の動向を加筆。

●2400 円

表示価格は刊行時の本体価格（税別）です。